本书为2017年国家社科基金项目"'一带一路'背景下我国企业对非投资的环境法律风险及对策研究"（编号:17CGJ020）成果

中国对非洲投资的环境法律规制与风险防控

张小虎 ◎ 著

中国社会科学出版社

图书在版编目（CIP）数据

中国对非洲投资的环境法律规制与风险防控 / 张小虎著. —北京：中国社会科学出版社，2022.3
ISBN 978-7-5203-9774-2

Ⅰ.①中⋯ Ⅱ.①张⋯ Ⅲ.①对外投资—直接投资—国际经济法—研究—中国②外商投资—直接投资—国际经济法—研究—非洲 Ⅳ.①D996

中国版本图书馆 CIP 数据核字（2022）第 031074 号

出 版 人	赵剑英
责任编辑	梁剑琴
责任校对	刘　娟
责任印制	郝美娜

出　　版	中国社会科学出版社
社　　址	北京鼓楼西大街甲 158 号
邮　　编	100720
网　　址	http://www.csspw.cn
发 行 部	010-84083685
门 市 部	010-84029450
经　　销	新华书店及其他书店

印刷装订	北京君升印刷有限公司
版　　次	2022 年 3 月第 1 版
印　　次	2022 年 3 月第 1 次印刷

开　　本	710×1000　1/16
印　　张	25
插　　页	2
字　　数	397 千字
定　　价	148.00 元

凡购买中国社会科学出版社图书，如有质量问题请与本社营销中心联系调换
电话：010-84083683
版权所有　侵权必究

目 录

绪论 ……………………………………………………………… (1)
第一章 中非合作进程中的环境保护问题 ……………………… (7)
  第一节 中非合作的现实成效与环境影响 ………………… (8)
    一 中非经贸合作的新动态 ………………………………… (9)
    二 环境保护问题的新争议 ………………………………… (21)
  第二节 中非合作的环保方针与实践发展 ………………… (32)
    一 多角度阐释中非合作的环境保护理念 ……………… (32)
    二 多途径落实中非合作的环境保护规划 ……………… (39)
第二章 东部非洲及其主要国家的环境保护法律规制 ……… (44)
  第一节 东部非洲的区域特征与中国投资概况 …………… (44)
    一 东部非洲的区位优势与国家分布 …………………… (45)
    二 中国在东部非洲投资的基本情况 …………………… (45)
  第二节 东部非洲国家的环境立法体系 …………………… (49)
    一 东部非洲国家的环境权入宪 ………………………… (49)
    二 东部非洲国家的环境法律法规 ……………………… (50)
    三 东部非洲区域性组织的环保规定 …………………… (52)
  第三节 东部非洲国家的环境管理制度 …………………… (55)
    一 东部非洲的环境主管机构 …………………………… (55)
    二 东部非洲的环境评价制度 …………………………… (57)
  第四节 主要投资国别：肯尼亚的环境法律制度 ………… (60)
    一 肯尼亚的法律体系与环境立法 ……………………… (61)
    二 肯尼亚的环保机构与主要规定 ……………………… (63)
    三 肯尼亚的野生动物保护法律规制 …………………… (68)
    四 肯尼亚的环境影响评价制度 ………………………… (69)

五　肯尼亚的环境审判专门化制度…………………………（72）
　第五节　主要投资国别：埃塞俄比亚的环境法律制度…………（74）
　　　一　埃塞俄比亚的法律体系与环境立法……………………（75）
　　　二　埃塞俄比亚的环保机构与主要规定……………………（78）
　　　三　埃塞俄比亚的环境影响评价制度………………………（81）
　　　四　埃塞俄比亚环境法律风险的应对举措…………………（83）
　第六节　东部非洲国家的环境法律风险与应对举措……………（85）
　　　一　污染控制与环评规制引发企业法律风险………………（85）
　　　二　环境执法的针对性与随意性易导致风险………………（86）
　　　三　地方政府对企业可持续发展提出高要求………………（87）
　　　四　东非国家对企业的社会责任提出新任务………………（88）

第三章　南部非洲及其主要国家的环境保护法律规制……………（90）
　第一节　南部非洲的自然资源与中国投资概况…………………（91）
　　　一　南部非洲的自然资源……………………………………（91）
　　　二　中国在南部非洲的投资…………………………………（92）
　第二节　南部非洲国家的环境立法体系…………………………（95）
　　　一　宪法位阶的环境法………………………………………（96）
　　　二　环境基本法与环境保护单行法规………………………（97）
　　　三　环境保护部门规章………………………………………（102）
　　　四　环境政策与指南…………………………………………（103）
　　　五　国际环境法………………………………………………（104）
　第三节　南部非洲国家的环境管理制度…………………………（107）
　　　一　环境管理机构……………………………………………（107）
　　　二　环境许可制度……………………………………………（110）
　　　三　环境评价制度……………………………………………（111）
　　　四　矿业法律制度……………………………………………（113）
　第四节　主要投资国别：南非的环境法律制度…………………（114）
　　　一　南非的法律体系与环境立法……………………………（116）
　　　二　南非的环保机构与主要规定……………………………（120）
　　　三　南非的环境影响评价制度………………………………（123）
　　　四　南非的矿业法律与主要规制……………………………（125）

第五节　主要投资国别：赞比亚的环境法律制度……………（130）
　　一　赞比亚的法律体系与环境立法……………………（131）
　　二　赞比亚的环保机构与主要规定……………………（133）
　　三　赞比亚的环境许可证与环境影响评价制度………（137）
　　四　赞比亚的矿业开发法律制度………………………（143）
第六节　主要投资国别：安哥拉的环境法律制度……………（150）
　　一　安哥拉的法律体系与环境立法……………………（152）
　　二　安哥拉的环保机构与主要规定……………………（155）
　　三　安哥拉的环境影响评价制度………………………（158）
　　四　安哥拉的环境法律规制与风险防范………………（160）
第七节　南部非洲国家的环境法律风险与应对举措…………（163）
　　一　法律规定存在重叠现象而增加项目申请难度……（163）
　　二　行政管理水平低造成采矿许可证的颁发反复……（164）
　　三　环保 NGO 利用环境权诉讼影响大型工程项目……（166）

第四章　西部非洲及其主要国家的环境保护法律规制…………（168）
第一节　西部非洲的区域特征与中国投资概况………………（168）
　　一　西部非洲的地理位置与国家分布…………………（169）
　　二　中国在西部非洲投资的基本概况…………………（170）
第二节　西部非洲国家的环境立法体系………………………（173）
　　一　环境权入宪的基本规定……………………………（173）
　　二　环境基本法与法律法规……………………………（175）
　　三　西部非洲区域组织的环保规定……………………（180）
第三节　西部非洲国家的环境管理制度………………………（182）
　　一　环境管理机构及其职能……………………………（182）
　　二　环境许可证申请制度………………………………（185）
　　三　环境影响评价制度…………………………………（186）
　　四　石油和矿业法律制度………………………………（189）
　　五　非法采矿特别法庭…………………………………（191）
第四节　主要投资国别：尼日利亚的环境法律制度…………（192）
　　一　尼日利亚的法律体系与环境立法…………………（193）
　　二　尼日利亚的环保机构与主要规定…………………（195）

  三　尼日利亚的环境影响评价制度……………………………（197）
  四　尼日利亚的石油和矿业法律制度…………………………（200）
 第五节　主要投资国别：加纳的环境法律制度……………………（203）
  一　加纳的法律体系与环境立法………………………………（204）
  二　加纳的环保机构与主要规定………………………………（206）
  三　加纳的环境影响评价制度…………………………………（208）
 第六节　西部非洲国家的环境法律风险与应对举措………………（212）
  一　生态危机引发对中国投资的环境关切……………………（212）
  二　环境政策变更让中国投资者疲于应付……………………（213）
  三　复杂的环评程序给投资企业增加难度……………………（214）
  四　矿业开发的法律规制依然是最大风险……………………（215）

第五章　北部非洲及其主要国家的环境保护法律规制…………（217）
 第一节　北部非洲的发展现状与中国投资概况……………………（217）
  一　北部非洲的发展优势与主要问题…………………………（218）
  二　中国在北部非洲投资的基本情况…………………………（220）
 第二节　北部非洲国家的环境立法体系……………………………（222）
  一　北部非洲国家的环境权入宪………………………………（222）
  二　北部非洲国家的环境法律法规……………………………（224）
  三　北部非洲国家的主要环境政策……………………………（228）
  四　北部非洲国家参与的国际环境条约………………………（229）
 第三节　北部非洲国家的环境管理制度……………………………（231）
  一　北部非洲国家的环境主管机构……………………………（232）
  二　北部非洲国家的环境评价制度……………………………（233）
 第四节　主要投资国别：埃及的环境法律制度……………………（234）
  一　埃及的法律体系与环境立法………………………………（235）
  二　埃及的环保机构与主要规定………………………………（238）
  三　埃及的环境影响评价制度…………………………………（241）
 第五节　主要投资国别：阿尔及利亚的环境法律制度……………（242）
  一　阿尔及利亚的政治与法律概况……………………………（243）
  二　阿尔及利亚的环境立法与主要规定………………………（243）
  三　阿尔及利亚的环保机构与环评制度………………………（248）

  第六节 北部非洲国家的环境法律风险与应对举措……………（252）
    一 北非各国均用环境权入宪来提升环保要求……………（253）
    二 北非各国环境立法庞杂增加查询获取难度……………（253）

第六章 中部非洲及其主要国家的环境保护法律规制……………（256）
  第一节 中部非洲的发展现状与中国投资概况…………………（256）
    一 中部非洲的发展优势与主要问题………………………（256）
    二 中国在中部非洲投资的基本情况………………………（257）
  第二节 中部非洲国家的环境立法体系…………………………（259）
    一 中部非洲国家的环境权入宪……………………………（260）
    二 中部非洲国家的环境法律法规…………………………（262）
    三 中部非洲国家的主要环境政策…………………………（264）
    四 中部非洲国家参与的国际环境条约……………………（264）
  第三节 中部非洲国家的环境管理制度…………………………（266）
    一 中部非洲国家的环境主管机构…………………………（266）
    二 中部非洲国家的环境评价制度…………………………（267）
  第四节 主要投资国别：刚果（金）的环境法律制度……………（270）
    一 刚果（金）的法律体系与环境立法……………………（271）
    二 刚果（金）的环保机构与主要规定……………………（272）
    三 刚果（金）的环境影响评价制度………………………（273）
    四 刚果（金）的矿业法律制度……………………………（274）
    五 刚果（金）的林业采伐法律制度………………………（277）
    六 刚果（金）的环境法律风险防范………………………（278）
  第五节 中部非洲国家的环境法律风险与应对举措……………（279）
    一 资源类投资丰富引发西方媒体不当指责………………（279）
    二 内外双重因素导致了中国企业对环保重视不够………（280）
    三 应对中部非洲国家环境法律风险的措施………………（281）

第七章 中国对非洲投资中环境法律风险的成因、防控及化解……（283）
  第一节 中国对非洲投资中环境法律风险的潜在成因……………（284）
    一 环境权的司法救济：程序与实体的双重风险…………（284）
    二 环境公益诉讼频发：造成中国企业被动应诉…………（292）
    三 环保组织干预项目：民间团体影响错综复杂…………（295）

四　环境审判的专门化：增加中国企业败诉风险……………（299）
　　五　环境保护特殊规定：因不熟悉导致个人违法……………（306）
　　六　社区权益导致纷争：当地民众提出的新需求……………（310）
第二节　防范对非洲投资环境法律纠纷的方式与问题……………（315）
　　一　用双边协定提升企业赴非洲投资的环保意识……………（316）
　　二　用政府文件要求企业遵守非洲的环境法律………………（321）
　　三　用投资审查确保企业坚持在非洲可持续发展……………（326）
　　四　用学术研究服务企业认识非洲的环保制度………………（330）
第三节　解决对非洲投资环境法律争端的措施与路径……………（335）
　　一　预防机制：预防环境法律纠纷是首选方式………………（337）
　　二　调解机制：采用调解与磋商达成和解目的………………（344）
　　三　仲裁机制：解决环境法律纠纷的参考路径………………（350）
　　四　诉讼机制：基于起诉方与应诉方两个视角………………（353）

参考文献……………………………………………………………（359）
后记…………………………………………………………………（393）

绪　　论

自 2013 年"一带一路"倡议提出以来，在非洲各国"先行先试"阶段里，产能合作进程加快，一系列标志性基础设施的建成为非洲工业化打下了基础；2015 年中非合作论坛约翰内斯堡峰会以后，非洲被纳入"一带一路"建设框架，双边投资持续增长、工程承包稳步推进；2018 年中非合作论坛北京峰会后，"一带一路"倡议开始与联合国《2030 年可持续发展议程》、非洲联盟《2063 年议程》和非洲各国发展战略紧密对接。[1] 近年来，中非经贸合作全面发展，建筑业、采矿业、制造业常年高居中国对非投资存量的前三位，但上述行业具有高度的环境影响性和资源依赖性，在西方舆论的影响下，"生态威胁论""资源掠夺论"等不利声音时常显现。与之相反，中国政府不断发布域外投资的环保文件，通过加强与国际组织和金融机构的合作，建立更加严格的"绿色投资"和"环境保护"标准，以期将"一带一路"建设成为"绿色之路""可持续之路"。因此，在宏观层面，本书旨在服务于中非共建绿色"一带一路"的发展理念，通过考察非洲不同区域和主要国家的环境法律制度，进而为我国政府制定对非投资政策、加强中非共同应对全球气候变化提供理论支持；在实践层面，本书旨在确保我国对非投资企业得以提前了解非洲特殊的环境资源保护法，积极防范和化解环境法律风险，以此保障投资利益并维护良好的投资形象。

本书内容分为四大板块：

其一，考察中非投资合作进程中的环境保护要求与实践。基于中非合作的新动态，关注深化投资合作所引发的环境保护新争议，面对生态环境、自然资源、生物多样性和人居环境等领域的新问题，综合考察中国政

---

[1] 张忠祥、陶陶：《中非合作论坛 20 年：回顾与展望》，《西亚非洲》2020 年第 6 期。

府、非洲各国以及非洲联盟、联合国对环境保护的新要求，概述了中非合作落实环保规划的新举措。

其二，提出中国投资受非洲区域与国别环境法律规制的影响。分别考察了五个非洲区域的环境法律制度，在立法上非洲有 33 国将环境权写入宪法，由此形成较完善的环境立法体系，在执法上非洲各国设置了环境管理行政机构并采取较严格的环评与许可制度，在司法上非洲多国建立了环境审判专门化制度，用环境公益诉讼制约投资项目。同时，以中国在非投资流量与存量为依据，重点考察了南非、赞比亚、安哥拉、埃及、阿尔及利亚、尼日利亚、加纳、埃塞俄比亚、肯尼亚和刚果（金）十国的环境法律规制及其主要内容。

其三，分析对非投资过程中环境法律风险产生的主要成因与类型。按照环境保护因子，将中国对非投资的环境法律风险类型化为生态环境污染类和自然资源破坏两个大类，利用在非调研与访学时搜集的第一手资料，分析得出造成中国企业违反环境法律的潜在成因包括环境权的司法救济诉讼、环境公益诉讼的频发、环保组织干预中国项目、环境审判专门化增加败诉风险、特殊的环境保护规定以及社区权益的忽视等。

其四，防控对非投资合作中的环境法律风险并建构纠纷解决机制。为防范对非投资过程中的环境法律风险，我国政府已经尝试用中非双边投资协定（BITs）提升企业的环保理念，并用政府规范性文件和金融企业融资审查来要求企业赴非投资遵守环境法律、实施绿色原则、促进非洲可持续发展，而中国学界也在为建设"绿色之路"提供学理支持。对此，为有效解决对非投资的环境法律争端，企业应优先考虑环境风险的预防机制，并以非诉机制为重要选择，积极采用国际调解与仲裁化解中非环境法律纠纷，并注意东道国诉讼机制下的合理维权。

目前，中非投资合作步伐加速，促进了非洲的工业化，但在中国对非投资合作的过程中也面临着环境法律的规制及其风险，因为，建筑业、采矿业、制造业这三大主要投资领域具有高度的资源依赖性和环境影响性。例如，2018 年肯尼亚拉穆老城燃煤电厂项目环评许可被撤销而导致项目终止，近年来，中国投资或承建的大型项目因生态环境影响而在非洲被叫停的事件常有出现，对企业投资利益和投资形象造成了损失。另外，受历史上殖民遭遇的影响，非洲各国生态环境长期脆弱、自然资源破坏严重、人居环境十分恶劣,因此各国通过移植欧洲环境法和环境权入宪等方式加强环境保护,在环境影响评价、环境许可授予、环境审计和环境审判专门化等领域形成了严格的规定。然而,受制于非洲各国环境立法的特殊性、环境执法的局限性、环境司法的专业性,中国企业时常因不熟悉相关规定而陷入环境违法风险,既影响投资效益,又在非洲社会中遭受到质疑。这些因为环境法律规制而引发的不利声音并未得到妥善消解,受制于研究局限,在企业对非投资前后,仍未形成一套行之有效的环境法律风险防范与争端解决机制。因此,在中非合作的时代契机下,让中国政府和企业详细了解非洲的环境法律规制及其风险十分必要,而充分构建一套中国企业对非投资环境法律纠纷的预防与化解机制也尤为紧迫,这将是确保中非绿色、低碳、可持续发展的关键之举。

然而,中国对非投资的环境法律风险类型多样,在中非产能合作的进程中,不少非洲国家对生态环境污染和自然资源破坏两大问题表示担忧。在生态环境污染方面,大型基建、能源开发和工程承包等项目易对环境和生态造成一定影响。例如,加蓬中石化石油开发项目、喀麦隆巴门达至芒非公路建设项目、苏丹麦洛维大坝项目、埃塞俄比亚奥莫河吉贝三级水电站项目等先后遭到非洲生态环境法律的制约与非政府组织(NGO)的质疑,同时野生动植物非法偷猎活动也时有出现,引发非洲各国对生物多样性的担忧。在自然资源破坏方面,林业、石油矿产和渔业等投资合作往往伴随着潜在的资源开发危机。在林业资源较丰富的中非地区,刚果(布)、加蓬、喀麦隆都出现过林木过度采伐的报道。在油气资源较丰富的西非地区,尼日利亚、尼日尔等国的NGO时常将石油资源问题归结于中国企业的开发行为。在矿产资源较丰富的南部和西部非洲地区,广西上林人在加纳的黄金开采活动备受争议,在南非则多次出现中国企业与当地矿业管理部门发生的有关环境资源保护与本土化经营的争议。在渔业资源较丰富的西非几内亚湾沿岸和南非沿海地区,非法捕捞现象也时有发生。

同时,中国对非投资的环境法律风险成因复杂,虽已陆续颁布规范中国企业境外投资环境保护的政策性文件,但重视程度以及环境违法内部惩戒机制相对不足,而非洲各国虽环境立法完备但环境执法存在问题,环保NGO和环境司法的专业性让中国企业屡陷困境,中非环境法律纠纷的预防与化解机制仍不成熟。

一方面，环境权入宪是 NGO 介入项目的法律武器，而环境权司法救济也让环境公益诉讼具备了可执行力。目前，非洲已有 33 个国家将环境权作为公民基本权利和国家责任而写入宪法，肯尼亚、南非、埃塞俄比亚等国更是通过宪法权利救济诉讼而保护兼顾实体性和程序性权利的环境权，在处理经济发展与环境保护的关系、环境知情权与参与权等方面，将公民环境权作为环境公益诉讼的客体，并且放宽诉讼主体限制，让更多环保 NGO 参与环保实践，由此导致中国企业在上述国家的能源、矿产和基础设施建设项目多次受到干预而被迫中止。

另一方面，环境立法的特殊性极易引发个人违法行为，而环境审判专门化则增加了败诉的风险。目前，已有超 3800 家企业在非投资经营，还有近一万家中国民营企业在非经商，一份调查数据显示，超六成受访者不了解境外投资合作的环保指南和东道国的环境法律。非洲环境立法内容丰富，北非阿拉伯国家宗教中的环保理念根深蒂固；海洋水产资源丰富的南非则有着严格的海洋生物资源保护法律，购买和烹饪龙虾、鲍鱼、螃蟹等行为，在南非或将面临监禁处罚；卢旺达的限塑令规定严格；南非《碳税法案》与碳排放税的征收增加了投资成本，这些特殊规定极易让中国国企和民营企业员工陷入环境违法风险。因此，中非环境纠纷的防范与化解机制亟待构建。

所以，为防范对非投资的环境法律风险并化解争端，我国采取了从国际法到国内法、从政府到企业的综合性应对措施，但中非 34 个双边投资协定中仅与坦桑尼亚有涉及"可持续发展"的内容，其余协定均未提及环境保护问题，也未约定环境法律纠纷化解途径。而近年来中国政府颁布的境外投资规范性文件虽多次提及环境保护，可相关文件法律位阶较低、强制性不足，严格的投资审查和绿色信贷对大型国企在非履行环境保护的社会责任具有约束作用，但数量更多的民营企业则面临着管控疏漏。因此，应在环境污染预防机制的理念前提下，采取非诉讼机制化解中非环境法律纠纷。

第一，预防机制是防范环境法律纠纷的首选方式。预防原则是环境保护的"黄金原则"，也是降低环境违法风险和司法成本的最佳方式。金融机构应坚持"赤道原则"，开展绿色信贷审查，提前预判和规制项目潜在的环境法律风险，严格限制有环境不利影响和前科的企业赴非投资；对于在非投资的中小民营企业应严格环境标准并开展自我监督与惩戒；发布非洲主要国家环评法律指南，敦促企业开展环评和环境修复，以预防潜在的环境危机和法律纠纷，在项目实施各阶段完成相应的环境补偿与修复；要建立环境信息交流制度，结合环境权、知情权主动向非洲政府和民间公开环境信息，通过中非环境合作中心平台形成共同应对全球气候变化的法律机制。

第二，调解机制应通过磋商和谈判达成纠纷和解。相比司法诉讼和仲裁，通过谈判与磋商达成一致意见具有保密性、自愿性、不影响当事人权利等优势。在《新加坡调解公约》于2020年9月2日对批准国生效以来，中国可尝试与13个非洲缔约国就因环境问题而引发的"国际商事争议"进行调解。一方面，发挥中非调解的法律传统，利用磋商和谈判，以环境修复或补偿等补救措施，迅速达成和解协议，不致影响项目工期进度；另一方面，挖掘《新加坡调解公约》的条款内容，利用"主管机关审议救济请求应从速行事""形式性审查"和"保留条款"等规定，发挥调解的快速与便捷特征。此外，在国际调解的效力与执行问题，中国企业应做好应对拒绝或不能履行环境侵权和解协议的准备，邀请国际律师和有经验的调解员参与协助。

第三，仲裁机制是解决环境法律纠纷的参考路径。仲裁依然是外国投资者解决与非洲各国投资争端的主要方式，近三年来，解决投资争端国际中心（ICSID）受理了34起不同国家投资者针对非洲国家提起的仲裁申请，其中关于油气、电力、农业、金属资源开发的案件共18起，可见国际仲裁是解决非洲资源开发领域争端的主要方式。目前，依托南部非洲仲裁基金会、上海国际经济贸易仲裁委员会、内罗毕国际仲裁中心、北京仲裁委员会和深圳国际仲裁院，中非联合仲裁中心已形成了"3+2"支柱型格局，五个仲裁机构加上解决投资争端国际中心（ICSID）可为中非各方商事主体提供针对性的争端解决服务。因此，可通过完善中非BITs和项目合同中的环保及其争议解决条款来实现纠纷解决，也可利用解决投资争端国际中心（ICSID）并完善中非现有仲裁机制，多管齐下构建中非环境法律纠纷的仲裁解决机制。

第四，诉讼机制须从应诉和起诉两个维度保障权益。在"穷尽国内救济机制"的原则下，诉讼将会成为中国企业合理承担环境法律责任、理性维护投资利益的最终选择。肯尼亚、南非、纳米比亚等多个非洲国家已建立专门化的环境审判系统，所以，中国企业须从应诉方和起诉方两个视角来灵活运用非洲的环境法律诉讼机制。作为应诉方，中国企业应聘请有环境司法经验的律师、顾问或具备资质的项目环境专员，在环境民事侵权案件中排除环境危害、合理承担修复与赔偿费用；在环境刑事案件中积极取证，合理承担违法责任，防止过量司法裁判；在环境行政诉讼中，应搜集有利材料，配合东道国环境主管部门，减少不利处罚。相反，因非洲环保行政机关或个人的活动而使得中国企业遭受不利影响时，中国企业可作为起诉方并依据相关法律对非洲环保行政机关做出的行为或决定提请行政复议，拒绝履行不合理的行政决定或民事请求，警惕因非洲国家司法腐败而做出过量的法律裁判和经济赔偿。

此外，由于对非投资的环境法律规制及其纠纷解决机制这一研究涉及问题领域较多，再加上非洲国家数量多，法律制度复杂，本书难免会以偏概全。一方面，仅选取五个区域、十个对非投资主要国家以及近年来影响较大的环境案例进行介绍，难以做到全面、精确反映中国企业在非洲遇到环境法律规制的现状和存在的问题，所提出的建议也只是抽象概括，难以面面俱到，仍需要在以后的研究中继续深化、细化，以期更具有针对性和适用性；另一方面，虽然笔者采用各种方式收集研究资料，利用各种机会进行赴非走访调研，但囿于有效资料和调研对象有限等原因，本书的论证材料及调研素材还存在单薄、片面等问题，这导致部分内容的分析过于简单，有些论断或脱离实践的支撑，只有留待日后做进一步的修改。然而，上述欠缺和不足将会在日后的研究过程中不断弥补和完善，望诸位专家、学者批评指正。

第一章　中非合作进程中的环境保护问题

非洲既是"一带一路"倡议的重要节点，也是推进"一带一路"建设的重要方向和落脚点，"一带一路"倡议为中非合作发展带来前所未有的新机遇。① 在"一带一路"倡议于非洲"先行先试"的阶段里，产能合作与"三网一化"建设为非洲工业化和基础设施建设打下了基础，一批标志性铁路网项目成为非洲融入"一带一路"建设框架的前期成果。2015 年，随着中非合作论坛约翰内斯堡峰会成果文件发布，非洲正式被纳入"一带一路"建设框架，双边投资结构优化、双边贸易持续扩大、工程承包与基础设施稳步推进，中非共建"一带一路"进入更为细腻的"工笔画"阶段。2018 年中非合作论坛北京峰会后，倡议正式进入了发展战略紧密对接阶段，提出将"一带一路"同联合国《2030 年可持续发展议程》、非洲联盟《2063 年议程》和非洲各国发展战略紧密对接，为中非合作共赢、共同发展注入新动力。② 然而，从倡议推动下的中国对非投资实践看，在发展战略积极对接的进程中，有关非洲环境与资源保护的问题被提升至更高层面，它既是各自官方文件的重点内容，也是非洲各国发展的核心关切。一方面，在合作领域上，建筑业、采矿业、制造业高居中国对非投资存量前三位，在交通基础设施、水利能源开发、矿产与林业的合作等项目取得良好成效的同时，有关生态环境、自然资源、生物多样性、人居环境等问题被部分西方媒体和当地民众无限放大，引发不少投资争议，甚至影响了中国企业在非洲的社会形象；另一方面，在政策指导上，在"一带一路"倡议与中非合作文件，以及非洲联盟、联合国等发展规划的指引下，中非双方的环境保护理念不断加强、合作不断加深。从官方

---

① 周晓伟：《服务"一带一路"　共论法治保障　第四届"法治河南青年论坛"侧记》，《公民与法》（综合版）2019 年第 12 期。
② 王学军：《非洲发展态势与中非共建"一带一路"》，《国际问题研究》2019 年第 2 期。

到民间，一系列促进非洲可持续发展、保护非洲生态环境、加强绿色金融合作等有利于环保的举措和平台机制不断建立，中国企业能借此认识、重视、预防、化解因非洲环境法律而引发的投资争端。所以，中外专家学者预测，"一带一路"倡议的整体成功将在很大程度上有赖于实现其可持续发展的抱负。正如《"一带一路"生态环境保护合作规划》所展示的，环境保护合作是"一带一路"倡议的根本要求，对中国和地区经济的绿色转型至关重要。与此同时，建设一条高质量的"绿色之路"，更是中非共建"一带一路"的最佳方案，也是彰显新时代中非合作价值的关键所在。

第一节　中非合作的现实成效与环境影响

当前形势下，中非合作的机遇与挑战并存，体现出鲜明的时代性。"构建更加紧密的中非命运共同体"与"一带一路"倡议的推进，为中非经贸往来提供了政治保障与经济活力。越来越多的中国企业到非洲投资，投资范围与力度逐年增加，但隐藏的法律风险也逐渐显露。一方面，中国对非投资行业的环境影响性和资源依赖性易引发西方偏见，体现出高度的紧迫性。中国对非投资的建筑业、采矿业等高污染、高能耗产业极易引发环境问题和法律纠纷，由此致使中方利益受损的案件日趋增多，环境法律风险成为投资争端的新诱因，甚至引发西方社会出现了中国对非投资"环境威胁论"和"生态倾销论"等偏见。另一方面，非洲的历史遭遇和法律体系促使各国高度重视环境资源的保护，体现出相当的特殊性。殖民掠夺给非洲环境资源带来了巨大破坏，独立后各国纷纷加强立法，保护生态环境与自然资源，33 个非洲国家通过环境权入宪的方式，将公民健康环境权提升至人权保护的高度，照搬西方的环境法律体系，逐渐加大了对破坏环境行为的惩戒力度，将民事责任提升至刑事处罚。正因如此，习近平总书记深刻指出："中非合作要把可持续发展放在第一位，坚持绿色低碳可持续发展。"可见，我国已注意到中国对非投资的环境法律风险，以及共同承担应对全球气候变化的时代责任，进而强调中非绿色发展经验的交流。面对"一带一路"倡议的时代性、对非投资的紧迫性、非洲环境法的特殊性，高度重视并化解中非合作过程中环境法律风险，将具有重要的现实意义，也有助于倡议同联合国《2030 年可持续发展议程》、非洲联盟《2063年议程》和非洲各国发展战略的紧密对接。

一 中非经贸合作的新动态

2013年"一带一路"倡议提出以前，在当时与中国建交的49个非洲国家中，有45个国家与中国签署了"贸易协定"，31个国家与中国签订了"双边投资协定"，10个国家与中国签订"避免双重征税协定"，44个国家与中国建立"政府间经贸联（混）委会机制"。[①] 经过中非共建"一带一路"七年来的发展，截至2020年年初，中国与53个非洲国家建立了外交关系，在双边投资、贸易与税收协定方面，与45个非洲国家签订有"双边贸易协定"，与49个非洲国家建立了"经贸联（混）委会机制"，与34个非洲国家签订或新签了"双边投资协定"，与15个非洲国家签订了"避免双重征税协定"，与14个非洲国家签订了"双边科技合作协议"，与30多个非洲国家和地区签署了"航空服务协议"，目前中国投资已遍布50多个非洲国家和地区。[②] 从2009年起，中国已经连续11年成为非洲第一大贸易伙伴国。可见，"一带一路"倡议在非洲全面推进，为中国对非投资带来了经济活力，通过产能合作和工程项目拉动了中国企业赴非投资，在提升基础设施条件的同时改善非洲国家的投资环境，实现了中非互利共赢。"一带一路"倡议给中非合作带来了巨大而广阔的前景，在贸易、投资和基础设施建设等领域取得了喜人的成绩。

（一）双边投资逐渐回暖

受新冠肺炎疫情影响，中非双边投资在2019—2021年呈现明显波动。2020年中国对非洲全行业直接投资额29.6亿美元，相比前一年度略有增长。在非洲社会复苏和中非数字经济合作的机遇下，中国对非投资逐渐回暖。"2020年中国企业新增投资覆盖非洲47国，对19国投资增幅超10%。从地区看，中国企业对东非、北非的投资流量实现增长；从行业看，服务业投资吸引力显著上升，中国企业对科研和技术服务业，交通运

[①] 杨立华：《中国与非洲经贸合作发展总体战略研究》，中国社会科学出版社2013年版，第117页。

[②] 张小虎、刘明萍：《中非法律交流合作发展报告（2017—2018）》，载刘鸿武主编《非洲地区发展报告（2017—2018）》，中国社会科学出版社2018年版，第273—386页。

输、仓储和邮政业,居民服务、修理和其他服务业,卫生和社会工作业投资流量增幅均超过100%。"① 可见,自2018年中非合作论坛北京峰会召开以来,中非双边投资呈现出如下特征:

第一,投资流量增长较快。商务部2020年《中国对外投资合作报告》显示,2019年中国对外直接投资流量1369.1亿美元,虽投资规模有所收缩,但降幅较上年收窄5.3%,且投资结构进一步优化、质量效益得到提升。② 截至2019年年末,中国在非洲地区的投资存量为443.9亿美元,占中国对外投资存量的2%。然而,相比2018年,中国对非直接投资流量下滑趋势较大,对非洲直接投资27.1亿美元,同比下降49.9%,占当年对外直接投资流量的2%③(见图1-1)。虽然,中国对非直接投资流量出现大幅下降,但实践中的投资广度和深度却不断得到拓展,这表明未来的中非投资合作潜力巨大。从中国对非投资存量看,相比2003年已增长近40倍,另据麦肯锡报告指出,由于官方统计的数据未能涵盖规模较小的企业,而它们经常使用的非官方转账方式,因此,事实上中国流向非洲的实际资金总额或将比官方数据高出15%。如果计入这些资金流动,那么当前中国对非洲的外商直接投资额就达到了近500亿美元。④

第二,投资国别分布集中。截至2019年年末,中国企业在非洲地区的52个国家开展投资,投资覆盖率为非洲全境的86.7%,设立的境外企业超3800家,占境外企业总数的8.7%,主要分布在赞比亚、埃塞俄比亚、尼日利亚、肯尼亚、南非、坦桑尼亚、加纳、安哥拉、乌干达等国。从投资流量上看,2019年中国对非洲投资主要流向刚果(金)、安哥拉、埃塞俄比亚、南非、毛里求斯、尼日尔、赞比亚、乌干达、尼日利亚等国(见图1-2)。其中,对刚果(金)直接投资流量为9.4亿美元,同比增长44.8%;对安哥拉直接投资流量为3.8亿美元,同比增长41.8%。截至

---

① 中华人民共和国商务部西亚非洲司:《2020年中非经贸合作综述》,http://xyf.mofcom.gov.cn/article/tj/zh/202104/20210403051448.shtml,2021年7月25日访问。
② 中华人民共和国商务部:《中国对外投资发展报告·2020》,2020年,第4页。
③ 中华人民共和国商务部:《中国对外投资发展报告·2020》,2020年,第71页。
④ Irene Yuan Sun, Kartik Jayaram and Omid Kassiri, *Dance of the Lions and Dragons: How Are Africa and China Engaging, and How Will the Partnership Evolve?* McKinsey & Company, 2017. p. 22.

第一章　中非合作进程中的环境保护问题

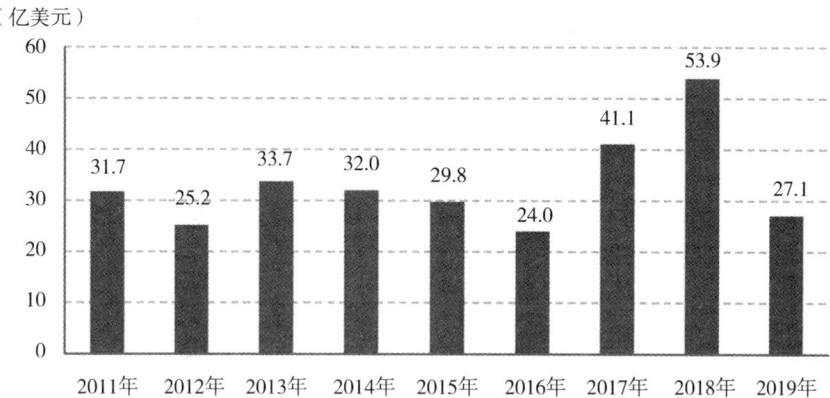

图 1-1　2011—2019 年中国对非直接投资流量

数据来源：商务部、国家统计局、国家外汇管理局《2019 年度中国对外直接投资统计公报》。

2019 年年末，中国在南非的直接投资存量达 61.5 亿美元，位居非洲首位①（见图 1-3）。

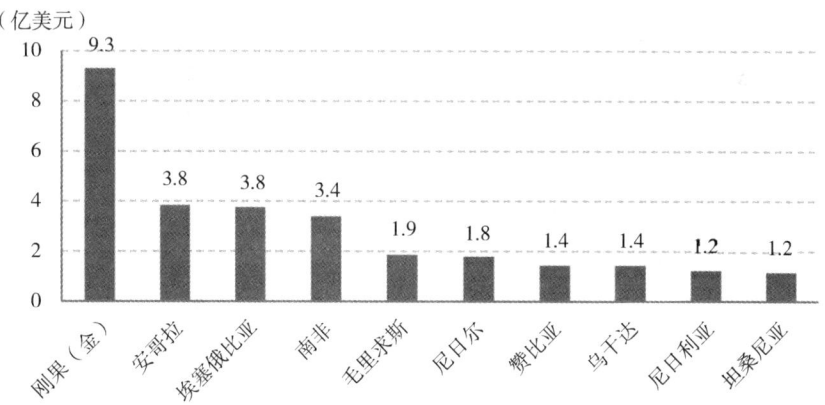

图 1-2　2019 年中国对非洲直接投资流量国别和地区分布

数据来源：商务部、国家统计局、国家外汇管理局《2019 年度中国对外直接投资统计公报》。

第三，投资领域不断拓宽。近年来，中国对非直接投资行业领域继续拓宽，行业仍保持相对集中。2019 年，中国对非洲地区的投资存量主要分布在五大行业领域，依次为建筑业 135.9 亿美元（占 30.6%）、采矿业

---

① 中华人民共和国商务部：《中国对外投资发展报告·2020》，2020 年，第 72 页。

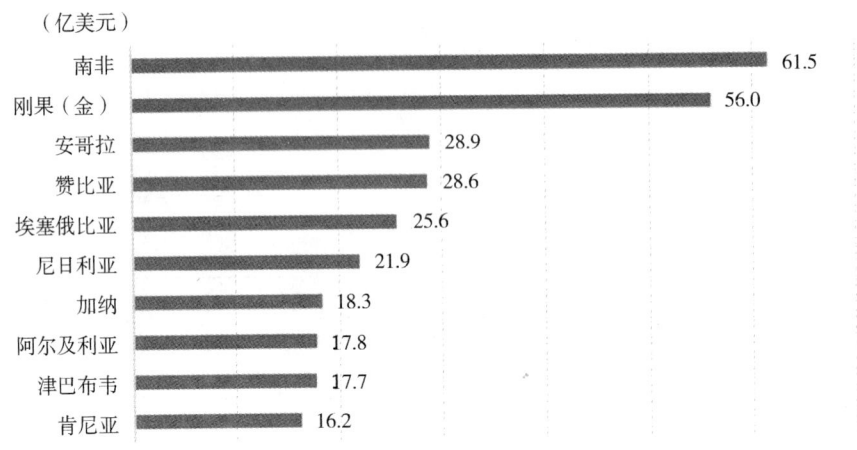

图 1-3　2019 年中国对非洲直接投资存量国别和地区分布

数据来源：商务部、国家统计局、国家外汇管理局《2019 年度中国对外直接投资统计公报》。

110.2 亿美元（占 24.8%）、制造业 55.9 亿美元（占 12.6%）、金融业 52.4 亿美元（占 11.8%）、租赁与商务服务业 24.9 亿美元（占 5.6%）、其他行业 64.6 亿美元（占 14.6%），可见建筑业、采矿业依然继续保持在前两名位置（见图 1-4）。其中，采矿业增速较快，行业占比较上年增长 2.1%，上述五大行业投资存量合计为 379.4 亿美元，所占比重高达 85.4%。① 此外，中国对非洲投资合作除了传统的建筑、采矿、制造等领域，正逐渐拓宽至金融、农林、房地产、贸易、互联网和旅游业。② 而且，除国有企业以外，越来越多的民营企业也开始参与进来并受益。

第四，投资区域特色显著。自"一带一路"倡议与非洲《2063 年议程》和联合国《2030 年可持续发展议程》紧密结合以来，加之中非合作论坛"八大行动"和中非产能合作的促进，近年来形成了"中非发展基金""中非产能合作基金""丝路基金"等主权基金。在各主权基金的引导和带动下，大型企业和民间资本大量涌入非洲，与各区域资源禀赋相结合，促使中国对非投资形成了特色鲜明的区域性行业模式。在东部非洲，利用其作为非洲东大门和非洲水乡的地理区

---

① 中华人民共和国商务部：《中国对外投资发展报告·2020》，2020 年，第 73 页。
② 刘诗琪：《"一带一路"框架下中非合作的战略对接与挑战》，《现代管理科学》2019 年第 1 期。

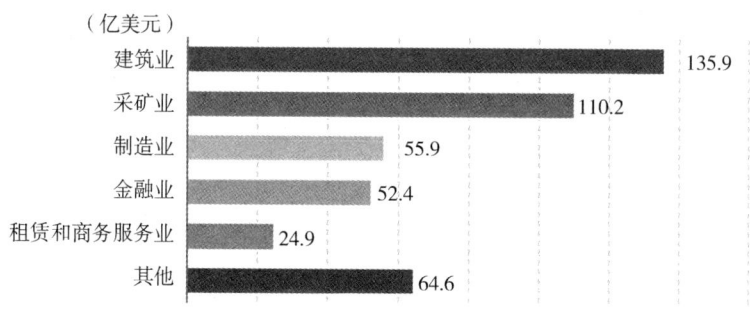

图 1-4 2019 年末中国对非洲直接投资存量行业分布

数据来源：商务部、国家统计局、国家外汇管理局《2019 年度中国对外直接投资统计公报》。

位优势，投资领域以基础设施和水利工程为特色。在港口、铁路和公路网方面，亚吉铁路、蒙内铁路、内马铁路、亚斯亚贝巴—阿达玛高速公路、吉布提港等项目让东非成为非洲进出口的门户；在水利工程方面，埃塞俄比亚特克泽水电站、纳莱—达瓦河水电站和 FAN 水电站、乌干达伊辛巴水电站和卡鲁玛水电站，肯尼亚 HGF 综合水利枢纽等项目合同总额超过 50 亿美元。① 这些项目充分发挥了东非水资源的优势，既发展了清洁能源，又保护了生态环境。在南部非洲，由于南非②、赞比亚③、安哥拉、津巴布韦、纳米比亚等国丰富的能源与矿产资源，所以在此区域传统能源矿产合作开发的基础良好，发展快速。近十年来，中石油、中国有色等企业在该区域实施重大项目超过 10 个，具体包括纳米比亚湖山铀矿、赞比亚卢安夏铜矿、安哥拉铝型材厂、津巴布韦 ZCE 铬矿、莫桑比

---

① 智宇琛：《电亮非洲》，《中国投资》2018 年第 4 期。

② 例如，南非是第一个与中国签署《"一带一路"政府间合作谅解备忘录》的非洲国家，它也是世界五大矿产国之一，现已探明储量并开采的矿产有 70 余种，其中黄金、铂族金属、锰、钒、铬、硅铝酸盐的储量居世界第一位。矿产品和贵金属约占南非对华出口总额的 85%。在 2019 年 10 月，中国投资企业已同意在南非建造一座价值 100 亿美元的冶金综合设施。该综合设施将包括一座不锈钢厂、一座铬铁厂和一座硅锰厂，另外位于南非林波波省的造价 9000 万美元露天采矿项目将生产硬煤和热能煤。

③ 早在 20 世纪 90 年代，中资企业就开始进入赞比亚，经过了 20 多年发展，赞比亚目前每年铜产量稳定在 60 万—70 万吨。

克与南非的复兴石油管道等。[1] 在西部非洲，与油气有关的开发项目是近年来投资的热点领域。例如，中国企业在尼日利亚、尼日尔等西非国家建立了上游油田、中游输送管道、下游炼油化工的完整石油工业体系，在2018年中石油还与非洲最大产油国尼日利亚的国家石油公司（NNPC）签订了涉及天然气和石油运输管道的项目合同，中海油则在乌干达签订了20.62亿美元的东非原油管道项目（乌干达霍伊马地区到坦桑尼亚坦噶港），成为中国在乌干达的最大投资项目。此外，在中部非洲地区，乍得、刚果（金）[2]、加蓬等国能源矿产与林业资源合作发展较快；而在北部非洲地区，中国的投资合作启动较早、行业分布较广、投资量大、投资企业多。

（二）双边贸易不断扩大

在2013年"一带一路"倡议提出之时，中非双边贸易额首次突破2000亿美元，达到2102.5亿美元，更是在2014年增至2216.6亿美元。虽然，其后两年受国际大宗商品价格影响，贸易额有所回落，但商务部统计数据显示，2019年，中非双边贸易额达2087亿美元，同比增长2.21%；其中，中国自非进口总额955亿美元，同比下降3.8%；中国出口总额1132亿美元，同比增长7.9%。然而，受新冠肺炎疫情的严重影响，"2020年中非贸易额1870亿美元，同比下降10.5%，降幅较上半年收窄8.6个百分点。其中，中国自非进口727亿美元，同比下降24.1%；中国非出口1142亿美元，同比增长0.9%"[3]。可喜的是，中国已连续12年保持非洲最大贸易伙伴国地位，且中国市场对非开放程度不断扩大。

对比2000年中非合作论坛创设之时，在2018年中非贸易额已增长超18倍。据预测，"2025年中国在非收益可达到2500亿美元"[4]。同时，中

---

[1] 智宇琛：《中国中央企业走进非洲》，社会科学文献出版社2016年版，第108—110页。

[2] 在2000年后，中资企业开始进入刚果（金）矿山领域。2018年刚果（金）铜产量约为130万吨，其中中资矿业公司产量约为70万吨，占总产量的54%以上，目前仍处于快速扩张的态势，带动了工程承包、设备物资供应、贸易物流等配套产业领域的发展。一个完善的矿业生态产业链正在刚果（金）形成，并将进一步促进矿业业务自身的进一步发展。参见刘振《"一带一路"倡议下非洲矿业市场的机遇和风险分析》，《世界有色金属》2019年第24期。

[3] 中华人民共和国商务部西亚非洲司：《2020年中非经贸合作综述》，http://xyf.mofcom.gov.cn/article/tj/zh/202104/20210403051448.shtml，2021年7月25日访问。

[4] 王婷：《"一带一路"视域下中非合作的进程、挑战与前景展望》，《现代管理科学》2019年第9期。

非双面贸易的结构也在持续优化，其中机电产品、高新技术产品对非出口金额占中国对非出口总额的56%。中国自非洲的非资源类产品进口也显著增加，2020年自非进口农产品金额同比增长4.6%，已连续4年保持正增长。在新兴合作领域方面，中国金融机构已经在非洲设立了十多家分行。中非贸易研究中心数据显示，2019年度，中国与非洲各国贸易数据呈现出如下特征：

第一，从中国与非洲各国进出口贸易额看，进出口额排名前十位的非洲国家分别是南非（424.67亿美元）、安哥拉（257.10美元）、尼日利亚（192.75亿美元）、埃及（132.02亿美元）、阿尔及利亚（80.83亿美元）、加纳（74.63亿美元）、利比亚（72.52亿美元）刚果（金）（65.05亿美元）、刚果（布）（64.85亿美元）、肯尼亚（51.73亿美元）。十国合计与中国进出口贸易额约达1416.15亿美元，占2019年中国与非洲国家进出口贸易总额的68.47%。可见，非洲三大经济体加上安哥拉是中非贸易的四大伙伴国，在贸易额稳步提升的过程中，上述四国的贸易额均超过了100亿美元。[①]

第二，从中国与非洲五大次区域的进出口贸易额看，南部非洲占据两国（南非、安哥拉）；中部非洲占据两国［刚果（布）、刚果（金）］；西部非洲占据两国（尼日利亚、加纳）；北非非洲占据三国（埃及、阿尔及利亚、利比亚）；而在基础设施建设与制造业领域合作广泛的东部非洲仅有肯尼亚一个国家进入贸易额前十位榜单。

第三，从中国向非洲各国出口贸易额看，三大经济体的南非（165.43亿美元）、尼日利亚（166.23亿美元）、埃及（122.01亿美元）是出口额排名前三，也是仅有的三个超过100亿美元的非洲国家，三国合计占据中国对非出口贸易额的四成以上。此外，北非的阿尔及利亚、摩洛哥和利比亚，东非的肯尼亚、埃塞俄比亚和坦桑尼亚，西非的加纳和利比里亚，南部非洲的安哥拉等都是中国对非出口的主要目的国。

第四，从中国向非洲各国进口贸易额看，排名前十的国家依次为南非（259.23亿美元）、安哥拉（236.54亿美元）、刚果（布）（60.50亿美

[①] 中非贸易研究中心：《2019年中国与非洲各国贸易数据及相关排名》，http://news.afrindex.com/zixun/article12181.html，2021年7月25日访问。

元)、利比亚 (48.01 亿美元)、加蓬 (46.39 亿美元)、刚果 (金) (44.29 亿美元)、赞比亚 (32.62 亿美元)、尼日利亚 (26.52 亿美元)、加纳 (25.60 亿美元)、几内亚 (24.59 亿美元) 等非洲资源型国家,而且中国向上述十国进口的贸易额约达 1128.6 亿美元,占 2019 年中国自非洲进口额的四成以上。尤其是对尼日利亚、加蓬、利比亚三国的资源进口呈现增长趋势,可见,中国对于非洲的石油、矿产、天然气传统能源产品,以及林木等自然资源产品的进口依然占有较高比重。

(三) 工程承包与基础设施需求巨大

虽然受到新冠肺炎疫情的不利影响,但中国企业对非洲工程承包市场仍然抱有较强信心。2020 年中国在非洲承包工程新签合同额同比增长 21.4%,达 679 亿美元,本年度中国企业在非洲承包工程完成营业额 383 亿美元,同比下降 16.7%。[①] 而且,从近年来中国对外工程承包新签合同额和完成合同额看,非洲仅次于亚洲,继续保持为中国企业的第二大海外承包工程市场。

2013—2016 年,中国对非基础设施建设投资平均每年都超 120 亿美元,这得益于近年来提出的"三网一化"建设目标,并在产能合作持续扩大的背景下,中国承建的大型基础设施建设项目有力促进了非洲的工业化发展,也极大改善了部分国家的公共设施,优化了投资环境。其间,中国参与非洲基础设施建设的模式也从早期的承包工程和援建为主,逐渐转变为帮助制定发展规划和交通标准设计,并有大批中非共建"一带一路"的标志性项目完工落地。所以,从投资数据和行业看,中国对非基础设施建设的投资合作越来越倾向于"可持续基础设施"[②] 模式,相关项目已在

[①] 中华人民共和国商务部西亚非洲司:《2020 年中非经贸合作综述》,http://xyf.mofcom.gov.cn/article/tj/zh/202104/20210403051448.shtml,2021 年 7 月 25 日访问。

[②] "可持续基础设施"通常被定义为在社会、经济和环境方面是可持续的,本书也使用了这一定义。因此可持续基础设施具有以下特征:一是具有包容性,尊重人权,有助于改善生计和社会福祉,例如,普及能源,支持扶贫,增强抗击气候变化的能力。二是有助于创造就业机会,促进经济增长,同时不给政府或用户造成过多的债务或成本负担,确保工人的安全,致力于当地供应商和开发商的能力建设。三是有助于建设低碳、资源节约型经济,能够适应气候变化。四是解决当地的环境挑战,包括尽量减少对生态系统的负面影响。参见艾莉森·霍尔、蓝虹、海延斯、能源环境和资源部《"一带一路"倡议下投资者在推动可持续基础设施建设过程中发挥的作用》,英国皇家战略研究所 (The Royal Institute of International Affairs, Chatham House),2018 年 5 月,第 8 页。

非洲取得了良好的效果。与此同时，中国制定了一系列与非洲国家基于跨国、跨区域基础设施建设合作伙伴关系的经贸及援助新措施，力图利用投融资、援助、合作等多形式，支持、带动更多的中国企业和金融机构融入非洲基础设施的"建、管、养"过程。另据南非标准银行统计数据显示，非洲国家基础设施建设资金中约有 2/3 来自中国，中国已逐步发展成为非洲基础设施建设的最大投资来源国。时至今日，非洲与中国的联系无论是在范围、强度、速度方面，还是在影响力方面都已经达到最强。[①]

商务部统计数据显示，在"一带一路"倡议刚提出的 2013 年，中国企业在非洲承包工程完成营业额 478.9 亿美美元，随后，2014 年增长到 529.7 亿美元，2015 年完成营业额 547.8 亿美元，2016 年中国企业在非洲新签承包工程合同额 820 亿美元，同比增长 8%，完成营业额 521 亿美元。到 2018 年，随着中非合作论坛北京峰会的召开，以及倡议与非洲联盟、联合国的发展议程紧密对接，当年中国在非洲市场对外承包工程新签合同额 784.3 亿美元，同比增长 2.5%，占全球总额的 32.4%；完成营业额 488.4 亿美元，同比下降 4.6%。截至 2019 年，"中国对非洲承包工程业务减少，新签合同额 559.3 亿美元，同比下降 28.7%；完成营业额 460.1 亿美元，同比下降 5.8%；分别占当年在全球市场新签合同额和完成营业额的 21.5% 和 26.6%"[②]。从数据上看，虽然中国企业在非洲业务规模出现萎缩，但非洲市场的业务比却逐步提升。2020 年我国上榜企业完成营业额合计 341.7 亿美元，占比达到了 61.9%，较上年度有所提高。[③] 可见，在中非合作论坛等利好举措的推动下，合作双方均在探索新的发展模式，"建营一体化"业务逐渐增多。

从 2019 年在非新签和完成额来看，一方面，按照新签合同额排序，中国在非洲的五大国别市场依次为：尼日利亚（125.6 亿美元）、加纳（42.9 亿美元）、阿尔及利亚（37.3 亿美元）、刚果（金）（35.6 亿美元）、科特迪瓦（34.9 亿美元），上述五国新签合同额合计为 276.3 亿美元，占 2019

---

① 盖轶婷、尹莉俊、赵满：《"一带一路"倡议下非洲国家基础建设投融资研究》，《交通企业管理》2018 年第 6 期。
② 中华人民共和国商务部：《中国对外投资发展报告·2020》，2020 年，第 73—74 页。
③ 中华人民共和国商务部、中国对外承包工程商会：《中国对外承包工程发展报告 2019—2020》，2020 年，第 42 页。

年非洲市场的49.4%，同时，中国企业在非洲承包工程新签合同额中，交通运输建设项目占37.9%，一般建筑项目占19.8%，电力工程建设项目占13.6%，水利建设项目占6.4%。另一方面，按完成营业额排序，前五大国别市场依次为：阿尔及利亚（63.4亿美元）、尼日利亚（46.0亿美元）、肯尼亚（41.7亿美元）、埃及（31.9亿美元）、安哥拉（28.7亿美元），完成营业额合计211.5亿美元，占当年非洲市场的46.0%。在承包工程业务完成营业额中，交通运输建设项目占33.6%，一般建筑项目占23.4%，电力工程建设项目占12.6%，通讯工程建设项目占6.9%。[1]

从2019年的非洲重点合作国别来看，在新签合同额上，中国与尼日利亚新签工程承包合同125.6亿美元，虽同比下降26.2%，但尼日利亚依然是本年度中国对外新签合同额排名第一的国家；与加纳新签合同42.9亿美元，同比增长33.2%，位列新签合同额第二位；此外，与南苏丹新签合同11.7亿美元，同比增长535.5%，与塞内加尔新签合同10.3亿美元，同比增长153.7%，与尼日尔和马达加斯加分别新签合同9.5亿美元和9.2亿美元，同比分别增长234.7%和256.7%。在完成营业额上，于阿尔及利亚完成63.4亿美元、于尼日利亚完成46亿美元、于肯尼亚完成41.7亿美元、于埃及完成31.9亿美元，其中在埃及、刚果（金）、几内亚乍得、津巴布韦等国家的完成营业额同比增长近5成。除此之外，尼日利亚、加纳、阿尔及利亚、刚果（金）、科特迪瓦、埃塞俄比亚、几内亚等15个非洲国家新签合同额超10亿美元，阿尔及利亚、尼日利亚、肯尼亚、埃及、安哥拉、赞比亚等14个非洲国家完成营业额超10亿美元，相比前一年度略有减少[2]（见表1-1）。

表1-1　　2019年对外承包工程非洲地区业务排名前15位[3]　　单位：亿美元

排名	国别（地区）	新签合同额	同比	国家（地区）	完成营业额	同比
1	尼日利亚	125.6	-26.2%	阿尔及利亚	63.4	-15.8%

---

[1] 中华人民共和国商务部：《中国对外投资发展报告·2020》，2020年，第74页。
[2] 中华人民共和国商务部、中国对外承包工程商会：《中国对外承包工程发展报告2019—2020》，2020年，第42—43页。
[3] 中华人民共和国商务部、中国对外承包工程商会：《中国对外承包工程发展报告2019—2020》，2020年，第43页。

续表

排名	国别（地区）	新签合同额	同比	国家（地区）	完成营业额	同比
2	加纳	42.9	33.2%	尼日利亚	46.0	13.5%
3	阿尔及利亚	37.3	-22.0%	肯尼亚	41.7	-4.3%
4	刚果（金）	35.6	-37.8%	埃及	31.9	55.9%
5	科特迪瓦	34.9	71.5%	安哥拉	28.7	-36.9%
6	埃塞俄比亚	26.9	21.5%	赞比亚	25.7	-4.8%
7	几内亚	26.6	64.3%	埃塞俄比亚	25.0	-37.6%
8	埃及	25.9	-67.4%	刚果（金）	24.5	34.4%
9	赞比亚	22.1	-52.7%	乌干达	15.4	-28.3%
10	肯尼亚	13.8	-63.6%	喀麦隆	14.0	11.7%
11	坦桑尼亚	12.6	-40.6%	坦桑尼亚	12.8	19.2%
12	乌干达	11.8	-68.5%	几内亚	12.2	48.6%
13	南苏丹	11.7	535.5%	科特迪瓦	10.9	28.5%
14	南非	10.6	-41.2%	莫桑比克	10.0	24.5%
15	塞内加尔	10.3	153.7%	塞内加尔	8.8	-22.6%

从承包工程的具体领域看，交通运输建设、一般建筑、电力工程建设为中国企业在非洲市场承接工程的主要业务领域，上述三个业务领域的新签合同额和完成营业额合计占比均超七成。同时，交通运输建设和一般建筑领域新签合同额和完成营业额也均超过100亿美元，其中交通运输建设业务规模虽同比下滑明显，但新签合同额与完成额依然居于首位。此外，石油化工、水利建设、废水（物）处理等领域的业务同比实现较快增长（见表1-2）。这表明，在对非工程承包项目中，油气资源、清洁能源、环境保护三大方面成为近年来投资开发的热点领域。

表1-2　　　　2019年非洲市场对外承包工程业务领域分布[①]　　　单位：亿美元

排名	专业领域	新签合同额	同比	专业领域	完成营业额	同比
1	交通运输建设	212.1	-25.4%	交通运输建设	154.7	-7.9%
2	一般建筑	110.1	-25.9%	一般建筑	107.5	-5.0%

[①] 中华人民共和国商务部、中国对外承包工程商会：《中国对外承包工程发展报告2019—2020》，2020年，第44页。

续表

排名	专业领域	新签合同额	同比	专业领域	完成营业额	同比
3	电力工程建设	75.8	-46.3%	电力工程建设	57.8	-9.2%
4	通讯工程建设	33.4	-7.3%	通讯工程建设	31.8	0.2%
5	水利建设	36.0	22.3%	水利建设	29.7	-2.8%
6	工业建设	24.5	-25.1%	工业建设	23.4	-6.1%
7	石油化工	33.0	81.4%	石油化工	22.9	32.4%
8	制造加工设施建	4.0	-12.0%	制造加工设施建	8.5	-23.9%
9	废水（物）处理	1.4	-35.4%	废水（物）处理	0.8	12.9%
10	其他	28.2	-67.3%	其他	23.1	-15.5%

从非洲五大区域的市场业务看，在2019年度西非地区依然表现抢眼，而中部非洲地区依然由较大合作提升空间。在中国与非洲新签合同额上，西非地区占比46.4%，然后依次为南部非洲地区14.7%、北非地区14.7%、东非地区12.8%和中部非洲地区11.4%；在完成营业额上，西非地区占比23.3%，然后依次为北非地区23%、东非地区22%、南部非洲地区18.8%以及中部非洲地区12.8%。①

从非洲五大区域新签与完成项目的具体额度看，相比上一年度，2019年中国企业在非洲五大区域的新签合同额均出现不同程度的下滑。在完成合同额上，除了中部和西部非洲地区有所增长之外，其余地区也呈现下降态势。在东部非洲，2019年中国企业在该地区新签合同额71.4亿美元，同比下降47%，完成营业额101.4亿美元，同比下降17.5%，较之2017年东非地区签约和完成额度的峰值有所回落，肯尼亚和埃塞俄比亚是中国在该地区的主要市场国；在北部非洲，中国企业在该地区新签合同额82.1亿美元，完成营业额106.0亿美元，同比分别下降40.2%和6.4%，阿尔及利亚和埃及是中国在该地区的主要市场国；在南部非洲，中国企业在该区业务收缩显著，新签合同额82.5亿美元，同比下降45.2%，完成营业额86.6亿美元，同比下降20.5%，安哥拉和赞比亚是中国在该地区的主要市场国；在西部非洲，中国企业在该地区新签合同额259.7亿美

---

① 中华人民共和国商务部、中国对外承包工程商会：《中国对外承包工程发展报告2019—2020》，2020年，第46页。

元，同比下降4.2%，完成营业额107.2亿美元，同比增长12.2%，尼日利亚和加纳是中国在该地区的主要市场国；在中部非洲，中国企业在该地区新签合同额63.6亿美元，同比下降29.8%；完成营业额58.9亿美元，同比增长23.2%，刚果（金）和喀麦隆是中国在该地区的主要市场国。[①]

可见，基础设施合作依然是中非经贸合作的重点内容，非洲各国对基础设施建设的缺口巨大，许多承包工程项目主要都是中国对非洲的援建项目。中国企业为非洲兴建了大量铁路、公路、桥梁、机场、发电厂等经济型基础设施，以及大量医院、学校、实验室、会展中心、水井等社会型基础设施。[②] 在基础设施建设领域，亚吉铁路、蒙内铁路、内马铁路搭建了东非铁路网的基本框架，目前中国企业已经为非洲建设5756千米的铁路。在能源领域，中国企业为非洲兴建了超过34个发电厂，以及十多个大型水电站和上千个小型水电站。在苏丹、乍得和阿尔及利亚，中国企业建设了全产业链的能源开发项目，为埃及、尼日利亚、埃塞俄比亚、肯尼亚等国建设了高科技含量的特高压输电网线，在南非和埃及等国建设了大型光伏发电和风力发电等新能源项目。[③] 在港口建设领域，中国企业兴建了埃及塞得港、吉布提综合补给港、坦桑尼亚巴加约莫港、肯尼亚蒙巴萨港。综上，统计数据显示，非洲30%以上的基础设施项目由中国资助和承建。"到了2019年年末，中国已帮助非洲建设1万多公里公路，6000多公里铁路，75个电站，79个体育场，20座桥梁，15座机场，14个港口等。非洲80%以上的通信基础设施由华为和中兴建设，并由中国金融机构提供融资。"[④]

二 环境保护问题的新争议

当前，中非经贸投资合作得到了巨大发展，投资领域和地区也有了新

[①] 中华人民共和国商务部、中国对外承包工程商会：《中国对外承包工程发展报告2019—2020》，2020年，第45—54页。

[②] 全毅、高军行：《"一带一路"背景下中非经贸合作的定位、进展与前景》，《国际经济合作》2018年第1期。

[③] 莫莉：《共建产业园：中非经济合作新趋势》，《金融时报》2017年9月2日第6版。

[④] 田士达：《中国与南非基建领域合作前景广阔》，《经济日报》2020年7月13日第8版。

的变化。近年来,投资项目从资源丰富的西部与南部非洲国家(如尼日利亚和安哥拉)转移到了肯尼亚和埃塞俄比亚等东非发展中经济体(非资源型国家);从石油矿业等传统资源的投资与贸易,转移到基础设施建设、工程承包和制造业等新兴行业的投资合作,从一些大型项目逐步落地实施来看,中非投资合作的深化拓展,取得了良好效果,有效促进了非洲的工业化和现代化发展。但无论是矿产还是工程承包,这些投资领域具有深刻的资源依赖性和环境影响性。另外,非洲是当今世界最为贫困的大陆,也是人口增长最快的地区,同时也是最容易受全球气候变化影响以及最不能应对这种影响的大陆,由于历史长期的资源掠夺,今天非洲大陆部分地区出现了毁林、沙漠化、土壤生产力下降、污染和淡水资源枯竭等环境问题,近年来还常伴有周期性干旱、洪水和各种疾病的严重暴发。[1] 虽然,越来越多的非洲国家更加注意环境问题,公民的环保意识也有提高,但相比对工业化和农业户的需求,环境问题在非洲仍然是相对较低的政策优先事项。这种管理的疏漏也变相导致了投资者对非洲环境的忽视,由此产生了不少新争议,尤其是因此引发的负面环境评价,让全球更多的组织和个人关注于此。有组织反映,中国企业在非洲的环境保护是自愿性的,所以落实较少,而且企业运营人员对中国海外投资经营的法规和政策的了解不足,有55%的在非中国员工从未听说过国内法上的规制与政策,30%员工听说过但不熟悉,仅15%的员工对此比较熟悉。[2] 可见,非洲生态环境与资源法律规制造成的投资争议时有发生,这些问题引发了非洲和西方的关注以及一些不当的指责,不利于中国在非洲良好投资形象的塑造。[3]

(一) 非洲环境危机的背景分析

在历史和现实因素的影响下,非洲环境危机在当前中非合作过程中逐渐产生。20世纪50年代以来,非洲各国纷纷独立,谋求民族统一与国家富强。但是,本土习俗和资源掠夺给非洲大陆的生态环境与自然资源带来

---

[1] David H. Shinn, "The Environmental Impact of China's Investment in Africa", *Cornell International Law Journal*, Vol. 49, No. 1, 2016, pp. 25-67.

[2] 中非森林治理学习平台:《中国对非洲森林的投资:规模、趋势和未来政策》,国际环境与发展研究所,2016年,第13页。

[3] Jessica Marsh, "Supplying the World's Factory: Environmental Impacts of Chinese Resource Extraction in Africa", *Tulane Environmental Law Journal*, Vol. 28, No. 2, 2015, pp. 393-407.

了前所未有的破坏。作为总面积约3029万平方千米的世界第二大洲，非洲一半以上的面积已沦为极干旱、干旱或半干旱地区，沙漠化的蔓延让撒哈拉沙漠占据了非洲大陆地表面积的1/3以上。虽然非洲有纬度跨度较大的优势，热带稀树草原和热带雨林的植物种类达4万余种，可落后的农耕方式和宗主国的资源开采使大量的林木被砍伐。例如，在植物生长和耕地保护上，安哥拉的农业垦荒方式让大小树木遭到砍伐并焚烧。这虽能获得更多的农用地和天然化肥，但对森林打击巨大，大量森林沦为荒地，水土流失和沙漠化不断加剧。在几内亚，放牧者时常引火焚烧稻谷导致休耕地地力恢复的减慢，过度的焚烧也加剧了大气污染。据统计，"从1950年到1983年，非洲24%的雨林消失。1983年后，仍以每年1%的速度继续消失。损失全部森林80%以上的国家有布基纳法索、乍得、埃塞俄比亚、尼日尔、卢旺达和塞内加尔等13国。损失森林覆盖达50%—80%的国家有贝宁、喀麦隆、中非、科特迪瓦、肯尼亚、尼日利亚、苏丹、多哥、乌干达和刚果（布）等21国。更为严重的是毁林比造林的速度快30倍。"[1] 这其中大部分国家都是本书讨论的在20世纪90年代修宪中增加环境权的国家。又如，在野生动物和生态平衡方面。近几十年来，非洲象每年被杀的数目多达5万—15万头，在安哥拉、喀麦隆、中非、乍得、乌干达等国，非洲象已经绝迹。非洲黑犀牛有珍贵的药用价值，非法捕杀让其数量锐减了90%以上，黑犀牛濒临灭绝。[2] 而在水资源方面，在世界上缺乏安全饮用水人口比例最高的25个国家中，非洲占19个。非洲80%以上的疾病和一半的婴儿死亡率是由水污染和不健康的环境卫生引起的，非洲因饮用脏水腹泻的死亡率是全世界最高的。[3] 此外，在社会稳定与生存环境方面，近代殖民压迫让非洲的政治经济文化一直处于全球最落后状态。尤其是20世纪90年代以来不同部族间的战争与屠杀，让非洲各国人民处于水深火热之中，生存环境危机四伏。疾病的传播、环境的恶化，让

---

[1] 包茂宏：《非洲的环境危机和可持续发展》，《北京大学学报》（哲学社会科学版）2001年第3期。

[2] 曾建平：《环境正义：发展中国家环境伦理问题探究》，山东人民出版社2007年版，第27—28页。

[3] 联合国环境规划署：《世界环境展望》，张世纲等译，中国环境科学出版社1997年版，第27页。

许多非洲人民丧失了基本的生活尊严和健康的生存环境。面对非洲日益恶化的生态环境，有些国家开始采取相应的保护措施。一方面，合理对待动植物物种，禁止猎杀、破除落后的农耕习俗，维护生态平衡；另一方面，加强立法。借助各国取得民族独立的时代环境修改宪法，将环境权作为公民的基本权利和国家的基本义务写入宪法条文之中。虽然非洲各国的环境保护和执法实践有许多不尽如人意之处，但不可否认非洲国家依然是公民环境权入宪的主力军。

基于中国企业在非投资的行业特征，以及在全球各国共同应对气候变化的共识下，中国对非的资源开发与能源合作被西方高度关注，一些负面评价也时有出现。西方学者认为："作为非洲长期的发展合作伙伴，中国的战略利益在于解决其在非洲投资项目中的环境影响问题。"[①] 造成这种偏见认识的原因主要有两个方面。其一，对非洲国家而言，殖民历史让其环境资源遭受巨大破坏，当前非洲各国急于恢复生态环境，展开新的环境保护立法，由此构建起全新的环境管理制度，以保障资源和生态环境。[②] 然而，中国企业对非投资领域主要集中的基础设施建设、矿产资源开发、农业合作等具有极强环境影响性质的行业，倘若引发环境污染或未及时修复环境，将会造成当地民众的反感。这些因素将让中国企业受制于非洲东道国新的环境法律规制，也极易引发非洲民间对中国投资的排斥。这正是西方偏见的托词。其二，"一带一路"倡议下中国对非的投资活动，将打破意识形态的束缚和传统的西方附条件援助模式，旨在探索新的国际合作和全球治理新模式，与过去西方类似战略形成了鲜明对比。对此，有西方学者认识到："复兴'一带一路'意味着复兴始于古代稚嫩的以东方国家为主导的全球化，西方国家主导下的现代全球化将东方主导的全球化视为竞争者。"[③] 对西方国家而言，历史与当下的事实证明，他们的黑奴贸易、殖民掠夺、新殖民主义等对非洲造成了巨大伤害。而在此基

---

① Peter Bosshard, "China's Environmental Footprint in Africa", *SAIS Working Papers in African Studies*, No. 3, April 2008.

② David M. Dzidzornu, "Environment Protection in Africa: a Panorama of the Law and Practice", *Journal of Energy & Natural Resources Law*, Vol. 22, No. 2, 2004, p. 148–170.

③ 该观点由美国弗吉尼亚州乔治梅森大学的计算机社会科学教授克劳迪奥·希奥弗·雷维拉（Claudio Cioffi Revilla）提出。

础上建立的对非附条件援助，无疑导致了非洲经济畸形发展，高度依赖低附加值的初级产品出口，并再次对非洲的自然资源与生态环境造成了破坏。更为恶劣的是，在经济援助与政治输出的双重配合下，非洲各国甚至发生了政治波动与社会动荡，"颜色革命"的爆发无不与西方国家附条件的对非援助有关。据此，非洲学界认为："发达国家处于全球经济不平衡的经济获益端。由于信息鸿沟、人力资源缺乏、基础设施落后，发展中国家处于全球化的边缘地带，难以享受到全球化带来的经济红利。"[①]

所以，中国主张以去政治化的方式全面推进"一带一路"在非洲的建设，并且试图从西方国家主导的全球化中将被边缘化的非洲拉回全球经济发展的舞台。由此，引发了西方国家的恐慌，它们借助新殖民主义的思维和意识形态的偏见，对中国企业投资非洲的活动进行偏激的指责，对中国投资非洲的初衷进行毫无依据的猜测，并利用新闻媒体制造不利言论，引发非洲国家担忧，阻挠它们参与"一带一路"的进程。而且，鉴于中国投资非洲基础设施建设和矿产资源开发等具有环境影响的特殊性质，西方国家时常炮制出"中国威胁论""资源掠夺论""环境威胁论""新殖民主义"[②]等，用以攻击中国企业对非的投资活动，影响企业的投资利益和中国良好的大国形象。

（二）对生态环境的潜在影响

在中非产能合作全面推进的过程中，大型基础设施建设项目是非洲工业化发展的前提基础。从"三网一化"建设到水利能源开发，项目将让非洲各国和地区受益匪浅，但项目建设过程中有关生态环境的潜在影响时常被过度放大，甚至成为影响项目推进的阻碍。例如，2017年5月，被认为是中非"一带一路"合作首个成果的肯尼亚"蒙巴萨—内罗毕标准轨道铁路"建成通车，这个长达440千米铁路大动脉，作为肯尼亚最大的基础设施建设工程，大大降低了货物出口的运输成本、缩短了运输时

[①] 埃塞俄比亚外交关系战略研究所培训部主任梅拉库·穆鲁阿勒姆在《中国投资·丝路版》上撰文指出："从长远看，'一带一路'将有利于推动《非洲联盟2063议程》发展，因此许多非洲人士表示，中国需要非洲，非洲也需要中国。"参见［埃塞俄比亚］梅拉库·穆鲁阿勒姆、郑东超《一带一路：对非洲意味着什么》，《中国投资》2017年第9期。

[②] 张宏民：《非洲黄皮书：非洲发展报告 No.18（2015—2016）》，社会科学文献出版社2016年版，第15—20页。

间。但是，在西方媒体和部分环保 NGO 组织的恶意攻击下，有关本项目将危害生态环境的声音从西方频频传出。部分环保主义者以此为标靶，批评中国在非建设大型项目缺乏真实有效的环境影响评价，认为铁路将会对肯尼亚境内众多的国家公园、自然保护区和野生动植物造成潜在生态危机，更指责中国承建项目缺少对当地社区及其人群生存环境利益的关切。另外，近期又出现了中国土木工程集团有限公司承揽的，从乌干达到坦桑尼亚沿海地区铁路工程的生态环境争议，不少欧美和非洲当地环保组织认为，该铁路工程会对东非多国边境上的塞伦盖蒂国家公园造成生态环境的破坏。最终这起争端已经通过政治协议的方式解决，但这并非长久之计，越来越多的中非大型基础设施建设项目都受到了不同程度的、有关生态环境的质疑。再者，从商业运营、长期投资、债务支付、股东回报和工程期限等方面看，投资内容必须具有高度确定性。但在非洲面临的生态环境法律争议却对上述领域造成了极大的干扰，依赖非洲政客和外交手段解决争端只能是一时意志的政治协商，它并不具有长期性和稳定性，由此导致了中国对非投资风险的增加。

又如，在加纳，布维水电项目及其环境和社会影响也引发了对水坝建设的生态环境系统担忧。西方和加纳当地机构指责，该项目是由政策性信贷银行中国进出口银行提供融资、由中国国有企业中国水利总公司承建，而中国进出口银行并非"赤道原则"的签署会员，在贷款审核中可能放松对生态环境的潜在影响评价，同时，中国水利总公司在建设管理进程中无法完全展示出保护当地生态环境的企业社会责任感。然而，为积极配合加纳布维电力管理部门（BPA）对水坝项目监管的要求，中国进出口银行公开宣布了独立的环境政策，以对中国水利在布维项目中的建设活动予以监管，同时中国水利总公司也在建设过程中一直致力于减轻工程对周边生态环境的影响。但由于中国进出口银行和中国水利总公司的环境标准与西方同行最高标准具有差距，所以不少当地机构还是对项目的生态环境影响表示关注，认为大坝的建设以及水库蓄水淹没周边区域不可避免地对周边环境及生态系统造成永久性的改变。虽然对水文、土地和野生动物的影响是适度的，但由于人类知识的有限，其长期影响仍然难以预知。目前中国水利总公司在填土的过程中，已经对保育环境要求极高的珍稀物种予以保护。在填土的过渡时期，只要保护得当，河马的生存环境看起来甚至会变得更好。①

综上，在投资过程中忽略环境影响评价进而造成对非洲当地生态环境的影响是引发当地民众对中国项目生态环境潜在担忧的重要原因。从2019年中国民营企业在"一带一路"沿线国家投资的调研分析看，有42%的公司进行了环境和社会影响评价，其中约一半已经完成了这项工作，并纳入了建议。在剩余没有进行过环境和社会影响评价的58%的公司中，多数（44%）公司认为本行业环境和社会影响评价是非强制性做法。观察表明，少数境外中国民营企业风险管理薄弱的两个根本原因是：机会主义的风险观，认为风险管理是一种成本，而非降低成本的因素；东道国监管当局和专业机构支持不足，对企业采取适当措施降低风险的指导和建议不够。②体现在对非投资领域，企业因忽略环评而引发了争议。

（三）对自然资源的开发疑虑

部分西方媒体对中非基础设施项目融资合作展开不当指责，将项目融资建设与换取自然资源画等号，甚至提出中国企业为获取石油、铁、铜、锌等自身急需资源而帮助非洲修建和改善"三网一化"，虽然这些举措有利于非洲制造业发展，但背后却大量获取了非洲自然资源，以至于被攻击为"新殖民主义"和"资源掠夺主义"。所以，近年来部分欧美国家打出"环境资源牌"，认为中国企业赴非投资将导致非洲自然资源被过度开发，既攻击"中国将高污染的过剩产能向'一带一路'沿线国家转移"，又攻击"一带一路"建设中的采矿、基础设施建设、工业项目、水电项目会造成当地生态资源环境破坏，导致沿线国家失去可持续发展能力。例如，国际林业研究中心（CIFOR）和世界混农林业中心（ICRAF）实施的一份

---

① 在签署了协议之后，对这个工程的环境影响的忧虑就一直没有停息，部分原因是因为该工程是由中国的国有公司中国水利总公司和中国进出口银行承建的。一些国际性的非政府组织以及它们在加纳当地的分支机构反对布维项目，将大坝视为对野生动物及其栖息地的重要威胁，并会导致水土流失、改变大坝区域的生态系统，更不用说于超过1000名重新安置的居民的社会文化和经济影响。布维大坝的建设将对布维地区的社区产生广泛的影响。一些农地以及居住地将被淹没在水面以下，一些社区需要另外择地安置，他们的生活生产方式存在极大的可能被改变。参见蒋姮、张熙霖、黄禾、崔守军、韩薇、沈乎、海因里希·伯尔基金会《中国对非投资案例调查报告》，海因里希·伯尔基金会中国办公室，2012年，第49页。

② 中华全国工商联合会、中国商务部国际贸易经济合作研究院、联合国开发计划署驻华代表处：《2019中国民营企业"一带一路"可持续发展报告》，2019年，第50—60页。

调研报告指出，中国已成为最大的热带木材进口国，是非洲75%以上木材出口的目的地。这一需求引起了国际社会对中国在非洲的木材供应链所产生的环境和社会经济影响的关注。报告认为，非洲向中国出口的木材比例从2000年的35%增加到2009年的78%，[1] 使木材成为非洲第三大出口商品，仅次于石油和矿石。如截至2010年，中国公司在加蓬拥有约25%的木材特许经营权，随着公司并购更多的股份，这一比例还在继续提高。[2] 国际社会对中国在非洲林业领域的投资和贸易的认知主要针对其对环境和社会产生的负面影响，包括毁林、[3] 对当地生计的破坏、[4] 腐败和非法伐木。[5] 报告还指出中国开发非洲森林资源的同时也客观地认为，是因为中国企业在非洲林木方面的巨大商业利益，导致了外在的环境与社会影响，而大多数人指责的中国破坏非洲自然资源，都缺少科学依据。

在石油资源上，除南非外，中国在非洲十个最大的贸易伙伴大多都是产油国。石油变革国际组织报告显示，2014—2016年，中国是非洲最大的能源开发公共融资国。其中，油气行业上游产业在其投资中占到了很大比重（72%），其次是煤电和大型水电项目。2006—2016年非洲建造的燃煤电站中约1/3由中国承包商承建，并且大部分由中国提供资金。追踪全球范围内煤炭项目的Coalswarm显示，中国参与资助或建设的非洲煤电项目总装机达1570万千瓦，占非洲总发电量的10%（2016年非洲总发电量为1.68亿千瓦）。这些煤电项目通常位于煤炭资源国。国际能源署的报

---

[1] Huang W. B., Wilkes A., Sun X. F. and Terheggen A., "Who Is Importing Forest Products From Africa to China? An Analysis of Implications for Initiatives to Enhance Legality and Sustainability", *Environment Development and Sustainability*, Vol. 15, No. 2, Nov. 2012, pp. 339-354.

[2] Putzel L., Assembe Mvondo S., Ndong L. B. B., Baniguila R. P., Cerutti, P. O., Tieguhong J. C., Djeukam R., Kabuyaya N., Lescuyer G., Mala, and W. A., Chinese Trade and Investment and the Forests of the Congo Basin: Synthesis of scooping studies in Cameroon, Democratic Republic of Congo and Gabon, Bogor, Indonesia: CIFOR, 2011.

[3] Cuypers, D., Geerken T., Gorissen L., Lust A., Peters G., Karstensen J., Prieler S., Fisher G., Hizsnyik E. and Van Velthuizen H., The Impact of EU Consumption on Deforestation: Comprehensive Analysis of the Impact of EU Consumption on Deforestation, Brussels: European Commission, 2013.

[4] Environmental Investigation Agency, *Appetite for Destruction*, London, 2012.

[5] P. C. Roque, *China in Mozambique: A Cautious Approach Country Case Study*, Johannesburg: South African Institute of International Affairs, 2009.

告称，中国建设的煤电项目大约有 3/4 位于拥有煤炭储备的南部非洲。① 可见，因为油气矿产资源开发的频繁，导致了非洲对中国投资"过度开发"自然资源的疑虑（见图 1-5）。

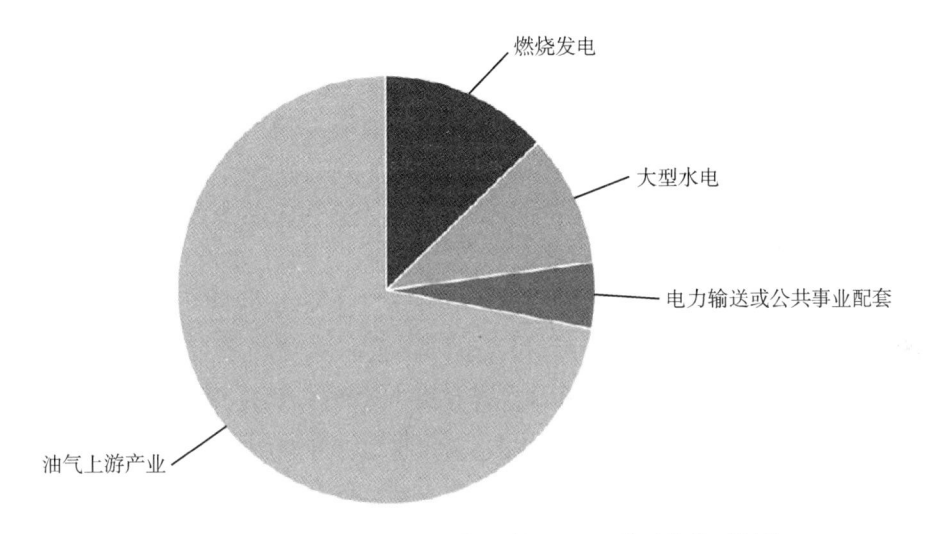

图 1-5　2014—2016 年中国对非洲能源项目公共融资类别划分
资料来源：石油变革国际组织的"补贴变化数据库"。

但在实践中，不管是中国企业还是政府都将"绿色"作为推动"一带一路"建设的底色，坚持"绿水青山就是金山银山"理念，积极遵守《巴黎气候变化协定》，逐渐从国际绿色责任和绿色标准的追随者成为引领者。对此，英国《卫报》曾报道，美国学者建立了中国在非洲发展资金投入情况公共数据库，数据显示，目前中国对非洲项目只有很少的采矿项目，而运输、存储、能源计划占用的资金最多。还有不少学者指出，与西方流行的中国在非洲开发自然资源引发可持续发展担忧观点看法不同的是，"大部分的中国海外投资并不参与原材料和自然资源的项目，而是把重心放到了服务业"，"不管是非石油资源密集型国家，或是其他非洲国家，无论是否涉及原材料出口，中国大多数海外项目往往是在服务行业"。例如，在石油资源丰富的尼日利亚，大约 2/3 的项目实际上是在服务行业。然而，从中外学界的争论来看，中国投资活动是否集中在资源型

---

① 白莉莉：《中国可以助力非洲能源绿色化》，《中外对话》2018 年第 4 期。

产业，以及是否引发关于非洲自然资源开发过度导致的焦虑，这些问题是中非产能合作过程中的热点环境问题。

（四）对生物多样性的关切

在中非共建"一带一路"的过程中，大量基础设施项目为非洲现代化提供了便利，目前已开通了约6条铁路，还启动了包括桥梁、水坝、道路和发电厂等大型项目，可是当地许多环境专家提出了他们对项目引发的生物多样性的担忧。因为，这些项目大多位于偏远地区，其中不乏许多生物多样性的脆弱地区。据不完全统计，各类企业每年在非投资1000亿美元，用于采矿业和相关的运输与能源基础设施。同时，据世界自然基金会估计，"一带一路"沿线将涵盖1739个重要鸟类区或重要生物多样性地区，以及46个生物多样性热点或200个全球生态区，或将直接影响265个濒危物种，包括卢旺达的大猩猩和南部非洲的羚羊等。因此，世界自然基金会提出担忧，认为非洲的基础设施工程项目可能让当地的生物多样性陷入风险。一方面，就对非投资企业的大型项目而言，铺设公路可能导致野生动物栖息地丧失，工程建设过程中甚至会伴随着一些零碎化的偷猎和伐木等非法活动；而在海洋环境中，海上交通和货物运输的增加则加剧了入侵物种的移动和污染；一些规划不佳的基础设施可能会在未来几十年中给非洲大陆的生物多样性带来不良的影响。

另一方面，就中国赴非公民或在非投资企业的员工而言，在他们于非洲投资或旅游的过程中，出现了一些违反野生动物保护法规、违法采摘当地濒危植物等行为，从而引发有关破坏非洲生物多样性的质疑。例如，2019年年初，在南非的北开普省、西开普省接连发生中国公民因未经许可采集濒危多肉植物被捕而移送司法机关起诉的案件。有的案件还涉及有组织犯罪，涉案人员被处以高额罚金、有期徒刑、驱逐出境等。历史上，由于南非开普地区植被丰富，独具特色，所以有关野生动植物保护的法律法规十分严格，根据1974年南非《自然资源保护条例》，未经许可，任何人不得采摘、进口、出口、运输、培育或交易受保护的植物，违者将可能被处以高额罚款甚至长达10年的监禁。[①] 案件发生后，中国驻开普敦总领馆多次发布领事提醒，要求来南中国游客勿非法采摘当地濒危多肉植

---

① 胡煜：《城市自然景观资源保护的法律分析》，《法制与经济》2020年第7期。

物，以免引来牢狱之灾。2020年7月，马拉维一家法院以非法持有象牙、穿山甲鳞片的罪名监禁了7名中国公民，中国政府再次敦促公民遵守当地法律和环境法规。这些事例表明，中国政府对参与濒危野生动植物及其制品非法贸易的行为采取"零容忍"态度，绝不袒护中国公民在海外的环境违法犯罪行为，严格依据《濒危野生动植物国际贸易公约》，积极承担国际环保义务，着手同非洲司法部门就调查取证开展合作，共同打击有组织的破坏生物多样性的行为，支持非洲有关部门依法、公正查处和审理有关案件。但是也要求非洲各国公正执法，确保中国公民的安全与合法权益，合理承担相应的法律制裁。

（五）对生存环境改变的担忧

在中国企业投资的大型项目、经济开发区或产业园区中，当地人的生活环境与家园将不可避免发生改变。非洲偏远地区社群意识和传统习惯较为浓厚，项目带来的新变化，可能引发当地人不适，也导致他们产生了对生存环境改变的担忧。例如，在坦桑尼亚的巴加莫约（Bagamoyo）渔村，中国投资了100亿美元的改造计划，预计用十年时间将其改造为非洲最大港口，沿海渔村将被新的海港所取代，村里渔民的捕鱼技能将无法在新项目中继续为其带来生活收入，而渔村周边的泻湖、红树林和沼泽滩涂，以及海湾与种植地将被现代化的设施所取代，达累斯萨拉姆以北30英里处的海岸线上将出现一座新的大型海港与经济特区。目前，坦桑尼亚政府正在与招商局国际有限公司［China Merchants Holdings (International) Co. Ltd.］商谈，并签署这座以中国深圳为模板而打造的东非大型项目，这也是"一带一路"倡议在东非基础设施扩建的一部分。皮尤研究中心（Pew Research Center）数据显示，近2/3的坦桑尼亚人对中国持乐观态度，但欧美人却以此为由，消极指责中国的港口改造和经济特区项目会对当地生活方式、社会环境、生存技能等造成不可逆的影响，他们认为当地人的传统习俗将会在10年后经济特区中显得格格不入，甚至让他们无法生存。

又如，位于马达加斯加的中国企业九星矿业（音译）在2016年10月宣布，被迫停止在索阿马哈马尼纳村开发金矿的项目，原因是当地居民长期不满中国公司在当地挖掘金矿。为使公司撤离，当地居民发动了持续三个月的示威活动，以抗议金矿开采毁损他们的土地、农作物，甚至一度爆发居民与军警的冲突，造成 11 人受伤。然而，中国企业获得开发金矿 40 年的许可证，许可证附带的条件之一是在当地修建道路，向该镇提供电力，修缮、新建医疗中心。但是当地人以没有得到这些补偿为由，通过示威导致项目暂停，并声称中国公司虽然停止了开发活动，但是没有实施任何补偿行为、手上还有有效的开发许可。① 可见，非洲当地居民生存环境也是极易引发各方关注的环境争议问题之一，因为不少非洲国家均颁布有涉及当地生活环境或员工工作环境准则的法律法规。也由此导致了中国企业极易陷入环境法律规制的不利影响之中，甚至造成项目建设的延缓、投资利益的损失，还不利于中国企业的海外形象塑造。

第二节 中非合作的环保方针与实践发展

面对中非产能合作与项目建设过程中产生的环境法律争议，从 2013 年开始，中国政府在有关"一带一路"倡议与中非合作的官方文件中多次提及绿色发展、环境保护、可持续发展，以及中非合作应对气候变化与保护野生动植物等议题，为我国对非投资行为提供了积极引导，促使企业高度重视非洲的环境保护问题。同时，还在 2019 年 4 月第二届"一带一路"国际合作高峰论坛上强调要坚持树立开放、绿色、廉洁理念，以高标准、惠民生、可持续为目标，由此明确了下一阶段高质量共建"一带一路"的基本要求和环保方略，一系列中非环境保护合作的合作平台机制逐步建立并得到了完善。

一 多角度阐释中非合作的环境保护理念

在当前有关中非合作与"一带一路"的政策性文件中，环境保护问题是其中重要一环，在中非绿色发展、共同应对气候变化和可持续发展等内容上，无论是联合国、非洲联盟还是中非政府之间，各方均颁布了相关文件，涉及中非环境保护合作。除此之外，据统计，中国政府迄今已经发

---

① 观察者网：《抗议活动不断，中资金矿被迫从马达加斯加撤离》，https://www.guancha.cn/Third-World/2016_12_19_385016.shtml，2021 年 8 月 25 日访问。

布了超过 33 个主要政策和指南文件，鼓励通过海外投资来促进可持续发展，这些政策包括中国银监会的绿色信贷政策，以及商务部、环保部的《对外投资环境保护指南》等，超 180 家中国企业加入了联合国全球契约，鼓励可持续和对社会负责的政策，至少 4 家中国的银行机构加入了联合国环境署可持续银行倡议行动。[1] 在这些文件的指引下，多角度的中非合作环境保护理念逐步得到强化。

（一）"一带一路"倡议官方文件阐释的绿色之路

第一类，"一带一路"倡议官方文件中，无论是习近平主席的讲话精神还是"一带一路"倡议的框架和成果文件，均将投资过程中的绿色发展理念、遵守各国环境保护法律、共同应对气候变化，以及环境合作与绿色投融资的项目等放在非常重要的位置。2015 年《推动共建丝绸之路经济带和 21 世纪海上丝绸之路的愿景与行动》明确要求在投资贸易中突出生态文明理念，加强生态环境、生物多样性和应对气候变化合作，共建绿色丝绸之路。[2] 鼓励企业参与沿线国家基础设施建设和产业投资。促进企业按属地化原则经营管理，积极帮助当地发展经济、增加就业、改善民生，主动承担社会责任，严格保护生物多样性和生态环境。[3] 2017 年《共建"一带一路"：理念、实践与中国的贡献》提出加强生态环保合作，中国致力于建设"绿色丝绸之路"，用绿色发展理念指导"一带一路"合作，分享中国在生态文明建设、环境保护、污染防治、生态修复、循环经济等领域的最新理念、技术和实践，积极履行应对气候变化等国际责任。[4] 签署《中国环境保护部与联合国环境署关于建设绿色"一带一路"的谅解备忘录》。推进水利合作，加强林业和野生物种保护合作，推动绿

---

[1] Zhen H., Environmental and Social Impacts of Chinese Investment Overseas, *The Asia Foundation*, 1 June 2016 / CAITEC, SASAC, and UNDP China, 2015 Report on the Sustainable Development of Chinese Enterprises Overseas, Beijing, 2015 / Hu T. and Wang H., A look at China's new environmental guidelines on overseas investments, 2016.

[2] 朱源：《开发性金融支持绿色"一带一路"的思考》，《开发性金融研究》2017 年第 3 期。

[3] 国家发展改革委、外交部、商务部：《推动共建丝绸之路经济带和 21 世纪海上丝绸之路的愿景与行动》，《人民日报》2015 年 3 月 29 日第 4 版。

[4] 杨泽伟：《新时代中国国际法观论》，《武汉科技大学学报》（社会科学版）第 2020 年第 5 期。

色投融资，发布《关于推进绿色"一带一路"建设的指导意见》和《关于构建绿色金融体系的指导意见》等，并且加强应对气候变化。① 在2018年推进"一带一路"建设工作5周年座谈会上，习近平主席也指出要规范企业投资经营行为，合法合规经营，注意保护环境，履行社会责任，成为共建"一带一路"的形象大使。要高度重视境外风险防范，完善安全风险防范体系，全面提高境外安全保障和应对风险能力。此外，在2017年和2019年的两次"一带一路"国际合作高峰论坛上，习近平主席也强调要坚持开放、绿色、廉洁理念，推动绿色基础设施建设、绿色投资、绿色金融，共建"一带一路"可持续城市联盟、绿色发展国际联盟，制定《"一带一路"绿色投资原则》，共建"一带一路"生态环保大数据服务平台，将继续实施绿色丝路使者计划等。②

对此，为了提醒企业关注共建"一带一路"倡议的绿色金融和投融资规制，中国政府还积极将绿色环保与绿色金融相结合，从项目贷款审批和投融资角度，规范中国企业在非洲投资、建设与运营的环境守法行为。一是中国倡导弘扬共商共建共享的全球治理理念，与"一带一路"沿线国家分享中国绿色金融等政策。《关于推进绿色"一带一路"建设的指导意见》《"一带一路"生态环境保护合作规划》，让"一带一路"沿线的绿色投资受到广泛关注。二是中国打造了"绿色投资—绿色贸易—绿色金融"的绿色发展全流程。推动亚投行、丝路基金等相关投资机构设立专项绿色投资基金，支持绿色产能输出，推进"一带一路"沿线国家绿色投资。将环保要求融入自由贸易协定，建立绿色贸易的标准体系，减少绿色贸易壁垒。③ 中国政府在"一带一路"建设中借鉴并引入"赤道原则"等绿色金融规则，推动企业绿色信用评估和征信体系建设，大力推进绿色信贷政策，鼓励金融机构加大对环保企业和项目的信贷支持，开发专门的绿色信贷金融产品，开展环境金融服务创新，鼓励商业性股权投资

---

① 《共建"一带一路"：理念、实践与中国的贡献》，《法制日报》2017年5月11日第2版。

② 习近平：《齐心开创共建"一带一路"美好未来——在第二届"一带一路"国际合作高峰论坛开幕式上的主旨演讲》，《中华人民共和国国务院公报》2019年第13号，第6—9页。

③ 郭兆晖、郭婷：《绿色"一带一路"助力绿色发展》，《中国环境报》2017年5月15日第3版。

基金和社会资金共同参与绿色"一带一路"重点项目建设。[①]

（二）中非合作框架性文件中强调的环保合作

第二类，在中非合作论坛的框架文件中，环境保护、绿色发展和可持续发展一直都是最为重要的关切领域之一。通过文件，我国正积极参与和帮助非洲改善人居与自然环境，确保资源的可持续开发利用。例如，2015年《中国对非洲政策文件》专门提出加强气候变化和环境保护协作，坚持在《联合国气候变化框架公约》框架下共同推动全球气候治理体系，本着合作共赢、绿色、低碳和可持续发展的原则，推动非洲可再生能源和低碳绿色能源开发合作。同时，加强环保法律、法规交流，积极开展在濒危野生动植物种保护领域的对话与合作，加强情报交流和执法能力建设，严厉打击走私濒危野生动植物的跨国有组织犯罪活动，共同促进全球野生动植物保护和可持续利用。[②] 2015年《中非合作论坛约翰内斯堡峰会宣言》和《中非合作论坛—约翰内斯堡行动计划（2016—2018年）》均再次提出了环境保护和应对气候变化的问题，认为气候变化加重了非洲现存挑战，并给非洲国家预算和实现可持续发展的努力带来额外负担，愿本着公平、共同但有区别的责任、各自能力原则促进非洲应对气候变化。[③] 中国将与非洲积极开展产业对接与产能合作，绝不以牺牲当地的生态环境和长远利益为代价。在合作中提高非洲国家能源和自然资源产品深加工能力，保护当地生态环境重点加强与非洲国家在野生动植物和环境保护等民生领域的合作，继续加强环境保护和应对气候变化领域的合作对话，共同打击国际有组织环境犯罪，为加强中非环境合作，促进非洲国家绿色发展，在"中国南南环境合作—绿色使者计划"框架内，推出"中非绿色使者计划"，设立中非环境合作中心，开展中非绿色技术创新项目。[④] 同时，推动中非绿色金融对话与合作，共同推进"中非联合研究中心"

[①] 郭兆晖、马玉琪、范超：《"一带一路"沿线区域绿色发展水平评价》，《福建论坛》（人文社会科学版）2017年第9期。

[②] 《中国对非洲政策文件》，《经济日报》2015年12月5日第5版。

[③] 《中非合作论坛约翰内斯堡峰会宣言》，https://www.fmprc.gov.cn/web/gjhdq_676201/gjhdqzz_681964/zfhzlt_682902/zywj_682914/t1323144.shtml，2020年7月18日访问。

[④] 《中非合作论坛—约翰内斯堡行动计划（2016—2018年）》，https://www.fmprc.gov.cn/web/zyxw/t1323148.shtml，2020年7月18日访问。

项目建设，就生物多样性保护、荒漠化防治、森林可持续经营、现代农业示范等开展合作，支持非洲保护野生动植物资源，加强水资源管理和废弃矿山恢复，建立200亿元人民币的中国气候变化南南合作基金等。2018年《关于构建更加紧密的中非命运共同体的北京宣言》和《中非合作论坛—北京行动计划（2019—2021年）》依然提出生态保护和应对气候变化，在《联合国气候变化框架公约》框架下坚定不移地共同应对气候变化问题，支持非洲国家应对气候变化和保护环境，并且合作打击野生动植物非法贸易。中国将积极落实"中非绿色发展合作计划"，增强非洲绿色、低碳、可持续发展能力，落实清洁能源和野生动植物保护、环境友好型农业和智慧型城市建设项目，支持非洲致力于绿色、低碳和可持续发展的努力，为非洲实施50个绿色发展和生态环保援助项目，共同推进中非环境合作中心建设，实施中非绿色使者计划，促进非洲国家绿色发展，持续推进森林可持续经营合作，支持非洲保护野生动植物资源，打击相关违法行为。可见，在中非合作论坛框架文件下，中非环境保护合作方向日益明确、内容逐步具体、合作领域不断扩大，取得了良好的成效。

（三）非洲联盟与联合国有关可持续发展的倡议

第三类，非洲各国、非洲联盟与联合国文件提出了可持续发展的基本要求，尤其重视对不发达国家环境的改善。为实现工业化和基础设施互联互通以及环境保护，非洲各国和非洲联盟都在为"非洲梦"的实现探寻可行性方案。近年来，它们已先后出台2008年《加速非洲工业化发展行动计划》、2013年《非洲基础设施发展规划宣言》、2014年《非洲发展议程》、2015年《2063年愿景》等重要发展战略文件，希望通过工业化、经济融合和一体化将21世纪打造为非洲发展的世纪。[1] 这些文件多有涉及绿色环保与可持续发展的内容。例如，《非洲基础设施发展规划宣言》提出加强农村地区的基础设施的建设力度，明确了跨界水资源的利用与保护问题；《非洲发展议程》则是非洲联盟国家就未来发展所达成的共同立场，主要聚焦于经济结构转型与包容性增长，科技创新，以人为本的发展、环境可持续性、自然资源管理及灾害风险管理，和平与安全，融资与

---

[1] 贺文萍：《中非合作推动南南合作新发展》，《海外投资与出口信贷》2018年第5期。

伙伴关系六大发展领域,其中有关环境资源与可持续发展问题是重要关切之一。①《2063年愿景:我们想要的非洲》提出了七大愿景,强调在包容性增长和可持续发展基础上打造繁荣的非洲,在促进非洲大陆一体化的进程中,将工业化、农业现代化、基础设施领域建设、绿色发展等领域作为优先发展方向。②从非洲联盟出台的相关发展计划文件来看,这也正好与"一带一路"建设所提出的"绿色之路"相辅相成。

此外,联合国《变革我们的世界:2030年可持续发展议程》提出从经济、社会和环境这三个方面实现可持续发展(见图1-6),将为所有人提供水和环境卫生并对其进行可持续管理作为主要目标之一,认为可持续发展应包括持久的包容性经济增长、社会发展、环境保护和消除贫困与饥饿所需要的民主、良政和法治,重申《关于环境与发展的里约宣言》的各项原则,特别是共同但有区别的责任原则,重视资源枯竭、环境恶化和气候变化给不发达国家带来的消极影响,确认《联合国气候变化框架公约》及其对谈判机制,促进发展中国家开发以及向其转让、传播和推广环境友好型的技术。③目前,联合国已确定了消除贫困和饥饿、健康居住、教育公平、性别平等、清洁水源、可负担的清洁能源共17项可持续发展目标,这些发展目标确定了2030年之前在社会、环境和经济发展方面的全球发展重点和期望,企业在推动这17项可持续发展目标的实现中发挥着关键作用。据此,在中非共建"一带一路"和赴非投资的过程中,可持续投资惯例要求在运营过程中将企业对全球和当地环境、社区和经济的负面影响降到最低,而正面影响提升至最高。至少,这要求企业完全遵守强制性的环境和社会法规,同时还要考虑其他自愿措施。④

据此,为了在中非合作过程中落实可持续发展,将倡议与非洲联盟、

---

① African Union Common African Position on the Post-2015 Development Agenda, Addis Ababa, Ethiopia, March, 2014, pp. 7-21.

② African Union Commission, Agenda 2063: The African We Want, Final Edition, April, 2015, p. 2.

③ 联合国:《变革我们的世界:2030年可持续发展议程》,www.un.org/zh/documents/treaty/files/A-RES-70-1.shtml,2020年7月21日。

④ 国际贸易中心:《赞比亚:农业加工和轻工业部门的可持续投资》,日内瓦国际贸易中心2019年版,第2页。

社会：积极管理业务运营对人和社会的积极影响
环境：平衡自然资源在商业运作中的使用方式，以保持生态平衡
经济：企业应该高效负责地使用资源，创造长期价值创造和盈利能力

图 1-6　联合国 2030 可持续发展议程提出"可持续性三大支柱"[①]

联合国的战略相结合，中国政府中国政府通过各种途径呼吁采取商业行动来支持 2030 议程，尤其是 17 项可持续发展目标（与私营部门建立伙伴关系），在政府文件和融资规则的指引下，中国对赴非投资公司要求越来越高，要求它们遵守环境和社会法规，并改善企业社会责任（CSR）实践报告，对不遵守可持续性要求的企业将受到投资声誉损失或取缔某些市场的经营许可。而且从 2020 年开始，中国上市公司将需要按照中国证监会与中国环境保护部合作制定的要求，披露与其经营相关的环境治理风险。[②] 同时，为促进非洲可持续发展，中国政府还在对非投资过程中加大了清洁能源项目的开发，分享绿色发展经验，搭建了一系列环保合作

[①] 联合国：《变革我们的世界：2030 年可持续发展议程》，www.un.org/zh/documents/treaty/files/A-RES-70-1.shtml，2020 年 7 月 21 日访问。

[②] P. Davies；B. R. Reineking；R. A. Westgate，*China Mandates ESG Disclosures for Listed Companies and Bond Issuers*，2018，February 6.

平台。

二 多途径落实中非合作的环境保护规划

为落实"一带一路"框架文件以及中非合作行动计划的具体措施,加强中非绿色发展与环境保护领域的合作,我国作出了系列举措。例如,2020年11月9日,中国和博茨瓦纳签署了《应对气候变化南南合作物资赠送的谅解备忘录》,成为我国落实"'一带一路'应对气候变化南南合作计划"的重要举措,加强了与博茨瓦纳等非洲国家在应对气候变化领域的交流合作,积极推动《巴黎气候变化协定》在非洲得到全面有效落实。近年来,中国政府还积极分享绿色发展经验,加强对非投资过程中清洁能源项目的开发与建设,并且结合联合国和全球环境组织在非洲建立了环境合作的平台机制,通过上述途径有效引导了中国企业在非投资过程中的环保实践,也为更深、更广的中非环境合作与绿色发展提供了机制保障。

(一)清洁能源项目开发

"绿色之路"理念提出前后,中国在对非投资的过程中加大了清洁能源的开发和利用力度。在2015年在中非合作论坛约翰内斯堡峰会上,中方就提出协助非洲开发清洁能源项目,支持非洲光伏、生物质能等发电项目和输变电、电网项目的建设,从而助力非洲改善电力短缺的现状,发展网清洁能源,非洲缓解路网、电网对发展的制约,用绿色低碳能源减轻非洲经济快速增长对环境造成的压力,提高能源安全的水平,加强清洁能源和可再生能源利用,发展绿色低碳产业,给非洲向低碳发展转型注入强劲动力。[1]

一方面,在能源利用上,2016年年底纳米比亚"湖山铀矿"产出了第一桶铀,2017年全年累计产量超过1000吨,这个全球第二大铀矿既是我国在非洲最大的实体投资项目,又是中非清洁能源开发的典范工程。[2] 目前,我国不少类似中广核这样的企业正致力于打造国际一流的清

---

[1] 吕梦荻、毛莉:《深化中非绿色低碳领域合作》,《中国社会科学报》2016年9月9日第6版。

[2] 栗鸿源:《中广核非洲湖山铀矿即将达产》,《中国矿业报》2018年4月18日。

洁能源集团,借助中非共建"一带一路"倡议,这些集团将继续加大包括核能在内的国际清洁能源开发投资力度,推动低碳清洁能源发展迈向更高水平。[①] 越来越多的中国企业在非洲投资清洁能源开发项目,这将有助于在确保非洲可持续发展和环境保护的基础上全面缓解能源电力紧张的困境。因此,在 2018 年中非合作论坛北京峰会上,中非反复提及双方在清洁能源领域发挥出的互补优势,一致认为清洁能源将在推动非洲可持续发展中发挥重要作用,也是解除电力问题制约非洲经济持续快速增长的有效途径。基于非洲发展清洁能源的独特优势(非洲的水利、风能、太阳能分别占地球总量的 12%、32% 和 40%),中国企业在电力、电网、清洁能源开发领域的优势产能将运用于非洲发展建设之中,推动非洲清洁能源大规模开发利用和电网互联互通,带动矿产资源开发和深加工产业发展,加快非洲清洁化、工业化、电气化和区域一体化发展。[②]

另一方面,在水利水电开发上,"一带一路"倡议推动了中非产能合作,越来越多的中国援助承建水利水电工程给非洲到来了清洁的电能。例如,较大型的清洁能源设施项目主要有中国水利水电建设集团承建的赞比亚下凯富峡水电站和埃塞俄比亚的阿达玛风电项目、乌干达卡鲁玛水电站项目等。类似这样的非洲清洁能源在建项目还有十余个,未来将会有更多的低碳和清洁能源项目落地非洲。根据国际能源署发布的报告,中国企业在过去几年为非洲撒哈拉以南地区修建了近 1/3 的新电力设施,开发了清洁能源项目,使中方绿色低碳合作惠及了更多非洲民众,也提升了非洲绿色、低碳和可持续发展能力。

综上,据能源经济与金融分析研究所(Institute for Energy Economics and Financial Analysis)2018 年的一份报告引述称,中国电力建设集团将在加纳的布维新建 20 万千瓦的太阳能电站、中国龙源电力集团正在南非开普敦附近修建的 24.45 万千瓦的德阿(De Aar)风电厂以及埃及的本班(Benban)太阳能公园,尤其是亚洲基础设施投资银行投资的埃及本班太阳能发电场,该项目有助于推动非洲可再生能源转型,促进非洲的绿色发

---

① 刘晶、孙浩:《首期产量可保证三十台百万千瓦核电机组三十年的天然铀需求 中广核湖山铀矿今年将达产》,《中国环境报》2018 年 4 月 12 日第 7 版。

② 罗魁:《西非可再生能源发展现状及并网技术分析》,《全球能源互联网》2020 年 5 期。

展和环境保护。[①]

(二) 绿色发展经验分享

当前中国是新能源增长速度最快的国家，低碳技术取得了明显进步，特别是在无碳技术方面的成就显著，在清洁能源的开发和应用方面以及在发展低碳经济上，中国乐于与非洲分享成功经验。[②] 因为，非洲的低碳发展具有资源丰富、市场需求潜力巨大的优势，但产业发展缺乏资金和技术支撑。中非双方正通过产业转移和碳交易合作，在低碳发展转型进程中开创南南合作的新路径。同时，为了便于绿色、低碳发展经验的分享，推动非洲加快低碳经济与产业的发展，中国政府还积极统筹协调了非洲国家与国内相关省份对接，以中国在非建设的具有环保、低碳、循环经济特色的工业园区作为合作桥梁，通过园区建设与生产经营实践，把中国在建设绿色、低碳、环保工业园区的优秀做法与经验传播到非洲国家。

所以，在对非投资合作与基础设施建设的过程中，中国不仅大量承建清洁能源项目帮助非洲改善生态环境、应对全球气候变化，同时还在项目建设过程中分享中国的绿色发展经验，越来越多改善环境的可行性做法被带到非洲各国。例如，通过早期的"三网一化"建设，加大对非洲的公路、铁路建设以及城市交通设施的建设力度，尤其对清洁能源和公共交通系统进行了投资、改造、升级，由此加大了非洲各国绿色环保与清洁能源的应用范围。例如，蒙内铁路的通车让肯尼亚居民拥有了大型公共交通基础设施，通过铁路网开展冲突旅行和货运，大量减少了肯尼亚二手燃油车辆对环境和大气造成的污染，也让步行或用自行车出行的普通民众有了更加方便的公共交通搭乘工具，以清洁的方式提高了城市发展的效率。同样的绿色公共交通项目还有 2015 年 9 月开通运营的中铁公司二局五公司承建的埃塞俄比亚首都亚的斯亚贝巴的轻轨系统，它也是东非第一条城市轻轨，以及 2018 年 7 月开通的、由中国铁建中土集团承建并提供运营服务的尼日利亚首都阿布贾城铁项目，这也是西非首条建成并投入使用的轻轨线路。这些城市交通项目是中国分享绿色发展和城市低碳经验的有效

---

① 白莉莉：《中国可以助力非洲能源绿色化》，《中外对话》2018 年第 4 期。
② 吕梦荻、毛莉：《深化中非绿色低碳领域合作》，《中国社会科学报》2016 年 9 月 9 日第 6 版。

基于此，联合国环境规划署执行主任埃里克·索尔海姆曾多次表示，希望中非合作论坛北京峰会为中非绿色发展合作带来更多机遇。他认为中非合作论坛为中国与非洲国家分享绿色发展经验和技术提供了一个重要平台，将有力地促进双方在环境保护领域加强交流与合作。中国正致力于将绿色发展理念落实到"一带一路"建设实践中，帮助非洲国家实现可持续发展，所以中国经验可以帮助非洲找到适合自身的工业化发展道路，在充分发挥非洲清洁能源潜力、改善非洲电力供应的过程中，实现中非新能源合作在资金、技术、资源、市场方面的优势互补，最终，促进中非之间的绿色技术转移、分享中国绿色发展经验，助力双方环保合作新升级。

(三) 环保合作平台建设

为了加强同"一带一路"沿线国家环保合作，构建常态化的合作机制，近年来中国政府不断探索建立多个跨国生态环境保护与绿色发展经验交流合作平台，为对非投资过程中的环境保护问题提供了常态化的服务窗口。在2015年中非合作论坛约翰内斯堡峰会上就提出设立中非间环境保护的合作中心与机制，后在2017年12月，联合国环境规划署携手中国、肯尼亚政府正式建立了"中非环境合作中心"，以促进中非之间的绿色技术转移，分享绿色发展经验，为中非交流合作搭建新平台。中心将为中非双方的私营部门、研究机构、政府间组织提供环境管理的知识，支持能力建设，以实现在共建绿色"一带一路"的进程中将联合国《2030年可持续发展议程》、非洲联盟《2063年议程》融入其中。后在2018年8月，中非环境合作中心临时秘书处正式在肯尼亚的联合国驻内罗毕总部揭牌，未来，或将针对非洲发展过程中的环境保护需求，在控制污染、清洁能源开发、森林修复以及水源保护四个方面开展合作对接，分享中国的技术和经验，尤其是中国的清洁能源技术，促进中非绿色技术转移并联合打击非洲环境违法犯罪活动。[①] 2020年11月24日，中非环境合作中心正式启动，为中非双方加强环境政策交流对话、推动环境产业与技术信息交流合

---

① 卢朵宝、金正：《中国技术助推非洲绿色发展潜力巨大》，《国际商报》2018年1月8日。

作、开展环境问题联合研究搭建了新的平台。①

  此外，在2019年4月第二届"一带一路"国际合作高峰论坛上，专设了绿色之路分论坛，其间正式创设了国际的"一带一路"绿色发展国际联盟，该组织致力于为"一带一路"绿色发展合作打造政策对话和沟通平台、环境知识和信息平台、绿色技术交流与转让平台。同时，我国还正式启动了"一带一路"生态环保大数据服务平台，发布了绿色高效制冷行动倡议、绿色照明行动倡议和绿色"走出去"行动倡议。② 本论坛及其平台的设立为建设绿色"一带一路"，携手实现联合国《2030年可持续发展议程》提供了机制保障。③ "一带一路"绿色发展国际联盟有助于共建绿色之路，不仅是中国始终秉承绿色发展理念的体现，也是对接联合国《2030年可持续发展议程》和非洲联盟《2063年议程》的重要平台，将有助于推动基础设施绿色低碳化建设和运营管理，在对外投资和贸易过程中强调生态文明、环境治理、生物多样性保护和共同应对气候变化的基本原则。同时，这些平台还能够为中非合力打造绿色金融、绿色产业、绿色发展提供经验支持，是中非共建"一带一路"过程中的重要环境保护与合作平台。

---

  ① 阮煜琳：《中非环境合作中心启动促进中非开展环境领域合作》，http：//www.chinanews.com/gn/2020/11-24/9346554.shtml，2020年11月25日访问。
  ② 李聪：《"一带一路"背景下文明观的转变》，《中共济南市委党校学报》2019年第6期。
  ③ 孙奕：《"一带一路"绿色发展国际联盟在京成立打造绿色发展合作沟通平台》，http：//www.xinhuanet.com/world/2019-04/25/c_1124416934.htm，2020年7月21日访问。

第二章 东部非洲及其主要国家的环境保护法律规制

随着中非关系深入、快速发展，中国与非洲大陆各次区域的合作日益重要。其中，东非地区由于其非洲东大门的区位优势，以及劳动力密集型产业的发展，它成为近年来经济增速最为快速的地区之一，仅次于东南亚，位列全球第二。在中非共建"一带一路"倡议的过程中，东非铁路网建设成为合作成果的里程碑。目前，东非地区正以其较快的地区一体化进程、较小的经济发展水平差距，成为中国企业投资非洲的重要目的地。从环境法律制度看，东非各国环境立法框架较为完备，已有多国将环境权纳入宪法保障，制定了较完备的环境法律法规，并设置了专门的环境管理机构。然而，东非地区的环境法律管理体系在实际运行过程中仍然存在不少缺陷，因此中企在投资前须做好民意调查，在投资过程中遵守东道国环保法规，履行环保责任和相关法律义务，注意项目结束后的环境修复工作，了解废弃物处理和闭坑的要求，有效治理并恢复环境，并且关注员工工作环境的保障，这些是我国企业赴东非投资所必备的环境法律常识。

第一节 东部非洲的区域特征与中国投资概况

历史上，东非地区是"海上丝绸之路"的地理延伸区域，基于特殊的区位以及人口资源优势，东非地区成为近年来吸引中国投资的重要区域，以亚吉铁路、蒙内铁路等为标志的"一带一路"建设成果陆续投入运营，东非地区作为非洲内陆物资出口港的优势逐渐显现，投资环境和基础设施得到了进一步优化。

一 东部非洲的区位优势与国家分布

非洲东部地区，北起厄立特里亚，南迄鲁伍马河，东临印度洋，西至坦噶尼喀湖。面积370万平方千米，占非洲总面积12%，人口1.3亿，约占全非总人口20.1%，北部以闪含语系的埃塞俄比亚人、索马里人居多，南部以班图语系的黑种人为主。信奉伊斯兰教、基督教、天主教、原始宗教等。地形以高原为主，沿海有狭窄低地。东非文明历史悠久，古代各地先后形成阿克苏姆、僧祇、阿德尔、阿比西尼亚等国。16世纪初起，西方殖民者相继侵入。至19世纪末，大部分沦为英、德、意、法等国的殖民地或保护地。第二次世界大战前，只有埃塞俄比亚一个独立国家。战后，独立浪潮席卷非洲。20世纪五六十年代，东非殖民地纷纷成为独立国家。独立的过程大多数都是和平进行，通过民主方式实现国家权力的和平过渡。

根据非洲联盟的次分区，东部非洲共有14个国家或地区：埃塞俄比亚、索马里、厄立特里亚和吉布提四国被合称为非洲之角；坦桑尼亚、肯尼亚、乌干达、卢旺达和南苏丹五国组成了东非共同体；马达加斯加有时被视为南部非洲的国家，与东南亚和大洋洲的南岛民族有密切的关系；此外还有科摩罗、塞舌尔和毛里求斯。这些东非国家地理位置优越，蕴藏各种矿产资源，可用于冶炼和工业生产。东非地区金属矿产资源包括绿玉、铋、铌、铜、铬铁、钻石、金、铁、锡等。同时，近年东非地区石油资源开发迅速，在勘探、提炼、基础设施、冶炼、副产品、能源及技能培训等领域为海外投资者提供了诸多投资机会。

二 中国在东部非洲投资的基本情况

商务部截至2020年数据显示，在中国在非设立的3800余家境外企业中，东非的埃塞俄比亚、肯尼亚、坦桑尼亚、乌干达等是主要分布国；在2019年度的投资流量上，中国对埃塞俄比亚直接投资存量达25.59亿美元、对肯尼亚直接投资存量达16.24亿美元，分别位列对非直接投资流量第五和第七位；在投资存量上，埃塞俄比亚、肯尼亚也分列第五和第十位。此外，由于东非一系列大型基础设施建设项目的顺利开通，中国在东非承包工程量略有下降，2019年中国企业在东部非洲市场新签合同额71.4亿美元，同比下降47%；完成营业额101.4亿美元，同比下降17.5%。[①] 但这并未妨碍肯尼亚和埃塞俄比亚继续成为中国在非工程承包的主要市场，而东非地区也一直是"一带一路"走进非洲的门户区域（见表2-1）。

表2-1　　2019年度中国与东部非洲地区各国的经贸合作数据

国别	双边贸易	中国对该国投资	承包工程
埃塞俄比亚	2019年双边贸易额为26.67亿美元，同比下降7.28%。其中，中国向埃塞出口23.23亿美元，同比下降8.22%；中国自埃塞进口3.44亿美元，同比下降0.38%	2019年，中国对埃塞俄比亚直接投资流量3.75亿美元；截至年末，中国对埃塞俄比亚直接投资存量25.59亿美元	2019年中国企业在埃塞俄比亚新签承包工程合同346份，新签合同额26.9亿美元，完成营业额24.96亿美元
吉布提	2019年中吉进出口贸易总额达到22.26亿美元，同比增长19.4%。其中，中国对吉布提出口22.06亿美元，同比增长18.4%，进口为0.2亿美元，同比上升9702.7%	2019年，中国对吉布提直接投资流量2664万美元；截至年末，中国对吉布提直接投资存量1.25亿美元	2019年中国企业在吉布提新签承包工程合同40份，新签合同额4643万美元，完成营业额2.3亿美元
坦桑尼亚	2019年，中坦双边进出口贸易总额为41.79亿美元，同比增长5.1%。其中，中方出口38.11亿美元，同比增长6.4%；中方进口3.67亿美元，同比下降6.1%	2019年，中国对坦桑尼亚直接投资流量1.16亿美元；截至年末，中国对坦桑尼亚直接投资存量13.36亿美元	2019年，坦桑尼亚中资企业承包商会会员企业共有49个新中标项目，合计金额22.5亿美元（含分包），主要涉及道路升级改造、房建、机场、港口、供水等领域，其中中国电建分包签约的尼雷尔水电站项目合同金额9.7亿美元
肯尼亚	2019年，中肯双边贸易额达51.65亿美元，同比下降3.71%。其中，中国向肯尼亚出口49.84亿美元，同比下降3.93%，从肯尼亚进口1.81亿美元，同比增长2.96%	2019年，中国对肯尼亚直接投资流量1037万美元；截至年末，中国对肯尼亚直接投资存量16.24亿美元	2019年中国企业在肯尼亚新签承包工程合同120份，新签合同额13.78亿美元，完成营业额41.68亿美元

---

① 中华人民共和国商务部、中国对外承包工程商会：《中国对外承包工程发展报告2019—2020》，2020年，第46页。

续表

国别	双边贸易	中国对该国投资	承包工程
乌干达	2019年，中国与乌干达双边贸易额7.83亿美元，同比增长4.0%，其中，中方出口7.41亿美元，增长4.9%，进口0.42亿美元，下降8.5%	2019年中国对乌干达直接投资流量1.43亿美元；截至年末，中国对乌干达直接投资存量6.70亿美元（不含中海油20.62亿美元项目，该项目是中国对乌干达最大投资项目）	2019年中国企业在乌干达新签承包工程合同98份，新签合同额11.83亿美元，完成营业额15.40亿美元
卢旺达	2019年，中卢双边贸易额为3亿美元，同比增长46.63%。其中，中国向卢旺达出口额为2.65亿美元，同比增长60.03%；中国自卢旺达进口额为0.35亿美元，同比减少10.83%	2019年，中国对卢旺达直接投资流量1701万美元；截至年末，中国对卢旺达直接投资存量1.68亿美元	2019年，我国企业在卢新签工程承包合同额4.95亿美元，完成营业额3.09亿美元
苏丹	2019年中苏贸易总额为25.49亿美元，同比增长5.9%。其中，苏丹向中国出口7.48亿美元，从中国进口18.02亿美元	2019年，中国对苏丹直接投资流量7077.79万美元；截至年末，中国对苏丹直接投资存量12.03亿美元	2019年中国企业在苏丹新签承包工程合同额2.4亿美元，完成营业额3.8亿美元
南苏丹	2019年，中南双边贸易额为16.5亿美元，同比下降1.9%，其中中国出口1.2亿美元，同比增长58.4%；进口15.3亿美元，同比下降4.8%	2019年，中国对南苏丹直接投资流量549万美元；截至年末，中国对南苏丹直接投资存量2688万美元	2019年中国企业在南苏丹新签承包工程合同34份，新签合同额11.68亿美元，完成营业额2.43亿美元
马达加斯加	2019年，中马货物贸易总额为12.8亿美元，同比增长5.5%。其中，中国对马出口10.7亿美元，增长6.2%；自马进口2.1亿美元，增长2.2%	2019年，中国对马达加斯加直接投资额2189万美元	2019年中国企业在马达加斯加新签承包工程合同额9.23亿美元，完成营业额1.15亿美元
科摩罗	2019年中科双边贸易额为7371.7万美元，主要为中国对科摩罗出口	2019年，中国对科摩罗直接投资流量13万美元；截至年末，中国对科摩罗直接投资存量183万美元	2019年中国企业在科摩罗新签合同额4932万美元，完成营业额3247万美元
塞舌尔	2019年双边贸易额6572.2万美元，同比增长7.1%，其中99.9%为中方出口	2019年中国对塞舌尔直接投资流量198万美元；截至年末，中国对塞舌尔直接投资存量4.14亿美元	2019年中国企业在塞舌尔新签承包工程合同11份，新签合同额702.43万美元，完成营业额2600.06万美元

资料来源：商务部国际贸易经济合作研究院、商务部对外投资和经济合作司、中国驻上述各国大使馆经济商务处编《对外投资合作国别（地区）指南·2020年版》。

根据坦桑尼亚主流媒体《公民报》报道，联合国贸易和发展会议公布的《2019年世界投资报告》显示，2018年东非地区外商直接投资流量从2017年的86.65亿美元增加到89.66亿美元，增加了3.01亿美元。逐步涌现的经济特区成为未来几年非洲大陆吸引外商投资的主要因素之一。此外，商品需求不断增长、价格上浮以及少数经济体非资源类投资的发展，均是推动投资增长的原因。

报告显示，除南苏丹外，每个东非共同体国家过去一年在吸引外资方面均有积极表现。坦桑尼亚的外商直接投资流入量从9.38亿美元增加到11亿美元，外商直接投资存量从2017年的196亿美元增加到2018年的207亿美元。肯尼亚外商直接投资增长了27%，从12亿美元增加到16亿美元，使得该国外商投资存量从127.9亿美元增加至149.2亿美元。埃塞俄比亚在该地区居首位，虽然流入该国的外资减少了18%，从40亿美元减少到33亿美元，但外资存量从189亿美元增加到222亿美元。卢旺达外资流量从3.56亿美元增加至3.98亿美元，存量从19亿美元增加至22亿美元。[①]

可见，中非关系全面快速发展的进程中，中国企业对东非共同体的投资迅猛增长。历史数据表明，2007年中国对东非共同体成员国直接投资存量仅为1.9亿美元；到2011年年底，这一数字达到了9.1亿美元，五年间增长了3.8倍。[②] 而且，在2017年，中国和东部非洲地区市场的承包工程签约达到了历史峰值的201.4亿美元。目前，中国企业对东部非洲直接投资的主要领域包括农业、房地产、采矿、工业、制造业和科研等。其中，制造业、矿业等尽管占较高比重，但对这些领域的投资相对分散，因此中国企业对东非共同体的投资主要集中在农业、工业和矿业三个领域。同时，这些领域也具有较强的环境影响性和环境依赖性，其环境法律规制时常对中国投资企业造成不利影响，甚至导致项目停滞、利益受损的情况。

[①] Secretariat of the Member States of the *East African Community*, *East African Community Facts and Figures 2015*, Arusha Tanzania, September 2015, pp. 6, 15, 29.

[②] 朴英姬：《中国—东非经贸合作前景广阔》，http：//finance.eastmoney.com/news/1355,20130807313118825.html, 2020年5月27日访问。

第二节 东部非洲国家的环境立法体系

非洲诸多国家基本上都认识到了以法律来加强环境保护的重要性，自20世纪80年代以来开始探索本国的环境立法，形成了独立的法律体系。① 其中，东非地区的环境立法体系具有鲜明的特点，越来越多的国家在宪法中明确规定了环境权、国家在环境保护方面的基本职责、公民的基本环境权利与义务；在加强单行性专门立法的同时，制定跨领域、跨部门、跨行业的综合性环境法律；加强环境执法力度，制定专门的国家环境计划和行动规划；在环保领域进行广泛的区域性合作，以共同行动来解决日益严重的环境问题。

一 东部非洲国家的环境权入宪

按照现代法治原则，国家承担环保责任和保护公民的环境权益都必须有宪法依据。东非地区的一些国家突破传统，以宪法的形式规定环境权利和义务，把环境权作为公民的基本权利，明确国家在环保方面的责任。目前，在东非国家中，有埃塞俄比亚、乌干达、塞舌尔、科摩罗、卢旺达、苏丹、肯尼亚、南苏丹、索马里共九个国家将环境权明确纳入宪法的权利保障体系之中。

东非各国宪法的环境保护条款主要涉及三方面内容：一是明确公民的环境权利和义务；二是宣告国家在环保方面的目标、权力及职责；三是明确规定宪法条款在环保中的适用或特别规定环境法的执行程序。非洲国家通过将环境保护内容写进宪法并赋予公民环境权，进而保证在国家和公民两个层次的环境保护互动，促进资源的合理利用和废物的科学处理。例如，1995年《埃塞俄比亚宪法》第44条采取了公民权利义务与国家权力责任相结合的综合性环境权条款设计，规定"（1）每个人都有权拥有一个干净、健康的环境；（2）由于政府从事的工程导致人民搬离住所的，或是其生活受到负面影响的都有权利得到足够的金钱或其他形式的补偿，

---

① 吴勇：《非洲环境法简析》，《西亚非洲》2003年第5期。

包括在政府帮助下易地安置的权利。第 92 条关于环境目标规定了：(1) 政府应努力确保所有埃塞俄比亚人生活在清洁和健康的环境中；(2) 开发方案和开发项目的设计和实施，不得损害或者破坏环境；(3) 人民有充分协商和发表意见的权利；(4) 政府和公民有保护环境的义务"①。这些规定直接将环境权作为一种可以强制执行的基本权利以用于保障公民拥有一个健康环境和生存环境受损后获得补偿的权利。又如，2003 年《卢旺达宪法》第 49 条采取了公民权利和国家责任相结合的对应型条款设计，规定"任何公民都有权获得健康的、令人满意的环境。任何人有义务保护、维护和促进环境。国家监督环境的保护。组织法确定保护、维护和促进国家文化发展的活动"。再如，2005 年《乌干达宪法》第 39 条采取了公民权利宣誓性条款设计，规定公民享受清洁和卫生环境的权利："每一个乌干达人均有清洁和健康的环境权。"②

二　东部非洲国家的环境法律法规

在东非各国，大多颁布有关于环境保护的基本法。其中，2000 年以前各国多颁布有关于环境评价、环境管理等程序性的环境基本法，在 2000 年以后则多制定综合性的环境法典。

表 2-2　　　　　　　　东部非洲国家的主要环境法律

国家	环境法名称
埃塞俄比亚	《环境影响评价公告》《环境污染控制公告》（2002 年）
厄立特里亚	《全国环境保护管理纲要》（1995 年）
吉布提	《环境法律框架》（2000 年）
坦桑尼亚	《国家环境法》（1983 年）、《环境管理法》（2004 年第 20 号法案）
肯尼亚	《环境管理与协调法》（1999 年）、《环境影响评价规定》
乌干达	《国家环境法》（2019 年）
卢旺达	《环境保护和改善法》（2005 年）

---

① Constitution of the Federal Democratic Republic of Ethiopia, 1994.
② 孙谦、韩大元主编：《世界各国宪法·非洲卷》，《世界各国宪法》编辑委员会编译，中国检察出版社 2012 年版，第 1030 页。

续表

国家	环境法名称
马达加斯加	《环境法》
塞舌尔	《环境保护法》
毛里求斯	《环境保护法》

资料来源：商务部国际贸易经济合作研究院、商务部对外投资和经济合作司、中国驻上述各国大使馆经济商务处编《对外投资合作国别（地区）指南·2020年版》。

可见，目前除厄立特里亚有关环境保护的法律正在制定中，涉及环保方面的政策主要是1995年制定的《全国环境保护管理纲要》及其他临时性国家政策，其他国家均制定了较为完备的环境法律法规，但各国的环境法律也体现这其独有的特色。

表2-3　　　　　　　　东部非洲国家环境法律的主要特点

国家	特点
吉布提	环保法律法规基本沿袭了法国特点，但不是特别严格和严谨，很多法律法规还不完善，法律裁量人为因素比较大
坦桑尼亚	在环境保护方面有全面的政策，并强调可持续发展主要有：《森林法案》《空气质量标准规定》《水体质量标准规定》《土地质量标准规定》《环境影响评价规定》。另外，坦桑尼亚目前正在研究制定《危险废弃物管理控制规定》《固体废弃物管理规定》等环保法规
乌干达	政府十分重视环境保护，制定和颁布了一系列环保方面的法律法规，包括：《国家环境法》《国家环境水法案》《国家环境矿业法案》《国家环境森林和树木种植法案》等，其环境立法的宗旨是促进环境可持续发展、提高公众环保意识、根据社会发展和环境现状科学有效地利用自然资源，最大限度防止和减少对土地、空气、水资源的破坏和污染
卢旺达	卢旺达除颁布环境基本法以外，还制定了《关于卢旺达环境管理局的成立、职能和责任的规定》以及《禁止危险废物输入非洲和控制危险废物在非洲内部越境转移及管理公约》，明确了环境机构的职责以及注重环境危险物品的进出口管理
马达加斯加	马达加斯加非常重视环境保护，除环境基本法外，还制定了《水资源保护法》和涉及投资环境影响评价的《投资与环境和谐法》，环境基本法经1990年颁布后也进行过多次修订与增补
塞舌尔	塞舌尔制定了众多的环境法规且相当规定细致、范围广泛，与环境保护相关的法律有《环境保护法》《环境保护（臭氧）管理规定》《海滩控制法案》《防火法》《森林保留法》《野生动物鸟类保护法》《野生动物鸟类（自然保留地）保护管理》和《杀虫剂控制法》等
毛里求斯	制定了关于投资环境影响评价的《环境保护条例》，以及由于其特殊的地理位置尤其注重对废水、废物的管理，制定了《水/空气/噪声/废物/标准条例》等，此外毛里求斯还是许多国际环境保护公约的成员国

资料来源：商务部国际贸易经济合作研究院、商务部对外投资和经济合作司、中国驻上述各国大使馆经济商务处编《对外投资合作国别（地区）指南·2020年版》。

综上，东非地区的环境法律法规内容较为全面，基本涉及有生物多样性和能源矿业开发等规定，由于东非具有丰富的水资源，因此有关水资源利用以及流域水资源保护与争端解决的规定较为完善。但是，在经济增速较快的东非，还有部分新兴行业在发展过程中，其相关排放标准不够清晰，环境标准完善和执行程度也在动态发展，极易引发违法风险。在实践中表现为，中资企业面临刚进入市场时东道国无系统完整的环境标准，但进入之后标准才逐渐提高的情况。例如，在 10 年前埃塞俄比亚东方工业园初建时，管委会向埃塞俄比亚政府咨询相关污染处理规定，但从政府管理部门得知并无相关规定。东方工业园管委会根据自己 30 年国内工业园经验，建造了日处理 3000 吨的污水处理厂。如今埃塞俄比亚环保部有新的要求，考虑到 2015 年大批企业入驻工业园后现有污水处理厂不够的情况，管委会需要做污水处理扩建，建成日处理 1 万吨的污水厂，突然增加了企业投资成本。[①]

三 东部非洲区域性组织的环保规定

在东非地区，区域一体化程度较高，以东部非洲埃塞俄比亚、肯尼亚、乌干达和坦桑尼亚等国为代表，先后形成了非洲联盟、东非共同体、东部和南部非洲共同市场和东非政府间发展组织等区域性和次区域性组织。在这些组织的条约协定和法律文件中，包含了关于区域性环境、资源与生态保护的相关规定，对本区域和成员国开展生态环境保护的国际协作具有一定促进作用。同时，这些区域性组织的环境保护法律规定也通过吸收和并入等方式，被东部非洲各国国内立法所采纳，而具有约束力。

东非共同体（East African Community，EAC），简称东共体，是由肯尼亚、乌干达、坦桑尼亚、布隆迪、卢旺达和南苏丹六个东非国家组成的区域性国际组织。该组织于 1967 年首次成立，1977 年解散。其后在 2000 年由肯尼亚、乌干达和坦桑尼亚在阿鲁沙重新组织成立，总部设于阿鲁沙。2016 年 4 月 15 日，南苏丹正式加入东非共同体，成为该组织第六个

---

① 中华全国工商联合会、中国商务部国际贸易经济合作研究院、联合国开发计划署驻华代表处：《2019 中国民营企业"一带一路"可持续发展报告》，2019 年，第 35 页。

成员国。作为东部非洲主要的区域性组织，在东非共同体相关条约、协议和法律文件中有关环境资源与生态保护的主要有1999年《建立东非共同体条约》①。该条约的核心是规定共同体的目标，旨在扩大和深化伙伴国家在政治、经济、社会、文化、外交、科技等领域的政策性合作，协调产业发展战略，共同发展基础设施，实现成员国经济和社会可持续发展。② 条约在东非共同体的发展目标中做了环境保护开发和保护的专门规定，要求共同体应保证和促进成员国自然资源的可持续利用，并采取保护成员国自然环境的有效措施。同时，条约进一步通过设专章规定环境保护的内容，第十九章规定环境合作与自然资源管理，认识到发展活动可能对环境产生负面影响，导致环境退化和自然资源枯竭，提出清洁和健康的环境是可持续发展的先决条件，条约规定伙伴国家采取协调一致的措施，促进与东非共同体在可持续利用自然资源方面的合作，通过环境管理策略协调各国的政策和行动，以保护自然资源与环境，防止各种形式的荒漠化和水土流失以及发展活动带来的污染，树立了环境保护的目标，致力于促进环境可持续发展，以确保自然资源的可持续利用，共同开发和利用水资源的保护和管理政策，以确保生态系统的维持和保护。相关内容进一步要求东非共同体内部要重视伙伴国之间的合作，制定共同的环境管理政策，以维持伙伴国家的生态系统，防止、制止和扭转环境退化的影响，规定了备灾减灾、生产可降解杀虫剂和包装材料、采用无害环境的管理技术来控制土地退化、采用共同的环境标准等环境保护措施。条约还规定了对集水区和森林的养护和管理、为内陆和海洋水域制定共同渔业管理和投资准则、创造有利的矿业投资环境、建立数据库等自然资源保护措施。此外，第十八章在农业与粮食安全方面也做了一些环境保护的规定，伙伴国家承诺通过农业生产合理化计划，以促进国家农业计划的互补性、专门化和可持续性，并且在特定农业领域开展合作，包括建立控制动植物病虫害的联合方案，防治干旱和荒漠化的联合行动，改善集水管理，进行科学灌溉。③

---

① The Treaty for the Establishment of the East African Community (1999).

② 中华人民共和国外交部：《东非共同体》，https://www.fmprc.gov.cn/web/gjhdq_676201/gjhdqzz_681964/lhg_683046/jbqk_683048/，2021年8月6日访问。

③ Article 111, 112, 113, 114 of The Treaty for the Establishment of the East African Community (1999).

东部和南部非洲共同市场（Common Market for Eastern and Southern Africa，COMESA），简称"科迈萨"，是 1994 年 12 月在东部和南部非洲优惠贸易区（Preferential Trade Area for Eastern and Southern Africa，PTA）的基础上正式成立的区域性经济组织，是非洲地区成立最早、最大，也是最成功的次区域经济组织，秘书处设在赞比亚首都卢萨卡，共有包括埃及、埃塞俄比亚、赞比亚、刚果（金）等 21 个成员方，遍及东部、南部、北部和中部非洲地区，总面积约 1200 万平方千米，总人口约 4 亿。自成立以来，科迈萨在推动区域一体化和成员国发展方面取得了积极进展。[1] 在该组织的相关条约和协议中，有关环境保护的内容主要体现在 1994 年《建立东部和南部非洲共同市场条约》[2] 中。一方面，条约旨在与东部和南部非洲各成员国之间建立贸易优惠区，条约作为建立东部和南部非洲共同市场并最终建立东部和南部非洲经济共同体的第一步，标志着经济一体化进程的一个新阶段，通过执行旨在实现可持续发展的共同政策和方案来巩固各国经济合作与融合，以实现充分的市场一体化。条约规定了东部和南部非洲共同市场的宗旨和目标，加强贸易自由化和海关合作，在运输和通信领域、工业和能源领域、货币事务和金融领域、农业等领域都有所发展。另一方面，该条约也对环境保护做出了一些规定。例如，条约第十三章规定合作发展能源，成员国应以具有竞争力的价格提供安全的能源是经济发展的先决条件，为了确保向所有成员国提供具有竞争力价格的能源，既需要开发当地或可再生能源，也需要合理管理现有资源，成员国之间应在水力、化石和生物等方面进行合作，创造更有利的投资环境，加强能源贸易，加强运输中能源的有效利用。成员国承诺加入旨在改善能源管理、开发新的可再生能源信息交流的国际协议。同时，条约第十六章要求合作开发自然资源环境，规定了合作的范围和原则，强调加强自然资源和环境管理方面的合作，促进环境的可持续发展。[3]

---

[1] 中华人民共和国外交部：《东部和南部非洲共同市场（科迈萨）》，https://www.fmprc.gov.cn/web/gjhdq_676201/gjhdqzz_681964/lhg_683070/jbqk_683072/，2021 年 8 月 6 日访问。

[2] Establishing Common Market for Eastern and Southern Africa (1994).

[3] Article 106-109 and 122-126 of the Establishing Common Market for Eastern and Southern Africa (1994).

东非政府间发展组织（Intergovernmental Authority on Development，IGAD），简称"伊加特"，其前身是由埃塞俄比亚等7个东非国家组成的东非政府间抗旱发展组织。因此，自该区域性组织创设之初，就高度关注东非地区的自然环境问题。后又在1996年，于内罗毕举行的东非政府间抗旱发展组织成员国领导人会议上，共同决定把该组织易名为东非政府间发展组织，并把工作重点从抗旱转移到防止地区冲突和扩大经济合作方面。该组织有关环境保护的条约协议主要是《东非政府间发展组织战略（第二卷）2016—2020年实施计划》[1]，该计划以对预期成果的实际评估为基础，重点关注可持续发展项目所在的优先领域，通过加强经济合作和区域一体化实现地区和平与可持续发展。不仅如此，该计划单独设立板块规定农业、自然资源与环境。农业、自然资源与环境是促进东部非洲地区发展的三个相互关联的部门，农业是影响土地生产力的因素，并且直接影响人们的健康，明确该计划的战略目标是促进食品安全、环境和自然资源的可持续发展。为了解决环境退化问题，东非政府间发展组织将在农业、牲畜和粮食安全，自然资源管理，环境保护规划，水资源和气候监测预警等领域开展工作，以促进环境的可持续发展。

第三节　东部非洲国家的环境管理制度

东部非洲狩猎文化久远，较早受到英国和法国殖民宗主国环境保护与管理立法的影响，基于该区域丰富的野生动植物资源，从18世纪开始建立形成了多个大型跨国的自然保护区，可见其环境管理历史悠久。当前东非各国基本建立了业务范围集中、职能划分明确、管理权限较大的环境行政主管机构，在环境影响评价等制度上形成了较为严格的执法和监管制度。

一　东部非洲的环境主管机构

东部非洲各国均建立有以环保局（部）为主体的环境行政主管机构，

---

[1] IGAD Regional Strategy Volume2 Implementation Plan（2016—2020）.

此外还在水资源、生活环境、林业与野生动植物等方面形成了专门化的管理机构，职能划分清晰。

由于非洲大陆容易受气候变化的影响，环境可持续性是非洲的重大优先事项。自 1972 年以后非洲国家普遍加强了环境立法和执法，并在 20 世纪 90 年代发展成熟，几乎都以宪法条款确定环保的政策，并以环境基本法和单行法的形式确立自己的环境法体系。[1] 东非地区环境法的发展还体现在环境立法、司法的专门化以及加强政府环境管理机构的建设上。埃塞俄比亚、乌干达、卢旺达和坦桑尼亚建立了国家级的环境部或局，其他国家虽设置了相应机构，但大多和其他领域同属一个部门，未单独成为一个独立的部级部门，管理权限十分有限，或是隶属于能源、农业、渔业部等部门的下属环保局。然而，环境政策是由各国部级机构制定，所以很难做到部门协调，也难以要求各下级部门在完成本职工作之余还将环境保护落到实处。因此，将环境局的权限落实，实现各部门间、各区域间的环境执法协调联动是东非国家亟须解决的问题。

表 2-4　　　　　东部非洲国家的环境主管机构及其职责

国家	环境主管机构	职责
埃塞俄比亚	环境、林业和应对气候变化委员会	制定有关环保政策、发展战略、法律法规和标准，为申请立项的投资项目进行环境影响评价等
厄立特里亚	农业部、渔业部、能矿部、水土环境部、贸工部、建设部和地方政府、卫生部	农业生产过程中的水土保持；海岸线和海洋的资源保护；矿产资源开采过程中和环境保护；水源保护；环境建设环境保护型的工业；建设宜居环境和监督建筑材料的合理使用；监控和促进居住环境质量
吉布提	住房、城市规划和环境部	负责制定和实施有关住房、城市规划、环境以及对促进地区平和协调发展的国土整治等方面的政策；负责制定和实施城市发展政策；主管地区、城市发展和城市基础设施等方面；确定和实施政府在规划方面的政策，且特别注重联合其他相关部门制定有助于该地区经济发展的政策。该部还负责制定环境政策，阐释规范性文本，监测基础设施、房屋、设备、交通、能源等领域的环境保护，并与有关部门和研究机构保持合作伙伴关系。该部下设国土整治及环保局，负责环境管理

---

[1] 邓德利、梁兵兵、李勇：《非洲地区环境法对中国石油海外业务影响分析》，《油气田环境保护》2011 年第 3 期。

续表

国家	环境主管机构	职责
坦桑尼亚	国家环保委员会（NEMC）	在执行环境管理政策时NEMC扮演咨询角色，执行国家环保政策，其职责是提供环境可持续管理的法律和机构框架，减少并控制污染、废料管理、环境质量标准、公众参与、环境加强等，还负责执行、加强、审查和监控环境影响评价、研究、鼓励公众参与环境决策、提高环境保护意识、整理和传播环境信息
肯尼亚	环境和林业部、国家环境管理委员会和肯尼亚野生生物保护局	环境和林业部主要职责是监督、协调与环境有关的活动符合环境法规和指令；制定并研究、测评环境与自然资源政策；管理并保护环境与自然资源；不断完善自然资源和环境管理系统综合资料库 国家环境管理委员会专职保护和改善环境，监督和提高个人、企业、社团的环境责任意识及行为 肯尼亚野生生物保护局是根据议会法令设立的非政府机构，获权保护和管理肯尼亚的野生动植物，执行相关法律法规
乌干达	国家环境管理局	对水资源和环境部负责，负责协调、规范、监控和监督乌干达境内的环境管理，牵头制定相关的环境政策、法规、制度、标准和指南
卢旺达	环境管理局（REMA）	实施政府环保政策和决策；为政府提供环保管理方面和国际公约、条约协议执行方面的法律意见或其他措施建议；进行环境综合调查的检查，每年制定两次国家自然资源调查报告；审查和批准经济社会领域任何机构的环境影响评价报告；检测所有发展项目的环保措施；制定预防环境恶化的方案，在发生影响环境的事件后，提出采取的措施和建议；对自然资源管理和环境保护类企业提供建议和技术支持；对环保方面的研究和能力建设给予奖励；出版发行和宣传环保方面的手册、法规或指南
科摩罗	能源、农业、渔业、环境部下属的环保局	负责保护大气、水源、森林、土地、自然保护区不受到污染，负责动员民众保护环境，不随便倒弃生活垃圾，寻求国际合作，解决固体垃圾和污水处理问题
毛里求斯	社会保障、国家团结、环境和可持续发展部	保证环境的可持续性发展，为人民创造清洁健康的环境，制订各方面环保标准，管理国家环保基金、为企业出具初步环保报告和环境影响评价，协调各执行机构对环境进行监控和管理

资料来源：商务部国际贸易经济合作研究院、商务部对外投资和经济合作司、中国驻上述各国大使馆经济商务处编《对外投资合作国别（地区）指南·2020年版》。

二 东部非洲的环境评价制度

环境评价制度，是指从事有害或可能有害环境的活动之前，必须向有关管理机关提出申请，经审查批准，发给许可证后，方可进行该活动的一整套管理措施。它是环境行政许可的法律化，是环境管理机关进行环境保护监督管理的重要手段。采取环境保护许可证制度,可以把各种有害或可能有害环境的活动纳入国家统一管理的轨道,并将其严格控制在国家规定的范围内。

投资前,中资企业事先了解东非国家工程招标项目的环境内容、环境许可制度、适用于不同环境要素的保护、一个环境要素的不同开发利用阶段的保护,这将有利于对开发利用环境的各种活动进行事先审查和控制,降低环境法律风险。如埃塞俄比亚的项目主要分成两类,一类为国际招标项目,另一类为国内招标项目。如果作为国际承包商参加国际招标项目,政府在法律规定方面基本没有限制,只要求项目承包商在埃塞俄比亚工程部进行注册,获得相关资格证书便能实施项目。国际承包商原则上不得参与埃塞俄比亚国内招标项目,外国承包商只有在埃塞俄比亚注册成立公司后才可参与国内招标项目,埃塞俄比亚本国承包商竞标时享有7.5%的价格优惠。[①] 在工程建设过程中,对环境和土地使用有着全国适用的规定,但不同城市对环境和土地使用可能有各自要求,工程竣工和验收应当按照不同项目的规范进行。

表2-5　　　　　东部非洲国家环境影响评价的基本信息

国家	环评管理机构	环评报告撰写	环评依据	环评审核费用	环评程序耗时
埃塞俄比亚	联邦环保局	具有环评资质的环评公司	《环境影响评价法》	费用在18万比尔左右	—
厄立特里亚	水土环境部	水土环境部认可的环评咨询公司	FIDIC条款	—	—
吉布提	住房、城市规划和环境部	具有环评资质的环评公司	—	根据项目类别及规模而定	根据项目类别及规模而定
坦桑尼亚	国家环保委员会(NEMC)	环评机构、专家、顾问	《环境影响评价规定》《环境评价程序指南》	金额由国家环保委员会确定	—
肯尼亚	国家环境管理委员会	—	《环境影响评价规定》	—	6个月内

---

① 中华人民共和国商务部:《中国对外投资发展报告·2020》,2020年,第130页。

续表

国家	环评管理机构	环评报告撰写	环评依据	环评审核费用	环评程序耗时
乌干达	国家环境管理局	国家环境管理局认可的环境咨询师	《国家环境评价规章》	依据项目投资规模缴纳①	6个月内
卢旺达	环境管理局（REMA）	—	卢旺达部长令第N°004/2008 of 15/08/2008、环保法（No./04/2005 of08/04/2005）	按项目投资金额的比例	现场勘查（提交报告2周内）—签发评价证书（勘查后20天内）
马达加斯加	国家环境署	专业的事务所	《环境法》	因项目而异	因项目而异
毛里求斯	环境和可持续发展部	具有环评资质的环评公司	—	50万—200万卢比不等	2—6周
科摩罗	能源、农业、渔业、环境部下属的环保局	—	—	不收取任何费用	1周

资料来源：商务部国际贸易经济合作研究院、商务部对外投资和经济合作司、中国驻上述各国大使馆经济商务处编《对外投资合作国别（地区）指南·2020年版》。

综上，东非国家对工程开发项目普遍制定了环境影响评价程序，其框架大致包括九个步骤：（1）登记和筛选。项目申请者要向国家环保委员会提交项目简介（通过填写特定表格），国家环保委员会向其他利益相关者征求意见。（2）界定。确定需要进行环评的项目，项目申请者要明确可能受到项目影响的所有利益相关者。（3）环境调查。项目申请者要调查项目涉及范围内所有环境现状，包括自然环境、社会环境、经济环境、生态环境等。（4）环境评价。项目申请者要对项目可能造成的环境影响进行评价，包括积极影响和消极影响。（5）制定防治或提高措施。项目申请者针对消极影响制定防治措施，针对积极影响制定提高防治的措施。（6）准备评价报告。由项目申请者准备书面评价报告。（7）审查评价报

---

① 评审费是依据项目投资规模缴纳，总价值不超过5000万先令的项目缴纳25万先令评审费；总价值在5000万—1亿先令的项目缴纳50万先令评审费；总价值在1亿—2.5亿先令的项目缴纳75万先令评审费；总价值在2.5亿—5亿先令的项目缴纳100万先令评审费；总价值在5亿—10亿先令的项目缴纳125万先令评审费；总价值在10亿—50亿先令的项目缴纳200万先令评审费；总价值在50亿先令的项目按价值的0.1%征收评审费。

告。项目申请者将评价报告提交国家环保委员会审查,该委员会可以召开利益相关人参加的听证会,形成审查报告后,连同审查中的所有其他文件一并交环境部长决定是否发放许可。(8)执行监督和审查。项目获得许可的,由国家环保委员会对项目环境评价报告执行情况进行监督和审查。(9)终结计划。项目申请者需要准备终结计划,规定项目终结后如何消除对环境的影响,并保障员工的生活,该计划可以单独制订,也可以作为环评报告的一部分。此外,申请环评的费用包括登记费、环境许可证费及环保证书费,金额及算比由各国的相关法律确定。

据此,一些民营企业的调研报告反馈,非洲当地的环境标准多为欧洲标准,标准要求甚至比中国国内环境标准还高,但能够落实到执行层面的却很少。比如,肯尼亚在环境方面实行欧洲标准,但没有有效监管工具管理,人为的因素还比较多。为应对这个问题,肯尼亚科达陶瓷厂尝试做了一年定期邀请检查的机制,邀请肯尼亚环保局来陶瓷厂提出整改意见。同时也邀请当地政府和村民来参观。这一机制帮助陶瓷厂与环保局和当地民众保持比较好的沟通,有利于建立和谐的经营环境。可见非洲部分国家的环境影响评价制度极易让中国企业陷入困境。[1]

第四节 主要投资国别:肯尼亚的环境法律制度

东非第一大国肯尼亚区位优良,作为非洲的东大门,其濒临印度洋,并且与其他东非国家接壤,还是联合国在全球的四大总部城市之一,联合国环境规划署和人类居住规划署总部均设于此地。[2]"肯尼亚全国共有65个国家公园和野生动物保护区,占国土面积的11%。"由此可见肯尼亚在全球野生动物保护领域的标杆性地位,因此,该国自然也有着严格的生态环境法律制度。另外,肯尼亚是东非共同体和东部和南部非洲共同市场等区域性组织的倡导者,存在航空、海港的地理优势,起到了中非经贸合作的货物转运与投资桥梁的作用。

历史上,600年前的明代航海家郑和曾率船队第四次下西洋到达肯尼

---

[1] 中华全国工商联合会、中国商务部国际贸易经济合作研究院、联合国开发计划署驻华代表处:《2019中国民营企业"一带一路"可持续发展报告》,2019年,第35—36页。

[2] 黄利飞:《肯尼亚:非洲"东大门"》,《湖南日报》2019年6月13日。

亚东部沿海，开启了中国与非洲国家的第一次官方交往。今天，"中国是肯尼亚的第一大贸易伙伴、第一大工程承包商来源国、第一大投资来源国以及增长最快的海外游客来源国。肯尼亚也连续数年成为吸引中国投资最多的非洲国家。肯尼亚政府公布的30多个'旗舰项目'中，中肯合作项目近半数"[1]。据中国商务部统计，2019年中国对肯尼亚直接投资流量1037万美元；截至2019年年末，中国对肯尼亚直接投资存量16.24亿美元。中国企业对肯尼亚投资多集中在建筑、房地产、制造业等领域。目前，中国在肯尼亚投资的主要企业和重点项目有：北京四达时代软件技术有限公司投资设立四达时代传媒（肯尼亚）有限公司在肯尼亚经营数字电视、友盛集团投资建设的友盛变压器厂、科达和森大合资5500万美元的特福瓷砖厂、中国武夷投资9600万美元的内罗毕建筑产业化基地。此外，中航国际投资4.5亿美元的内罗毕非洲总部基地项目是近年来中国对肯尼亚最大的投资项目。[2]

随着2017年"一带一路"倡议在非洲最早的收获——"蒙巴萨—内罗毕标准轨道铁路"正式建成通车，至此，作为海上丝路自然与历史的延伸，肯尼亚更是成为"一带一路"倡议在非洲的重要支点，也必将成为中国企业"走进非洲"的首站。[3] 所以，为了保障中资企业在如此重视生态环境保护的肯尼亚开展项目投资和工程承包业务，该国的环境法律制度，尤其是野生动物保护制度应当为中国投资者所重视和了解。

一 肯尼亚的法律体系与环境立法

肯尼亚宪法颁布于1964年，后历经30次修改，根据2010年的现行宪法，肯尼亚的最高立法机关为议会，由国民议会和参议院组成；行政区划分为中央和郡两级。最高行政长官是总统，在内阁制下总统为国家元首、政府首脑兼武装部队总司令，由直接普选产生，每届任期5年。内阁

---

[1] 李宝荣：《外交官话丝路》，《国际商报》2017年5月14日第C01版。
[2] 商务部国际贸易经济合作研究院、中国驻肯尼亚大使馆经济商务处、商务部对外投资和经济合作司编：《对外投资合作国别（地区）指南：肯尼亚》，2020年，第35页。
[3] 周杨、刘燕娟《肯尼亚，就是一片投资的热土》，《湖南日报》2019年6月29日第3版。

由总统、副总统、总检察长和 21 名部长组成。其中与环境保护有关的内阁部门有旅游和野生生物部（Ministry of Tourism and Wildlife）、环境和林业部（Ministry of Environment and Forestry）、石油和矿业部（Ministry of Petroleum and Mining），以及 2015 年新成立的水资源和灌溉部。此外，肯尼亚司法系统比较复杂，全国法院被分为高级法院和基层法院两个层级。高级法院的三个层级分别为最高法院、上诉法院、高等法院及议会设立的与高等法院同级别的负责劳资、土地和环境等纠纷的特别法院。但是高等法院无权管辖专门由特别法院负责的案件。基层法院则级别相同，包括各地区的治安法院、穆斯林地区的卡迪法院、军事法院和议会设立的其他法院。尤其是肯尼亚还在穆斯林聚居地设伊斯兰卡迪法院，按伊斯兰教法行使有限裁判权。判决不服的可逐级上诉至上诉法院乃至最高法院。以上述根本制度为依据，肯尼亚形成了以 2010 年新宪法中的公民环境权为基础，结合环境基本法、环境单行法规和国际条约的环境立法框架。

  首先，新宪法确定了公民环境权。2010 年新宪法赋予个人和团体享有的环境权利和义务，还为实现这些权利提供了保障。前者确定了可持续发展的基本原则，规定每个人都享有清洁和健康的环境的权利，强调享有安全和清洁水资源的权利，国家与个人都负有环境义务。[①] 为保障环境权利，后者规定了公民环境权益受到侵害后的司法救济措施，环境公益诉讼的宪法根据，政府授权他人开发自然资源需要经审批批准，国会在完善具体环境法律制度上的责任。[②] 据此，在环境诉讼中，申请人起诉请求获得赔偿或保护时，无须以证明已经给谁造成损失或谁因此受到损失为前提，极大地放宽了环境诉讼的起诉资格；另外在一般权利救济条款中还规定不仅权益受侵害人可以提起诉讼，其他人为了公共利益或者满足其他条件也可以提起诉讼，这是环境公益诉讼的宪法依据。

  其次，环境基本法确定了机构设置与职能。1999 年《环境管理与协调法》建立环境与自然资源部（根据 2018 年《一号政令》改为"环境和林业部"）、水资源管理和发展部（改为"水和公共卫生部"）、国家环境管理局（改为"国家环境管理委员会"）等官方机构，以及全国环境

[①] Article 10, 42, 43, 69 of Constitution of Kenya, 2010.

[②] Article 22, 70, 71, 72 of Constitution of Kenya, 2010.

信托基金、修复基金等半官方机构。这部框架性的环境基本法还设立了保障公民环境权的机构，清除了环境公益诉讼的障碍，建立了环境影响评价制度。一是确定国家环境一体化管理原则，对环境规划和环评制度进行了强制性规定，由此保障公民知情权并提升其环境保护与管理的意识。① 二是明确了公民环境权利、义务及救济。在新宪法颁布之前规定了公民环境权利义务，放宽了公民环境诉讼的资格，授予国家环境管理委员会和司法机关发布恢复环境命令的权力，赋予法庭确定环境地役权和获得环境补偿的权力。

再次，环境单行法规可分为环境资源要素类和环境污染防护类。前者涉及土地利用、森林和土壤保护、水资源保护、野生动物保护、海洋和淡水资源保护及海岸管理，主要法规有《物质规划法》（Physical Planning Act）、《土地规划法》（Land Planning Act）、《森林法》（Forest Act）、《农业法》（Agriculture Act）、《水法》（Water Act）、《渔业法》（Fisheries Act）、《湖泊和河流保护法》（Lakes and Rivers Act）、《海洋区域法》（Maritime Zones Act）。在环境污染防护方面涉及包括空气质量控制、废物管理、农药和有毒物质管控、辐射控制、噪声污染控制等，主要法规有《公共卫生法》（The Public Health Act）、《控制虫害产品法》（Pest Control Products Act）、《石油（勘探和生产）法》［Petroleum (Exploration and Production) Act］、《植物保护法》（Plant Protection Act）、《旅游业许可证法》（Tourist Industry Licensing Act）等。

最后，国际条约是环境立法的依据之一。肯尼亚作为30多个环保国际公约的缔约国，国际环境法被肯尼亚纳入了环境立法框架，有的甚至被直接转化为执法的依据，在《环境管理与协调法》和《文物和古迹法》（Antiquities and Monuments Act）中都大量吸收了国际环保公约的原则和制度。

二 肯尼亚的环保机构与主要规定

1999年《环境管理与协调法》和2018年《一号政令》② 确定了肯尼

---

① Article 37, 38, 39, 40, 58, 59, 123 of Environmental Management And Coordination Act, 1999.

② Executive Order No. 1 of 2018.

亚的环境管理职责由官方和其他半官方性质（准政府性质）的机构共同承担。在官方机构中，环境和林业部（Ministry of Environment and Forestry）[①]，原"环境与自然资源部"，负责监督、协调与环境有关的活动符合环境法规和指令，制定并研究、测评环境与自然资源政策，管理并保护环境与自然资源，完善自然资源和环境管理系统综合资料库，同时，监督肯尼亚野生动物保护和管理服务局等；水和公共卫生部（Ministry of Water and Sanitation），原"水资源管理和发展部"，负责制定水资源保护政策，管理水源、防洪、保持水质、控制污染，以及国家公共卫生管理等；国家环境管理委员会（National Environment Management Authority）[②]，原"国家环境管理局"，作为环境和林业部中最重要的准政府性质机构，它是环境保护与管理的中央机构，也是《环境管理与协调法》的首要执行机构，专职保护和改善环境，监督和提高个人、企业、社团的环境责任行为及意识，它由主席领导理事会（board）进行，理事会包括理事长和总干事，均由总统任命，其宗旨是对一切有关环境的事项进行全面监督和协调，执行与环境有关的政府政策，调查、发放许可证和制定准则等；同时，官方的环境专门管理机构还有旅游和野生生物部（Ministry of Tourism and Wildlife）、土地部（Ministry of Lands）、石油和矿业部（Ministry of Petroleum and Mining）等。此外，肯尼亚还在地方设省和区的环境委员会，由环境与林业部领导，负责地方环境管理。

半官方机构在肯尼亚的中央和地方管理中也发挥着重要作用，它们是为特定目标而设立的组织，与中央部门、部级单位、地方政府密切合作，按程序享有执法权。如肯尼亚野生生物保护局（Kenya Wildlife Service）[③]，作为根据议会法令设立的非政府机构，它获权保护和管理肯尼亚的野生动植物，执行相关法律法规。[④] 同时，肯尼亚还设立了与环境有关的基金会。一是全国环境信托基金（National Environment Trust Fund），该基金由政府财政支持，也包括以资金形式收到的捐赠等，以用于为环境管理提供

[①] www.environment.go.ke.

[②] www.nema.go.ke.

[③] www.kws.go.ke.

[④] 张小虎、杨双瑜：《论肯尼亚的环境法律规制与投资风险防范》，《河南科技学院学报》2020年第7期。

必需物资、加强环境能力建设、设立环境奖项、出版环境保护的出版物、设立相关奖学金等。二是国家环境修复基金（National Environmental Restoration Fund），该基金具有补充保险的作用，在不能查清环境污染者时，用于补偿受损害者的损失，或者特别情况下需要环境管理局对环境污染进行干预，以控制或减轻对环境造成损害的支出。此外，在行政执法和审查上，赋予国家环境管理委员会实施环境审计和监督、确保环评及其许可等职能，国家环境法庭（National Environment Tribunal）对环境问题进行司法审查处理相关行政行为的诉讼，公众投诉委员会（Public Complaints Committee）受理并调查有关环境退化的投诉。①

在国家管理机构设置和相关立法规定下，肯尼亚的主要环境法律制度有：

一是森林保护制度。国家环境管理委员会通过与其他主要机构协商制定办法，以促进可持续使用山坡、山顶、山区和森林，并规定森林砍伐和其他自然资源的使用，以保护河流盆地，防止土地流失，规范人类居住行为；国家环境管理委员会主席在得到森林事务董事的许可后，可与私有土地的业主签订合同，将该土地注册为森林用地；若森林用地或山地与一直居住此地的土著居民利益相冲突时，将采取协调行动。

二是大气污染防治。国家环境管理委员会在咨询相关机构后可进行或委托他人进行全国范围的调查研究，对导致臭氧层减少乃至危害公共健康和环境的物质、活动和行为加以科学研究；国家环境管理委员会可制定指导方针和战略规划，以逐步消除那些使臭氧层减少的物质，减少对人体健康的危害；标准与执法审议委员会在会商有关部门后，提出测量空气质量的标准、程序建议和减少现有空气污染源应采取的必要措施，抑或是控制大气污染物应采用的实用技术、分析方法，并建议设立相关实验室，对飞机或其他机动车辆、工厂或发电厂等造成的空气污染事件进行调查；任何不符合该规定的行为皆视为违法，将对当事人处以监禁或罚款，或二者并处，并赔偿清污费用等；环境主管部门在该机构的建议下，可通过政府公报的形式宣布某一区域为受控区域，并规定该区域气体排放的标准；相关

---

① Article 32, 68, 69, 117, 125, 126, 129, 130, 131, 138 of Environmental Management And Coordination Act, 1999.

企业应向国家环境管理委员会申请气体排放执照。

三是水体保护（流域保护）。任何人不得在河流、湖泊或湿地进行建筑、挖掘、引入动植物、放置影响环境的物质或改变河道等。首先，环境主管部门可通过政府公报形式，将某河流、湖泊、湿地或海滩宣布为保护区域并制定保护措施。其次，标准与执法评审委员会在会商有关部门后将对水质量的测量标准和程序设定提出建议；对肯尼亚所有的水域和各种用途的水提出最低质量标准；向国家环境管理委员会主席提交污水排放情况；并向主席建议需加以特殊保护的水域；认定水体污染区域；建议国家环境管理委员会对水污染案例进行调查、收集数据；建议国家环境管理委员会采取措施或授权，以防止或减轻水体污染；界定水质和污染控制标准依据的分析方法，并指定相关实验室进行该分析；收集、保存并解释处理水污染标准的数据；对污水排放的处理措施提出建议；提交对监控水污染的必要的建议。再次，凡可能或正在排放污水或其他污染物的灌溉项目、污水处理项目、工业生产企业，在本法令执行90天内，需向国家环境管理委员会提交关于排放污水或其他污染物的精确信息。然后，贸易或工业企业的业主若守法排放污水，可缴纳规定的费用，获得污水排放的许可；在获得前述许可前，企业需建立必要的水处理设施。最后，对违反规定的行为，国家环境管理委员会可通过书面通知吊销该单位的污水排放许可证。[①]

四是工业污染事故处理或赔偿标准。对于固体污染，相关企业需持有标准与执法审议委员会颁发的有效执照方可把固体废弃物运到垃圾处理场。任何产生废弃物的单位均需采取必要措施将废弃物减少到最低限度，违规行为将受到不超过两年的监禁或不超过100万先令的罚款，或二者并处；对于噪声污染，任何不符合国家环境管理委员会规定的行为将视为违法，国家环境管理委员会将根据申请，有条件地对燃放烟火、拆除建筑物、靶场和特殊重工业等活动和场所发放不超过三个月的临时许可证，具体条件由国家环境管理委员会决定，在上述产生噪声污染企业工作的工人将根据国家环境管理委员会的指示得到适当的保护。

---

① 商务部国际贸易经济合作研究院、中国驻肯尼亚大使馆经济商务处、商务部对外投资和经济合作司编：《对外投资合作国别（地区）指南：肯尼亚》，2020年，第62页。

五是农业污染和事故处理及赔偿标准。标准与执法审议委员会负责制定关于农药和有毒材料的注册手续、标签和包装的方法,审定其用途和功效,监督其对环境的影响,建立相关实验室和制定关于农药和有毒材料存储、包装及运输的执法程序和规定,收集有关农药和有毒物质生产、使用和对健康的影响等数据;任何单位或个人在生产、进口或加工新型农药或有毒材料前,或将现有的农药或有毒材料再加工以作他用前,需向国家环境管理委员会申请注册;任何违反该规定的行为被视为违法,将受到不超过两年的监禁或不超过100万先令的罚款,或二者并处;环境与矿产资源部可规定农药和有毒材料注册申请的内容和条件。

六是其他污染事故处理或赔偿标准。电离辐射及其他辐射:根据辐射保护法规定,国家环境管理委员会负责制定电离和其他辐射可以接受的标准;视察和检验任何怀疑有辐射物质或有电离辐射源的区域或车辆、船只,检查任何被怀疑已遭辐射或非法拥有电离辐射源物质的人;负责向公众提供信息、警告和保护公众不受辐射;拥有或使用放射性物质或有害电离辐射源需要申请执照;开矿和加工放射性物质需要申请执照、进行注册。[①]

七是特殊领域的环境保护规定。《渔业法》规定外国企业拥有渔业公司有表决权的股份不得超过49%。此外,在限制领域进行投资时必须首先得到相关主管部门同意,方可办理投资注册手续。这些投资活动包括:(1)对于可能对安全、健康或环境有影响的投资项目,必须先得到主管部门的同意后方可批准,如对环境有影响的项目需得到肯尼亚国家环境管理委员会的批准,对公共健康有影响的项目需得到公共健康管理机构的批准等;(2)涉及森林产品和采矿业的投资,需得到环境与自然资源部门的批准;2017年7月,肯尼亚议会通过《2017矿业(国家参与)条例》,规定在《矿业法》生效(2016年5月)后取得采矿许可的公司,需免费给予政府10%的股份。此外,条例还规定政府有权购买额外的股份,但需获得矿权人同意,且以公允市场价格购买。(3)涉及能源和石油产品

[①] 商务部国际贸易经济合作研究院、中国驻肯尼亚大使馆经济商务处、商务部对外投资和经济合作司编:《对外投资合作国别(地区)指南:肯尼亚》,2020年,第62页。

的投资，需得到能源部门的批准。①

三 肯尼亚的野生动物保护法律规制

肯尼亚是联合国环境规划署和人类居住规划署的总部所在地，可见全球对肯尼亚的生物多样性和野生动物保护的关注度，也凸显出肯尼亚在国家公园管理和野生动物保护方面的完善立法与严厉执法。

早在1945年肯尼亚就颁布了《国家公园条例》(the National Parks Ordinance)并建立了完备的国家公园保护与管理体系。② 第一个国家公园是内罗毕国家公园，成立于1946年，后来国家公园逐渐增多。目前，肯尼亚有21个国家公园、4个国家海岸公园、23个国家保护区和5个国家海洋保护区。肯尼亚的保护野生动物的历史更早，可以追溯至殖民时期，其独立后的第一个野生动物保护立法是1964年《国家公园法》(the National Parks Act)，1976年被废除，取而代之的是《野生动物（保护和管理）法》[the Wildlife (Conservation and Management) Act]，这是肯尼亚加入《濒危野生动植物种国际贸易公约》后将国际环境法在国内适用，进而做出立法上的改变与完善，将公约的很多条款吸纳入法案中。③《野生动物（保护和管理）法》曾经设立了野生动物保护和管理服务局（the Wildlife Conservation and Management Service）来管理、控制和维护国家公园。在部门废除以前，其对野生动物保护享有广泛的权力，包括专门为野生动物划定繁殖区域、批准道路、房屋等建筑的修建，经部长许可，还可以划定旅游设施的发展。部长可指定特定区域划入保护区。除非获得许可证，否则禁止采矿和捕猎等。④ 尽管有上述规定，但是肯尼亚的野生动物

---

① 商务部国际贸易经济合作研究院、中国驻肯尼亚大使馆经济商务处、商务部对外投资和经济合作司编：《对外投资合作国别（地区）指南：肯尼亚》，2020年，第48页。

② "International Encyclopedia of Laws", http://lawin.org/international-encyclopedia-of-comparative-law/, accessed 2020-2-13.

③ Joy K. Asiema and Francis D. P. Situma, "Indigenous Peoples And The Environment: The Case Of The Pastoral Maasai Of Kenya", *Colorado Journal of International Environmental Law and Policy*, No. 5, 1994, p. 159.

④ Article 2, 6, 7, 8, 9, 15, 49, 50, 51, 52, 54, 56 of The Wildlife (Conservation and Management) Act, 1976.

资源依然在外来偷猎者的非法盗猎下遭受了毁灭性损失，作为回应，议会在 1989 年颁布了该法的修正案，设立了肯尼亚野生生物保护局（Kenya Wildlife Service）作为执行机构，极大加强了打击偷猎者的执法权力。该机构的首要职责就是控制、管理和维护国家公园，包括制定有关保护动植物的政策，管理国家公园，制订和执行管理计划，提供野生动物保护项目等。该局的 24 名配枪执法者，被授权在有效管理和保护野生动物的范围内可以使用枪支，以对付任何违反监管或违法在国家公园或保护区狩猎的人等。另外，2018 年《一号政令》还设立了一个专门管理机构——旅游和野生生物部（Ministry of Tourism and Wildlife）[①]，旨在通过良好的管理促进肯尼亚旅游业和野生动物的可持续发展与经营。

此外，《环境管理与协调法》中的很多规定也与野生动物保护相关，例如确定环境地役权或采取环境保护令的理由之一就是保护动植物，还有有关生物多样性保护的相关规定。国家环境管理委员会的职能也包括确定肯尼亚的生物多样性清单，确定哪些物种是受到威胁的，并采取措施制止这些威胁等。[②] 这些内容应当被中国在肯尼亚的投资者、经营者及其员工高度重视，在生产和经营活动中坚决保护肯尼亚的生物多样性，相关员工也不可以违背野生动物保护的相关法律法规，在出入境和日常工作生活中必须注意有关规定，既降低员工的违法风险，又履行企业的社会责任，参与和资助当地的野生动物保护活动。

四 肯尼亚的环境影响评价制度

1999 年《环境管理与协调法》首次确定了环境影响评价制度，随后 2003 年《环境影响评价和审计条例》则对相关程序进行了详细规定，项目在开工或企业在申请其他执照前，必须向肯尼亚国家环境管理委员会提交环境评价报告（Environmental Impact Assessment）并获其批准，国家环境管理委员会将在六个月内对环境评价报告给予答复，具体内容和程序为：

[①] www.tourism.go.ke.

[②] Article 2, 3, 9, 15 of The Wildlife (Conservation and Management) Act, 1989.

一是环评程序与报告。要求任何政策、规划、方案的执行都不得违反环境影响评价。企业在实施项目之前应对照该法的附表二,确定项目是否需要进行环境影响评价,如需要,则需自费进行环境影响评价,并作出环境影响评价报告。环境影响评价报告根据项目可能对环境造成的不同程度的影响分为不同等级,如环境影响调查报告、环境影响评价报告。其次,向国家环境管理委员会提交报告,申请环境影响评价许可证。在收到申请后,国家环境管理委员会要将环境影响评价的内容在报纸等全国性媒体上公示,给可能受该项目影响的任何人提出意见的权利,也就是加强环境保护中的公众参与。若公示无异议,将向项目颁发许可证,该许可证还可按照相关程序进行转让。同时,国家环境管理委员会可以设立环境影响评价技术咨询委员会,为作出是否颁发许可证的决定提供咨询意见。对于提交的项目报告内容不够完善的,国家环境管理委员会可以要求其做进一步的环境影响评价。申请人获得环境影响评价许可后,必须按照批准的内容进行,如果项目内容有变更的,则需要重新提交新的环境影响评价申请,如果不按照许可证批准的内容施工,则可能被吊销、暂扣或撤销许可证。[①]

2003年《环境影响评价和审计条例》进一步细化了《环境管理与协调法》有关环境影响评价的规定。首先,规定主管部门颁发环境影响评价许可证需要遵循的原则。[②] 在对环境可能造成累计的重大负面影响的项目颁发许可证之前,必须确保包含减轻环境影响的系统环境管理计划得到批准,如果当局认为项目可能造成的环境影响会超过一个地区的范围,则需要将该申请提交省级的环境委员会批准决定。环境技术咨询委员会的设置可分为国家级的、省级的和区的三级。其次,在申请和获得批准的程序上,[③] 申请人向当局或者当局制定的代理商申请许可证需按照规定的形式提交申请书,并缴纳规定的费用。申请者需要提交由注册专家准备的项目报告,该报告需要包含项目涉及环境的详细内容,包括项目的位置及可能受到项目影响的地理范围,项目施工建设、运营、结束阶段需要开展的活动,项目工程设计,将使用到的材料和产生的产品或副产品以及这些物质的处理方法,项目将对环境产生的潜在影响及对此需要采取

---

① Article 57A-67 of Environmental Management And Coordination Act, 1999.
② Article 4-5 of Environmental Impact Assessment And Audit Regulations, 2003.
③ Article 7-10, Environmental Impact Assessment And Audit Regulations, 2003.

的减轻影响的措施等。主管部门在收到申请后需要将项目报告提交给申请者的主管机构、相关的区或省的环境委员会，以征求他们的意见。再次，当局将作出是否颁发许可证的决定，并将理由告知申请者。如果申请者对不颁发许可证的决定有异议，可以向国家环境法庭申诉。[1] 最后，未履行环评程序而私自建设项目被视为犯罪行为，违者可能面临两年监禁和200万肯尼亚先令的罚金，承包商还应将环评批准证书置于项目现场公示并随时备查。

此外，在环境影响评价制度中，环境影响评价研究与项目环境报告不同，前者的要求更高，[2] 除了要遵守一般环境影响评价报告的准则，还要符合该条例规定的一些其他的准则。例如，可以从事环境影响评价研究的专家需要取得该条例规定的专门资质。环境影响评价研究还需要将环境、社会、文化、经济及法律因素考虑进去，并且要将项目可能产生的影响及需要采取的事前、事后减轻环境影响的措施及实施该方案需要准备的设备条件、资金成本等包含进去，以制订详细的环境管理方案。

二是公众参与原则。公众参与是环境影响评价制度中的一项重要环节，[3] 在环境影响评价研究进行的过程中，申请人需要与主管部门商讨，将会受项目影响的公众的意见纳入考量范围。当该项研究被批准通过后，申请者还需将项目的内容及可能造成的影响向公众公开，开展至少三次公众会议，向可能受影响的公众解释项目的运作及其影响。完成环境影响评价研究后将形成环境影响评价研究报告并提交给当局，该报告须包含的内容在条例中有详细的列明。当局及相关机构需要对该报告进行审查。为了保证公众参与，当局需要邀请公众对报告提出意见，举行公众听证会，并在全国性的媒体上公开，费用则由申请者承担。当局在综合各方的反馈意见后，最后作出是否颁发环境影响评价许可证的决定。此外，向当局申请许可证而提交的信息和当局作出是否准许颁发许可证及其理由，经公众申请后，都应当向公众公开。

三是环境审计。申请人在获得项目许可证，项目开始后，还要接受国

---

[1] Article 46 of Environmental Impact Assessment And Audit Regulations, 2003.
[2] Article 11-16 of Environmental Impact Assessment And Audit Regulations, 2003.
[3] Article 17, 20, 22 of Environmental Impact Assessment And Audit Regulations, 2003.

家环境管理委员会的监管，监管方式为环境审计，① 包括经营者对项目的自我审计和当局对环境做的控制审计，两种审计均需要由专门的环境审计师进行，审计的内容也有区别，前者主要是看项目本身是否按照许可证批准的要求进行，后者则侧重对周围受项目影响的各个环境要素进行测评。在项目运营期间，项目经营者需要每年进行环境审计，环境审计需要由专门的环境审计师进行，审计中需要考虑的内容是广泛的，比如项目对环境已经造成的影响、产生的产品及副产品、是否对环境保护的规则给予足够的重视、是否采取了有效的环境保护措施、是否合理地使用了自然资源、对职工的健康和安全是否采取了足够的保护措施等。最后需要形成年度审计报告并向国家环境管理委员会提交。如果出现了当初未预见的对环境的不良影响，则经营者还需要另外对这些影响及其应对措施编制环境审核报告，提交国家环境管理委员会。同时国家环境管理委员会也有对项目进行监管的职责，对环境影响评价报告中所述的情况，国家环境管理委员会有权进入任何土地和处所，以确定正在进行的活动是否符合环境影响评价报告的要求。在当局认为需要的时候可以进行环境控制审计，也就是核查项目的运行是否符合当初为该项目确定的环境参数，确认项目的环境管理计划是否被切实地实施及其事实上能否减轻项目对环境造成的影响，以及核实经营者自我审计的报告是否属实。除当局主动开展环境控制审计外，公众在有合理理由的情况下也可以请求当局进行环境审计。

五 肯尼亚的环境审判专门化制度

为保障公民环境权，2010年新宪法中创设了环境和土地法院制度，2011年的《环境和土地法院法》(Environment and Land Court Act) 则明确了环境审判专门化的原则、细化了法院的规则，使之成为专门处理环境与土地的使用、占有、所有等法律问题的专门性机构。此后，由上级和下级法院组成肯尼亚司法系统正式成形。②

一是管辖权和人员组成，环境和土地法院对有关环境的初审、监督和

---

① Article 31-41 of Environmental Impact Assessment And Audit Regulations, 2003.
② Article 162, 163, 164, 165, 169, 170 of Constitution of Kenya, 2010.

上诉案件均享有管辖权,排除了原先高等法院对环境案件享有的初审管辖权。① 它能够审裁与环境和土地使用、占有、所有的全部争端,包括环境规划和保护、气候问题、土地利用规划、所有权、使用权、土地边界、租金、采矿、矿物和其他自然资源、征用土地、与土地行政和管理有关的事项等。不服该法院裁决的,可向上诉法院提出上诉。法官由审判长(Presiding Judge)和司法服务委员会确定的法官组成,首席法官每届任期5年,不得连任,审判长享有监督法庭并向首席法官报告的权力。司法服务委员会还需任命一名司法常务官(Registrar of the Court)负责法院的行政工作。环境和土地法院在审判时,将综合运用肯尼亚的环境政策、原则、权利和与自然资源相关的法律。②

二是审判原则和职权。法院审判遵循污染者付费、代际和代内公平、公众参与、风险等原则。③ 它有权作出其认为适当和公正的任何命令,并给予任何救济,如临时或永久的保护令,防止、阻止或终止所有对环境有害的作为或不作为,强制所有公职人员采取措施防止或中止对环境有害的作为或不作为,要求所有正在进行的活动依照本法规定接受环境审核,强制对环境恶化承担责任的人在损害发生之前尽可能地将退化的环境恢复原状,对所有受污染的受害者提供补偿,包括由于污染行为而造成的有益用途的损失和与上述内容有关或附带的其他损失等,还有发布环境恢复令(Environmental restoration orders)、环境地役权令(Environmental easements)和环境保护命令的权力。

三是国家环境法庭制度。在肯尼亚,每类法庭都可根据其创立目的行使管辖权,根据《环境管理与协调法》,首都内罗毕设有一个由4位专家组成的国家环境法庭(National Environment Tribunal),依特定法律行使管辖权。④ 它与环境和土地法院的区分在于案件受理范围上,该法庭主要负责对与环境有关的行政行为进行司法审查,包括国家环境管理委员会不按

---

① Article 162 of Constitution of Kenya, 2010.

② Donald W. Kaniaru, "Environmental Courts and Tribunals: Improving Access to Justice and Protection of the Environment Around the World", *Pace Environmental Law Review*, 2012, p. 566.

③ Article 3 of Environmental Management And Coordination Act, 1999; Article 18 of Environment and Land Court Act, 2011.

④ Donald Kaniaru, "Environmental Tribunals as a Mechanism for Settling Disputes", *Environmental Policy and Law*, Vol. 37, No. 6, 2007, pp. 459-467.

规定发放或拒绝发放许可证或执照，在许可证上强行附加任何条件、期限或限制，违规吊销、暂扣或更改其许可证，国家环境管理委员会发布的环境恢复令侵害了公民权益等。① 对国家环境法庭的裁决不服的，可向高级法院提起上诉，高级法院的裁决具有终局性。②

四是环境恢复令及相关命令。当公民的环境权利遭受侵害后，可以向法院申请或起诉，要求侵权人承担责任。除了将私人所有的环境资源量化后给予损害赔偿外，还可请求法院发布环境恢复令、环境保护令等。③除法院外，国家环境管理委员会可发布环境恢复令，旨在让环境恢复到损害发生之前的状态。诉讼中，法院也可对已发生或正发生的损害发布环境恢复令，并送达损害环境者。要求采取能防止污染发生、阻止污染继续或消除污染源的措施，使土地恢复原状；停止正在引起或可能引起的污染、环境损害行为；消除或减少对土地、环境或该区域的设施造成的损害；消除命令中指定的土地或海洋中的任何废弃物，并根据命令中的规定处理以上废弃物，支付命令中指定的赔偿金。除此之外，法院还可发布环境保护令，对发布保护令的条件有详细列举，如为保护动植物群，保持水坝、湖泊、河流或蓄水层的水质和流量，维护负担土地中突出的地质、地形、生态、考古或历史特征，防止或限制负担土地上的农业活动范围，开辟或维护野生动物的迁徙路径等。④

第五节　主要投资国别：埃塞俄比亚的环境法律制度

埃塞俄比亚是具有3000多年历史的文明古国，是非洲人口第二大国，其首都亚的斯亚贝巴是联合国非经委（UNECA）和非洲联盟（AU）总部所在地，被誉为"非洲的政治心脏"。近年来，埃塞俄比亚政局相对稳定，过去14年间其经济持续保持高速增长，年均增长率超过10%，在

---

① Article 129 of Environmental Management And Coordination Act, 1999.
② Article 130 of Environmental Management And Coordination Act, 1999.
③ Article 108-116 of Environmental Management And Coordination Act, 1999.
④ 张小虎、杨双瑜：《论肯尼亚的环境法律规制与投资风险防范》，《河南科技学院学报》2020年第7期。

2018年其以7.7%的经济增长率领跑全球。为吸引外资,埃塞俄比亚政府允许铁路、糖业、工业园、酒店及其他国有制造业企业完全或部分私有化,这为中埃产能合作带来重大机遇。目前,中国已成为埃塞俄比亚最大贸易伙伴、最大工程承包方和主要投资来源国。[①] 据商务部统计,2019年中国对埃塞俄比亚直接投资流量3.75亿美元;截至2019年年末,中国对埃塞俄比亚直接投资存量25.59亿美元。2019年中国企业在埃塞俄比亚新签承包工程合同346份,新签合同额26.9亿美元,完成营业额24.96亿美元。投资领域涉及油气资源、轻工纺织、鞋服制造、通讯设备、制药等,规模较大的有保利协鑫石油天然气项目、江苏永元投资有限公司投资的东方工业园、荣威实业投资的帝缘陶瓷有限公司、江苏阳光投资的埃塞毛纺织染项目等。此外,中国承揽大型基建项目则主要集中在铁路、公路、通讯、电力、房建和水利灌溉等领域,新签的大型承包工程项目包括中国交通建设股份有限公司承建埃塞俄比亚Modjo桥项目、中国江苏国际经济技术合作集团有限公司承建埃塞俄比亚国家博物馆项目、中国水电建设集团国际工程有限公司承建埃塞俄比亚复兴大坝11台机组金属结构与水工项目等。[②] 随着2019关于共建"一带一路"合作规划的签订,埃塞俄比亚将成为南南合作与中非合作的领跑者和示范者。

一 埃塞俄比亚的法律体系与环境立法

1995年宪法规定埃塞俄比亚为联邦制国家,实行三权分立和议会制,实行政教分离。总统为国家元首,总理和内阁拥有最高行政权,由多数党或政治联盟联合组阁,集体向人民代表院负责埃塞俄比亚各民族平等自治,享有民族自决和分离权。最高立法机关联邦议会由人民代表院和联邦院组成,其中人民代表院系联邦立法和最高权力机构。最高司法机关为联邦最高法院,其下辖联邦高级法院和初审法院。埃塞俄比亚政府下设20余部门,其中与投资过程中的环境保护相关的有:水利、灌溉与能源部

[①] 王素:《埃塞俄比亚:最具经济活力的"非洲之角"》,《进出口经理人》2019年第10期。

[②] 商务部国际贸易经济合作研究院、中国驻埃塞俄比亚大使馆经济商务处、商务部对外投资和经济合作司编:《对外投资合作国别(地区)指南:埃塞俄比亚》,2020年,第36—37页。

(Ministry of Water、Irrigation and Energy)，矿产和石油部（Ministry of Mines and Petroleum），环境、林业和应对气候变化委员会（Environment, Forest and Climate Change Commission）和埃塞俄比亚环保总局（Ethiopian Environmental Protection Authority）等。

在环境立法上，埃塞俄比亚的环境保护立法框架由宪法上的公民环境权及相关条款、环境政策、与工程项目有关的环境法律公告与政策指南、环境与社会影响评价指南四个方面组成。同时，该国参与的国际环境保护公约和世界银行的环境保护政策也是规制外来投资者保护环境资源的重要依据。[①] 比较特殊的是埃塞俄比亚有关环境保护的制定法多以"公告"的立法形式发布。

一方面，宪法上明确赋予公民环境权以及公民在生存环境受损时的求偿权。规定所有人均有权拥有清洁和健康的环境，所有的被迫迁徙或者生计受到政府项目不利影响的人有权获得相应的金钱或其他方式的补偿，包括充分获得政府资助以重新选址安置。[②] 同时宪法还规定了实现良好环境权的具体义务和目标：首先，政府应尽力保证所有埃塞俄比亚人生活在一个清洁和健康的环境中；其次，方案的设计和实施、项目的开发不得损害和破坏环境；再次，人民有权就环境政策、直接影响他们利益的项目的规划和实施进行谘商以及表达意见；最后，政府和公民均有责任保护环境。[③] 可

---

① *Federal Democratic Republic of Ethiopia Environmental and Social Management Framework (ESMF) for Africa CDC Regional Investment Financing Program (ACRIFP)*, Addis Ababa, May 2019, pp. 44-58.

② Constitution of The Federal Democratic Republic of Ethiopia, Article 44 Environmental Rights:
1. All persons have the right to a clean and healthy environment.
2. All persons who have been displaced or whose livelihoods have been adversely affected as a result of State programmes have the right to commensurate monetary or alternative means of compensation, including relocation with adequate State assistance.

③ Constitution of The Federal Democratic Republic of Ethiopia, Article 92 Environmental Objectives:
1. Government shall endeavor to ensure that all Ethiopians live in a clean and healthy environment.
2. The design and implementation of programmes and projects of development shall not damage or destroy the environment.
3. People have the right to full consultation and to the expression of views in the planning and implementations of environmental policies and projects that affect them directly. 4. Government and citizens shall have the duty to protect the environment.

见，埃塞俄比亚对宪法环境权的实现作出详细规定，让环境权成为公民能够具体操作的实体权利之一，加强了环境保护的诉讼救济。

另一方面，涉及十个部门和十个跨部门的环境政策。根据埃塞俄比亚国家保护战略（National Conservation Strategy of Ethiopia）的调查结果和建议，1997年议会批准了涉及十个部门的埃塞俄比亚环境政策（Environmental Policy of Ethiopia），旨在改进和提高健康以及人民的生活质量，在代际公平的原则下，通过良好的环境管理和资源利用，促进社会和经济的可持续发展。该政策对企业在埃塞俄比亚开展的环境影响评价提出了具体六个方面的要求，即考虑对人类和自然环境的影响，在项目及计划设计时应及早考虑环境影响，为有效管理必须加强公共咨询程序，制订缓解和应急计划，规定环境审计与检测具有法律约束力的要求。[1]

除此之外，与工程项目有关的环境法律公告与方针指南，也构成了埃塞俄比亚规制投资企业环境保护的重要制定法，这些法律和指南的规定具体、制度详尽，并多以法律公告（Proclamations）和指南（Guidelines）的形式颁布。其中，与投资者相关的主要环境法律有控制和管理污染物、城市废弃物，建立环境标准及其巡视员制度，规定严厉的环境犯罪与处罚的《环境污染控制法》[2]；协调经济发展、社会文化与环境保护，确定重大项目的环评要求，明确环境影响评价原则、管理机构、具体程序和违法罚则的《环境影响评价法》[3]；预防固体废物的不良影响，加强管理、处置、利用和相关程序的《固体废物管理法》[4]；规范森林资源开发利用，加强生态环境保护的《森林开发、保护和利用法》[5]；为确保工业发展与环境保护的均衡，设定了一系列工业和采矿活动的综合工业污染标准及其防治手段的《防止工业污染条例》[6]。除此之外，还有《埃塞俄比亚水资源管

---

[1] Federal Democratic Republic of Ethiopia Environmental and Social Management Framework (ESMF) for Africa CDC Regional Investment Financing Program (ACRIFP), Addis Ababa, May 2019, p 46.

[2] Proclamation 300/2002, Environmental Pollution Control.

[3] Proclamation 299/2002, Environmental Impact Assessment.

[4] Proclamation 513/2007, Solid Waste Management.

[5] Proclamation 542/2007, Forest Development, Conservation and Utilization.

[6] Proclamation 159/2008, Prevention of Industrial Pollution Regulation.

理法》①《农村土地管理与土地使用法》②《环境管理计划指南》③《废弃物操作与处置指南》④《环境影响评价指南》⑤ 和《环境与社会管理计划制备指南》⑥ 等。

二 埃塞俄比亚的环保机构与主要规定

环埃塞俄比亚环境保护的主管部门是环境、林业和应对气候变化委员会,其环保职责包括:制定有关环保政策、发展战略、法律法规和标准,为申请立项的投资项目进行环境影响评价等。按照《建立环境保护组织法》⑦ 的要求,埃塞俄比亚必须建立相关环境保护组织,通过一种制度性构建使联邦和各地区的环境保护机构能够承担协调但有区别的责任,并且明确不同级别机关的职能。目前,埃塞俄比亚政府高度重视本国的环境保护工作,近年来有部分中资企业因环保不达标而收到罚单乃至被关停,所以了解该国的环保机构及其主要职能与法律规制十分重要。

第一,污染控制原则。任何人不得违反相关环境标准,污染或致使他人污染环境。环保局或地区环境机构可对违反法律,向环境排放污染物的人采取行政或相关法律措施。从事可能造成污染或其他危害环境活动的人,一旦环保局或有关区域环境机构作出决定,须配备合理技术以尽量避免或减少废物的产生,并在可行的情况下采取可恢复的方法。任何造成污染的人应按环保局确定的方式和期限清理或支付清理污染环境的费用,该期限由有关地区环境机构决定。当任何活动对人类健康或环境构成威胁时,环保局或有关地区环境机构应采取必要措施,关闭或搬迁企业,以防止造成危害。⑧

第二,明确环境标准。环保局应与环境机构协商,根据科学和环境原

---

① Proclamation 197/2000, Ethiopian Water Resources Management Proclamation.
② Proclamation 456/2005 Rural Land Administration and Land Use.
③ Guideline for Environmental Management Plan (draft), May 2004.
④ Waste Handling and Disposal Guideline, 1997.
⑤ Environmental Impact Assessment Guideline, May 2000.
⑥ Environmental and Social Management Plan Preparation Guideline, Nov. 2004.
⑦ Proclamation 295/2002, Establishment of Environmental Protection Organs.
⑧ Article 3 of Environmental Pollution Control Proclamation 300 of 2002.

则制定切实可行的环境标准。中国投资企业需要关注的具体标准有：向水体和污水系统排放污水的标准；大气环境质量的空气质量标准，规定固定污染源和流动污染源的允许排放量；可用于土壤或可在土壤上或土壤中处置的物质类型和数量标准；最大噪声水平的标准；废弃物管理标准以及各类废弃物产生、处理、贮存、处理、运输和处置的标准和方法。同时应注意有害气体的来源，以防止造成危害。而且环保局可根据保护和恢复环境的需要，针对不同的区域规定不同的环境标准。但环保局可在特定期间内，授权豁免某些为促进公众利益而须遵守特定环境标准规定的责任。在上述标准下，任何企业或个人均有提供相关环境信息的义务，环保局也有权获取所有的环境数据和信息。[1]

第三，环境巡视员制度。埃塞俄比亚环保局或相关地区环境机构将指派环境巡视员，他可以监督企业确保遵守环境标准及其相关要求，无须事先通知或具备法院命令，有权随时进入任何土地或处所，可单独或有证人在场的情况下询问任何人；可查阅、复制或摘录与污染有关的任何文件、文档或其他文件；可按要求免费取用任何材料的样品，并进行或促使他方进行检测，以确定其是否对环境或生命造成损害；可拍摄、测量、绘制或检查任何商品、工艺或设施，以确保符合本法和其他相关法律；可根据本法或其他相关法律规定，扣押任何被认为已用于犯罪的物品和设备。同时，如有人违反环境保护法律相关条文，当值巡视员须指明违反规定的事项，并可规定限期纠正的措施。而且当值巡视员在执行公务时，发现可能造成环境损害的行为时，可以责令立即采取改正措施，直至停止作业。但每名巡视员必须持有管理局或当地环境保护部门颁发的身份证件，并加盖公章，经要求出示证件。在巡视员提取样品时，所有人都有权出席或派人参加，并通知被抽取样品的人。最后，当值巡视员执行公务时，除认为上述通知有损监督检查人员有效履行职责外，应当告知企业经营者相关环保巡视活动。当然，对巡视员采取的措施有异议的，可在采取措施之日起十日内，向环保局长或有关地区环境机构提出申诉，对处理决定不服或未作出决定的，可自处理决定作出之日或期满之日起 30 日内向法院起诉。[2]

---

[1] Article 6, 9 of Environmental Pollution Control Proclamation 300 of 2002.

[2] Article 8, 9 of Environmental Pollution Control Proclamation 300 of 2002.

第四，激励措施与环境违法控诉权。埃塞俄比亚颁布有防止或减少现有经营者污染的鼓励办法，且对用于控制污染的进口新设备，经环保局核定，将免征关税。同时，任何人均有权向环保局或有关地区环境机构，对造成环境实际或潜在损害的人提出投诉，且无须表明利益相关。环保局或地区环境机构未在 30 日内作出处理决定或投诉人对处理决定不服的，还可在决定作出之日或逾期之日起 60 日内向法院起诉。①

第五，一般罚则。违反《环境污染控制法》有关规定，造成环境破坏的自然人将处以 5000 比尔以上 10000 比尔以下罚款，或一年以下监禁，或二者并处；对于法人，则处以 10000 比尔以上 20000 比尔以下罚款，其负责人如明知其行为可能造成相关环境损坏并未采取恰当措施，将被处以 5000 比尔以上 10000 比尔以下罚款，或两年以下监禁，或二者并处。同时，任何人均需按照本法规定保存活动或产品、废物的种类、特征、数量或任何其他信息的记录，篡改上述记录将构成违法，将被处以 10000 比尔以上 20000 比尔以下的罚款。②

第六，违抗巡视员的罚则。阻碍、阻挠巡视人员执行公务，不服从巡视人员的合法指令或者要求，冒充巡视人员，拒绝巡视人员进入土地、场所或者阻碍巡视人员查阅资料，阻碍巡视人员查阅、复制、摘录纸质资料、文件或者其他文件，或者对巡视人员隐瞒、误导、谎报的，构成犯罪。对于自然人，可处 3000 比尔以上 10000 比尔以下的罚款；对于法人，可处以 10000 比尔以上 20000 比尔以下的罚款，并对直接负责人处以一年以上两年以下的有期徒刑，或处以 5000 比尔以上 10000 比尔以下的罚款，或二者并处。③

第七，污染环境的罚则。自然人违反规定排放污染物，即属犯罪，将处 1000 比尔以上 5000 比尔以下的罚款，或一年以上十年以下的监禁，或二者并处；法人处 5000 比尔以上 25000 比尔以下的罚款；对主管人员处五年以上十年以下有期徒刑，或处以 5000 比尔以上 10000 比尔以下罚金，或二者并处。此外，埃塞俄比亚法院还可以采取没收和恢复的手段，除对违反环境法律规定而被起诉的人处以相应的刑罚外，一方面没收犯罪时使

---

① Article 11, 12 of Environmental Pollution Control Proclamation 300 of 2002.
② Article 11, 14 of Environmental Pollution Control Proclamation 300 of 2002.
③ Article 13 of Environmental Pollution Control Proclamation 300 of 2002.

用的有利于国家的物品或以其他方式处置；另一方面由被告人承担清理及处置扣押的物品、化学品或设备的费用，此外被告人必须将环境恢复到损害之前的状态，并在无法恢复时支付适当赔偿。①

第八，违反森林开发、保护和利用的罚则。以任何方式砍伐、移除、处理或使用国有森林，处以 10000 比尔以上罚款和一年以上五年以下监禁；破坏、损毁或伪造森林边界标识将被处以一年以上五年以下监禁；放火或其他方式破坏森林，将被处以十年以上十五年以下监禁；未经许可在林域内造田或建设任何基础设施，将被处以两年以上监禁和 30000 比尔罚款；协助他人砍伐森林或运输林业产品，将被处以五年监禁和 5000 比尔罚款；对于其他违法行为，将处以六个月以上五年以下监禁和 30000 比尔罚款。②

三 埃塞俄比亚的环境影响评价制度

根据《环境影响评价法》，在埃塞俄比亚存在潜在负面环境影响的项目均需要开展环境影响评价，是否需要开展环境影响评价，必须得到环保局或相关地区环境机构的认定和授权，任何许可机构在签发项目投资许可证、贸易许可证或经营许可证之前，应确保环保局或相关地区环境机构已批准实施。但是，环境影响报告书的批准，或环境影响评价部门和地区环境保护部门授权，并不免除项目申请人的赔偿责任，除非经证明是受害人本人或第三人造成的损害，同时该受害人、第三人对损害的发生不负有责任时，方可免责。③

第一，环境影响评价的考虑因素。应根据项目的规模、地点、性质、累积效应和其他同时发生的影响或现象、跨区域效应、持续时间、可逆性或不可逆性等因素进行环境评价。在评价正、负效益均有的项目时，环境主管部门或相关地区环境机构在评价负面影响时应谨慎，但若项目的正面效应只是略超过负面效应，或正面效应不明确时，则评价结果应说明可能

---

① Article 16, 17 of Environmental Pollution Control Proclamation 300 of 2002.
② 商务部国际贸易经济合作研究院、中国驻埃塞俄比亚大使馆经济商务处、商务部对外投资和经济合作司编：《对外投资合作国别（地区）指南：埃塞俄比亚》，2020 年，第 59 页。
③ Article 3, 5 of Environmental Impact Assessment Proclamation 299 of 2002.

导致的重大负面环境影响。①

　　第二，环评申请人的具体要求。项目申请人应进行环境影响评价，确定其项目可能产生的不利影响，并纳入其预防或控制方法，并向环保局或相关地区环境机构提交环境影响研究报告，以及环保局或相关地区环境机构认为必要的文件。而且，申请人应确保其项目的环境影响和由满足主管部门指令要求的专家编制的环境影响研究报告得到执行。同时，进行环境影响评价和编制环境影响报告书的费用应由申请人承担，且申请人在实施其项目时，必须遵守授权条款。

　　第三，环境影响研究报告的内容。环境影响研究报告应包含足够的信息，使环保局或相关地区环境机构能够确定项目是否以及在何种条件下得以进行，包括项目的性质，包括拟采用的技术和工艺；在执行过程中和操作过程中所排放的污染物的含量和数量；操作所需的能源和数量；关于可能的跨区域影响的信息；所有预计的直接或间接、积极或消极影响的特点和持续时间；为消除或最大限度地减少负面影响而建议的措施；发生事故时的应急计划；实施和运行过程中的自我审核和监督程序。对此环保局应发布指南，确定准备和评价环境影响所需的条件。环保局或有关地区环境机构在考虑公众意见和专家意见基础上对环境影响研究报告进行评价，并在15个工作日内确定是否批准和签发环境授权书。②

　　第四，环境影响的实施监测。环保局或相关地区环境机构将监督授权项目的实施情况，以评价授权期间项目申请人所作的所有承诺和义务的遵守情况。当申请人未能按其所订立的合同或对其施加的义务实施授权项目时，环保局或相关地区环境机构可命令其采取特定的整改措施。任何其他授权许可机构应根据环保局或相关地区环境机构暂停、取消项目的实施授权决定，暂停、取消其可能签发的有利于项目的许可。③

　　第五，公众参与、激励措施与申诉程序。一方面，环境影响报告书应由环护局或者地区环境保护机构公开征求意见，并且应确保将报告公之于众，还特别需要将可能受项目实施影响的社区的意见纳入环境影响研究报告及其评价中。另一方面，环保局或地区环境机构应在其能力范围内，支

---

① Article 4 of Environmental Impact Assessment Proclamation 299 of 2002.
② Article 8, 9 of Environmental Impact Assessment Proclamation 299 of 2002.
③ Article 12 of Environmental Impact Assessment Proclamation 299 of 2002.

持实施旨在修复退化环境的项目，并且环保局可在能力范围内，提供任何环境恢复或污染预防或清除项目的财政和技术支持，以支付额外费用。除此之外，任何对环保局或地区环境机构关于项目授权、监督、决定不服的，均可向环保局长或地区环境机构负责人提交申诉申请，并在投诉之日起 30 日内作出决定。①

第六，评价程序与费用。在埃塞俄比亚申请环境评价的步骤和收费如下：一是需要提交的资料包括投资许可、营业执照、本公司从事的生产业务种类的介绍；二是准备好上述资料后，找一家当地有环评资质的环评公司；三是环评公司到工厂现场查看；四是环评公司到当地政府环保部门进行听证；五是环评公司提交报告；六是联邦环保局批准环评报告，并出具意见；七是费用约为 180000 比尔。②

第七，违反环评相关法律规定的罚则。任何人违反《环境影响评价法》即构成犯罪，应承担相应的责任。首先，任何未经环保局或地区环境保护机构批准，或在环境影响报告书中作虚假陈述，构成犯罪的，依法追究刑事责任，可处 50000 比尔以上 100000 比尔以下的罚款；其次，任何人若未根据本法保留相关记录或未达到授权条件，即属犯罪，可处 10000 比尔以上 20000 比尔以下罚款；再次，法人犯罪时，除应受处罚外，若负责人未能勤勉尽责的，还将被处以 5000 比尔以上 10000 比尔以下的罚款；最后，受理法庭可在上述处罚之外，要求被告恢复环境原状或以其他方式补偿其对环境所造成的损害。③

四　埃塞俄比亚环境法律风险的应对举措

一方面遵守当地环境法规、行业环境标准，尊重习俗妥善处理矛盾。埃塞俄比亚的法律体系和政府治理方面沿袭西方模式，虽然目前在环境保护方面的立法及执法尚不健全、不严格，但由于目前埃塞俄比亚正申请加入世界贸易组织，有可能加快知识产权保护和环保法规的立法与制度建

---

① Article 15, 16, 17 of Environmental Impact Assessment Proclamation 299 of 2002.
② 商务部国际贸易经济合作研究院、中国驻埃塞俄比亚大使馆经济商务处、商务部对外投资和经济合作司编：《对外投资合作国别（地区）指南：埃塞俄比亚》，2020 年，第 59 页。
③ Article 18 of Environmental Impact Assessment Proclamation 299 of 2002.

设。目前,埃塞俄比亚出台了环境政策,颁布了《环境污染控制法》和《环境影响评价法》等环境法律,规定了环境标准措施、废物管理措施、跨区域影响项目管理措施以及违法排污或实施未经授权项目的刑罚措施等。中资企业在埃塞俄比亚投资和经营过程中,应切实了解相关的环境法律法规以规避风险,避免与当地政府和居民产生环境纠纷,提前建立健全相关环保制度,避免为日后的经营带来不必要的麻烦和损失。同时,投资者还需要尊重当地习俗,妥善处理矛盾。埃塞俄比亚是多民族、多宗教国家,中方人员要主动尊重当地的民风民俗及宗教习俗。中资企业平时应注意尊重和爱护当地员工、加深了解,与工会加强沟通,在遇到环境问题时保持双方沟通渠道畅通,遵守工会制定的相关行业环境标准,积极活动给予一定支持,维护好与工会的关系。

另一方面,依法保护生态环境,承担必要的社会责任。应严格遵守当地的环境法律法规以及同行规范和国际惯例,恪守商业道德,尊重所在国的文化和风俗习惯,注重对环境的保护,强化与所在社区的和谐发展,并积极开展社会公益和慈善事业。注重加强与当地政府、慈善机构、非政府组织和研究机构的沟通,大力宣传自己的正面形象。在履行社会责任方面应制定完善的理念和计划,克服随意性。虽然目前埃塞俄比亚还未制定生态环保标准和重点环保领域,但该国政府已经认识到生态环境对社会和经济可持续发展的重要性,并将提高森林覆盖率和保护生态多样性作为一项重要工作。[1] 因此,中国企业在生产和生活中都应采取严格的环保措施,提高生态环境保护意识。埃塞正在发展环境友好型城市,中资企业正抓住机遇,积极参与环保项目建设。2019年4月,中国电工承建的埃塞首都亚迪斯亚贝巴"莱比"垃圾发电站正式投入运营。"莱比"垃圾发电站日处理垃圾能力1000吨,资金来源于埃塞俄比亚政府财政拨款。该项目是埃塞的第一个垃圾发电站项目,在改善埃塞环境的同时,将对埃塞环保能效产业发展产生积极影响。[2]

---

[1] 朱中华:《赴埃塞俄比亚投资、承包工程、劳务合作与贸易风险防范》,http://blog.sina.com.cn/s/blog_8193711c0102uz2j.html,2002年3月1日访问。

[2] 商务部国际贸易经济合作研究院、中国驻埃塞俄比亚大使馆经济商务处、商务部对外投资和经济合作司编:《对外投资合作国别(地区)指南:埃塞俄比亚》,2020年,第77页。

第六节　东部非洲国家的环境法律风险与应对举措

在中非共建"一带一路"的进程中，我国对东非地区的投资主要集中在农业、工业和矿业三个领域。在农业方面，从承包东非的农场逐渐发展成为合资合作；在工业领域，投资主要集中在基础设施，尤其是铁路和公路建设方面，但该行业的环境影响性与资源依赖性使中国企业在投资中面临着潜在环境法律风险。对此，在中非产能合作向更深、更广领域迈进的过程中，非洲各国特殊的环境法律规制及其造成的风险日益凸显，成为中非经贸投资合作面临的新问题。[1] 因此中资企业必须了解非洲环境法律的特殊性及其风险的紧迫性，加强环境法律风险的防控意识。[2]

一　污染控制与环评规制引发企业法律风险

中国企业的在非投资过程中的环境违法风险相当高，危害也极为严重。2014年2月，总部位于比勒陀利亚的南非职业道德研究所发布了一项调查报告，报告指出非洲人对在非中国企业声誉的负面评价率达到43.3%，对中国产品和服务质量的评价更低，负面评价率高达55.9%，对中国投资者承担社会责任的积极评价仅占28.3%。[3] 这一调查结果很大程度上是由在非企业的违法、违规行为造成的。在非洲国家进行破坏环境违法行为的这类投资者一般缺乏长远投资理念，具有赌徒心理，快速投入并快速攫取非洲国家利益，因此面临着较大的违法风险，可能会遭遇企业被勒令关闭，主要负责人还有可能受到严重的刑事处罚。比如，以风景优美而闻名的毛里求斯除颁布《环境保护条例》以外，针对工程建设、工厂污染物排放制定了《水/空气/噪声/废物/标准条例》多部法律规范，尤其注重对废水、废物的管理，为工业开发过程中的海岸线和海洋及水资源

---

[1]　张小虎：《加强中非投资合作的环境法律风险防控》，《中国社会科学报》2018年3月16日第5版。

[2]　梼杌：《投资非洲应加强全方位风险防控》，《中国对外贸易》2018年第9期。

[3]　徐杰：《包容与法治：中国对非洲投资的策略调整》，《经济研究参考》2014年第71期。

保护提供法律依据，在严格的海洋环境保护法律下，该国更是在 2020 年 8 月 7 日宣布进入在全球都较为少见的"环境紧急状态"，以防控日本"若潮号"触礁漏油事故带来的海洋保护区污染问题。东方工业园是中国在非洲较早建立的合作园区，但所在国埃塞俄比亚于《环境污染控制法》和《环境影响评价法》中都详细规定了工程的环评标准以及工厂生产的各类废弃物排放及处理措施，此外还专门设有环境巡视员一职对环境监察负责。但一些中方企业在投资过程中并未遵守相关环境法律规定，因而面临吊销开采执照或强制停工的违法风险。这类违法行为不仅影响了企业投资利益，更对中非合作造成了负面影响。实践中，单靠投资者自身的自觉性来防控这种违法风险，效果非常有限，必须由中国境外投资管理部门介入并加强管理。

二 环境执法的针对性与随意性易导致风险

一般情况下执法风险是违法风险的直接后果，但也不尽然。东道国突然强化执法或者突然变更法律依据而执法会使投资者措手不及而遭遇执法风险。非洲国家法律的不稳定、变革快是早已公认的事实，这是造成投资者执法风险增加的重要原因。[①] 非洲国家在吸引外资方面一直很注重立法激励方式。如前述内容所提及的环境案例，如果是中资企业最初因东道国为吸引投资而放宽环境评价标准而后又因强烈的民意而导致工程搁浅或换址重建都将对投资者造成巨大利益损失。更甚者，在 2020 年非洲应对新冠肺炎疫情期间，东非国家也出现过不少对中国企业的针对性执法活动，以疫情防控加强工作生产环境为依据，对一些中国企业突然加强执法，导致不少企业因此受罚。然而，投资者在投资前似乎并未详尽了解到当地的民意和执法活动特性，在遵守东道国环境保护法律法规、履行环保责任和相关法律义务的同时，忽视了当地政府环境执法活动的立场，忽略了形势的研判，从而遭受了一些不必要的环境司法裁判，进而导致投资利益和形象受损。

---

① 方桂荣、夏众明：《中国民营企业对非投资的法律风险防控》，载刘鸿武主编《非洲研究·2016 年第 2 卷》，社会科学文献出版社 2016 年版。

三 地方政府对企业可持续发展提出高要求

非洲各国政府往往设有专门的单位,这些单位可在特定区域的范围内就可持续的生产流程或商业方法向投资者提供背景情况或建议,同时也要求投资企业制定和履行可持续发展的规划,公示相关政策,促进非洲环境和经济可持续性发展。例如,埃塞俄比亚投资委员会于2020年设立了一个专门的可持续性国家机构。要求中国企业与当地机构协商的环境和可持续性因素将包括:选择位置、最大限度地实现可持续成果、可持续生产技术、原材料来源、连接到价值链的纵向一体化供应链、循环经济机会。据此,投资企业必须遵循地方政府建议,分享确切消息,尤其是与当地利益相关方分享确切的有关可持续发展与环境保护的消息,以有效规避高风险项目中的法律风险,履行企业社会责任,促进非洲可持续发展。

与此同时,按照相关要求,东非埃塞俄比亚和肯尼亚等国提出企业坚持可持续投资方针。目前,中国企业的投资无疑促进了东非地区发展,尤其是促进东非共同体成员国将资源优势转化为发展优势,创造了更多的就业机会,提高了东非区域的技术水平。[1] 但在中国企业"走出去"浪潮下,中国企业也需要注意项目建设需遵守相关环境法律法规以及对当地环境的影响,坚持可持续投资论,以对环境负责的方式运作;以对社会负责的方式运作;加强当地供应链;增加透明度和减少腐败,从而实现各国要求的"可持续投资方针"。因为,当地政府认为,负责任的环境实践可有助于提高经济底线、增强商业信誉、减少企业环境污染,并确保有利于吸引员工的更健康的当地生态系统。事实上,环境责任已经成为国际市场许多产品出口公司的一项要求。买方越来越多地引入与供应商的环境和社责任相关的行为准则,并要求他们遵守第三方认证程序。负责任的环境管理可以增强企业在非洲地方客户中的声誉。通过减少生产所需的投入量,同时提高公司一级的生产率,实施资源节约型的废物管理做法以及水和能源的使用也可以节约成本。譬如,东非各国农业加工部门要求所有投资者应

---

[1] 卡斯、李一平:《中国企业对东非共同体投资的现状及其影响》,《国际展望》2016年第6期。

该减少杀虫剂对珍稀昆虫种群和水资源的可能影响。此外，企业还可通过减少负面环境影响、实施更高效的生产实践和废物管理以确保当地社区繁荣，从而增强其商业信誉和经济基础。

四 东非国家对企业的社会责任提出新任务

随着东非国家不断改善自己的投资环境，中国企业（包括国有企业和私营企业）对东非地区的投资也越来越多。对此，在一些国际环保NGO组织的倡议下，非洲国家加大了对企业履行环境保护、社区发展、技能培训等方面社会责任的新任务，同时国际环保NGO组织则成为协助东非各国政府监督中国投资者履行企业社会责任的第三方，近年来在肯尼亚出现了中国项目因环境信息公开问题被国际环保NGO组织阻碍的案例。对此，东非国家希望越来越多的外国企业可以通过投资经营取得利润并应考虑回报当地社会，可通过提供就业机会、与科研或教育机构合作项目、技术传输、爱心捐赠等方式回报社会。同时，要求投资者严格遵守当地的法律法规，加强道德意识教育，弘扬传统美德，诚信经营，认真履行社会和环境责任，为当地社会提供最好的商品和服务，积极参加当地的公益事业，保护环境，积极为当地培养人才，促进当地就业，尊重当地宗教和风俗习惯，从而与当地建立和谐关系。对此，中国企业在东非各国积极按照政府提出的企业社会责任要求履行相应义务，但随着投资企业和项目的增加，履行社会责任的新任务依旧面临着更多的挑战。目前，在肯尼亚，有不少中国企业积极履行社会责任，采取多种手段依法保护生态环境。但肯尼亚非常重视环境保护，政府有专业督察员监控企业的环保措施执行情况，一旦发现违规行为，不仅要依照法律进行处理，同时还可能向媒体曝光。① 然而，中资企业遵守肯尼亚环境法令的意识仍待加强，为自觉做好环境保护工作，应在投资预算中要充分考虑用于环境保护的支出。② 肯尼亚高度注重野生动物保护，近年来，携带、买卖和出口犀牛角、象牙、海龟等野生动植物原品或制品的案件不少，由此引发的环境违法情况需要深

---

① 张维宸:《走，到肯尼亚投资矿业》,《中国矿业报》2018年11月9日第4版。
② 顾林玲:《第八届采购与服务国际论坛》,《中国农药》2013年第11期。

刻反思并及时制止。此外，积极承担必要的社会责任，还要中国企业在确保当地经济和环境利益的同时，参加当地公益性环境保护活动，为当地社区做些力所能及的贡献，树立企业良好的社会形象。虽然这些活动增加了中国企业在东非投资的环保成本，但也收到了良好效果和认可。例如，2016年，肯尼亚中国经贸协会向肯尼亚野生动物保护和管理服务局捐助 377 万肯尼亚先令（约合 3.7 万美元），升级改造内罗毕国家公园青少年野保教育设施并向 500 名贫困学生提供免费游园服务。2017 年，肯尼亚中国经贸协会向肯尼亚山野生动物保护组织（Mount Kenya Wildlife Conservancy）捐赠 110 万肯尼亚先令（约合 1.05 万美元），支持该组织在致力于动物收容和救助、濒危物种繁育、野生保护知识宣传普及方面的工作。捐赠活动企业包括中国路桥、中水电、中海外、中航国际、中工国际、中国武夷、长城钻、三一重工、华为、中兴、中国四川国际合作股份有限公司 11 家。[①]

[①] 商务部国际贸易经济合作研究院、中国驻肯尼亚大使馆经济商务处、商务部对外投资和经济合作司编：《对外投资合作国别（地区）指南：肯尼亚》，2020 年，第 81 页。

第三章 南部非洲及其主要国家的环境保护法律规制

南部非洲地域广阔，矿产资源丰富，人口众多，社会秩序比较稳定，部分国家经济增长速度较快。同时，南部非洲地区是非洲最具法律多元化，也是经济增长潜力较大的地区之一。南部非洲地区的国家具有丰富的矿产资源储备，大多通过能源矿业创造国家财富，提高人民生活水平。可见，南部非洲由于特殊的殖民经历和较为单一的、依靠出口自然资源的经济增长方式，使环境遭到了极大破坏，因而十分重视环境保护，环境立法日趋完善。所以，近年来，多数南部非洲国家都将环境评价和许可制度纳入了投资各领域的监管范畴，作为矿产资源开采和基础设施建设的前提条件。目前，南部非洲国家多借鉴南非相关制度，基本形成了类似的环境立法框架，而南部非洲发展共同体的环境协定也明确了相关规定；以津巴布韦为典型的南部非洲国家环境保护执法机构设置较合理、职能较全面；南部非洲的环境许可要求、环境影响评价流程要求严格，矿业立法日趋完善。然而，但因受制于经济和社会发展水平，南部非洲环境管理制度也存在不少缺陷，例如，环境法律制度执行面临困难，许多地区缺乏专业的评价人员；政府工作人员也存在着环保观念淡薄的问题，甚至存在以环保许可为由而索贿的行为；已发放的环境许可经常由于环境许可授予流程违法被法院判决无效，等等。这些因素增加了投资过程中的环境法律风险，而我国作为南部非洲矿业、能源、基建等行业的主要投资国，须引起重视。因此，应当从多角度入手，在项目开展前，加强对非洲环境法律制度的了解，有针对性地研究重点投资行业的环境法律规制，积极进行环境影响评价，依法申请东道国要求的许可证书；在项目实施中，遵守环境管理计划，积极采取措施减轻对环境的不利影响；在项目结束后，做好环境修复工作，完成闭坑义务，同时履行必要的企业社会责任和树立良好的投资形象。

第一节　南部非洲的自然资源与中国投资概况

南部非洲以丰富的矿产为区域资源优势，采矿业的发展较为成熟。近年来，中国在赞比亚、南非、安哥拉等国进行了大量的矿产与石油资源的投资与开发，取得了良好的合作效应，而在莫桑比克和津巴布韦等国，中国的投资也稳步提升。商务部统计数据表明，在 2019 年中国对非投资流量的前十国中，南部非洲国家占据五个，安哥拉、南非、赞比亚分列第二、第四、第七位，而截至 2019 年的中国对非投资存量上，南非、安哥拉、赞比亚、津巴布韦四国也均进入前十，可见南部非洲国家长期以来都是中国企业投资规模较大、投资较集中的区域。另外，中国与南非经贸往来密切，是中非合作的引领。尤其是南非作为 2020 年非洲联盟轮值主席国，是第一个与中国签署"一带一路"合作谅解备忘录的撒哈拉以南非洲国家，也是带动整个非洲经济发展的火车头，虽然其自身经济增速缓慢，但是由于其完备的工业体系和基础设施，中国与南非的投资合作将引领整个非洲，这也促使中国在南部非洲的投资领域从传统的能源矿产行业，延伸至金融业、服务业、地产开发、信息通讯、新闻传媒、农机农技等全领域。

一　南部非洲的自然资源

南部非洲一般指刚果（金）和坦桑尼亚（不含二国）以南的非洲大陆地区，即刚果河流域以南非洲的大部分地区，该地区蕴藏包括铜、钻石、金、锌、铬、铂、锰、铁矿石和煤在内的丰富矿产资源。在这个区域中，除了莱索托、斯威士兰和马拉维这三个内陆国家较小，其他南部非洲国家的实际面积相当大。较大的国家有南非、博茨瓦纳、莫桑比克、津巴布韦、赞比亚、纳米比亚和安哥拉，都有种类丰富的矿藏。南部非洲的一条矿产资源带，从安哥拉西北海岸的富饶油田向东经过钻石矿区，一直延伸到赞比亚的北部铜矿带，从津巴布韦中部独特的地质构造"大堤"到布什维尔德盆地，一直延伸到矿产丰富的南非，再向西南延伸，穿过南非中部的金矿和钻石矿区。丰富的矿产资源使这一地区成为非洲最富有、最具经济增长潜力的地区之一，多数国家通过采矿业创造国家财富，提高人民的生活水平。南部非洲国家出口的主要矿产资源如下（见表3-1）：

表3-1　　　　　南部非洲国家出口的主要矿产资源[①]

国家	自然资源
安哥拉	钻石、原油、天然气
博茨瓦纳	钻石
莱索托	钻石
马达加斯加	石油
马拉维	铀
莫桑比克	铝、煤、天然气、钛
纳米比亚	钻石、金、铀、锌
南非	铬、金、白金
斯威士兰（茨瓦蒂尼）	煤
赞比亚	铜
津巴布韦	钻石

二　中国在南部非洲的投资

2019年中国在南部非洲国家的投资相对集中，贸易额数据表现良好，在安哥拉和南非的投资流量均超3亿美元，在赞比亚也达1.4亿美元，在该地区的投资行业多以能源矿产为核心，在制造业和金融服务业领域的投资有所提升。表3-2为中国在南部非洲各国投资的基本情况。通过数据和信息分析表明：第一，在双边贸易领域，南部非洲国家与中国的贸易额在整个非洲处于较为领先的地位，除科摩罗，贸易额都大于1亿美元，贸

[①] Dunia P. Zongwe, An Introduction to the Law of the Southern African Development Community, Hauser Global Law School Program, New York University School of Law, Published July/August, 2014, p.31.

易额最高的为南非,与中国的贸易额达到424.7亿美元。第二,在投资领域,少数国家的投资流量为负数,大部分的投资流量为正数,说明在全球直接投资大幅下降、中国对外投资流量也有所减少的情况下,2019年中国流向南部非洲对外直接投资状况依然较为乐观。投资项目涉及纺织服装、家电、机械、食品、建材、矿产开发以及金融、贸易、运输、信息通讯、农业、房地产开发等多个领域,集中在建筑工程和矿产开发行业。第三,中国企业在南部非洲国家承包的工程数目较多,新签合同额除科摩罗外都超过1亿美元。[①] 其中,我国与赞比亚合作最为密切,2019年我国企业在赞比亚新签合同额22.09亿美元,完成营业额25.75亿美元。这些基本情况表明,2019年中国企业对南部非洲投资略有萎缩,但南部非洲总体发展态势良好,随着中非政治互信和合作机制不断增强,产业合作持续深化,中国对南部非洲投资的潜力巨大、前景广阔。但是,这同时也意味着我国或将面临更多维度、更深层次的法律风险。近年来,南部非洲国家环境意识逐渐觉醒、环境立法不断完善,我国企业重点投资的采矿业对环境和资源的依赖程度较大,极易面临环境法律风险。

表3-2　　2019年度中国与南部非洲地区各国的经贸合作数据

国别	双边贸易	中国对该国投资	承包工程
博茨瓦纳	2019年中博双边进出口总额3.19亿美元,同比增长7.7%。其中,中国对博茨瓦纳出口3.01亿美元,同比增长7.1%;中国自博茨瓦纳进口0.17亿美元,同比增加20.4%	2019年中国对博茨瓦纳直接投资流量682万美元;截至年末,中国对博茨瓦纳直接投资存量1.86亿美元	2019年中国企业在博茨瓦纳新签承包工程合同41份,新签合同额1.25亿美元,完成营业额1.68亿美元
马拉维	2019年双边贸易总额2.76亿美元,同比上升10.04%。中国对马拉维出口2.6亿美元,同比上升16.92%,中国自马拉维进口0.16亿美元,同比下降42.57%	2019年中国对马拉维直接投资流量-1.0亿美元;截至年末,中国对马拉维直接投资存量1.61亿美元	2019年中国企业在马拉维新签承包工程合同48份,新签合同额1.79亿美元,完成营业额1.54亿美元

---

① 2019年中国企业在南部非洲地区新签合同额为82.5亿美元,同比下降45.2%;完成营业额86.6亿美元,同比下降20%。参见中华人民共和国商务部、中国对外承包工程商会《中国对外承包工程发展报告2019—2020》,2020年,第51页。

续表

国别	双边贸易	中国对该国投资	承包工程
赞比亚	2019年中赞贸易总额为42.32亿美元，同比减少16.2%。其中，中国进口32.62亿美元，同比减少20.1%；中国出口9.70亿美元，同比增长0.01%	2019年中国对赞比亚直接投资流量1.43亿美元；截至年末，中国对赞比亚直接投资存量28.64亿美元	2019年中国企业在赞比亚新签承包工程合同额22.09亿美元，完成营业额25.75亿美元
安哥拉	2019年中安贸易额277.55亿美元，同比增长24.21%，其中中方出口22.35亿美元，同比增长-2.7%；中方进口255.20亿美元，同比增长27.29%	2019年中国对安哥拉直接投资流量3.83亿美元；截至年末，中国对安哥拉直接投资存量28.91亿美元	2019年中国企业在安哥拉新签承包工程合同39份，新签合同额8.09亿美元，完成营业额28.66亿美元
莫桑比克	2019年中国与莫桑比克进出口总额为26.68美元，同比增长6.43%；中国向莫桑比克出口19.57亿美元，同比增长4.63%；中国从莫桑比克进口7.12亿美元，同比增长11.71%	2019年中国对莫桑比克直接投资流量-4670万美元；截至年末，中国对莫桑比克直接投资存量11.47亿美元	2019年中国企业在莫桑比克新签承包工程合同60份，新签合同额9.87亿美元，完成营业额10.01亿美元
科摩罗	2019年中科双边贸易额为7371.7万美元，主要为中国对科摩罗出口	2019年中国对科摩罗直接投资流量13万美元；截至年末，中国对科摩罗直接投资存量183万美元	2019年中国企业在科摩罗新签合同额4932万美元，完成营业额3247万美元
莱索托	2019年中国和莱索托双边贸易总额1.03亿美元，同比上涨9.6%，其中中国对莱索托出口7203.4万美元，同比上涨12.3%，中国从莱索托进口3127.4万美元，同比上涨3.9%	截至2019年年末，中国对莱索托直接投资存量593万美元	2019年中国企业在莱索托新签承包工程合同13份，新签合同额4.16亿美元，完成营业额7169.6万美元
纳米比亚	2019年中国与纳米比亚进出口贸易总额为7.09亿美元，同比下降14.2%，其中中国向纳米比亚出口1.98亿美元，同比下降38.8%，中国自纳米比亚进口5.11亿美元，同比增加1.6%	2019年中国对纳米比亚直接投资流量-110万美元；截至年末，中国对纳米比亚直接投资存量3.64亿美元	2019年中国企业在纳米比亚新签承包工程合同22份，新签合同额3.41亿美元，完成营业额4.46亿美元
津巴布韦	2019年为中津贸易总额为13.43亿美元，同比微增0.58%。其中中国出口3.69亿美元，进口9.74亿美元	2019年中国对津巴布韦直接投资流量8113万美元。截至年末，中国对津巴布韦直接投资存量17.71亿美元	2019年中国企业在津巴布韦新签承包工程合同额8.46亿美元，完成营业额5.56亿美元

续表

国别	双边贸易	中国对该国投资	承包工程
马达加斯加	2019年，中马货物贸易总额为12.8亿美元，同比增长5.5%。其中，中国对马出口10.7亿美元，增长6.2%；自马进口2.1亿美元，增长2.2%	2019年中国对马达加斯加直接投资额2189万美元	2019年中国企业在马达加斯加新签承包工程合同额9.23亿美元，完成营业额1.15亿美元
南非	2019年，中南贸易总额为424.7亿美元，同比下降2.5%。其中，中国自南非进口259.2亿美元，同比下降5%，对南非出口165.4亿美元，同比增长1.8%	2019年中国对南非直接投资流量3.39亿美元；截至年末，中国对南非直接投资存量61.47亿美元	2019年中国企业在南非新签承包工程合同76份，新签合同额10.61亿美元，完成营业额5.58亿美元

资料来源：商务部国际贸易经济合作研究院、商务部对外投资和经济合作司、中国驻上述各国大使馆经济商务处编《对外投资合作国别（地区）指南·2020年版》。

第二节 南部非洲国家的环境立法体系

南部非洲法律呈现多元化的特点，形成了典型的混合法域。其中，一些国家融合了大陆法系（也称民法法系）与习惯法，一些国家的法律体系则融合了大陆法系和英美法系（也称普通法系），还有一些为罗马—荷兰法系、普通法系与习惯法的混合。目前，南部非洲各国的环境立法都由宪法位阶的环境法、环境基本法、环境保护单行法规、国家环境政策和国际公约与协定等组成。

表3-3　　南部非洲发展共同体国家法律体系的混合性特征[1]

南部非洲发展共体国家的法律体系构成		
国家	法系		
安哥拉	民法法系		习惯法
博茨瓦纳	罗马—荷兰法	普通法系	习惯法
莱索托	罗马—荷兰法	普通法系	习惯法

---

[1] Oliver C. Ruppel and Katharina Ruppel-Schlichting, *Environmental Law and Policy in Namibia* (*Third edition*), Hanns Seidel Foundation, Windhoek: Solitaire Press (Pty), 2016, p.87.

续表

南部非洲发展共体国家的法律体系构成

国家	法系		
马达加斯加	民法法系		习惯法
马拉维		普通法系	习惯法
毛里求斯	民法法系	普通法系	
莫桑比克	民法法系		习惯法
纳米比亚	罗马—荷兰法	普通法系	习惯法
塞舌尔	民法法系	普通法系	
南非	罗马—荷兰法	普通法系	习惯法
斯威士兰	罗马—荷兰法	普通法系	习惯法
赞比亚		普通法系	习惯法
津巴布韦	罗马—荷兰法	普通法系	习惯法

一 宪法位阶的环境法

安哥拉、莫桑比克、南非、津巴布韦、纳米比亚这五个国家在宪法中明确规定了公民环境权条款，既包括保护自然资源与环境的权利和义务，又要求政府注重可持续发展，并规定危害或破坏环境保护的行为依法应当受到处罚，构建了生态环境保护和自然资源可持续性利用的宪法框架，让公民环境权成为人权保障的重要内容之一，也促使国家不同位阶的环境法律具备现实执行力。例如，作为"南非民主的基石"的宪法第二章"权利法案"（Bill of Right）第24条规定"每一位公民都享有环境权，南非国家、公民乃至环保NGO都有保护环境的义务；创设作为宪法基本权利的环境权，要求国家履行保护环境、特别是保护公民环境权的宪法责任"[1]。又如，2004年莫桑比克宪法第90条规定，"（1）所有公民均有权享有和谐环境，并承担保护环境的责任。（2）国家和地方政府应担与环保协会合作，采取保护环境的政策，并促进合理使用自然资源。"[2] 同时，

---

[1] 曾明：《南非宪法环境权的历史流变与现实启示》，《求索》2018年第5期。
[2] 孙谦、韩大元：《世界各国宪法·非洲卷》，《世界各国宪法》编辑委员会编译，中国检察出版社2012年版，第633页。

第72条还要求,"所有公民均有权生活在一个平衡的自然环境下,且有义务保护它"。又如,2010年安哥拉宪法第39条规定,"(1)人人享有在健康、无污染的环境中居住的权利,并有义务捍卫它。(2)国家应当在本土范围内采取必要措施保护环境和动植物物种,以维护生态平衡,确保经济活动适当,在可持续发展、尊重后代的权利以及保护物种的理念下合理开发和利用自然资源。(3)禁止危害或破坏环境的行为。"最后,2013津巴布韦宪法第73条规定:"(1)每个人都有权利:(a)享受健康和无害的自然环境;(b)通过合理的立法和其他措施来保护环境,以造福今世后代——(i)防止污染和生态退化;(ii)促进节约用水;(iii)在促进经济和社会发展的同时,确保生态可持续发展和自然资源的利用。(2)国家必须在有限的资源范围内采取合理的立法和其他措施,以逐步实现本节所列权利。"[1]

二 环境基本法与环境保护单行法规

南部非洲各国的环境基本法多以环境管理程序性法律为主,大多借鉴南非的模式,各国在2000年前后颁布有环境管理法。目前,除博茨瓦纳的《环境管理法》尚在制定过程中外,南部非洲的其他国家都出台了环境管理法作为综合管理国家环境的依据,以加强主管环境的行政机构与其他部门,以及上下级机构之间协作与管理,为环境及相关事务的管理提供了适当的法律和制度框架。内容一般囊括环境计划的制订和实施、环境影

---

[1] Article 73.

(1) Every person has the right—

(a) to an environment that is not harmful to their health or well-being; and

(b) to have the environment protected for the benefit of present and future generations, through reasonable legislative and other measures that—

(i) prevent pollution and ecological degradation;

(ii) promote conservation; and

(iii) secure ecologically sustainable development and use of natural resources while promoting economic and social development.

(2) The State must take reasonable legislative and other measures, within the limits of the resources available to it, to achieve the progressive realisation of the rights set out in this section.

响评价、环境质量标准、环境许可和环境基金等制度，同时规定了环境执法人员的职权、执法行为的程序以及违法应当受到的处罚。如南非颁布了 1998 年《南非国家环境管理法》[①]，纳米比亚颁布了 2007 年《环境管理法》[②]，津巴布韦颁布了 2002 年《环境管理法》[③]，赞比亚颁布了 2011 年《环境管理法》[④]。

环境保护单行法规多存在于土地、水资源、农业和林业等领域，是基本法在具体领域的细化，以保证在不同领域规制投资者的项目实施与运行。例如，纳米比亚的环境保护单行法规包括 1992 年《矿产勘探和采矿法》[⑤]、1999 年《钻石开采法》[⑥]、2000 年《海洋资源法》[⑦]、2001 年《森林法》[⑧]、2002 年《水产养殖法》[⑨]、2003 年《内陆渔业资源法》[⑩]、2008 年《植物检疫法》[⑪]、2013 年《水资源管理法》[⑫] 等。

表 3-4　　南部非洲国家的主要环境法律及其内容

国别	法律	主要内容
博茨瓦纳	《环境影响评价法》和《废物管理法》	规定通过环境评价形式进行环境保护。环境评价报告是工程开工建设的前提，居民和相关部门如发现工矿企业运营过程中存在环保问题，可通过向环保部门投诉和法律诉讼的方式申诉，环保部门通过调查确认对环境造成负面影响的，可勒令企业停工或撤出相关区域
马拉维	1994 年《国家环境行动计划》（NEAP）、1996 年《环境管理法》（EMA）、1997 年《环境影响评价指南》	规定空气、水等各项生态环境指标，马拉维环境事务局依此实施环境监管。并据此对各种环境污染事故进行处罚，但具体处罚和赔偿标准并没有明确的规定

[①] National Environmental Management Act 107 of 1998.
[②] Environmental Management Act of 2007.
[③] Environmental Management Act of 2002.
[④] Environmental Management Act 12 of 2011.
[⑤] Minerals Prospecting and Mining Act No. 33 of 1992.
[⑥] Diamond Act No. 13 of 1999.
[⑦] The Marine Resources Act No. 27 of 2000.
[⑧] The Forest Act No. 12 of 2001.
[⑨] The Aquaculture Act No. 18 of 2002.
[⑩] Inland Fisheries Resources Act No. 1 of 2003.
[⑪] The Plant Quarantine Act No. 7 of 2008.
[⑫] The Water Resources Management Act No. 11 of 2013.

续表

国别	法律	主要内容
赞比亚	《环境保护和污染控制法》《矿山及矿物法》《环境影响评价法》	《环境保护和污染控制法》赋予赞比亚环境管理局"水资源的管理及保护，大气污染的防治，废物的管理，农药、有毒物质、电离放射的管理，自然资源的保护"等权力。《矿山及矿物法》基本要点：合格胜任人的任命、责任和行为、通风要求规程、工作场所安全规定、急救与消防要求、机械设施规范、运输与提升规程、压力容器规范、建筑及构筑物规范、电气规程、事故报告
安哥拉	1998年《环境基础法》、2005年《环境保护协会法》、2004年《环境影响评价条例》	《环境基础法》共7章，同时附有对有关环境名称的定义，7章内容分别是：总则，环境管理机构，环境保护办法，公民的权利和义务，责任、违法与惩罚，环境监管，本法的最终安排。环境名称定义包括什么是环境、什么是影响环境的活动、环境保护的范围、环境影响评价等25条 《环境保护协会法》在环境管理方面规范环保协会的参与和干预权力，共16章。主要内容是环境保护协会的定义、环境协会的标准、注册登记、参与权与干预权、咨询权、协调权、信息权等 《环境影响评价条例》共25章，另有一个针对第四章解释的附件。主要内容是：环境影响评价的开展、环境影响研究报告的提交、环境影响研究、环境影响研究的技术活动、环境影响研究成本、环境影响评价（第四章）、公共咨询、责任环境影响评价的机构、期限、项目意见和许可、罚款与附加惩处（依照事件的严重程度，对违反本法令的案例最低处罚1000美元、最高处罚100万美元）、罚款额度认定、罚款缴纳期限等
莫桑比克	《环境法》《关于环境影响评价的程序实施细则》《关于环保审计程序相关的实施细则》《关于环境质量和排放物的标准实施细则》《关于医用生物垃圾的管理实施细则》《关于采矿业环境实施细则》《关于农药实施细则》《关于用于人类饮用水质量的实施细则》《水法》《矿业法》《矿业法的实施细则》《森林和野生动物法》《森林和野生动物法的实施细则》《工业活动的许可的实施细则》《对于莫桑比克文化遗产的物质和非物质财产的合法保护决定》《石油法》《娱乐性和体育运动性钓鱼的实施细则》《海洋渔业总的实施细则》《旅游法》《在海外省的水、海滩和海岸污染的防治措施》《禁止对水下的珊瑚和装饰鱼的采集、买卖、运输、调制、加工、存储、出口、交易》《水产养殖总的实施细则》	规定投资者在进行项目投资前，需先向相关部门提交项目规划、环境保护计划报告等文件。莫桑比克政府将根据项目设计规划进行审核，通过审核后会签发相应行业的许可文件（如房地产行业的环境许可、矿产行业的开采许可等），并可能收取一定金额的费用及保证金等（金额一般与项目本身的投资额或风险有关，实际数额可能相差甚远，难以预估）。若有投资者/公司违规运营，则相关部门会视其情节给予一定程度的处罚（处罚金额一般视造成的影响而定，实际数额可能相差甚远，难以预估）

续表

国别	法律	主要内容
科摩罗	1994年《环保法》	对土地（地上和地下）、水源、海水、大气、森林、自然保护区的环保做出了具体规定。法律规定禁止使用化学产品破坏土地资源。开办工厂要事先通知环保部门，经审查、批准后，方可实施项目。水源和河水质量受到环保局的监管，环保局负责制定饮用水的监测标准，定期、定点提取水样化验。建立工业企业和实施农业项目开发要得到环保部门的批准。凡需排放污水、工业垃圾的企业要到环保总局报告，接受环保人员的检查和监督。从事农业开发的企业不能破坏水源地、河流。禁止向内河及大海排放污水，倾倒垃圾。森林和植物受到保护，禁止乱伐和焚烧森林树木。未经环保部门批准实施的项目和工程，违反法律条款实施的项目和工程，不履行环保义务的企业和个人，违反环保法律条款的人员，可判1—5年监禁，罚款2500美元。未事先报告环保部门从事农业、工业和城市开发项目及进行地下勘探项目的企业和个人，可处罚款120—1200美元
莱索托	1989年《国家环境规划》（NEAP）、1998年《森林法令》、2001年《环境法令》、2008年《国家环境保护法》	主要环保法律法规以环境规划、环境管理、环境质量标准、污染控制等为基础。专门设立了环境法庭，对任何破坏环境，违反环保法律法规的行为予以处罚。莱索托森林覆盖率很低，莱索托高度重视森林保护，基本上不允许砍伐森林，对特殊砍伐实行严格许可证制度。对破坏森林者将处予重罚。按照南部非洲关税同盟制定的统一规定对动植物进出口进行检疫，禁止进口有可能对环境造成危害的动植物。规定了相应的空气质量检测标准，对造成空气污染的企业或个人将处以重罚。规定了相关水质量检测标准，对造成水污染的企业或个人将处以重罚。制定了对可能造成环境污染的废气、污水、化工产品等物品的处理原则和报批、检查制度。规定对任何违反环保法律法规，造成空气、水质量等环境污染的企业法人或个人，将处以2年以上10年以下的监禁和罚款。2008年《环境法》对违反相关规定的处罚如下：（1）对于阻碍环境监价的企业或个人，处以不少于5000马洛蒂罚款或2年以上监禁或二者并处；（2）对于阻碍环境评价的企业或个人，处以不少于1万马洛蒂罚款或3年以上监禁或二者并处；（3）对于未能及时真实记录生产活动的企业或个人，处以不少于5000马洛蒂罚款或2年以上监禁或二者并处；（4）对于未达到环境法要求标准的企业或个人，处以不少于5000马洛蒂罚款或2年以上监禁或二者并处；（5）对于违反《环境法》任何条款的企业或个人，处以不少于5000马洛蒂罚款或2年以上监禁或二者并处

续表

国别	法律	主要内容
纳米比亚	《2007纳米比亚环境管理法案》	除对环境保护的原则、机构及其职能、环境规划、环境评价等做出了具体规定外,对违法行为和事故也做出了原则性处罚规定,主要内容包括:对违法行为或者事实,执法官员首先可以发出限期整改令,规定整改的内容、时限和要求;如若因故不能执行整改措施,环保部能安排整改和补救措施的,所产生的费用由被责令整改的单位或个人承担;对已造成污染或者环境破坏而拒绝的行为,法案规定可以给予最多50万纳元的处罚或25年的监禁,或二罪并处。对有争议的,可以向法院上诉。对投资项目的环评按照该法案规定的程序由环保官员组织环保专家委员会组织进行,环评结果经发布公告无异议后批准。目前,纳米比亚政府将下列行为界定为违反重点保护森林规定的行为:(1)森林管理员擅自改变、挪动或毁坏放置在受保护森林周围的界碑;(2)无证拥有需要申请许可证才可拥有的林业产品;(3)管理员抵制放置林业保护标志;(4)毁坏在沙丘上种植的森林和在河流100米范围之内种植的森林。发生上述行为的人员,将被处以8000纳元的罚金或长达2年的监禁。纳米比亚政府对动植物、大气、水体保护方面尚无明确规定和违规处罚
津巴布韦	2002年《环境管理法》《区域、城镇及农村规划法》《自然资源法》《森林法》	《环境管理法》规定由环境管理委员会制定环保技术标准,并原则规定了违反环保法律的处罚。其中,污染水资源和污染空气可被处以不超过1500万美元的罚款,或被判处不超过5年的拘役,或同时处以罚款和拘役,同时要支付消除污染的费用和向第三方赔偿因污染而造成的损失。违法倾倒垃圾可被判处不超过5年的拘役,或被处以不超过500万美元的罚款,或同时处以罚款和拘役,同时要支付消除污染的费用和赔偿第三方因污染而造成的损失。违法排放危险物质可被处以不超过1000万美元的罚款,或被判处不超过10年的拘役,或同时处以罚款和拘役,同时要支付消除污染的费用和赔偿第三方因污染而造成的损失。相关技术标准可联系环保局获取 《自然资源法》规定保护野生动物和植物;保障矿产资源开发有序进行,矿产资源开发须经过津巴布韦环境保护局的环境评价,否则不得投资建设和生产
马达加斯加	1990年《环境法》《水资源保护法》《投资与环境和谐法》	《环境法》规定经济主体有责任消除对环境的有害影响,保护国家生物多样性。在马达加斯加投资必须向主管部门提交环境影响评价报告,并取得主管部门颁发的环境保护许可证和项目环境保护方案。实施项目的经济主体每年需根据项目固定资产投资额的大小向国家缴纳一定比例的环境保护费

续表

国别	法律	主要内容
南非	《国家环境管理法》（1998）、2010年《环境影响评价规章》《国家环境管理：空气质量法》《国家遗产法》《海洋生态资源法》《国家森林法》《国家草原及森林防火法》《国家公园法》（修正案）、《湿地保护法案》《濒危物种保护法案》《国家统一废物管理战略》《南非共和国水法》等	《国家环境管理法》（1998）（NEMA）是南非环境管理的一般法，确立了环境保护的基本原则：合作决策、可持续发展和环境管理最佳实践、一体化管理、以社区为基础的环境决策、预防以及"污染者付费"等；《环境影响评价规章》规定了环保授权申请人、环境评价师、环境主管部门的职责和公众参与等相关程序，以保证环境主管部门获得必要信息，实现公众有效参与，有效控制项目在存续周期内对环境的影响。清单规定的活动和环保主管部门确定的其他活动，须获得环保授权方能启动。违者将被处以500万兰特以下罚款，可并处10年以下监禁，已进行的项目须停止并恢复原状

资料来源：商务部国际贸易经济合作研究院、商务部对外投资和经济合作司、中国驻上述各国大使馆经济商务处编《对外投资合作国别（地区）指南·2020年版》。

三 环境保护部门规章

部分国家以行政法规、命令和规章的方式颁布了大量的环境规章，主要内容涉及森林、水、农业、动物、渔业、环境评价、废弃物处理等领域的具体事项。以津巴布韦为例，2007年《废水和固体废物处置条例》[1] 根据对环境的危害程度规定了固体废物和废水的分类标准，确定了污染者付费原则，并提供了废水可排放到环境中的水质标准；2007年《环评与生态系统保护条例》[2] 规定在没有管理局颁发许可证的情况下，禁止为商业目的开采、拥有、运输砂土和黏土沉积物，进一步细化了进行环境影响评价，环境影响评价顾问的注册以及颁发环境许可证的程序；2009年《危险物质和废物的进口和过境条例》[3] 强调尽量减少废弃物、清洁生产和源头废弃物分类，并针对每一类废物推荐了适当的处置方法；《塑料瓶和塑料包装条例》[4] 鼓励减少使用某些种类的塑胶，禁止生产、进口或经销厚度在30微米以下的塑料包装等。

---

[1] Effluent and Solid Waste Disposal Regulations SI 6, 2007.
[2] EIA and Ecosystems Protection Regulations SI 7, 2007.
[3] Importation and Transit of Hazardous Substances and Waste Regulations SI 77, 2009.
[4] Plastic Bottles and Plastic Packaging Regulations, SI No. 98 of 2010.

四　环境政策与指南

环境政策是加强环境管理的指导方针和行动战略，有的国家以绿色计划、国家规划、愿景等形式向社会颁布，在目标年之前的不同时间点为该国未来的发展方向提供长期的政策设想。还有些国家以白皮书和绿皮书的方式颁布，对具体问题进行原则性的指导。如纳米比亚与环境相关的政策有1995年《纳米比亚环境评价政策》[1]、1999《年保护区和国家古迹的勘探和采矿政策》[2]、2009年《国家野生动物冲突管理政策》[3]、1993年《供水和卫生政策》[4]、2000年《国家水资源政策白皮书》[5]、2001年《水产养殖政策》[6]、2001年《林业发展政策》[7]、1994年《旅游白皮书》[8]、1999年《国家旅游政策》[9]、2011年《纳米比亚国家气候变化政策》[10]，这些环境政策决定了指导的目标，同时考虑到现有的社会、文化和经济状况。又如，对斯威士兰环境立法产生重要影响的政策文件主要有1997年《斯威士兰环境行动计划》[11]、2000年《国家环境政策》[12]、2000年《斯威士兰生物多样性战略和行动计划》[13]、2000年《斯威士兰环境教育战略》[14]、2002年《旅游政策及策略》[15]等。

---

[1] Namibia's Environmental Assessment Policy.
[2] Policy for Prospecting and Mining in Protected Areas and National Monuments.
[3] National Policy on Human Wildlife Conflict Management.
[4] Water Supply and Sanitation Policy.
[5] the National Water Policy White Paper.
[6] Namibia's 2001 Aquaculture Policy.
[7] the 2001 Development Forestry Policy for Namibia.
[8] The 1994 Tourism White Paper.
[9] The 1999 draft National Tourism Policy.
[10] the National Policy on Climate Change for Namibia.
[11] Swaziland Environment Action Plan.
[12] National Environment Policy.
[13] Swaziland Biodiversity Strategy and Action Plan.
[14] Environmental Education Strategy for Swaziland.
[15] Tourism Policy and Strategy.

五 国际环境法

南部非洲国家都积极参加环境保护国际条约,重视国际范围内的环境保护合作,如津巴布韦签订了《联合国防治荒漠化公约》[1]《拉姆萨尔公约》[2]《巴塞尔公约》[3]《斯德哥尔摩公约》[4]《鹿特丹公约》[5] 以及《生物多样性公约》[6]。这些多边环境协定为发展中国家和经济转型国家提供支持服务,包括为某些研究和观察活动提供资金。[7]

此外,环境问题也早被列入南部非洲发展共同体的区域协定的法律框架。南部非洲发展共同体(Southern African Development Coordination Conference, SADCC),由 1980 年成立的南非非洲发展协调会议发展而来,南部非洲发展共同体于 1992 年在温得和克成立,目前有 15 个成员方,即安哥拉、博茨瓦纳、刚果(金)、莱索托、马达加斯加、马拉维、毛里求斯、莫桑比克、纳米比亚、塞舌尔、南非、斯威士兰、坦桑尼亚、赞比亚和津巴布韦。[8] 在成立南部非洲发展共同体时,环境保护任务被明确包括在内。南部非洲发展共同体的宣言和条约在第 5 (g) 条中规定,"实现自然资源的可持续利用和环境的有效保护" 是南部非洲发展共同体的目标之一。为了实现这一目标,成员国和其他国家需要寻求协调其政治和社会经济政策和计划,特别是推动环境保护的体制发展。

可见,在南部非洲发展共同体颁布的相关条约和协定中,有不少是涉及环境与资源保护的内容,这些规定以国际环境法的形式,被南部非洲各国以吸收或并入的方式纳入国内立法体系之中,而具有法律效力。例如,

---

[1] The United Nations Convention to Combat Desertification.
[2] Ramsar Convention.
[3] Basel Convention.
[4] Stockholm Convention.
[5] Rotterdam Convention.
[6] Convention on Biological Diversity.
[7] 《多边环境协定》, https://www.ema.co.zw/agency/conventions/multilateral-environmental-agreements, 2020 年 6 月 24 日访问。
[8] 刘伟才:《南部非洲发展协调会议研究》,博士学位论文,上海师范大学,2010 年,第 21 页。

前文所述的 1992 年《建立南部非洲发展共同体的温得和克条约》① 不仅确定了南部非洲发展共同体的法律地位，规定了南部非洲发展共同体的原则、目标和一般事业，还提及了发展与环境之间的特殊关系。在宣言中，自然资源与环境是其主要战略之一，条约要求缔约国"有效保护环境，可持续利用自然资源"，这也成为南部非洲发展共同体的"第七个主要目标"② 之一。1995 年《南部非洲发展共同体水道共享系统协议》③ 规定了对水道共享系统的利用，以满足南部非洲发展共同体（SADC）区域内的农业、家庭、工业利用和航行。协议建立了针对水道共享系统的河流流域管理机制，对所有与管理水道共享系统的相关事务作出了规定。1996 年《南部非洲发展共同体能源协议》④ 设置了成员国在能源开发中的义务，以促使它们将能源作为支撑南部非洲区域内经济增长、发展、缓解贫困、提升生活标准与质量的手段。同时，协议确保发展和能源使用是无害于环境健康的，要求创造有益于该区域内私人参与能源开发的环境。协议还进一步规定构建能源合作开发、程序汇报和信息交流的机制。1997 年《南部非洲发展共同体矿产协议》⑤ 以南部非洲经济开发过程中的 1980 年《卢萨卡宣言》(The Lusaka Declaration of 1980)、"拉各斯行动计划"(Lagos Plan of Action) 以及 1980 年 "拉各斯最终法案"(Final Act of Lagos of 1980) 为基础。促使南部非洲发展共同体通过协作确保本区域内充裕的矿产资源能够得到开发，以提升该组织区域内人民的生活水平。协议还规定了采矿活动中的基本原则，以及协调国家与南部非洲区域内有关发展与开发矿产资源的政策、战略和计划。此外，协议还规定提高科技能力，促进私人部门同其他组织参与合作矿产开发等。1999 年《南部非洲发展共同体野生动物保护与执法协议》⑥ 基于《建立南部非洲发展共同体的温得和克条约》第 5 条，进而宣布永续性使用自然资源、有效保护环境是南

---

① SADC Treaty (1992).
② 葛佶：《简明非洲百科全书》，中国社会科学出版社 2002 年版，第 818—820 页。
③ SADC Protocol on Shared Watercourse Systems (1995).
④ SADC Protocol on Emerge (1996).
⑤ SADC Protocol on Mining (1997).
⑥ SADC Protocol on Wildlife Conservation and Law Enforcement in the Southern African Development Community (1999).

部非洲发展共同体的主要目标。因此，为了实施本条规定，协议特别要求每一个成员国在司法活动中保护与合理开发野生动物资源，通过国家执政当局层面的合作、NGO 和私人部门，以适合地方法保护与可持续利用野生动物资源。2001 年《南部非洲发展共同体渔业协议》① 强调渔业对社会经济幸福的重要作用，它能够确保生存在本区域内人民的食物安全，并实现减轻贫困以及消除贫困的最终目标。要求成员国负责任且可持续地利用水生生物和水生生态系统。2002 年《南部非洲发展共同体森林协议》② 可适用所有各类型森林、树木以及森林产品贸易有关的发展、保护、可持续管理与利用活动。协议实施的指导原则，是成员国必须以良好的信任以及本协议第 4.1 条所规定的原则方式进行合作。协议还规定了国有森林的占有与所有权问题，以及国家的森林政策。最后，协议还规定了通过计划、介绍和履行国家法律和行政行为的方式，推进可持续性的森林管理。

除了南部非洲发展共同体条约中的上述规定和目标之外，南部非洲发展共同体的法律制度也对各种其他法律文件中的环境问题作出反映。其中一类文件是《南部非洲发展共同体议定书》。这些议定书是执行南部非洲发展共同体条约的法律文件，它们与条约本身具有同样的法律效力，议定书在南部非洲发展共同体 2/3 成员国批准后生效。

表 3-5　　南部非洲发展共同体的主要环境公约与协定③

议定书	生效日期
能源议定书	1998.4.17
渔业议定书	2003.8.8
林业议定书	2009.7.17
健康议定书	2004.8.14
矿业议定书	2000.2.10
共享水道系统议定书	1998.9.28

---

① SADC Protocol on Fisheries (2001).

② SADC Protocol on forestry (2002).

③ Oliver C. Ruppel and Katharina Ruppel-Schlichting, *Environmental Law and Policy in Namibia* (*Third edition*), Hanns Seidel Foundation, Windhoek: Solitaire Press (Pty), 2016, p.89.

续表

议定书	生效日期
共享水道系统议定书（修正）	2003.9.22
旅游业议定书	2002.11.26
贸易议定书	2000.1.25
运输、通信和气象议定书	1998.7.6
野生动物保护和执法议定书	2003.11.30

第三节　南部非洲国家的环境管理制度

非洲国家由于其殖民历史遭遇，环境问题较严重，近年来非常重视环境保护，移植了许多先进的环保制度，设立了专门审判环境纠纷的法庭，对环境犯罪的惩罚力度强，对矿产开发的法律规制尤为完备。我国企业到南部非洲投资，需提前合理规划企业生产经营事项，积极进行环境影响评价，了解当地的环境管理机构和其环境保护制度，以免陷入环境侵权纠纷，甚至是环境违法处罚。

一　环境管理机构

南部非洲国家都设有与环境事务有关的行政管理机构来计划、组织、协调、管理整个国家的环境保护事务，同时设立一个建议性的机构，该机构没有面向公众的执法权，主要负责向部长提出建议，促进各政府机关在可持续发展问题上的合作和指导环境评价战略政策的制定。部长下设有一个专门负责执行计划和决策的环境管理机构，负责完成具体的环境事务，对环境影响评价的申请进行审查，制定环境标准和监测环境的发展趋势。

表 3-6　　　　南部非洲国家的环境主管机构及其职责

国家	环境主管机构	职责
博茨瓦纳	环境、自然资源保护与旅游部、环境事务司	负责环保事务，包括政策和战略协调以及监督、监测、强制标准的执行等

续表

国家	环境主管机构	职责
马拉维	环境事务局	负责管理和保护环境以促使国家自然资源得到有效、可持续利用；同时建立和保持一个良好的国家生态系统，并不断提高公民环境保护意识
赞比亚	环境管理局（ZEMA）	/
安哥拉	文化、旅游和环境部	负责制定环保相关政策标准，监督环保执法
莫桑比克	土地和环境部及其下属主管机构。包括国家环境质量管理局、国家自然保护区管理局、土地、环境及农村发展监察局、国家环境管理局	/
科摩罗	农业、渔业、环境、国土整治、城市化建设、陆路运输和不动产事务部下属的环保局	负责保护大气、水源、森林、土地、自然保护区不受到污染，负责动员民众保护环境，不随便倒生活垃圾；寻求国际合作，解决固体垃圾和污水处理问题
莱索托	旅游、艺术及文化部下属的国家环境秘书处	负责制订环境发展计划、环境管理、自然资源保护、污染控制等。外国投资企业必须向该部门申请环境保护认证书，此认证书是申请企业注册的必备材料
纳米比亚	环境与旅游部	环境与旅游部下设的环境司主要负责安排相关业务部门和机构对投资项目进行环评和环境监督
津巴布韦	环境保护局和下辖的环境管理委员会	环境保护局主要职责是：制定政策建议；指导环境管理法案的实施；建议国家制定相关环保目标和规划。环境管理委员会主要职责是对企业核发环境评价证书
马达加斯加	环境和可持续发展部	主要职责是保护生态环境、应对气候变化问题等
南非	环境事务部、矿业部、能源部、水务部、卫生部、农业部、劳工部等	负责在制定和执行国家环保标准方面协调行动，相互监督，形成了严密的环保机制

资料来源：商务部国际贸易经济合作研究院、商务部对外投资和经济合作司、中国驻上述各国大使馆经济商务处编《对外投资合作国别（地区）指南·2020年版》。

例如，津巴布韦环境管理法规定，环境主管部门环境与自然资源管理部（Ministry of Environment and Nature Resource Management）的部长负责制定并组织实施环境管理政策，促进、协调和监测环境保护和污染控制，其下设有国家环境委员会（National Environmental Council）、环境管理机构（Environmental Management Agency）和环境管理委员会（Environmental Management Board）三个机构，这三个机构一起负责环境事务的管理工作。国家环境委员会是一个指导机构，主要负责为政策制定提供咨询意见，就基本法的执行情况提供指导，审查环境管理计划和环境行动计划、国家环境计划和保护环境的激励措施，促进公共部门、地方当局、私营部门、非政府组织和其他参与环保计划的组织之间的合作。① 环境管理机构负责制定空气、水、土壤、噪声、振动、辐射和废物管理的质量标准，协调和参与与环境管理有关的各类事项，如管制及监测废物、污染物的处置；管理、监测、审查和批准环境影响评价；制定法规范本，制定地方管辖范围内的环境管理措施；编制国家计划、环境管理计划和地方环境行动计划的准则；制定和实施保护环境的激励措施等工作。② 环境管理机构由环境管理委员会控制和管理，该委员会由来自环境规划和管理、环境经济学、生态学、污染、废物管理、土壤科学、有害物质、水和卫生等领域的专家组成。此外，该部还有一名法定代表和一名秘书负责环境事务。③

津巴布韦的环境管理机构下设五个分支，分别为环境管理处（Environmental Management Services）、环境保护处（Environment Protection）、人力资源处（Human Resources）、财务与行政处（Finance & Administration）和审计与风险处（Audit & Risk）。其中环境管理处分为环境规划与监测科（EPM）和环境教育宣传科，负责对环境资源进行规划和监测，制订当地行动计划，调研环境项目、制作国家环境状况报告等工作，对环境保护进行宣传和推广。环境保护处分为环境影响评价科（Environmental Impact Assessments Service）、生态系统保护科（Ecosystems Protection Service）、固体垃圾科（Solid Waste Service）、有害物质科（Solid Waste Service）、水和废水科（Water and Effluent Service）、空气质量科（Air Quality Service）、环境管理处实验室（Environmental Management Agency Laboratory）。其中环境影响评价科负责环境评价的审查和认证、环境合规检查和审核、环保检控、环境顾问注册；生态系统保护科负责沙/黏土抽象和运输许可、砖模授权、消防管理、湿地保护、外来入侵物种管理、环境合规检查、环保检控；固体垃圾科负责工业和城市固体废物许可、环境合规检查、环保起诉、废物企业注册、综合固体废物管理战略实

---

① Section 8 of Environmental Management Act of 2002.
② Section 10 of Environmental Management Act of 2002.
③ Section 11, 12 of Environmental Management Act of 2002.

施；有害物质科负责有害物质进出口、运输、储存和使用许可证，危险废物的产生、储存和运输许可证，内陆环境合规检查，边境合规检查，环保起诉；水和废水科负责废水处理许可、环境合规检查、环保起诉、环境水质监测、水生生物监测；空气质量科负责空气排放许可、工业和车辆排放合规性检查、环境空气质量监测、环保起诉、空气污染减排技术建议；环境管理处实验室负责环境样品分析和常规监测生活用水、采矿废水、农业废水、工业废水，污水废水中的化学和微生物水样分析、土壤分析（酸碱度、盐度和金属）、样品抽样服务、采样和样品分析培训服务。[1]

二 环境许可制度

环境许可证是对活动进行授权的凭证，环境基本法或规章条例一般会对活动范围进行详细的列举。欲获得环境许可证的人须按照规定的形式和方式，在支付规定的费用后，向有权机关申请办理所从事活动的环境许可证。如申请人提议进行的活动符合该项活动的法律规定和要求，有权机关便会将申请递交审查机关，由审查机关决定申请的活动是否需要环境评价。如不需要评价，可以批准该活动的申请，向其签发环境许可证，或驳回申请并向申请人说明理由；如需要评价，则进入环境影响评价阶段，环境专员审查环境影响评价报告后，再决定是否批准签发环境许可证。有的国家许可类型多样，因此企业在投资前，需要查询将要开展的项目需要获得哪些环境许可。

以纳米比亚为例，开发商在进行活动清单上的项目前，必须取得有关决定的记录和授权证书。然而，来自环境管理机构的授权证书并不是实施该项目的全部许可。申请人仍然需要取得其他部门的许可证，具体有哪些许可视项目的性质、规模而定。如果一个矿区要排放废水，它需要采矿与能源部门的采矿许可证，水务事务部门的取水许可证和水排放许可证，各部门在考虑申请人的许可证申请前，会先参考环评报告。[2]

---

[1] 《环境保护》，https://www.ema.co.zw/about-us/departments/environment-protection，2020年6月27日访问。

[2] Bryony Walmsley and Saphira Patel, *SADC Environmental Legislation Handbook* 2012 (3rd edition), Development Bank of Southern Africa, 2012, p. 296.

三　环境评价制度

环境影响评价是南部非洲各国对投资项目进行前期环境审查的重要环节，如赞比亚政府就提出，投资者应为其拟议的开发项目获取环境许可证，该许可证是在成功生产、通过环境影响评价（EIA）审查或取得项目低风险报告后授予的；业务的环境要求依据环境影响评价或项目报告流程确定；赞比亚主管机构将监督企业是否遵守环境影响评价要求以及所有相关环境法规，且企业需每年提交一次环境审核报表；环境要求未达标的部分将被要求改进，若不改进，则可能导致倒闭、监禁和经济处罚。[①]

目前，南部非洲国家都有一个类似的环评框架：筛选、环评研究准备、环境影响报告书准备/审查、公众咨询和监测。它们都对环评有正式规定，并有具体的立法规定，这些环评法律、法规明确了环评过程中主管部门的行政安排、职责以及监督环评程序。首先，在南部非洲所有国家，环评都是由申请人发起的，筛选决定项目建议书是否需要进行环评，以及需要进行何种程度的环评。其次，环评研究准备过程中须进行一个范围界定的重要步骤，即找出关键问题，并评价、组织和提出它们，以协助分析和决策。接着，有的国家主管部门会要求申请人制作环境管理计划（EMP），如莫桑比克要求申请人提出措施，以消除、尽量减少和减轻对环境的不利影响，包括相关的成本、时间安排和负责实施的实体，包括在运作和停产阶段的监测和实施环境审计。另外，还应为规划、建造和营运阶段确定可行的替代方案，如果是临时活动，则应分别确定其停止运作的替代方案。然后，各国立法都明确规定了系统的决策过程，决策一般由国家规定的注册专家进行，还有的国家如南非，由具有资格的环境评价从业人员进行环评，并按照特定程序进行注册。在决策过程中，南非、莫桑比克等国家须进行公众咨询，安哥拉等国家则没有公众参与的要求，但较为一致的是，它们都没有将公众咨询期间收到的意见赋予法律效力，环评报告并不会因为公众的意见而作出修订，公众的监督对于决策的作出仅仅起

[①] 国际贸易中心：《赞比亚：农业加工和轻工业部门的可持续投资》，日内瓦国际贸易中心2019年版，第XIII页。

到一个参考的作用。最后,如莫桑比克等国需要进行环评系统监测,但南非和安哥拉等国则不需要。[①]

表 3-7　　南部非洲国家环境影响评价的基本信息

国家	环评管理机构	环评报告撰写	环评依据	环评审核费用	环评程序耗时
博茨瓦纳	环境事务司	/	《环境影响评价法》	/	1—3月
马拉维	/	/	/	/	/
赞比亚	环境管理局	/	《环境影响评价法》	每个许可证200—600美元/年	/
安哥拉	环境保护部	具有环评资质的环评公司	《环境影响评价条例》	2000—20000美元	/
莫桑比克	土地和环境部及其下属的主管环境、土地、保护区等方面的部门	具有环评资质的环评公司	《关于环境影响评价的程序实施细则》	依据不同项目而定	95个工作日内
科摩罗	农业、渔业、环境、国土整治、城市化建设、陆路运输和不动产事务部下属的环保局	/	《环保法》	不收取任何费用	1周
莱索托	旅游、艺术及文化部下属的国家环境秘书处	/	莱索托建筑业建材环保标准和施工环境等相关规定参照南非的相关规定	/	/
纳米比亚	环境与旅游部	/	《2007纳米比亚环境管理法案》	按照环境管理法的规定支付	1—3月
津巴布韦	环境保护局	具有环评资质的环评公司	/	项目总预算的1.5%	项目计划书阶段最长20个工作日,环境影响评价报告阶段最长为60个工作日

---

① C. Rebelo and J. Guerreiro, "Comparative Evaluation of the EIA Systems in Kenya, Tanzania, Mozambique, South Africa, Angola, and the European Union", *Journal of Environmental Protection*, No. 8, 2017, pp. 603-636.

续表

国家	环评管理机构	环评报告撰写	环评依据	环评审核费用	环评程序耗时
马达加斯加	环境和可持续发展部下属执行部门国家环境署	具有环评资质的环评公司	《环境法》《投资与环境和谐法》	因项目而异	因项目而异
南非	环境事务部	具有资质的、独立的环境评价师	《环境影响评价规章》	申请环保授权可能涉及的费用包括：对环境评价师的委托费、环境主管部门环保授权申请费、外部专家审议费、更改授权申请费、豁免申请费、行政复议费等	基本评价报告为30日内，环境影响评价报告为45日内

资料来源：商务部国际贸易经济合作研究院、商务部对外投资和经济合作司、中国驻上述各国大使馆经济商务处编《对外投资合作国别（地区）指南·2020年版》。

四 矿业法律制度

中国在南部非洲的主要投资活动是矿产开发，而矿产开发极易对当地社区环境和居民健康产生不利影响。近年来南部非洲国家强调环境保护的必要性，将环境法律制度纳入矿业开采管理规范中来。可见，我国企业在矿业开采过程中可能面临的环境违法风险较大，因此需高度重视南部非洲国家的矿业立法和其对于矿区环境的要求。

南部非洲国家矿业历史悠久，采矿部门的立法一直在经历一个变革过程，不同的历史阶段有不同的采矿法规。矿业法规可划分为四代，第一代为20世纪80年代的采矿立法，倡导减少国家的参与、促进私有化、增加对外国投资者的奖励、降低税率和特许权使用费，国家的作用仅仅是创造一个有利的投资环境来便利和确保投资者进行活动；第二代是90年代初和90年代中期的矿业立法，特点是对采矿部门进行管制，总体考虑到了环境和健康保护，要求多国公司执行社会和环境规则。但由于国家在采矿活动方面的权力和影响力有限，它们很难对跨国公司执行这些规则。第三代为90年代末的矿业立法，主要确认并鼓励国家在促进和管理采矿部门中的作用；对现行采矿法进行的新的改革浪潮可以说是第四代采矿法，新的法律涉及吸引外国投资，主要确保采矿活动的当地参与和经济发展。同时，强调环境保护的必要性，规定采矿经营者必须遵守所有的环境法律和条例，在进行资源勘探和开发活动前必须进行环境影响评价，且得到主管部门颁发的矿业许可证。① 每个国家的矿业许可证种类都不相同，如在博茨瓦纳需要申请勘探许可证、采矿许可证和保留许可证等；② 在马拉维需要申请勘测许可证、独家探矿许可证和采矿许可证等；③ 津巴布韦的采矿许可分为一般勘探许可、独家勘探许可和特别勘探许可；赞比亚除勘探许可和采矿许可外，还设置了矿产的加工许可、交易许可、进口许可、出口许可和淘金许可等非采矿许可；而最重视矿业开采环境保护的南非还规定在矿山运营的最后阶段，采矿人须履行闭坑义务，获得闭坑证书之后其环境责任才终止。矿业证书种类繁多增加了我国在南部非洲进行矿业投资的顺利开展的难度，也大大延长了项目周期，而近年来多个国家矿业政策的重点也由吸引外国投资、促进当地经济发展转移到矿业开发的可持续发展上来，因此，我国企业须重视东道国环境法对矿业开采的规制、事先了解清楚需要哪些许可证书，避免陷入环境侵权困境甚至导致环境违法处罚。

第四节　主要投资国别：南非的环境法律制度

南非是非洲第二大经济体，是高质量参与共建"一带一路"倡议的非洲国家，也是基础设施、产业结构、技术能力和资源禀赋在非洲领先的"金砖国家"，还是 G20 中唯一的非洲国家。可见，相比其他非洲国家，南非的政治经济环境稳定，法律法规体系健全，工业和制造业体系完备，矿产和劳动力资源丰富，基础设施发达，中产阶级群体也在多年的改革中逐渐壮大。虽然南非的经济增长率近年来持续走低，在 2019 年增长率仅为 0.2%，而且三大机构对其作出的主权信用评级也较低，失业率居高不

---

①　Victoria R. Nalule, *Mining And The Law In Africa*: *Exploring the Social and Environmental Impacts*, Switzerland: Springer International Publishing Palgrave Pivot, 2020, pp. 33-42.

②　李鹏、高超：《博茨瓦纳矿业投资环境及相关法律法规》，《西部资源》2019 年第 2 期。

③　王艳芬、王武名、赵海卫、丁海红：《马拉维的矿产资源及其矿业管理现状》，《资源管理》2012 年第 9 期。

下，但 2019 年南非的 GDP 约为 3632 亿美元，人均约 6199 美元，仍高于非洲绝大多数国家，制造业（GDP 占 12.3%）、矿业（GDP 占 7.3%）、旅游业（GDP 占 9%）依然是其经济发展中最稳健的产业。截至 2020 年，南非吸收外资存量超过 1300 亿美元。所以，近年来中南关系持续向好，经贸投资成果丰硕。南非总统拉马福萨呼吁共同推动实现经济可持续增长，并提出五年吸引千亿美元外资的"新投资倡议"，中南合作迎来了更广阔的前景。

目前，南非政府正全面加快工业化和数字化的进程，中国也在全面深化改革中进一步推进经济结构调整，在中南产能合作、科技创新、成果共享等发展战略高度契合，形成了优势互补、互利共赢的良好局面。据中国商务部统计，"截至 2019 年年底，在中国驻南非大使馆登记备案的中资企业超 200 家（含私营）；2019 年中国对南非直接投资流量 3.39 亿美元；截至 2019 年年末，中国对南非直接投资存量 61.47 亿美元；投资项目涉及广泛，包括纺织服装、家电、机械、食品、建材、矿产开发以及金融、贸易、运输、信息通讯、农业、房地产开发等多个领域。"[①] 其中，主要的大型项目有中钢集团铬矿项目、金川集团铂矿项目、河北钢铁集团铜矿项目、第一黄金集团黄金项目、海信集团家电项目、北汽南非汽车工厂项目等。在工程承包领域，"2019 年中国企业在南非新签承包工程合同 76 份，新签合同额 10.61 亿美元，完成营业额 5.58 亿美元。新签的大型工程承包项目包括中国冶金科工集团有限公司承建中冶国际南非杰乐特金矿（一期）EPC 项目、华为技术有限公司承建南非电信项目、中国北方车辆有限公司承建南非车辆组装厂项目等"[②]。在贸易上，中国已连续十年成为南非最大贸易伙伴，南非则连续九年成为中国在非洲的第一大贸易伙伴。

未来，中南合作领域将全面换挡升级，从传统贸易走向产业投资、从低端产业走向高端制造，从第一、第二产业走向第三产业。将会有越来越多的合作项目在工业园区、金融、矿业、信息技术和汽车制造等领域落地

[①] 商务部国际贸易经济合作研究院、中国驻南非大使馆经济商务处、商务部对外投资和经济合作司编：《对外投资合作国别（地区）指南：南非》，2020 年，第 40 页。

[②] 商务部国际贸易经济合作研究院、中国驻南非大使馆经济商务处、商务部对外投资和经济合作司编：《对外投资合作国别（地区）指南：南非》，2020 年，第 41 页。

实施。因此，无论是传统的矿业，还是当前热门的先进制造业投资，这些产业均与南非的自然资源和生态环境有着紧密联系，而南非的环境法律制度体系完备、立法先进、司法保障严格、救济措施多样，环保领域还受到了《黑人经济振兴法》（BEE）等本土化立法的影响，异常注重公民环境权、社区利益和对国有化的保护。因此，完备的法律和权利保障意识，让中国企业赴南非投资的过程中面临着较高的环境法律风险。

一 南非的法律体系与环境立法

1992年南非结束种族隔离制度，1994年南非颁布了其历史上第一部种族平等的宪法，后在这部临时宪法的基础上起草并批准了1996年宪法，开启了立法、司法、行政的三权分立制度，中央、省级和地方政府三层级相互依存，各行其权。[①] 南非的立法机关是位于开普敦的议会，实行两院制，由国民议会和全国省级事务委员会（省务院）组成，并下设与政府各部门相对应的专门委员会、临时委员会和两院联合委员会；南非的司法系统由法院、刑事司法和检察机关，以及根据历史和社会现状设立的机构（如真相与和解委员会等）组成。其中，法院系统包括宪法法院（约翰内斯堡）、最高上诉法院（布隆方丹）、高等法院、地区法院、地方法院和特别法院（如平等法院等）。刑事司法系统包括警察部、司法和狱政部。检察机关则为国家检察总署。在行政体系上，南非中央政府实行总统内阁制。总统兼任政府首脑，领导内阁工作，根据拉马福萨总统2019年5月的政府精简改革计划，新政府部门数量由36个减为28个，与企业投资与环境保护相关的有环境、森林及渔业部（Ministry of Environment, Forestry and Fisheries）、矿产资源和能源部（Ministry of Mineral Resources and Energy）、司法和狱政部（Ministry of Justice and Correctional Services）、贸易和工业部（Ministry of Trade and Industry）。

南非的环境法律体系尤为完备，宪法位阶的环境法是基石，环境基本法及其特殊领域立法是基础，不同领域的环境资源保护单行法是支撑，国家环境白皮书与绿皮书是环境立法的指南，南非签订的国际条约和区域性

[①] 《南非》，《中国投资》2020第Z5期。

多边协议则是环境保护跨国合作与国际责任的重要体现。①

第一，宪法上，"南非宪法规定环境活动不得影响人类健康与幸福，在宪法中赋予公民环境权，并以基本权利的方式促使国家履行环境保护的责任"②。作为"南非民主的基石"的宪法第二章"权利法案"（Bill of Rights）第24条规定每一位公民享有环境权，南非国家、公民乃至环保NGO都有保护环境的义务。创设作为宪法基本权利的环境权，要求国家履行保护环境，特别是保护公民环境权的宪法责任。"宪法位阶的环境法"③是南非环境立法的根源，让公民环境权成为人权保障的重要内容之一，也促使南非不同位阶的环境法律具备现实执行力。

第二，基本法上，根据宪法第24条环境权条款，南非颁布了1998年《国家环境管理法》④（NEMA）。它与宪法第38条权利执行和诉讼保障相互衔接，既是南非环境综合管理的依据，又是宪法位阶的环境法的具体化，在环境知情权、参与权，环境公益诉讼等方面进行了法律制度设计。由于它由最高立法机关国民议会审议颁布，所以它是新南非的环境基本法之一，在法律位阶上仅次于宪法，高于其余单行法。⑤ 作为承上启下的环境法典，该法力图加强各级政府之间的环境协助与管理。随着社会经济的发展，新的环境问题日益突出。对此，南非立法机关着力修改并完善环境基本法，以解决新的环境问题。按照2013年修正后的环境基本法规定，

---

① 张小虎：《论新南非的环境立法体系》，载洪永红、李伯军主编《非洲法评论·2017年卷》，湘潭大学出版社2017年版。

② T Winstanley, "Entrenching Environmental Protection in the New Constitution", *South African Journal of Environment Law and Policy*, Vol.16, No.2, 1995, p.87.

③ "宪法位阶的环境法"（Constitutional Environmental Protections）：该翻译来自于原文"Breathing Life into Fundamental Principles: Implementing Constitutional Environmental Protections in Africa"。其中，我国学者张一粟老师将"Constitutional Environmental Protections"译作"宪法位阶的环境法"。笔者认为，宪法位阶的环境法至少包含三个方面：其一，宪法环境权条款；其二，宪法中直接涉及环境与资源问题的条款；其三，宪法中间接涉及环境与资源的条款，需要通过其他相关内容进行推论得出。从南非宪法位阶的环境法来看，它主要由两种性质的权利组成：其一，环境实体性权利，即环境权与生存权；其二，环境程序性权利，即知情权、参与权、结社权、诉权。

④ National Environmental Management Act 107 of 1998.

⑤ 张梦婷：《我国对南非投资的环保法律风险及其应对》，硕士学位论文，湘潭大学，2019年，第34页。

特殊环境管理法（specific environmental management Acts）有1989年《环境保护法》、1998年《国家水法》、2003年《国家环境管理：保护区法》、2004年《国家环境管理：生物多样性法》、2004年《国家环境管理：空气质量法》、2008年《国家环境管理：废弃物法》[①]、2008年《国家环境管理：海岸带综合管理》[②] 和1999年《世界遗产保护法》[③]。

第三，在单行法规上，颁布具体环境因子的单行法规，是宪法第24条第（2）款要求采取立法措施保护公民环境权的体现。同时，历史上那些在具体环境领域产生过重要影响的法律被改造后加以继承。在环境污染防治方面，以空气、土地和水的保护为划分依据，颁布有1989年《道路交通法》[④]、1997年《建筑标准法》、[⑤] 1997年《水服务法》[⑥]、1980年《控制海洋倾倒法》[⑦]、1981年《海洋污染控制与损害赔偿责任法》[⑧] 和《有害物控制法》等。在自然资源保护方面，主要涉及森林、水、农业、动物、渔业和土地等，[⑨] 颁布有1984年《农业资源保护法》、1998年《国家森林法》[⑩]、1998年《海洋生物资源法》[⑪]、2002年《动物健康法》[⑫] 和2002年《矿产与石油资源开发法》[⑬] 等。

第四，在环境政策上，南非政府还定期颁布国家环境政策，以白皮书和绿皮书的形式向全社会发布国家环境管理的政策方略，对具体问题进行纲领性规定。对环境立法产生重要影响的政策文件主要有《南非环境白皮书》《南非环境管理政策白皮书》《污染与废物综合管理白皮书》《海

[①] National Environmental Management: Waste Act 59 of 2008.

[②] National Environmental Management: Integrated Coastal Management Act 24 of 2008.

[③] World Heritage Convention Act 49 of 1999.

[④] Road Traffic Act 29 of 1989.

[⑤] Building Standards Act 103 of 1997.

[⑥] Water Services Act 108 of 1997.

[⑦] Dumping at Sea Control Act 73 of 1980.

[⑧] Marine Pollution Control and Civil Liability Act 6 of 1981.

[⑨] Morné van der Linde (Edited), *Compendium of South African Environmental Legislation*, Pretoria: Pretoria University Law Press, 2006, p.175.

[⑩] National Forest Act 84 of 1998.

[⑪] The Marine Living Resources Act of 1998.

[⑫] Animal Health Act 7 of 2002.

[⑬] Mineral and Petroleum Resources Development Act 28 of 2002.

洋环境管理白皮书》《国家应对气候变化白皮书》《南非矿产和采矿政策白皮书》[①]《海洋渔业政策白皮书》[②]和《海岸带建设管理白皮书》,以及《南非环境政策绿皮书》《海岸政策绿皮书》《国家海洋环境管理绿皮书》和《国家应对气候变化绿皮书草案》等。

第五,国际环境法,南非是应对全球气候变化的发起国和重要参与国之一,从20世纪开始,南非就积极参与环境保护国际条约和区域性协议。实践上看,南非通过将国际公约中环境保护原则转化为国内立法和环境政策的方式,确保国内环境立法对接国际环境热点问题。目前,南非已经参与的国际多边环境协定和其他公约30余种,如《生物多样性公约》[③]《联合国气候变化框架公约》[④]《保护臭氧层维也纳公约》[⑤]《联合国防治沙漠化公约》[⑥]《濒危野生动植物种国际贸易华盛顿公约》[⑦]《控制危险废料越境转移及其处置巴塞尔公约》[⑧]《蒙特利尔破坏臭氧层物质管制议定书》[⑨]《保护迁徙野生动物物种波恩公约》[⑩]《防止倾倒废物和其他物质污染海洋伦敦公约》[⑪]《关于特别是作为水禽栖息地的国际重要湿地公约》[⑫]等。此外,还加入了一些非洲区域性环境保护协定,如1999年《南部非洲发展共同体野生动物保护与执法协议》[⑬]、2001年《南部非洲发展共同

---

① White Paper: A Minerals and Mining Policy for South Africa.

② White Paper on Marine Fisheries Policy (5 May 1997).

③ Convention on Biological Diversity (1992).

④ UN Framework Convention on Climate Changes (1992).

⑤ Convention on the Control of Transboundary Movements of Hazardous Wastes and Their Disposal (1989).

⑥ United Nations Convention to Combat Desertification (1996).

⑦ Convention on International Trade in Endangered Species of Wild Fauna and Flora (1975).

⑧ Convention on the Control of Transboundary Movements of Hazardous Wastes and Their Disposal (Basel Convention) (1989).

⑨ Montreal Protocol on Substances that Deplete the Ozone Layer (1987).

⑩ the Convention on the Conservation of Migratory Species of Wild Animals (1979).

⑪ Convention on the Prevention of Marine Pollution by Dumping of Wastes and Other Matter (1972) (the London Convention) and the 1996 Protocol.

⑫ The Ramsar Convention on Wetlands of International Importance especially as Waterfowl Habitat (1972).

⑬ SADC Protocol on Wildlife Conservation and Law Enforcement in the Southern African Development Community (1999).

体渔业协议》①和 2002 年《南部非洲发展共同体森林协议》②等。

二 南非的环保机构与主要规定

1998 年《国家环境管理法》在 2009 年修改后于第 1 条第 5 款新增了环境执法公正的规定,③ 要求环境执法行为或决议必须符合《促进行政公正法》④的原则。因此,在两部法律共同确立了合作决策、可持续发展和环境管理最佳实践、一体化管理、以社区为基础的环境决策、预防以及"污染者付费"等执法原则。目前,环境、森林与渔业部(Ministry of Environment, Forestry and Fisheries)是南非的环保执法机构,它设置了总干事职位,该部的职能旨在为环境管理,利用和保育,以及保护生态基础设施提供领导,以实现公民享有对自己的健康或幸福无害的环境权利、保护环境和造福今世后代为主要任务。它的职能包括开展有效的环境管理、进行法律授权与环保执法、管理海洋与海岸带、管控气候变化与空气质量、实施生物多样性保护、开展环境实施与保护计划、监管化学品和废弃物、设置气象局和国家公园以及生物多样性研究所等。环境、森林与渔业部的执法内容主要体现在各环境领域的检测与评估,以及环境管理、授权与联合执法上。在海洋与海岸带管理方面,处理有关环境治理与完整性的威胁,保护和管理可持续性的生态系统,加强对海洋海岸带的环境检测与评估;在气候变化与空气质量管理方面,监测、通报、管理和改善空气与大气质量,协调国际、国家以及省级地方应对气候变化的反应,将气候变化与空气质量对公民环境权的不利影响最小化;在化学品和废弃物管理方面,通过执法确保相关政策得到实施与执行,促进环境服务行业的发展;在生物多样性方面,有效保护和管理生物多样性与自然遗产,改善并促使公平公正的分享并由此带来的惠益;在环境保护管理方面,提供集中有效的合作管理,确保安全有利的工作格局,促进合作治理与地方政府支持,加强环境部门监测与评估;在授权与联合执法上,制定和实施有效的法律

---

① SADC Protocol on Fisheries (2001).
② SADC Protocol on Forestry (2002).
③ National Environmental Management Amendment Act, the Act 62 of 2008.
④ Promotion of Administrative Justice Act 3 of 2000.

制度与许可或授权系统，以确保环境守法与执法，协调多部门开展跨部门综合执法并为其提供决策支持和监管体系。因此，根据相关立法和执法机构，南非主要的环境法律制度有：

一是公民环境权的司法保障。根据《南非共和国宪法》《促进行政公正法》和《国家环境管理法》，以及宪法法院相关判例，南非建立了公民环境权司法保障与救济制度。首先，宪法第24条环境权条款和第38条公民基本权利救济条款规定，任何侵犯公民环境权的行政行为或违法行为都可以向法院提起环境诉讼。其次，环境基本法对个人提起的环境行政诉讼和刑事诉讼以及环境公益诉讼原告资格等问题进行了具体化规定。在宪法与环境基本法的相互配合下，南非司法机关可以通过保障公民提起环境侵权诉讼的方式来实现公民环境权。然后，通过宪法法院的司法判例和法律解释，解决了公民环境权与其他基本权利的融合问题，并且用宽泛的公益诉讼主体资格和特殊的诉讼费用制度，来确保公民能够积极参与、维护自身环境权益。为确保南非环境资源的整体利益，专门化的环境司法机构也为自然资源的保护提供了切实手段。同时，公民环境权的救济还被提升至人权保护的高度，宪法第184条要求相关国家机关每年都必须向南非人权委员会提供公民权利的实施状况证明材料，而环境权的保障便是其中之一。[①]

二是环境事务参与权和知情权。《国家环境管理法》第2条第4款明确了弱势群体以及妇女儿童均有权参与环境管理并获得保护，促进了权益相关方和受环境影响者参与国家环境治理活动的积极性。首先，将公众参与权写入环境基本法。为消除历史上种族歧视性环境法律的影响，立法机关基于正义与公平，对弱势群体履行更多的环境保护责任，以保障公民环境权，履行在经济社会发展过程中注重生态环境保护与资源可持续性利用的宪法规定。[②] 其次，让容易受到环境损害者和弱势群体参与环境治理。促使所有与环境管理相关的利益群体能够参与其中，为了实现公平、有效的环境管理，所有人有机会获得相关的能力和技术支持。再次，以公开透

---

① A. Du Plessis, *Fulfillment of South Africa's Constitution Environmental Right in the Local Government Sphere*, Nijmegen: Wolf Legal Publishers, 2009, p. 15.

② David A. McDonald, *Environmental Justice in South Africa*, Athens: Ohio University Press, 2002.

明的方式作出环境决策，按照法律规定将环境信息公开，以此促进公众参与环境保护。最后，注重妇女与青少年在环境管理与开发中的重要作用，还要求政府在可能影响环境的决策制定过程中确保公众获得适当且充分的参与机会。综上，本条款构筑起了南非公民的环境保护参与机制，只有在环境信息公开、公众参与的配合作用下，公民环境侵权的救济与诉权才能实现。

三是环境保护的公益诉讼制度。《国家环境管理法》第32条是环境基本法对宪法第38条"权利执行"的具体化规定。第一，任何个人和团体都可以对违反《国家环境管理法》规定的行为寻求适当救济，包括违反了第一章中环境保护基本原则，或者违反关于环境保护与自然资源利用的其他规定。第二，适当放宽环境诉讼主体资格，让几乎所有环境问题的权利请求人均可提起诉讼，五种权利请求人"为了个人或者团体自身的利益，为了或者代表由于实际原因而不能启动该程序的个人的利益，为了或者代表其利益受到影响的一个团体或者阶层的利益，为了公共利益，为了环境保护利益"[①]，均可以提起诉讼。第三，落实诉讼费用保障。法院认为提请诉讼的个人或团体不能证实起诉行为违反或可能违反环境法规，但他们的起诉行为是出于公共利益或环境保护，并旨在以其他合理可行的方式获得救济，那么，法院可以裁定起诉人或者团体不用支付诉讼费用。该规定为公民个人或社会团体基于环保公益而提起的权利救济诉讼提供了支持，他们不必担心败诉风险带来的高额诉讼费用。第四，详细规定判定标准作为保护措施，以避免潜在的滥诉。[②] 第五，《国家环境管理法》第33条还设置了环境公益诉讼，规定"任何人都可以以公共利益和环境保护的利益提请诉讼"。

四是新领域的保护规定。国家环境管理法在许多生态环境与自然资源新领域进行了拓展，设置了较先进的保护制度。例如2003年《国家环境管理：保护区法》规定了对国家典型生态物种多样性的保护、对生态繁

---

① 李天相：《〈南非宪法〉环境权条款理论和实践问题评析》，硕士学位论文，吉林大学，2015年，第45页。

② T. Murombo and H. Valentine, "Slapp Suits: An Emerging Obstacle to Public Interest Environmental Litigation in South Africa", *South African Journal on Human Rights*, Vol. 27, No. 1, 2011, pp. 82–106.

衍区域的保育，以及对自然景观和海洋景观的保护，建立了国家保护区的登记与管理制度、合作管理和公众参与等制度，还设置了"就地保护"与"移地保护"等有关保护区建设的特色法律原则。2004 年《国家环境管理：生物多样性法》建立了南非国家生物多样性机构（South African National Biodiversity Institute），规定了国家是生物多样性的托管人，在生物多样性综合管理框架、生态系统和物种的保护、控制消除外来物种，以及生物资源开发的获取与惠益分享等方面进行了制度设计，构建了许可证制度、生物开发信托基金、惠益分享等制度。2004 年《国家环境管理：空气质量法》要求行政机关开展综合管理，有效控制空气质量、降低因空气质量而造成的环境污染，建立了国家空气质量咨询委员会，规定了政府监测、管理、控制空气质量的国家标准，明确了详细的空气质量测量方式与评价结果。

三 南非的环境影响评价制度

南非的环境影响评价制度完备、程序复杂。2010 年新《环境影响评价条例》和需要进行评价的项目清单正式生效。条例明确了环保授权申请人、环境评价师、环境主管部门的职责和公众参与等相关程序，以保证环境主管部门获得必要信息，实现公众有效参与，有效控制项目在存续周期内对环境的影响。据此，南非的环评标准较高、相应的处罚较为严厉，在南非投资矿业、开展工程承包的中资企业必须高度关注。在向环评师支付环评委托费，并向主管机关交纳环保授权申请费后，企业进入环评标准的审查阶段。一般情况下，企业申报环评有三大标准："其一，提交环评基本评价报告（BSR），对可能产生环境不利影响的相关活动开展针对性调查；其二，提交标准规定的活动范围和环评报告（EIR），环评主管机关对环境产生高污染潜在影响的社会活动采取针对性调查；其三，若环评申报活动在标准指定的范围内发生，那么该环评申报仅需环评主管机关通过基本评价程序即可，并依据个案的不同时效性来处理。"[①] 据此，

[①] 一带一路沿线国家法律风险防范指引系列丛书编委会：《一带一路沿线国家法律风险防范指引（南非）》，经济科学出版社 2017 年版，第 187 页。

南非的环评程序实际包括两个阶段：一是数据分析，即环评师考察企业资产和项目性质，确定潜在的环境责任问题；二是现场调查，对项目所在区域的环境问题展开实际检测和取样，并深入进行相关的技术性考察。因此，投资者需要了解的南非环评具体规定有：

第一，环评机构。新的《环境影响评价条例》列举了一般项目和具有潜在重大环境影响的项目两类清单，确定南非环境事务部（现改为"环境、森林与渔业部"）是环境影响评价的主管机关。第二，环评申请。环评申请人必须委托有资质且独立的环境影响评价师进行项目建设的环保授权申请，并向其提供所有必要信息（即使这些信息对申请人不利）。基于企业的环境信息，环评师可向环境主管机关提出环评申请、起草环评报告、履行对公众信息披露义务、考虑和采纳公众意见，而主管机关一般会在30日内决定是否予以环保授权。第三，环保授权。环境影响评价报告是环境主管机关授予环保授权（Environmental Authorization）的重要依据，它由基本评价报告（Basic Assessment）和环境影响评价报告（Environment Impact Assessment，EIA）两类组成。其中，"基本评价报告"适用于满足简易程序的一般项目清单。在基本评价报告、公众评议记录等文件齐备的情况下，环境主管机构一般在30日内决定是否赋予环保授权。"对环境具有潜在重大影响清单中的项目，或在南非环境主管机关难以依据'基本评价报告'做出环保授权的情况下，申请人必须向环境主管机关提交更加详细的'环境影响评价报告'，全面评价对环境的影响程度或是项目的替代方案，并提出缓解措施等，有时甚至还需要另请专家提出专题研究报告。"[①] 第四，受理时长。在收到"环境影响评价报告"等文件后，环境主管机关须在60日内决定该报告是否符合条件、是否需要修改或经外部专家审议，待报告符合要求条件或获得专家肯定的评议意见后，环境主管机关须在45日内决定是否予以环保授权。相应地，在环境主管机关作出给予环保授权的肯定或否定决定后，申请人或其他相关人可以在收到通知后的10日作出是否提请行政复议的决定，并在随后的30日内提出正式申请。第五，环评费用。申请环保授权可能涉及的费用包

---

① 朱小姣、张小虎：《南非矿业的环境法律规制与风险分析》，载刘鸿武主编《非洲研究》（2018年第2卷·总第13卷），中国社科文献出版社2018年版，第121—133、179页。

括：对环境评价师的委托费、环境主管部门环保授权申请费、外部专家审议费、更改授权申请费、豁免申请费、行政复议费等。① 第六，罚则。清单中列举的项目活动和环保主管部门确定的其他活动，须获得环保授权（Environmental Authorization）方能启动。违者将被处以 500 万兰特以下罚款或十年以下监禁，或二者并处，已进行的项目须停止并恢复原状。② 第七，工程承包活动中的环评。在某些情形下，申请建筑许可须附环境影响评价报告。环境评价必须由土地所有人聘请专业环保顾问执行。环境评价费用约占总投资的 5%。现行法令并没有规定何时需要作环境评价，评价报告一般都是依照主管机关的要求而执行。一些情况下，投资人在环保团体的压力下，也会进行环境评价。欲辟地设厂从事制造或加工的业者，应事先做好环境评价。③

四 南非的矿业法律与主要规制

南非矿产资源非常丰富，是世界五大矿产资源国之一，其矿产素以种类多、储量大、产量高而闻名于世，拥有号称世界第二富含矿产的地质构造。④ 矿业也是南非国民经济的支柱产业之一，矿业增加值规模居全球第五，铂金产量全球居首。铂金、黄金、煤炭出口分列全球第二、第三、第六位。资源出口占南非出口总额的 30%。据统计，"南非已探明储量并开采的矿物有 70 余种，总价值约 2.5 万亿美元，其铂族金属、锰矿石、铬矿石、铝硅酸盐、黄金、钻石等多种矿产的储量、产量和出口量均居世界前列，甚至在世界总量中所占比重超过了 50%"⑤。在 2018 年矿业增加值为 2305 亿兰特，占 GDP 的 7.3%。所以，矿业投资一直以来都是中国企

---

① 商务部国际贸易经济合作研究院、中国驻南非大使馆经济商务处、商务部对外投资和经济合作司编:《对外投资合作国别（地区）指南：南非》，2020 年，第 78—79 页。
② 商务部国际贸易经济合作研究院、中国驻南非大使馆经济商务处、商务部对外投资和经济合作司编:《对外投资合作国别（地区）指南：南非》，2020 年，第 78 页。
③ 商务部国际贸易经济合作研究院、中国驻南非大使馆经济商务处、商务部对外投资和经济合作司编:《对外投资合作国别（地区）指南：南非》，2020 年，第 88 页。
④ 《走近南部非洲发展共同体》，《民营经济报》2008 年 12 月 13 日第 4 版。
⑤ 商务部国际贸易经济合作研究院、中国驻南非大使馆经济商务处、商务部对外投资和经济合作司编:《对外投资合作国别（地区）指南：南非》，2020 年，第 4 页。

业赴南非投资的重点领域，但由于矿业历史悠久，法律法规与相关制度比较健全完善，环境违法风险较大，需要高度重视。目前，南非矿业开发和管理的主要法律是《矿产与石油资源开发法》[①]及其修正案，以及《矿业与石油资源开发条例》。除此之外，还有相关配套的单行法规，如《矿山健康与安全法》《矿山闭坑财政拨款评估准则》《矿区土地复垦准则》《钻石法》《贵金属法》等。这些法律规定了矿业权的申请和发放、转让和抵押、闭坑证书、雇员保护、违法处罚、社区权利优先等内容。此外，相关法规还在环境保护、矿山安全、选矿与闭坑、土地复垦、黑人持股、工作环境等方面做出了严格规定，这些都是中国企业赴南非开矿的主要法律规制。

一是权责分工明确的矿业主管机构。矿产资源和能源部（Ministry of Mineral Resources and Energy），即机构改革前的矿产资源部是南非矿业开发的主管部门，其下设有矿产开发局、矿山健康与安全监察局、服务管理局等分支部门，它的职能在于综合管理和防止矿业环境及其污染、规定废弃物处理与闭坑要求、编制矿业管理计划书、设定特殊保护区、处理紧急和严重的矿山环境问题、设立并管理矿山环境治理资金、设置矿业项目的环境影响评价制度和矿业保证金制度，以及采取措施减轻矿业开发对自然环境、当地社区等的影响。矿产资源部长是采矿或附属生产活动的相关环境保护的责任主管，而南非矿业管理机关的职责是："加大对所有阶段中矿业活动的环境保护和监督检查力度，通过有效的监督检查制度和保证金制度确保对这个矿区环境的恢复治理以及对矿山闭坑后潜在环境危险进行随时监控。"[②] 矿业权的发证实行省级审批，官员签字生效，发生争议时先由当事人双方自行协商，协商不成的，由矿产资源部裁定，不服裁定才能上诉。此外，基于历史悠久的采矿业，当前南非的矿业行业协会组织比较完善，1880年成立的南非矿业商会以保障会员利益为目标，进而加强矿业会员间的交流合作，积极倡导政府的环境资源保护政策。2000年成立的南非矿业发展协会也在当前的采矿项目中发挥着积极作用，为矿业科技、融资、规范采矿标准和可持续性开采等提供支持。

---

① Mineral and Petroleum Resources Development Act 28 of 2002.
② 李虹、黄洁、王永生、吴琼：《南非矿山环境立法与管理研究》，《中国国土资源经济》2007年第3期。

二是完善的环境许可与担保制度。南非的环境许可、授权与担保制度较完善且类型多样。申请探矿权、采矿权和采矿许可证的，申请人要提交环境管理方案，待批准后，方可进行采矿。而矿产资源部长颁发的环境授权则是授予采矿权的先决条件。但是，南非目前尚未建立综合性的环境许可体系，因此企业赴南非投资矿业时，首先要确定项目开展必须获得哪些环境许可，并确保能够申请且获得该类许可。例如，南非水法规定了企业申请用水许可证，要先综合考察水利用率和公共利益等影响，进而颁发有效期不超过 40 年的用水许可证，且每五年复查一次。此外，根据南非《环境保证金计算指南》，为获取矿业权，大型矿业公司一般需要在公司资产和股份销售合同中提供环境担保，并在项目批准前提交环境保证金，以及附带环境管理计划和矿山闭坑计划的财务预算证明，担保的时间范围和财务金额取决于公司的业务类型和资产性质，也取决于环保调查的相关信息。

三是严格的矿业申请环评制度。按照南非《国家环境管理法》《矿产与石油资源法》和《环境影响评价条例》等规定，在南非投资矿业属于具有潜在重大环境影响的项目，必须获得环保授权后方能启动。若未获授权而开展相关项目，将被处以 500 万兰特以下罚款或十年以下监禁，或二者并处，已进行的项目必须停止并恢复原状。对不符合环评标准的企业，南非环境事务部可采取注销企业审评资格等方式予以制裁。另外，若企业在矿业活动中违反与环境保护有关的国家和省级法律，南非公民可依据宪法第 24 条和第 38 条，通过公民环境权的司法保障程序，采取环境公益诉讼等方式向法院提起权利救济，亦可根据普通法进行环境侵权的诉讼救济或经济索赔。

四是矿业权申请的要求、程序及费用。首先，矿权的申请依据 2008 年《矿产与石油资源开发法修正案》增加了矿业权申请的要求和难度，申请人不仅需要遵守矿法的要求，还要证明企业有能力遵守其他环境基本法中规定的有关水、大气、生物多样性等保护的要求，采矿活动不能对这些生态环境问题造成实质性的影响。按照《矿产与石油资源开发法》要求，倘若申请人提交的相关环境信息不准确，矿产资源部长则有权拒绝授予采矿权。企业需要续期采矿权，则必须提供地球科学理事会颁发的所有勘探信息并提交相关材料的证明文件。其次，矿权申请程序上，矿业权主要由探矿权和采矿权组成,矿产资源部对符合矿业权申请条件的企业采取"先到先得"的授予原则,但涉及黑人和社区等弱势群体的利益时除外。矿产资源部长可在政府公报上刊登某区域的矿业权申请及其时间限制,对于那些废弃的矿区,只有在部长刊登邀请后才可申请。此外,投保也是矿业权的取得方式之一,可是相关法律并未对竞争性的招投标程序作出明确规定,这需要中国企业严防风险。最后,矿权申请费用上。在南非开展矿业项目需要缴纳一些特殊费用。如,对私有土地和国有土地上的探矿权收取陆地矿产勘查费,一个勘查许可证的费率从第一年3兰特/公顷起,每年增加1兰特/公顷,最长五年,对延续的许可,费率翻倍为2兰特/公顷/年并以此递增;对除钻石和石油以外的海洋探矿权收取海洋矿产勘查费,第一年100兰特/平方千米,其后每年每平方千米增加10兰特,至探矿权期满。对于延续的探矿权,勘查费在延续第一年为200兰特/平方千米,之后每年增加20兰特/平方千米,至延续期满。

五是矿业权转让、抵押与尾矿、矿渣库管理。《矿产与石油资源开发法》第11条明确规定了探矿权和采矿权的转让与抵押。对于矿业权的转让、出租、担保和销售,以及非上市公司或不公开公司控股权的销售,这类矿业权的转让必须有矿产资源部部长的书面同意,其前提条件则是权利受让人能实现《矿产与石油资源开发法》第17条和第23条关于健康、安全、技术和资金的要求。当前,南非《矿产与石油资源开发法修正案》逐步扩大了矿业权转让的管制范围:其一,矿业权转让的管制条款从非上市公司扩大到上市公司;其二,矿业权转让的管制条款从完整矿业权扩大到部分矿业权。这表明南非政府已收紧对矿业权转让和抵押的管理与控制,增强了对矿业行业的控制。部长同意矿业权的转让和销售,也为部长给采矿权持有人附加条件提供了便利,扩大了矿业主管机关的自由裁量权。[1] 这些变化需要中国企业重视。同时,对尾矿和矿渣库的管理也有较严格的规定。首先,《矿产与石油资源开发法》将"矿渣库"和"残留矿床"包含在矿物的定义之中,并且还包括了旧矿业权下产生的尾矿和矿渣。其次,倘若这些矿渣由按照《矿产与石油资源开发法》要求申请转

---

[1] Jan Glazewski, *Environmental Law in South Africa* (2nd ed.), Durban: LexisNexis Butterworths, 2005, p. 144.

换的正运营的旧设矿业权所有，则可以允许新设矿业权进行矿渣开采和利用。但是没有按照《矿产与石油资源开发法》要求按时申请转换的旧设未用矿业权自然失效，其产生的矿渣归国家处置。最后，在企业矿业权届满时，矿渣库将作为"历史遗留矿山和《矿产与石油资源开发法》实施前产生的废弃物"由国家处置。综上，《矿产与石油资源开发法》及《矿产与石油资源开发法修正案》对尾矿和矿渣库的性质、归属、管理和处置进行了规定，但未对与矿渣库和尾矿关系密切的复垦许可证作出明确定义，也未明晰复垦许可申请的授权部门和程序要求，这增加了中国企业投资南非矿业的法律风险，应引发关注。

六是选矿条件和闭坑义务。对于选矿的条件与管理，南非《矿产与石油资源开发法修正案》做出了相关规定。第一，矿产品转换、附加值或矿产品下游选冶成为更高价值产品等都是选矿的内容，矿产资源部长必须推动选矿，他必须在基准线基础上决定产品是当地消费还是出口。部长可以基于国家利益考量，通过政府公报确定当地选矿的百分比，还可以规定所有原矿生产者向当地选矿企业提供原矿或矿产品的比例。第二，《矿产与石油资源开发法修正案》增加了指定矿物，特指在必要时部长于政府公报上指定的选矿目的的矿物。所有要出口指定矿物的企业，拥有部长的书面许可并遵守部长的规定条件后才能运营。第三，矿产资源部长拥有广泛的裁量权，可以决定选矿水平、需要选冶的产品比例、要求选冶产品的定价条件、提供给当地选冶企业的原矿或矿产品比例等。此外，对于矿企履行闭坑义务，南非《矿产与石油资源开发法修正案》也有详细规定。其一，在矿山运营的最后阶段，矿企往往需要履行闭坑义务，采矿权持有人在部长颁发闭坑证书前需对矿区所有的环境问题负责，直至闭坑证书颁发后责任才终止。其二，矿业主管机关必须确认企业遵守环境许可证规定后才能颁发闭坑证书，这些主管机关包括水利部、农林渔业部、环境事务部等所有相关政府部门。其三，矿业权持有人必须按照法律规定，计划、管理和执行闭坑的程序要求，矿产资源部长也有发布指令促使矿山闭坑的权力，采矿权持有人必须据此修改闭坑方案、变更环境许可、提交闭坑计划。其四，地球科学理事会确认收到所有的勘探和开采记录，包括钻孔、岩心数据和岩心日志数据，才能提请主管机关颁发闭坑证书。第五，闭坑证书颁发以后，矿业权持有人或项目所有人依然对矿区环境污染、生态退化、余水抽取和处理负责,继续遵守环境许可证的修改规定。综上,闭坑义务设置了一个持续性的环境责任,即使矿企已遵守了所有环境许可要求并获得了相关证书,但它仍然对矿山环境恢复负有后续的责任。

七是注重弱势人群和社区权益的特殊保护。由于种族歧视的历史遭遇,南非当前的环境与矿业法律尤为注重对"历史上受到不公正待遇的南非人"(Historically Disadvantaged South Africans,HDSAs)权益的维护,要求矿企在申请矿业权时,必须提供有效的措施保障该群体的利益。① 据此,国外投资者要获得南非的矿业权,必须保证其投资实体有26%以上的权益由"历史上受到不公正待遇的南非人"(HDSAs)持有,所以大部分采矿权在授予时都会要求投资者承诺遵守黑人振兴政策的义务。根据《矿产与石油资源开发法修正案》,为了保障在"社区"等特定区域内拥有权益的历史上弱势人群的现实权益,矿产资源部长可基于社会经济和特定地区(社区)现实需求,直接要求采矿权持有人满足这些现实需求,进而促使矿企变更有关采矿的劳工计划。最终,让社区作为一个独立的经济实体参与矿业开发,分享股份和权益,将确保社区和弱势人群利益的措施纳入矿企的项目规划之中。同时,政府还可根据社区和矿区周边弱势人群的特殊需求,给矿业公司提出附加条件,从而成为考察该矿企是否遵守和履行相关法律要求的内容之一。②

第五节 主要投资国别:赞比亚的环境法律制度

赞比亚位于非洲中南部内陆,近年来政治形势稳定,经济持续稳定增长,2019年GDP达271.0亿美元,人均GDP为1540美元,经济增长率为2%,营商环境相对较好。③ 赞比亚自然资源丰富,铜蕴藏量9亿多吨,已探明铜储量1900万吨,人均占有量位居世界第一,2019年铜产量约为75万吨,是世界第七大产铜国,而铜的伴生矿物钴的储量居世界第二,

---

① Richard W. Roeder, *Foreign Mining Investment Law: The Cases of Australia, South Africa and Colombia*, Switzerland: Springer International Publishing, 2016, pp. 8, 27.

② 朱小姣、张小虎:《南非矿业的环境法律规制与风险分析》,载刘鸿武主编《非洲研究》(2018年第2卷·总第13卷),中国社科文献出版社2018年版,第121—133、179页。

③ 世界银行发布的《2020年营商环境报告》中,赞比亚位列非洲国家第8,全球第85。

其境内河流众多，森林广袤，水力、林业资源丰富，水力发电占全国发电总量的99%，森林覆盖率为45%。据此，中国与赞比亚在采矿业、农业和建筑业等传统领域有着良好的合作，在经商处备案的中资企业已达600家左右。[1] 据商务部统计，2019年中国对赞比亚直接投资流量1.43亿美元；截至2019年年末，中国对赞比亚直接投资存量28.64亿美元。中资企业主要集中在采矿业、制造业、建筑业、旅游业、农业和服务业。其中，中国有色集团在赞比亚主要企业累计实现营业收入43.85亿人民币，同比增长11.6%；利润总额6.25亿人民币，同比增长57.8%；[2] 中国的累计投资已经超过30亿美元，建立了铜带省谦比希园区与卢萨卡园区，集团与赞比亚政府签署了《赞比亚中国经济贸易合作区投资促进与保护协议》。截至2019年6月，中赞经贸合作区共引进包括中色非洲矿业公司、谦比希铜冶炼公司等企业64家，涉及矿山、冶炼、铜加工等多个行业。同时，2019年中国企业在赞比亚新签承包工程合同额22.09亿美元，完成营业额25.75亿美元，新签大型工程承包项目包括中铁国际集团有限公司承建的赞比亚西北铁路项目1A段、中国建筑集团有限公司承建的赞比亚东部省奇帕塔高尔夫景观商场项目、赞比亚西部省109公里道路体项目、中国江苏国际经济技术合作集团有限公司承建的援赞比亚国际会议中心项目等。[3] 可见，矿业和工程承包是中国企业在赞比亚投资合作的首要行业，但有关环境资源与矿产开发的相关法律完备、规制繁杂，需引起投资者的重视。

一 赞比亚的法律体系与环境立法

宪法规定赞比亚实行总统内阁制，总统为国家元首、政府首脑及军队总司令；议会由总统和国民议会组成，实行一院制，最高权力与立法机关是国民议会；司法机构主要由最高法院、宪法法院、高等法院、劳资关系

---

[1] 商务部国际贸易经济合作研究院、中国驻赞比亚大使馆经济商务处：《对外投资合作国别（地区）指南：赞比亚》，商务部国际贸易经济合作研究院2020年版，第1—2页。
[2] 侯洋：《我国高职教育国际化实践研究》，硕士学位论文，外交学院，2020年第35页。
[3] 商务部国际贸易经济合作研究院、中国驻赞比亚大使馆经济商务处、商务部对外投资和经济合作司编：《对外投资合作国别（地区）指南：赞比亚》，2020年，第33页。

法院、初级法院和地方法庭组成；政府下设 30 个部，其中与企业投资的环境保护管理有关的是渔业与畜牧业部（Ministry of Fisheries and Livestock）、矿业与矿产发展部（Ministry of Mines and Mining Development）、能源部（Ministry of Energy）、土地和自然资源部（Ministry of Lands and Natural Resource）等。

赞比亚的法律制度以英国法为蓝本，同时吸收了南非法律的许多制度。

第一，从宪法上明确了环境保护与资源利用的指导性原则。赞比亚的宪法及其 2016 年修正案规定了广泛的公民基本权利，既包括了保护自然资源与环境保护的权利和义务，要求政府注重可持续发展并发展可再生能源，由此促进一个洁净和安全的环境。[①] 同时第十九篇专门规定了土地、环境与自然资源的利用、保护和管理的纲领，明确了污染者付费、污染控制、公众参与等基本原则，以及对于农业土地、可持续使用、用水权等自然资源的利用与保护制度。[②]

第二，2011 年《环境管理法》[③] 是该国的环境基本法。首先，本法规定了环境保护的责任和环境的原则，以建立一个清洁、安全和健康的环境为目标；其次，本法设置了赞比亚环境管理局和环境理事会，并任命了环境总干事、检查长、检查员等职务；其次，通过环境报告、行动计划、管理与评价战略，以及一系列生物多样性的保护和环境影响评价的制度，形成了赞比亚综合环境管理的具体举措；再次，制定了详尽的环境保护和污染控制举措，对水、大气、污水、噪声、电离辐射、农药和有毒物、自然资源共七大领域进行了法律规定；同时，明确了环境保护的国际事务、环境信息分析与公开、公众参与原则和环境基金制度；最后，采取了严格执行环境法律的规定，建立了环境的审查与申诉制度、环境犯罪与处罚制度等。除基本法外，还有一系列与基本法配套实施的法规或准则，例如1997 年《环境保护和污染控制（环境影响评价）条例》、2013 年《环境管理（许可条例）》、1999 年《环境保护和污染控制法》、1996 年《空气污染管制（牌照及排放标准）条例》、2018 年《固体废物管制和管理

---

① Article 40, 155 of Constitution of Zambia（Amendment）No. 2 of 2016.

② Article 255, 256, 257 of Constitution of Zambia（Amendment）No. 2 of 2016.

③ Environmental Management Act 12 of 2011.

法》、2018 年《扩大生产者责任条例》等。①

第三，赞比亚还颁布有内容繁杂的环境保护法律法规，在不同领域规制投资者的项目实施与运行。2015 年《野生动植物法》②明确了国家土地所有权，禁止采矿活动对保护区、国家公园、濒危物种、野生植物等产生影响，并对狩猎的工具、方式、授权许可、费用，以及由此引发的生物多样性危机、野生动物产品等内容进行规制。2015 年《森林法》③强调水土保持、荒漠治理、土壤改良、本土传统知识，通过对森林和生态系统进行有效的管理与保护，结合以各种手段，实现可持续性发展与利用，并积极应对全球气候变化；《矿山和矿产开发法》④包括了环境影响评价、矿业对土壤治理及其污染、土壤保护及其改良的影响，还对采矿、勘探、土壤修复、淡水质量与污染等内容进行了严格规范。

此外，需要投资者高度关注的赞比亚主要环保法律还有《水资源管理法》⑤《环境影响评价法》⑥《渔业法》⑦《能源管理法》⑧和《土地法》⑨等。

二 赞比亚的环保机构与主要规定

按照行政机构设置清单，土地和自然资源部（Ministry of Lands and Natural Resources）是赞比亚主要的环境保护行政主管部门。但根据 2011 年《赞比亚环境管理法》的规定，作为团体法人的赞比亚环境管理局（Zambia Environmental Management Agency）可采取一切必要措施，确保自然资源的可持续管理和环境保护，以及防止和控制污染。因此，

---

① 国际贸易中心：《赞比亚：农业加工和轻工业部门的可持续投资》，2019 年，第 18 页。
② Zambia Wildlife Act 14 of 2015.
③ Forests Act 4 of 2015.
④ Mines and Minerals Development（Amendment）Act 14 of 2016.
⑤ Water Resources Management Act 21 of 2011.
⑥ The Environmental Protection and Pollution Control（Environmental Impact Assessment）Regulations, 1997.
⑦ Fisheries Act 22 of 2011.
⑧ Energy Regulation Act 16 of 1995.
⑨ Lands Act, 1995（Cap. 184）.

环境管理局才是实质上的环境主管部门。它由原赞比亚环境委员会更名而来，主要致力于综合环境管理和自然资源的可持续保护：制定国家环境报告，为环境管理和可持续发展提供环境管理战略及计划；指导环境评价战略政策的制定，针对环境管理可能产生的影响制订计划；预防和控制环境污染与环境退化；为公众参与环境决策和获取环境信息提供服务；建立环境基金；进行环境审计和监控；促进赞比亚所加入国际环境协定和公约的执行；并规定与上述内容有关的事项，或附带的事项。同时，它废除并取代了1990年《环境保护与污染控制法》及其设置的相关机构与职能。

因此，团体法人赞比亚环境管理局可对环境的可持续管理提出建议，指导土地和自然资源部等有关环境管理部门的部长制定各方面的环境保护政策，协调各部长和相关机构参与赞比亚的环境保护，制定和执行防控污染的措施，综合相关机构保护空气、水、土壤和其他自然资源的标准和指导方针，预防和控制污染物、污水排放和有毒物质，建议任何私人或公共机构全面保护自然环境，通过协调相关机关以确保整合国家计划中的环境保护，审查环境影响评价报告和战略环境评价报告，监测自然资源的发展趋势对环境的影响并向相关机关提出必要的建议，建议利益相关方开展环境评价，全面公开环境信息以促进公众获取等。对此，环境管理局将组成一个管理局理事会（Board of the Agency）及其日常工作机制环境议事会（Environmental Council）。[1] 理事会的职能是履行环境管理局的职责；监督执行机构的政策和职能的实施情况；审查机构的政策和战略计划；向部长和环境管理局的工作人员提供指导；监督和评价机构的预算和计划及绩效；设立、批准机关工作人员的聘任、纪律、终止条款和条件规则和程序等。理事会也将应依据相关条款和条件任命一名总干事，并设立一个检查机构，配备必要的技术人员和设施，以管理、监测和执行保护环境和防止污染的措施。[2]

除环境管理局外，与赴赞比亚投资相关的环境管理行政机构还有土地和自然资源部（Ministry of Lands and Natural Resources and Environmental Protection），其下设有林业部门（Forestry Department）和气候变化与自然

---

[1] Article 1, 7, 8 of Environmental Management Act 12 of 2011.

[2] Article 12, 13, 14 of Environmental Management Act 12 of 2011.

资源管理部门（Climate Change and Natural Resources Management）；水开发、卫生和环境保护部（Ministry of Water Development, Sanitation and Environmental Protection），其下设水资源发展部门（Department of Water Resources Development）和环境管理部门（Department of Environmental Management）；以及农业部（Ministry of Agriculture）、能源和水利发展部（Ministry of Energy and Water Development）、农业与家畜部（Ministry of Fisheries and Livestock）和水资源管理局（The Water Resources Management Authority）等。此外，赞比亚发展署（Zambia Development Agency）[1]则专门为外国投资企业提供服务并指引他们开展可持续投资。[2] 值得注意的是，赞比亚注重通过非洲习惯法和本土居民传统来保护其生物多样性，同时狩猎区和公园等开发活动要以可持续性利用为原则，强调对当地居民和社区拥有土地的保护，并向基层地区的分享利益，相关法律由酋长与传统事务部（Ministry of Chiefs and Traditional Affairs）执行与监管。[3]

第一，环境保护的权利义务和对破坏环境的举报。宪法规定每个居住在赞比亚的人都有权享有洁净、安全和健康的环境，包括获得娱乐、教育、健康、精神、文化和经济目的的各种环境要素的权利。但当这些权利受到威胁时，可要求停止或中断任何潜在环境威胁，要求公职人员采取措施防止或中止危害行为，要求所有活动必须接受环境审计或监督，要求危害人立即采取措施保护环境，要求造成环境退化的人在损害前尽快完成环境恢复，且对所有造成伤害的受害者提供补偿。同时，每个人都有责任保

---

[1] Zambia Development Agency Act 11 of 2016.

[2] 赞比亚还建立有规制外国企业投资可持续发展的专门管理机构"赞比亚发展署"（ZDA），它基于2006年《赞比亚发展署法》而在2007年成立，旨在通过落实"一站式服务"这一概念，提高服务效率，是一个半自治机构，由商业、贸易和工业等部部长任命董事会。赞比亚发展署的主要目标是在私营部门的主导下，通过高效、有效和协调一致的经济战略促进赞比亚的贸易和投资发展，从而促进经济增长。赞比亚发展署的任务包括通过促进企业的投资和竞争力，促进该国的出口，从而推动赞比亚的经济发展。应要求与有关当局合作，通过简化许可证等各种手续办理过程，降低在赞比亚的营商成本。赞比亚发展署负责贸易发展、投资促进、企业重组、绿地项目开发、小企业发展、贸易和工业基金管理，并为技能培训做出贡献。参见《赞比亚发展署官方网站》（中文版），http：//investzambia.zda.org.zm/zh/homepage，2020年2月1日访问。

[3] Zambia, *Environmental Law Context Report*, Judicial Environmental Law Training, Country Context Report（Zambia），August 2019.

护和改善环境,并向环境管理局举报影响环境的现象或潜在活动。①

第二,环境管理局理事会任命检查员进行环境检查。检查员(inspector)只要有合理理由相信正在进行向环境排放污染物的活动,便可进入并搜索工业设施或工厂、事业单位、商业场所,进行样品提取、设施检查、搜查取证、调查文件物品并输出复制、获取有关企业环保的信息、检查相关活动是否符合要求,还可以下令停止任何对人类、动植物的生命及自然环境造成直接威胁的行为活动。甚至,基于合理理由时检查员可在没有搜查令的情况下实施逮捕,具体包括违反《环境管理法》并构成犯罪的人、没有其他方法可以阻止犯罪的发生、逮捕可能逃避或拖延审判的人,以及干扰证人、篡改、销毁有关证据材料,故意妨碍检查员执法的人。随后,检查员会将被逮捕人移交警察,或在24小时内移交警察局、派出所,再将被逮捕的人带到有管辖权的法院进行处理。而且,赞比亚检察长(Director of Public Prosecutions)还可依据环境管理局的要求,任命检查员协助其开展环境违法刑事诉讼。最后,不得对检查员在行使或执行职责时善意地过失提出或提起诉讼。②

第三,禁止排放污染物和排污许可证制度。赞比亚环境管理局可向个人发放排放许可证,允许其按规定标准排放污染物,但对环境产生不利影响的则不允许颁发许可证或授权。部长可设定相关标准和程序,批准、变更、转让或吊销许可证。对于企业而言,未经授权或取得许可证,不得排放污染物,造成不利影响,不得违反排放标准而经营交通运输工具,也不得进口排放未达标的机械设备,违者将被处以70万克瓦查以下的罚款或最高七年的有期徒刑,或二者并处。同时,对于污染环境的判决,赞比亚最高法院还可以要求企业清理受污染的环境,消除污染直至到清洁程度;消除污染并支付清洁环境的全部费用;要求污染者向受损第三方支付适当的补偿和赔偿。此外,由于污染物非法排放而造成不利影响的企业或个人,可被处以30万克瓦查以下的罚款或最高三年的有期徒刑,或二者并处。③

第四,水污染防治规定。任何人不得违反环境管理局及相关机关建立

---

① Article 4, 5 of Environmental Management Act 12 of 2011.

② Article 15, 16, 18, 19 of Environmental Management Act 12 of 2011.

③ Article 33, 39, 34, 32, 35 of Environmental Management Act 12 of 2011.

的水污染控制标准，而使用恶性的、有毒的、生物毒性或危害物质等污染物，并将其排放到水环境中。工业业主或经营者必须得到当地主管环境局或监督排水系统的书名许可，才能排放污水。违反规定将污水排放到当地政府运营或监管的污水排水系统中，可被判处 50 万克瓦查以下罚金或最高五年的有期徒刑，或者两者并处。①

第五，森林资源与林木采伐的规制。赞比亚虽然有丰富的森林资源，但大量极具商业价值木材遭到连年采伐，赞比亚的森林正以每年 10 万公顷的速度递减。为此，赞比亚政府规定原木与方木不准出口，需加工成板材和木制品，提高附加值后方能出口。另外，划出 6 万平方公里的森林保护区，加强对名贵树种的保护。② 为保护林业资源，政府在全国建立 11 个苗圃，培育 1750 万棵树木，并积极呼吁部落、学校、教堂等参与植树活动。2017 年赞比亚发布了第七个五年发展规划，林业领域要求每省确保在 2021 年前植树造林面积达 5 万公顷等。③

第六，有关环境犯罪的处罚规定。赞比亚规定了严厉的环境犯罪罚则。首先，对于未按规定保留环境记录、未提交环境申报表、提交虚假或误导性信息和修改相关记录的，可处 30 万克瓦查以下罚款或三年以下有期徒刑，或二者并处。其次，违反规定的环境标准、准则、措施或浪费、破坏性地消耗环境或自然资源，可处 70 万克瓦查以下罚款或七年以下有期徒刑，或二者并处。最后，未按要求管理危险废物和材料，非法进出口和处置化学品危险废物等行为，可处 100 万克瓦查以下罚款或十年以下有期徒刑，或二者并处。④

三 赞比亚的环境许可证与环境影响评价制度

有关赞比亚的环境许可与评价制度的主要制定法依据有 1997 年《环

---

① Article 46, 47 of Environmental Management Act 12 of 2011.
② 赞比亚全国大约有 45%国土被森林覆盖，具有商业开采和可供出口的木材包括紫檀木、龙血木、柚木、红木、花梨木、玫瑰木、佛手木、硅木和黑木等优良木材。
③ 商务部国际贸易经济合作研究院、中国驻赞比亚大使馆经济商务处、商务部对外投资和经济合作司编：《对外投资合作国别（地区）指南：赞比亚》，2020 年，第 5 页。
④ Article 117, 118, 119, 120, 121, 122 of Environmental Management Act 12 of 2011.

境保护和污染控制（环境影响评价）条例》、2013 年《环境管理（许可条例）》、1999 年《环境保护和污染控制法》、1996 年《空气污染管制（牌照及排放标准）条例》、2018 年《固体废物管制和管理法》、2018 年《扩大生产者责任条例》等。据此，环境保护法规要求投资者在赞比亚境内投资前，投资前需向赞比亚环境管理局（ECZ）提交投资项目简介或投资项目对环境影响的评价报告，并取得赞比亚环境管理局的许可。投资者在申请投资许可证之前，需要制订出《项目环境管理计划》，申领"三废"排放许可证。环保局根据投资项目对环境影响的大小，核发不同级别的许可证（一般分为三等）。[①] 目前收费标准为每个许可证 200—600 美元/年。但是，赞比亚的环境许可手续相对复杂，不同领域有各自不同的申请程序和要求。例如，在木材加工业中有两种类型许可证，即商业木材特许证和锯木许可证，均须向土地和自然资源部下属林业局的首席林业管理官提出申请，并提交以下申请运营的区域和区域地图、每月或每年生产多少立方米、将使用的设备类型、树种、公司证明复印件。又如，在采矿业中矿业与矿产发展部负责发放矿产勘探或开采许可证，在提交申请行业许可时，除一般申请投资许可所需的文件外，还需提供所投资区域的地形图、公司运营计划和成本估算、所投资矿区的金属储量评估文件等。再如，在能源业中能源和水利发展部下属的能源规则委员会（ERB）负责颁发该行业的经营执照，申请者需附上五年业务计划和近期经审计的财务状况。最后，在旅游业中赞比亚国家旅游局负责颁发旅游企业许可证，并规范旅游行业相关活动。除一般申请投资许可所需文件外，还须向旅游部提交五年业务计划、建设计划、资信证明等文件。若该项目位于野生动物旅游管理区或国家公园内，还需获得地区委员会和当地酋长的同意以及获赞比亚野生动物保护局（ZAWA）的许可。酒店许可证由旅游部下属酒店管理委员会颁发，投资者需附上卫生许可和防火安全证明以及获得地方委员会的经营酒类许可证。家具、设备和建筑必须由该委员会最终检查通过。[②]

[①] 朱红梅：《中国石油企业境外勘探开发法律问题研究》，博士学位论文，湖南师范大学，2014 年，第 41 页。

[②] 商务部国际贸易经济合作研究院、中国驻赞比亚大使馆经济商务处、商务部对外投资和经济合作司编：《对外投资合作国别（地区）指南：赞比亚》，2020 年，第 66 页。

第一，环评准备项目的简介。项目开发者必须为环评做好相关内容准备，包括对环境的现场描述，项目性质的客观介绍，项目准备和开工后的建设行为，项目将使用的原料和其他材料，可能的产品及其副产品和废物，噪声等级与热气与放射性的排放，项目可预测的社会经济影响以及因项目建设运行而将重新安置或雇佣人员数量，项目可预测的环境影响，项目时间与空间变化对生物多样性和自然土地以及地质资源、陆地、水源的影响，对不利环境影响减弱措施的描述以及将要实施的监测项目。①

第二，环评费用与信息公开。项目开发者应当在其受到调查范围内，依照环境管理局下设议事会的要求，准备环境影响报告并为之支付相关费用。为了在确定调查范围时充分采纳公众意见，项目开发者应当开展公众咨询程序，邀请政府机构、当地权威机构、非政府组织以及对项目感兴趣及受影响的各方参与，以帮助在制作环境影响评价报告和环境影响报告过程中所应当完成工作的内容。对此，项目开发者在向议事会递交环评报告之前，应当通过一切手段，征询受到项目实施影响的社会公众意见，以公众能够懂得的语言形式通过媒体宣传将要实施的项目影响和收益，期限不少于15日且不间断，该期限结束后，召集受到项目影响的公众举行会议，公布项目具体信息以获取公众的建议。②

第三，环境影响报告书的内容。赞比亚的环境影响报告书必须包括项目的描述和相关替代性选择，被推荐的选址及拒绝其他供选地址的原因，项目现场以及其周边环境的简要介绍，项目使用的原材料及其潜在环境影响的描述，将使用的技术和工艺，项目的产品和副产品，项目产生的直接、间接、累积、长短期等环境影响，项目产生的社会经济影响以及人员安置，阻止和减少环境不利影响以及增加有力影响的具体管理方案，项目是否会影响到相邻州的环境。③

第四，环评的审查流程。项目开发者要向环境管理局议事会提交12

---

① Article 4 of The Environmental Protection and Pollution Control (Environmental Impact Assessment) Regulations, 1997.

② Article 8, 10 of The Environmental Protection and Pollution Control (Environmental Impact Assessment) Regulations, 1997.

③ Article 11 of The Environmental Protection and Pollution Control (Environmental Impact Assessment) Regulations, 1997.

份环境影响报告，负责人会在收到报告后将其记录入登记簿，并在七日内将报告转交权威机构由其给予建议，而权威机构会在收到报告后的30个工作日内作出批注建议，并将其交还议事会。随后，议事会将会把环评报告副本分发给相关部门、当地政府、非政府组织和社区共同体，以及受影响各方，并将其在项目现场的公共建筑处张贴，在最少两种国家级报纸上每周3次连续两周刊登通知，描述相关内容。议事会可在最后一次公众通知后的25日内在相关地区组织召开公众听证会。[①]

第五，环境评价的后续审计。项目完成或开始运营后（以二者中较早时间为起算点），在不少于12个月且不超过30个月的期间内，应接受项目的环境审核。当然，议事会也可随时要求项目开发者开展短期环境审计，重于考察授权文件的完成条件，规定的措施是否按照计划顺利实施，以及预计效果和存在缺陷，也可要求项目开发者实行补救措施并在其认为有必要时要求再次审计。同时，每次审计后均应当准备一份环境审计报告，由项目开发者在规定时间内上交议事会。在此要求下派出的检查员，为了验证项目简介或环境影响报告，可在任意合理的时间内进入土地、建筑物或其他项目相关的设备，以调查与环境审计相关的各项条件与措施。[②]

第六，环评的有效期、变更申请与罚则。完成项目简介并通过环评后可取得了授权执照或批准许可，但三年内未开工则需要向授权机构重新申请注册。若需改变则要告知授权机构由其通知议事会，并在十日内签署决定书。[③] 对于故意违反规定不进行环境影响评价、提交虚假的环评报告，以及未按规定提交项目简介和环评报告的，可处70万克瓦查以下罚款或七年以下有期徒刑，或二者并处。

第七，环境调查的范围。调查范围应当包含的事项涉及六大方面：一是生态上，生物多样性包括对动植物的数量、多样性、繁殖区等因素的影

[①] Article 16, 17, 18, 19 of The Environmental Protection and Pollution Control (Environmental Impact Assessment) Regulations, 1997.

[②] Article 28, 29 of The Environmental Protection and Pollution Control (Environmental Impact Assessment) Regulations, 1997.

[③] 30, 32, 33 of The Environmental Protection and Pollution Control (Environmental Impact Assessment) Regulations, 1997.

响，鱼类及动物的繁殖数量，对家养动物及野生动物基因池可持续性的影响；可持续性使用包括对土壤肥力的影响，养分循环，含水层补给和水分流失速度，栖息地的空中延伸，生物地理过程。二是社会、经济及文化方面，包括对当地一代人或就业率的影响；社会凝聚力或许被破坏（需重新建立）；移民（包括人们受有可能提高经济水平的机会吸引而移民到项目地）；对外交流——公路的开放、关闭与重修；当地经济影响。三是土地景观，包括景观的开放或关闭；视觉影响（特征，植被移除等）；与周围区域的兼容性；便利设施的开放或关闭。四是土地使用，包括对工程范围及周围地区土地用途和土地潜力的影响；多重使用的可行性。五是水，包括对地表水质量与数量的影响；对地下水质量与数量的影响；对水流向的影响。六是空气质量，包括对地区周围环境质量的影响；可能出现的辐射（污染）。[①]

第八，要求提供环评的项目类型。共有十大类型的项目需要进行环评。一是城市化发展类，包括面积超过5公顷或者现场包括700处住所的新城镇设计；建设工业园区；建设或扩展娱乐性区域，例如高尔夫球场，可以吸引超过200台车前往；购物中心与建筑群，地面面积需超过1万平方米。二是运输类，包括城市之外所有主体公路，对新公路的建设以及对总长度超过10千米或长度超过1千米但通过国家公园、比赛地点的公路升级建设；铁路线（从建成区计算10千米）；跑道超过1800米的机场；管道（水管，直径等于或超过0.5米且建成区长度超过10千米，石油管道等于或者超过15千米或者长度等于或超过5千米且位于保护区、严重水污染区）；建设海港或浮码头。三是水库、河流及水资源类，包括面积等于或大于25公顷的水库与水坝；探索及使用地下水资源，包括生产地热能（水资源流量必须大于2百万立方米每秒）。四是包括采石以及露天开采的矿产类，包括铜矿、采煤场；石灰岩、砂、白云岩、磷酸盐以及等于或超过2公顷的黏土；贵金属（银、锌、钴、镍）；化学金属；宝石；放射性金属。五是林业相关活动类，包括对敏感区域例如分水岭处森林的清理，或者对等于或超过50公顷工业用途森林用地；重新造林或造林地

[①] Third Schedule of The Environmental Protection and Pollution Control (Environmental Impact Assessment) Regulations, 1997.

区；加工能力等于或超过 1000 吨的木材加工厂。六是农业类，包括为了大规模农业而进行的土地清理；在赞比亚国内引入及使用农用化学物；在赞比亚国内引入及使用外国新谷物及动物；覆盖等于或超过 50 公顷的灌溉计划；每年生产等于或超过 100 吨鱼的渔业；空中及地面的喷雾作业。七是加工制造业类，包括水泥与石灰加工——每年等于或超过 1000 吨；化肥制造与加工——每年等于或超过 1000 吨；加工制作皮革——每周至少 100 张；屠宰及肉类加工厂——每月等于或超过 2 万头；鱼类加工厂——每年超过 100 吨；纸浆及纸品厂——每天干燥 50 吨纸浆；食品加工厂——每年等于或超过 400 吨。八是电力设施类，包括发电厂；输变电线路——220 千瓦且长度超过 1 公里；长度超过 1 公里的输变电线路地面公路建设。九是垃圾处理类，包括固体废弃物处理场地；一年处理等于或超过 100 吨危险品的场地；污水处理工程——每天处置等于或超过 1.5 万升容量的污水。十是国家保护区类，包括国家公园的创建，狩猎管理以及缓冲地带；野生动植物的化学利用；将外来物种引入本地生态系统。[1]

第九，要求提供项目简介的项目。具体包括两大类，项目类涉及城区安置；水输送；透光度（od）控制方案；探索碳氢化合物的生产，包括精炼与运输；在森林里进行的木材收割；土壤加固计划；采矿流程，矿石、矿物、水泥、石灰窑的减少；对矿石、矿物的熔炼与精炼；铸造厂；砖与土制造；玻璃制造；酿造麦芽糖；制造煤球工厂；泵储藏计划；散装谷物加工工厂；水利与电力计划；化学生产与加工。其他涉及重新安置计划；碳氢化合物的存储；医院、诊所与健康中心；墓地设计；在国家公园或类似区域开发的旅游与娱乐产业；在环境敏感区域或者附近开发的项目，例如本土森林，湿地，多种生物聚居地，珍稀、濒危物种的生存区域，腐化或者沙漠化区域，历史遗迹及有考古意义的区域，有文化或宗教意义的区域，用于娱乐及观赏的区域，容易遭受洪水及自然灾害的区域，集水区包含了主要的公共用水、工业用水及农业用水，人类聚居地（尤其是学校与医院）。[2]

---

[1] Second Schedule of The Environmental Protection and Pollution Control (Environmental Impact Assessment) Regulations, 1997.

[2] First Schedule of The Environmental Protection and Pollution Control (Environmental Impact Assessment) Regulations, 1997.

综上，赴赞比亚投资的中国企业需在成功开展生产、通过环境影响评价（EIA）审查或取得项目低风险报告后取得环境管理局颁发的环境许可证，开展业务的环境要求依据环境影响评价或项目报告流程确定，而且赞比亚的环境主管机构将监督企业是否遵守环境影响评价要求以及所有相关环境法规，企业需每年提交一次环境审核报表。环境要求未达标的部分将被要求改进，若不改进，则可能导致倒闭、监禁和经济处罚。所以，中国企业在赞比亚应对环评规制时，有必要聘请合适的专家（即个人顾问或公司）来进行项目简介、环境影响评价（EIA）、环境审核或退场计划，以确保进行客观的评价过程。赞比亚的环境机构保留可提供所述服务的合格注册专业公司或个人专家名单。同时，企业还要确保为环境影响评价过程分配足够的时间。注册企业后，请立即与赞比亚环保机构联系。6—12个月是全面环境影响评价的合理时限，包括公众咨询和审查、改进和适当环境主管部门批准、批准后可以为拟议投资授予环境许可证。[①]

四 赞比亚的矿业开发法律制度

因为勘探和采矿活动总是对当地社区的安全、健康和环境造成一定的负面影响，也会对可持续发展的潜力不利影响，所以赞比亚在2013年制定了《矿业开发政策》[②]，以规制该国的矿产开发活动。然而，中国在赞比亚的主要投资活动就是矿业开发，因此相关法律制度对开发者有着重要的影响。该政策要求，矿业开车务必遵守环境保护法规，维持环境保护基金，发展环境评价程序，并且规定要求只有在保证矿区环境能够被恢复的情况下才允许在保护区采矿。同时，赞比亚的采矿活动主要是大规模铜矿开采，而其他矿物的生产、加工和出口仍然不发达。

目前来看，许多企业通过了环境影响评价，并得到环境管理局的批准，被颁发了采矿许可证，但依然有一些小型矿场在没有许可证的情况下进行活动。据此，矿企在开采时必须遵守代际公平原则谨慎保护、开发与

---

① Note that EIAs are sometimes referred to as Environmental and Social Impact Assessment (ESIA). The requirements and contents of the assessment remain the same. 参见国际贸易中心《赞比亚：农业加工和轻工业部门的可持续投资》，日内瓦国际贸易中心2019年版，第16—17页。

② The Minerals Development Policy of 2013.

利用，遵守经济社会发展原则根据相关国际法律促进本国经济发展，遵守环境保护原则确保矿业开发的安全和健康，遵守可持续发展原则避免滥采和环境不利影响，遵守全民公平原则让矿产资源及其开发的利益为公民公平享有，遵守社区发展原则满足矿区周边社区的需求和健康安全。[1]

第一，矿业所有权制度及其分类。法律规定所有赞比亚境内的矿产勘探、开采和处置的权利均归属于代表赞比亚的总统，包括任何人在土地上或地下发现的矿产所涉及的权利。据此，赞比亚的采矿权包括勘探权、采矿权两类，而非采矿权包括矿产的加工许可、交易许可、进口许可、出口许可和淘金许可。[2] 未获得相应的采矿权、矿产加工许可、淘金许可，任何人不得实施矿产勘探、采矿、矿产加工及淘金行为。赞比亚矿业采取单一许可制度。同时，未获得赞比亚环境管理局的书面环境影响评价，任何人不得实施矿产勘探、采矿、矿产加工活动。对于个人、合伙或联营企业，处以 70 万克瓦查以下罚金或七年以下有期徒刑，或二者并处；对于法人团体，处以 500 万克瓦查罚金。[3]

第二，矿业管理机构设置及其主要职能。赞比亚的矿业管理机构有各管理局、采矿许可委员会和荣誉督察员等。其一，矿山管理局局长负责监督和管理矿山的合理有效开发及合法开展的采矿作业活动，以及矿产勘探、加工、开采过程中有关环境、公共健康和安全的事务。地质调查局局长承担地质成图工作并代表国家开展地质勘查工作，并向部长就有关地质事务提出建议、提供与地质和矿产资源相关的数据信息，帮助公众获得与地质事务相关的信息和维护必要设施。矿业地籍局局长负责采矿许可证和矿产加工许可证的管理。其二，采矿许可委员会可授予、续展、终止、暂停、撤销采矿权；修订采矿权条款和条件，以及向部长就相关事务处置提出建议等职责。该委员会由部长任命的矿山管理局局长，地质调查局局长，矿山安全局局长，被任命为秘书长的矿业地籍局局长，各部委指派的负责环境、土地、财政和劳工的代表以及司法部长，赞比亚发展署和赞比亚工程院组成，其中委员会主席由部长任命，副主席在委员会成员中选举产生。其三，经与各局长协商，部长可以报刊公告的方式，任命任何合适

---

[1] Article 4 of Mines and Minerals Development Act 11 of 2015.
[2] Article 3, 13 of Mines and Minerals Development Act 11 of 2015.
[3] Article 12 of Mines and Minerals Development Act 11 of 2015.

且有资格的人作为荣誉督察员（总督察和有限督察员两类）。其中，总督察可在国内任何地方、任命公示所载的特定矿区等具体区域行使职权，而有限督察员只能在其居住地，包括任命公示所载的特定矿区行使职权。[1]

第三，矿业本土化政策的规制。法律要求矿企在运营中必须就赞比亚产品、承包商、服务及公民就业实施本土化的优惠政策。其中，在采购、建立、安装与拆卸设备、采矿、加工矿产中增添本土化成分要求，购买在赞比亚生产的材料、产品，面向该国的公民或承包、供应、服务公司提供必要的优惠扶持政策。然而，采矿权和矿产加工许可的权利人应当优先雇佣赞比亚有相关资格和技术的公民或向赞比亚人转让工艺技术和管理技术，违反上述规定，将被处以50万克瓦查的罚款，若拒不交纳罚款的，每日还将加罚2万克瓦查的罚款。[2]

第四，探矿许可证及其法律规制。其一，探矿许可证申请需向矿业地籍局局长提出，3—300个地籍单位的土地可进行小规模勘查，300—59880个地籍单位的土地须进行大规模勘查，且所有探矿许可证所载土地总面积不得超过2999400个地籍单位。其二，公司在申请探矿许可证时，委员会需审查申请者是否拥有开展勘探工作所需资金与技术能力；预算是否可以满足拟勘探项目的计划、区域面积、勘查工作持续时间的要求；提出的勘探项目环境保护准备是否适当；拟勘探区域是否与许可证所载区域相同；获取可的申请者是否遵循矿产权许可；以及若探矿许可证所载土地位于国家公园、集体合作公园、狩猎区、鸟类和野生动物禁猎区、国家森林、地区森林、植物保护区、私人森林以及限制许可的地区，申请者是否已获得相关部门的必要性书面同意等内容。其三，若申请者不符合持有探矿许可证条件、违反采矿权相关规定、所有权人反对申请勘探土地或申请者已经放弃勘探则委员会等不得授予探矿许可证。此外，申请者不得申请之前持有探矿许可证10年以上的区域，除非该探矿许可证失效已届满1年。其四，委员会对于符合条件的申请者需在60日内签发探矿许可证，探矿许可证持有者享有在勘探区开展找寻探矿许可证上所载的具体矿产的勘探活动和实施其他必要性或者附带性作业的排他性权利。然而，探矿许

---

[1] Article 5, 10, 6, 7 of Mines and Minerals Development Act 11 of 2015.

[2] Article 20 of Mines and Minerals Development Act 11 of 2015.

可证的初始有效期仅为 4 年，探矿许可证在申请 4 年后，可续展两次，但每次不超过 3 年，总期限最长不超过 10 年。其五，探矿许可证的持有者在每次续展时，都将缩减 50% 的勘探面积，且小规模勘探、宝石（钻石除外）的探矿许可证不得续展。[①]

第五，采矿许可证及其法律规制。其一，探矿许可证持有者在勘探权到期前 6 个月外可向矿业地籍局局长申请采矿许可证，1—2 个地籍单位土地可申请手工采矿；3—120 个地籍单位土地则申请小规模采矿，121—7485 个地籍单位土地须申请大规模采矿，但放射性矿物不得作为手工采矿、小规模采矿许可的对象。其二，委员会审批采矿许可证申请时需审查是否有用于商业开采的足够矿床或矿产资源；申请书所述的区域是否符合申请者实施采矿活动预期项目所需面积；采矿活动预期项目是否符合赞比亚环境管理局认定的环保措施或出具的环评报告；申请者是否提供取得同意书的证据以及计划发展、建设、采矿项目和行为是否符合标准等内容。其三，当申请大规模采矿时须审查资金和技术优势融资计划是否符合采矿作业项目；申请者是否同意雇用和培训当地公民促进当地商业的发展；申请者出具的可行性研究报告是否可靠；申请者的资金投资预测是否合理以及申请者是否遵守探矿许可证的规定等内容，如申请书符合上述要求，委员会在收到申请书 90 日内，需以规定格式向申请者签发采矿许可证。其四，采矿许可证须附矿业地籍局局长批复的发展、建设、开采方案，以及申请者雇佣和培训当地公民的承诺书、促进当地商业发展的承诺书、投资预算方案和申请者的矿区环境管理计划等文件。其五，若采矿许可证持有者确定在勘探区内发现具有潜在商业价值的矿藏或由于经济条件、技术限制以及临时性自然原因不能立即开发矿藏，其可向矿业地籍局局长提出推迟采矿的申请，矿业地籍局局长在收到勘探区内推迟开采申请后 60 日内给予答复。如局长认为申请书所提及的具体原因发生的可能性较小，但在 5 年内可能出现，可根据相关规定准予推迟开采，但推迟开采的授权期限不得超过 5 年；如矿业地籍局局长基于独立研究发现准予推迟开采的矿区可进行采矿作业，则通知采矿许可证持有者在收到通知后 90 日内，持采矿许可证开始采矿。其六，手工采矿许可证有效期不超过两年，小规模采

[①] Article 21, 22, 23, 24 of Mines and Minerals Development Act 11 of 2015.

矿也不超过10年，大规模采矿更不得超过25年。此外，进行大规模采矿的，还需根据采矿许可证所附承诺书履行促进当地商业发展、雇用和培训赞比亚员工等义务。①

第六，矿产加工许可证与淘金许可证。其一，矿产加工许可须向矿业地籍局局长申请，矿产加工许可证载明的面积需由完全连续的地籍单元组成且不超过7485个地籍单元，委员会审查矿产加工许可证申请时需考虑申请者的资金能力和专业技能、财务计划是否满足矿产加工作业需求；申请者是否获得土地使用权；矿产加工作业计划是否做好环境保护准备以及申请者是否遵循相关法律。其二，委员会在收到符合法定要求的申请后60日内，需按规定格式签发矿产加工许可证且矿产加工许可证需包含矿业地籍局局长批复的矿产加工项目和矿产加工的开始时间（在批准申请之日起3年内让申请者为相关作业做准备）等内容。委员会对申请者不符合申请要求、申请者未达到许可资格以及申请者违反许可证规定的情形应当拒绝颁发矿产加工许可证。其三，赞比亚居民或者居民组成的合作组织在交纳相关费用后可向矿山管理局局长申请淘金许可证，矿山管理局局长在收到符合本法要求的申请后30日内可颁发淘金许可证。但淘金许可证持有者享有淘金的专属权仅限于沿水体流域地理坐标指定的区域，在现存的采矿权内、矿产加工许可证内区域不得签发淘金许可证。此外，淘金许可证的有效期为两年，且仅可续展两年。②

第七，矿产交易与进出口许可证。其一，法律规定未获得采矿许可证或矿产品交易许可证的人，不得交易矿产。个人以及个人控制或所有公司在交纳相关费用后，可向矿山管理局局长申请矿产交易许可证，矿山管理局局长在收到符合要求的申请后30日内，为申请者签发矿产交易许可证，矿产交易许可证有限期为三年，且可无限续展。其二，如果个人要从事矿物、矿石及矿产进出口业务，须按规定程序向矿山管理局局长提出许可申请。对于矿产进口许可，矿山管理局局长在评估申请时需考虑是否已向矿产来源国的国家主管部门报关、有争议的矿产是否来自武装冲突区域。而对于矿产出口许可，矿山管理局局长在评估申请时需考虑是否有地质调查

---

① Article 30, 31, 32, 33, 34 of Mines and Minerals Development Act 11 of 2015.

② Article 38, 39, 42 of Mines and Minerals Development Act 11 of 2015.

局局长签发的矿物分析、价值评估证书，是否有投税务局局长出具的矿产税交纳确认报告，是否有赞比亚警察署签发的安全证明等。其三，矿产进出口许可证有效期仅为一年，且限制许可数量。申请放射性矿物的矿产品进出口许可证的，申请者还需符合《电离辐射保护法》的相关规定。①

第八，环境争端的解决规定。其一，许可证持有者对规定区域的矿业活动产生争议，经各方当事人同意，一方当事人可请求矿业地籍局局长仲裁，其可根据2000年《仲裁法》要求争议方接受仲裁。其二，采矿许可证、矿产加工许可证持有者对其在采矿相关行为中破坏的庄稼、树木、建筑等财产等侵害土地所有者权利的行为需进行公平合理的赔偿，且赔偿数额需考虑改善采矿许可证或矿产加工许可证持有者造成的影响，为土地持有者、法定占有者增加利益。其三，有关部门作出赔偿决定期间，土地所有者或合法占有者不得阻止或妨碍采矿许可证持有者行使权利。但赔偿规定不适用根据2005年《森林法》规定已被宣布为国家、地方、私人森林的土地和根据《土地法》规定，尚未被总统出让的土地。其四，若采矿许可证持有者怠于赔偿，或土地所有者、法定占有者对赔偿不满意，则可通过仲裁解决争议。②

第九，矿业的安全、健康和环境保护规制。其一，委员会在决定是否准予矿产权、矿产加工许可时，须考虑空气、水、土地、动植物群、鱼、渔业及风景和文化、建筑、考古、历史、地质特色是否需要维护和保护，以及在权证所载的地表或者地下开展采矿或者矿产加工活动时确保不会对社会经济、人体健康造成任何负面影响等因素。其二，在签发及续展采矿证时，需考虑空气、水、土地、动植物群、鱼、渔业及风景；文化、建筑、考古、历史、地质特色，以及权证所载的地表、地下等方面是否符合维护和保护的要求；经卫生部长确认是否保护人体健康；勘探、采矿及选矿作业是否造成环境破坏，以及破坏后是否有恢复、平复等措施。其三，勘探区、采矿区、淘金地、矿产加工区发生任何事故的，权证所有人需上报矿山安全局局长。矿山管理局局长或矿山安全局局长认定采矿许可证持有者实施破坏性采矿作业的，可以通知其说明实施破坏性采矿作业的详细情况；并要求停止破坏性采矿作业、对产生的破坏进行补救、予以答复并

---

① Article 45, 47 of Mines and Minerals Development Act 11 of 2015.

② Article 56, 57 of Mines and Minerals Development Act 11 of 2015.

进行书面解释，否则可吊销其权证或暂停采矿作业，直到所有人采取补救措施。在规定的时间内，如权证所有人不停止破坏性开采作业或未对开采作业产生的破坏进行补救，委员会将吊销权证。其四，设立环境保护基金，部长制定基金管理条款并由部长任命成立的环境保护基金委员会负责管理。该资金可用于清偿没有支付或补偿的债务、偿还个人债务，但环境保护基金委员会经征得财政部长批准后可决定其使用。其五，损害或者破坏造成环境恶化、生态多样性降低，赔偿费用需包括修复、复原、清理等措施发生的费用，甚至也包括预防措施的费用。违反相关规则，造成环境、生物多样性、人和动物的健康或社会经济破坏，个人、团体或者私人、公立组织可以个人或所在团体的名义提起诉讼，当事人因客观原因无法参加诉讼的由他人代为诉讼。据此，团体或利益受影响人群可以保护环境生物多样性的名义提起公益诉讼，进而寻求赔偿。①

第十，矿业上诉法庭（Mining Appeals Tribunal）制度。其一，个人或法人权益受矿业地籍局局长、矿山安全局局长、矿山管理局局长、地质调查局局长或委员会所做决定侵害的，可在收到决议后 30 日内向部长提出申诉。部长根据本法与案件情况对申诉作出决定，并向上述机构作出案件处理指示，相关机构须遵照指示处理。其二，设立矿业上诉法庭，由部长任命的主席、副主席和其他三名成员共 5 个成员组成，其中，主席和副主席须为十年以上法律行业工作经验的法律从业人员，其他三名成员须有八年以上工作经验且熟谙本法。该法庭可对与勘查、淘金、采矿作业相关的任何争议进行调查、作出判定与决定；对与依本赔偿相关的任何争议进行调查、作出判定与决定；对影响个人或者政府的淘金、矿产权或非矿产权利与义务的事项进行调查、裁定。其三，矿业上诉法庭将在 14 日内，以书面形式告知申诉人与部长裁决的内容与理由。权益受到侵害的个人对裁决不服的，可在收到裁决后 30 日内向高级法院起诉，法院院长可依法指定传唤证人出庭、向法庭出示文件等证据的程序或进行庭审。②

第十一，罚则。其一，采矿许可证或矿产加工许可证持有者未任命管

---

① Article 80-87 (Part VI Safety, Health and Environmental Protection) of Mines and Minerals Development Act 11 of 2015.

② Article 97, 98, 99, 100 of Mines and Minerals Development Act 11 of 2015.

理人员，构成犯罪的，处以 50 万克瓦查以下罚金或五年以下有期徒刑，或二者并处。其二，采矿许可证、矿产加工许可证或淘金许可证持有者因故意或者过失，未能向矿山安全局长报告采矿、探矿、矿产加工或者淘金区域的事故，构成犯罪的，处以 10 万克瓦查以下罚金或一年以下有期徒刑，或二者并处。其三，对采矿场或矿产加工厂雇工故意妨碍使用、滥用矿业作业中的器具等便利设施；故意或不合理地从事可能危及矿业作业人员生命的行为；故意使用矿业作业中为保障雇工健康与安全准备的器具等物品与设施等行为构成犯罪的，处以 100 万克瓦查以下罚金或十年以下有期徒刑，或二者并处。其四，违反法令，在已关闭或暂予关闭的矿山继续工作，构成犯罪的，处以 50 万克瓦查以下罚金或五年以下有期徒刑，或二者并处。其五，在矿业作业中致人死亡或严重身体伤害或导致矿业雇工或他人身体伤害或身处危险，构成犯罪的，处以 40 万克瓦查以下罚金或四年以下有期徒刑，或二者并处。其六，无正当理由妨碍、阻止或者耽误采矿许可证或者非采矿许可证持有者实施本法允许的任何活动，构成犯罪的，处以 20 万克瓦查以下罚金或两年以下有期徒刑，或二者并处。其七，采矿许可证或非采矿许可证持有者，根据本法规定向矿山管理局局长、地质调查局局长、矿山安全局局长或者矿业地籍局局长提供有关记录或者矿物样品；提交虚假或者误导性记录、报告、计划或者信息，构成犯罪的，处以 20 万克瓦查以下罚金或两年以下有期徒刑，或二者并处；无正当理由而疏于制作或者提供本法要求或者规定的计划、报告、收益、通知、记录、注册或者其他文件的，构成犯罪的，处以 30 万克瓦查以下罚金或三年以下有期徒刑，或二者并处。提供不实信息或者做出虚假陈述，构成犯罪的，处以 30 万克瓦查以下罚金或三年以下有期徒刑，或二者并处。[①]

第六节　主要投资国别：安哥拉的环境法律制度[②]

安哥拉是撒哈拉以南非洲的第三大经济体和最大吸收外资国家之一，

---

① Part IX Offences of Mines and Minerals Development Act 11 of 2015.
② 刘念：《中国对外投资的环境法律风险与防范——以"一带一路"倡议下中国企业对安哥拉投资制造业为例》，《河南科技学院学报》2020 年第 5 期。

也是我国在非洲第二大贸易伙伴和全球第三大石油进口来源国,也是主要对外承包工程市场和重要融资合作伙伴,还是中国在非洲最大的债务国,债务总额超430亿美元,占中国对非总债务1470亿美金的近30%。① 据商务部统计,2019年中国对安哥拉直接投资流量3.83亿美元;截至2019年年末,中国对安哥拉直接投资存量28.91亿美元。目前有100余家企业在安哥拉经营,主要集中在建筑、商贸、地产和制造业等领域包括中信建设、中石化、青岛佑兴、广德国际、浙江永达、海山国际、苏杰国际等企业。其中,中石化还与英国BP等石油公司合作,共同开发安哥拉油气资源。2019年中国企业在安哥拉新签承包工程合同39份,新签合同额8.09亿美元,完成营业额28.66亿美元。新签大型承包工程项目包括中国水电建设集团国际工程有限公司承建安哥拉库内内省抗旱工程标段5—71号恩度大坝建设项目、中铁四局集团有限公司承建CABOLOMBO配水中心覆盖区域入户官网铺设项目、中国水电建设集团国际工程有限公司承建安哥拉库内内省抗旱工程标段1—库内内河取水设施建设项目等。② 中国从安哥拉进口商品主要为原油,尤其是矿物燃料、矿物油及其产品、沥青。安哥拉曾是中国在非洲外债最多的国家,在2016年时达到430亿美金,约占当年中国对非总债务的30%。③ 基础设施与石油资源是两国合作的主要领域,但2014年以来,受国际原油价格油价下跌的影响,安哥拉长期依赖石油产业的弊端开始显现,经济开始下滑、衰退。对此,安哥拉在2018年修改了《私人投资法》,取消了每个项目都要让本土成分合作伙伴参与的法律规定,以此来吸引外商投资,但本法也明确规定了境外投资企业必须依法遵守环境保护有关规定。然而,受葡萄牙法律的影响,安哥拉的环境法律体系比较健全,以制定法为主,相对完善的环境法律制度极易引发石油开发和工程承包项目中的投资风险。

---

① 数据来源于约翰霍普金斯大学高级国际关系学院(School of Advanced International Studies, John Hopkins University)的"中非研究计划(China-Africa Research Initiative)",以及 Deborah Bräutigam 教授对2000—2018年中国对非债务的统计研究成果。

② 商务部国际贸易经济合作研究院、中国驻安哥拉大使馆经济商务处、商务部对外投资和经济合作司编:《对外投资合作国别(地区)指南:安哥拉》,2020年,第27页。

③ Deborah Brautigam, *Chinese Debt Relief: Fact and Fiction*, *The Diplomat*, April 15, 2020.

一 安哥拉的法律体系与环境立法

安哥拉 2010 年现行宪法规定总统为国家元首，国民议会为最高立法机关，司法机关为最高法院、军事法庭、上诉法院和共和国总检察院。总检察院为国家法律监督机关，受总统直接领导。[1] 目前，安哥拉共设 3 个国务部和 28 个部，其中与环境保护有关的是矿产资源与石油部（Ministério dos Recursos Minerais e Petróleos）、环境部（Ministério do Ambiente）、渔业与海洋部（Ministério das Pescas e do Mar）、能源与水利部（Ministério da Energia e Águas）、农业和林业部（Ministério da Agricultura e Florestas）等。

安哥拉的环境保护法律体系由宪法、环境基本法、环境规制与政策等组成。

第一，在宪法上规定公民环境权以及国家促进可持续发展的基本任务。要求在全国范围内，促进和谐与可持续发展、保护生态环境、自然资源和历史名胜、文化和艺术遗产。[2] 同时，赋予安哥拉公民环境权，规定环境违法行为将受处罚。人人有权享有健康无污染的环境，并有捍卫和维护它的义务；国家应采取必要的措施来保护环境和整个国家领土上的动植物物种以及生态平衡，并在可持续发展和尊重子孙后代的权利的情况下合理开发和利用所有自然资源；危害或破坏环境的行为依法应受处罚。[3]

第二，根据宪法环境权条款，安哥拉颁布了 1998 年《环境基础法》[4] 等制定法。它与宪法第 39 条权利执行和诉讼保障相互衔接，成为安哥拉环境综合管理的依据，也是环境权的具体化。该法包括了有关环境名称的定义、基本原则、环境管理机构、环境保护办法、公民的权利义务、责任及违法与惩罚、环境监管等共 25 条。在环保单行法规多存在于

---

[1] 商务部国际贸易经济合作研究院、中国驻安哥拉大使馆经济商务处、商务部对外投资和经济合作司编：《对外投资合作国别（地区）指南：安哥拉》，2020 年，第 27 页。

[2] Article 21 of Constitutional Law of the Republic of Angola.

[3] Article 39 of Constitutional Law of the Republic of Angola.

[4] Basic Environmental Law No. 5/98.

土地、水资源、农业和林业等领域。如 2002 年《水法》①、2004 年《水生生物资源法》②、2004 年《土地法》③、2004 年《动物健康法》④、2005 年《农业发展法》⑤、2005 年《种子法》⑥、2010 年《海域法》⑦ 和 2017 年《森林和野生动植物法》⑧ 等。其中，2006 年《环境协会参与法》⑨ 影响较大，它明确了环境保护协会的定义、标准和注册登记方式，及其参与权、干预权、咨询权、协调权、信息权等。

第三，在环境规章上，以行政法规、命令和规章的方式颁布了数量庞大的环境规章以此规范国家的环境管理，主要内容涉及森林、水、农业、动物、渔业和土地等。如 2001 年《渔业和环境部规章》⑩、2005 年《废物管理条例》⑪、2011 年《环境损害实施细则》⑫、2012 年《危险物质道路运输条例》⑬ 和《环境评价学会技术登记册》⑭、2013 年又颁布了《城市废物管理省计划的指导准则》⑮、2014 年《操作性废物排放管理条例》⑯、2016 年《赞比西河流域发展局章程》⑰、2017 年《环境保护协会

---

① Law No. 6/02 on Water use.

② Law No. 6-A/04 on Aquatic Biological Resources (new Fishing Act).

③ Land Act No. 9/04.

④ Law No. 4/04 on Animal Health.

⑤ Law No. 15/05 approving the Basic Agricultural Development Act.

⑥ Law No. 7/05 on Seeds.

⑦ Law No. 14/10 on maritime zones under the National jurisdiction of Angola.

⑧ Law No. 6/17 on Forest and Wildlife Basic Legislation.

⑨ Law No. 3/2006 on the environmental associations'right to participation and intervention in environmental management.

⑩ Decree-Law No 1/00 approving the Statute of the Ministry for Fisheries and Environment.

⑪ Executive Decree No. 8/05 on waste management.

⑫ Presidential Decree No. 194/11 approving the Regulation on damages caused to Environment.

⑬ Presidential Decree No. 195/12 approving the Regulation for road transport of hazardous substances.

⑭ Executive Decree No. 86/12 approving the Regulation on the Technical Register for Environmental Assessment Societies.

⑮ Executive Decree No. 234/13 approving the Guiding Norms to design Provincial Plans for Urban Waste Management.

⑯ Executive Decree No. 97/14 approving the Regulation on operational waste discharge management.

⑰ Decree No. 22/2010 creating the Agency for the Development of Zambesi River Basin.

注册条例》①、2018 年《农业和林业部法规（MINAGRIF）》②、2016 年《环境影响评价职责范围》③、2018 年《废物循环利用规定》④和 2020 年《环境影响评价和环境许可程序通则》⑤等。

第四，在环境政策上，安哥拉不定期颁布纲领性的国家环境政策，以行动计划和国家规划的形式向全社会发布。在国家环境政策上有 2006 年《战略和国家生物多样性行动计划》⑥和《2006—2010 年渔业和农业管理计划》⑦。在国家环境管理战略方针上有 2009 年《生物燃料发展战略决议》⑧、2010 年《国家森林、野生动植物和保护区政策》⑨、2011 年《国家能源安全政策》⑩、2013 年《新环境技术战略计划》⑪、2017 年《国家水计划（PNA）》⑫、2018 年《2018—2022 国家发展计划》⑬、2019 年《2018—2022 年期间的渔业和水产养殖管理计划（POPA）》⑭和 2020 年《2019—2025 年国家生物多样性战略和行动计划》⑮等。这些文件明确规

---

① Executive Decree No. 350/17 approving the Regulation for Registration of the Environmental Protection Associations.

② Presidential Decree No. 15/18 approving the Statute of the Ministry of Agriculture and Forestry (MINAGRIF).

③ Executive Decree No. 206/16 approving the terms of reference for the designing of Environmental Impact Assessment.

④ Presidential Decree No. 265/18 approving the Regulation for the Transfer of Waste destined for Reuse, Recycling and its Valorization to the outside of the Country.

⑤ Presidential Decree No. 99/20 establishing the National Environmental Standardization Programme.

⑥ Resolution No. 42/06 approving the Strategy and the National plan of action for Biodiversity.

⑦ Resolution No. 9/06 approving the Plan of Fisheries and Agriculture Management 2006—2010.

⑧ Resolution No. 122/09 approving the Strategy for the Development of Biofuels in Angola.

⑨ Resolution No. 1/10 approving the National Policy on Forests, Wildlife and Conservation areas.

⑩ Presidential Decree No. 256/11 approving the National Energy Security Policy.

⑪ Presidential Decree No. 88/13 approving the Strategic Plan for New Environmental Technologies.

⑫ Presidential Decree No. 126/17 approving the National Water Plan (PNA).

⑬ Presidential Decree No. 158/18 approving the National Development Plan 2018—2022.

⑭ Presidential Decree No. 29/19 approving the Fisheries and Aquaculture Management Plan (POPA) for the period 2018—2022.

⑮ Presidential Decree No. 26/20 approving the National Biodiversity Strategy and Action Plan (2019—2025).

定公平与可持续发展战略是重要的环境保护政策之一。①

二 安哥拉的环保机构与主要规定

安哥拉环境部（Ministério do Ambiente）是该国的环境保护行政主管部门，其职责是制定环保相关政策标准，监督环保执法。另外，鉴于中国在安哥拉主要投资石油开采行业，因此矿产资源与石油部（Ministério dos Recursos Minerais e Petróleos）也是一个需要高度关注的自然资源管理机构。其中，前者负责制定和实施环境保护政策，保护环境并控制污染，确保自然保护区、自然遗产和自然资源的合理开发与利用；后者负责管理和控制安哥拉地质、矿业、石油、天然气和生物燃料的勘探、研究、开发与生产，确保原油、天然气、炼油和石化的储存不至损害环境。根据《环境基础法》，所有安哥拉公民都有生活在优美环境并合理使用资源的的权利，国家有保障公民持续享有环境权利的义务；全体公民都应保护和保育生态环境、合理利用自然资源；国家负责执行环境管理计划，并通过创建必要的专门机构使它具有可执行性的权力。安哥拉有关环境保护的主要规定有：

第一，明确的环境标准责任制度。《环境损害实施细则》规定，根据环境组织允许的污染物浓度水平制定环境标准；考察对环境和人类健康具有明显影响的污染物、危害生物多样性和生态平衡的物质，以及由此产生的赔偿责任和其他相关因素；规定现行环境质量标准是国际标准化组织所称的 ISO 标准。② 据此，安哥拉执行 ISO14000 环境管理认证体系，包括 ISO14001 至 ISO14100 共 100 个标准号。ISO14001 环境管理体系标准则是其中的重点，它为投资企业的环境管理提供了术语指导、流程规范和技术支持。虽然我国的环境质量标准 GB/T24000—ISO14001 是由 ISO14001 环境管理体系标准转化而来，但现实中我国企业仍无法完全按照国际环境标准体系来运行实施，不达标的情况极易发生。

---

① Isabel Craveiro and Giles Dussault, "Effect of Global Health Initiatives on the Health Services System in Angola: Perspectives of Civil Servants, Donors, and Non-governmental Organization", *The Lancet*, Vol. 380, No. 6, Oct. 2012, pp. 13-14.

② Article 9 of Regulation on Damages Caused to Environment.

第二，严格的环境损害责任制度。首先，对造成环境损害的企业设置了严格的环境责任，不仅会受到来自受害者的指控，而且还面临大量由潜在的社区公民和环保协会提起的环境侵权公益诉讼。所有故意或单纯过失对环境造成损害者，均有责任以赔偿措施和环境恢复的形式，弥补对国家和私人所造成的损失和损害，或向他们提供赔偿；任何公民如认为侵犯或正在侵犯《环境损害实施细则》赋予其的权利，可向法院提起诉讼，请求根据法律的一般规定，终止侵犯之行为，并要求赔偿；当行政决定未被采纳时，在不违反《安哥拉民法典》第494条规定的情况下，计算环境破坏部分的损失，补偿环境损害行为发生前的状态的可预见成本，以及最终取得的经济利益的赔偿金额；[①] 凡未找到庭外解决办法，均须向法院提出以违反《环境损害实施细则》规定为依据的赔偿请求；具有法律人格的环保协会，具有提起以上两款所指损害赔偿诉讼的正当性。[②] 其次，投资企业在项目建设过程中造成环境污染后，无论出于故意或是过失都须及时作出应急处理措施，以减轻对环境造成的次生危害，但此举并不会减轻或排除投资企业的赔偿责任。因从事任何活动而使得环境成分受损害而导致他人权益受损者，不论是否存在过错或故意，须按法律规定和环境法的基本原则，对该违法行为导致的损害作出赔偿；损害赔偿的义务源于损害与造成损害活动间的因果关系，即使造成损害的人证明其采取了充分的措施和良好的技术，也不能减轻或免除赔偿责任。[③] 最后，既有直接损害责任，又有因弥散性扩散而造成的间接损害责任。[④] 弥散性扩散发生情况较多发生于水污染扩散而造成的潜在环境污染。对此，《水资源利用法》第39条规定要求企业开展防止水和土壤数量质量恶化的工作，确保将环境负面影响降至最低。

第三，较高的环境违法处罚标准。《环境损害实施细则》第24条规定，如不遵守本法规及其附件的规定，违规行为人将被中止或取消环境许可，并缴纳罚金。累犯行为将罚款金额连续提高一倍，如不能重塑以前之

[①] 刘念：《"一带一路"背景下中国企业对非投资制造业的环境法律风险与防范》，《苏州市职业大学学报》2020年第3期。

[②] Article 5 of Regulation on Damages Caused to Environment.

[③] Article 6 of Regulation on Damages Caused to Environment.

[④] Article 8 of Regulation on Damages Caused to Environment.

状况，则须进行清理或恢复工作；如果发现对环境造成损害的原因是对环境的侵犯，污染行为人还须缴纳一千至一亿美元的罚款。① 可见，安哥拉的环境违法处罚严厉，发生环境法律纠纷后，不单是吊销环境许可证，而且还需进行环境清理或恢复工作，最高的罚款可达一亿美元。所以，一旦陷入环境侵权纠纷，无论投资企业能否在诉讼中获胜，只要进入司法程序都将付出高额的诉讼成本，将会给在安哥拉投资的企业带来巨大损失，而且还会影响企业在安哥拉投资形象。

第四，环境修复与补偿制度。安哥拉设立了环境预先干预和预防补偿制度，规定环境损害的预防和补救的公共干预费用由可用的财政保证承担；关于承担职业活动所固有的环境责任及其强制性财政担保，收取有关金额1%的费用，旨在弥补公共干预措施对环境损害的预防与补偿费用；只有在行为人或污染者身份不明或没有财政或其他资源弥补损害的情况下，才需要公众参与环境损害的预防和补偿。② 此外，经营人承担其所造成损害的预防和修复费用；主管机构必须要求对造成损害的经营人，为预防或补偿的诉讼提供适当的财政担保，但为此所需开支高于所收回的金额，或经营人无法辨认者除外。③ 同时，注意当发生环境损害时，经营者应立即向主管部门通报情况的所有相关方面，并立即采取可行的措施，遏制、消除污染要素及其他损害因素，以限制或防止新出现的环境损害及其对人类健康的不利影响；而且主管机构可随时要求经营人就所发生的环境损害提供补充资料，并就控制、遏制、消除或与其他管理方式有关的一切措施，向经营人发出环境强制执行令，以限制或预防新的环境损害和对人类健康的不利影响；指示和要求经营人采取必要的补救措施。④

此外，对于补救措施和环境赔偿的规定：首先，经营者应明确潜在的补救措施，并将其提交主管部门批准；其次，应在有关经营人的合作下，

---

① Penalidades: iploma e respectivo anexo, pode resultar para o agente infractor na suspensão ou cancelamento da licença ambiental e pagamento de uma multa; 2. Os actos de reincidência elevam os valores das multas ao dobro sucessivamente.

② Article 23 of Regulation on Damages Caused to Environment.

③ Article 14 of Regulation on Damages Caused to Environment.

④ Article 11 of Regulation on Damages Caused to Environment.

决定是否需要采取合适的补救措施；再次，当发现多种环境损害情况，以致主管部门不能确保同时采取必要的补救措施时，主管部门应建议指导采取最合适的优先事项；又次，在作出这一决定时，主管部门应考虑到所涉各种环境损害情况的性质、程度和严重性、自然再生的可能性，以及对人类健康的危害；最后，在损害赔偿方面，经营者或主管部门应与受影响人口进行协商。同时，对于造成生态环境破坏的投资企业需要承担环境修复补偿责任，且生态环境修复和预防的诉讼时效为五年，自措施完成之日起或经营者抑或负有责任的第三人被确定并通知之日起计。但是，安哥拉尚未出台具体的环境修复标准和措施，通常情况下投资企业提出的环境修复补偿方案无法满足安哥拉政府和社区民众的要求，再加上安哥拉环境修复的诉讼时效为5年，这意味着投资企业在开始环境修复或补偿工作起的5年内都有可能面临后续的诉讼风险。

三 安哥拉的环境影响评价制度

安哥拉在2004年颁布《环境影响评价条例》规定了环评的基本原则和程序，在2012年颁布了《环境评价学会技术登记册》以规范环境咨询与评价公司。其中，《环境影响评价条例》由正文25章及针对第四章的解释附件组成，规定了环评的开展、环境影响研究报告的提交、环境影响研究、环境影响研究的技术活动、环境影响研究成本、环境影响评价程序、公共咨询、责任环境影响评价的机构、期限、项目意见和许可、罚款与附加惩处、罚款额度认定、罚款缴纳期限等内容。[①] 投资企业需要注意，安哥拉的环评机构必须是具有不同资质且在环境部登记的环评公司，虽环评手续并不复杂，但项目实施公司一般需要提供公司资质、项目简介、项目所在地地形、生产材料种类、生产设备简介等图文资料给环评公司（根据项目不同，环评公司会有不同要求）。环评费用根据项目类别和大小有所不同，一般在2000美元到2万美元。[②]

---

① 商务部国际贸易经济合作研究院、中国驻安哥拉大使馆经济商务处、商务部对外投资和经济合作司编：《对外投资合作国别（地区）指南：安哥拉》，2020年，第45页。

② 商务部国际贸易经济合作研究院、中国驻安哥拉大使馆经济商务处、商务部对外投资和经济合作司编：《对外投资合作国别（地区）指南：安哥拉》，2020年，第45页。

第一，环评手续的主要内容。安哥拉环评的数据要求详细，内容复杂多样，投资企业须提交的环评数据包括项目说明、环境影响研究报告、项目的所有技术参数和理想化的参数、确定和系统评价在项目实施和运作阶段的环境影响、确定应直接或间接受项目影响的地理区域之界限。同时，还要在所有情况下考虑：人口、其他生物及所处之流域、政府的计划和方案、拟议计划和方案在项目影响领域的部署及其兼容性，以及根据项目的具体情况和特点确定适当的其他要素。① 具体包括，工程承包商应采取一切适当措施，例如，保护（现场内外）环境，限制由施工作业引起的污染、噪声和其他后果对公众与财产造成的损害和妨害。承包商应确保项目施工产生的气体排放、地面排水及排污等不能超过雇主要求中所规定的数值，也不超过适用法律所规定的数值。② 新项目的实施，需要有资质的环评公司对项目进行环境评价以形成环评报告，并提交环境部审批。有环评资质的公司有很多，具体资质可以到环境部查询相关公司名录。③

第二，环评程序的技术活动。在开展环境影响研究时，应至少在项目实施前对项目影响区域的环境进行调查和描述、分析环境资源分析及其相互影响，以便对项目实施前该区域的环境状况做出性质认定；通过确定、预测可能产生的环境影响的大小，以分析项目的环境影响及其替代方案的直接或间接、临时、中期或长期的积极与消极影响，确定减轻环境负面影响的措施，编制监测积极或消极影响的方案，说明要考虑的因素和参数。④

第三，环评数据的交付要求。投资企业在安哥拉开展环境影响评价后，应及时向有关部门提交环评数据，并积极向政府申请环境许可证。《环境许可法令》第5条规定环境许可证的申请，须于完成有关环境影响评价程序的所有手续后，向负责环境政策的有关机构提出申请。同时，该法第26条还规定，在获得适当的环境许可证之前，开始部署、实施项目

---

① Article 6 of Environmental Impact Assessment.
② 杨长根：《FIDIC 环境保护条款在国际工程项目中的应用研究》，《铁道工程学报》2013年第12期。
③ 商务部国际贸易经济合作研究院、中国驻安哥拉大使馆经济商务处、商务部对外投资和经济合作司编：《对外投资合作国别（地区）指南：安哥拉》，2020年，第45页。
④ Article 7 of Environmental Impact Assessment.

或改变设施，以及改变生产或经营制度，由此导致的环境违法行为可依法处以罚款。可见，投资企业在完成环境影响评价所有手续并合格后，仍需按规定向安哥拉当局申请获得环境许可证，企业只有在获得环境许可证后，才可在安哥拉开展选址、建厂、材料引进等一系列项目建设活动。①

第四，违反环评的法律处罚。按照违反环评法律规定的严重程度，分别处最低 1000 美元、最高 100 万美元的罚款。同时，对违法者可处以附加制裁，包括扣押机器和工具、关闭设备等。②

四　安哥拉的环境法律规制与风险防范

中国企业在安哥拉开展经营活动，有必要到安哥拉环境部做有关经营活动的咨询，废渣、废水、废气、废料的处理一定要获得环境主管部门许可和认定，应特别注意项目对空气、水源、海洋、土地、植被的影响，依法保护生态环境。中资企业应该不断强化保护当地水、土壤、树木和森林的环保意识。对于可能产生噪声和烟尘污染的项目，应事先做好环境评价和提出必要的应对措施。工程承包企业从当地人的土地取土和借土，均应按原来的情况进行恢复。③

第一，积极投置环境责任保险。环境质量标准是衡量当地环境优劣程度的尺度，也是确认环境是否遭受污染的天平。所以，防范环境标准责任风险便成为防范其他环境法律风险的基础和前提。当前安哥拉采用的环境质量标准是 ISO 国际环境质量标准，因此，企业在投资安哥拉制造业时首要工作便是进行国际 ISO 环境管理体系认证，一方面能显示投资企业已按照 ISO 国际标准来进行环境风险管控，另一方面也能从根本上打消安哥拉政府当局和社会公民对投资企业生产经营管理理念的疑虑。此外，企业在安哥拉进行制造业投资时，不可避免地会因为客观因素和主观因素而使得项目与环境质量标准有微小偏差。因此，企业在安哥拉投资应在遵循该国

---

① 刘念：《"一带一路"背景下中国企业对安哥拉投资制造业的环境法律风险与防范》，《河南科技学院学报》2020 年第 5 期。

② Article 17 of Environmental Impact Assessment.

③ 商务部国际贸易经济合作研究院、中国驻安哥拉大使馆经济商务处、商务部对外投资和经济合作司编：《对外投资合作国别（地区）指南：安哥拉》，2020 年，第 64 页。

环境法律法规的前提下积极主动向国际权威保险机构投置合理的环境责任保险，减少因发生意外环保事故或污染环境而需承担的环境赔偿任风险。在投置环境责任保险时还应添加特别保障条款，及时规避因战争爆发、自然灾害等不可抗力因素所带来的环境法律风险，充分保障本国企业的合理利益。

第二，开展环境效益与成本定量评价机制。在赴安哥拉投资前应委托当地权威机构或实地进行考察，定量测评投资所带来的环境效益与可能付出的环保成本，在权衡环境效益和环境成本的基础上作为切实可行的投资参考。项目选址要考虑企业成本因素，因地制宜的选址建厂。在合理选址建厂的前提下，按照安哥拉《环境影响评价条例》和《环境影许可条例》的规定开展环境影响评价。虽然安哥拉的环评法已较为先进，环评法规定的环评内容、环评程序、公众参与和环评措施都具体可行，但是企业对安哥拉投资不仅需要严格按照安哥拉环评法开展环评，更需要秉承共商、共建、共享的理念营造良好的营商环境。企业应根据绿色发展和可持续发展的要求，在安哥拉环评法规定的基础上制定内容更广泛、程序更具体和措施更高效的测评标准，并积极引导当地民众参与，对环评报告用当地或官方语言全文予以公示，并建立环评报告答疑和申诉机制，保证项目环评过程的公开与公正。[①]

第三，建立环境事件应急预案制度。一方面，对安哥拉当局的技术设备及时进行清理修复，开展技术创新，引进并研发适合安哥拉生产加工的先进技术设备，并及时申请国家专利，保护企业的自主知识产权。但企业在安哥拉投资必不可少地会从外引进特殊材料和新兴工艺，由于非洲地区执行严格的环保标准和环境责任，企业对外引进技术或材料时，应根据当地政府和企业内部要求落实环境监管责任，引导非洲当地政府和NGO组织关注并介入，加强对生产加工过程中的监管力度和强度，并保证监测数据的真实性和准确性。确保新材料或技术的使用不会在安哥拉当地造成或放大环境风险。另外，应建立一套系统完整的技术设备保障机制，对重污染工艺流程和高危装置设备进行定期检查和维

---

① 刘念：《"一带一路"背景下中国企业对安哥拉投资制造业的环境法律风险与防范》，《河南科技学院学报》2020年第5期。

护，确保装置设备的长期稳定运转。同时，也应提前预防环境事故发生，建立环境污染突发事件应急预案制度，并随着社会经济条件和自然生态环境的改变对应急预案进行动态化和实用化调整，对绿色高效的工艺流程进行宣传推广，对高危流程加强监管，设立应急处理措施，加强对企业职工和社区公民的环境知识宣传和环境应急培训，提高环境事故应急管理素质和能力。并与其他企业就安全信息及时进行交流，共同探讨风险防控对策。另外，企业应及时组织当地使领馆、当地商会、非政府组织、研究机构和大学等其他利益相关主体进行交流，协商拟订环保义务清单和危险物管理计划，明确企业应履行的环保义务和执行的环保标准。积极主动地披露制造业生产经营信息，确定信息披露的负责人员、披露时间等，建立环保信息交流和申诉机制，主动接受社会大众和环保组织的监督与审查，及时调整公司战略。[1]

第四，完善生态环境修复方式。《环境基础法》明确规定造成生态环境破坏的企业需及时进行修理恢复工作。而《环境损害实施细则》也对环境修理恢复的适用条件和修复时间做了明确规定，因此，企业在安哥拉投资制造业造成环境污染后，首先要做的是按照安哥拉环境法律法规的规定进行预先处理，积极与当地政府和社区进行沟通，协商拟定合理的处理方案，防止损害进一步扩大。另外，积极履行环境修复义务，对造成环境污染的地区积极开展环境修复工作。一方面，建立生态环境修复机制，根据不同区域的环境污染状况，构建污染物的生物吸收与富集机制和生物降解机制，分别利用植物吸收和生物降解来修复生态环境，并由当地政府和民众指导和监督生态环境修复工作。另一方面，完善生态补偿政策，以水域为线构建水资源生态补偿机制，设立生态补偿专项资金，搭建有助于建立水资源生态补偿机制的政府管理平台，推动建立生态保护共建共享机制。[2]

---

[1] 张小虎、刘念：《"一带一路"背景下中国企业对非投资竹产业的环境法律风险和防范》，载计金标、梁昊光主编《中国"一带一路"投资安全报告》，社科文献出版社2020年版，第396—308页。

[2] 刘念：《"一带一路"背景下中国企业对非投资制造业的环境法律风险与防范》，《苏州市职业大学学报》2020年第3期。

第七节 南部非洲国家的环境法律风险与应对举措

由于矿业投资的特殊性质，矿产资源的勘探、开采、提炼等活动会对矿区和当地的生态、地质环境造成永久性的影响，甚至导致矿区及其毗邻区的环境污染以及影响其他生态产业。21世纪以来南部非洲国家的环境保护立法，对企业的环境责任提出了更高的要求，我国企业赴非投资也面临着更多的环境风险。

一 法律规定存在重叠现象而增加项目申请难度

许多国家由于空间规划和省、市两级环境审批的政府机构重叠，使申请人花费了更多的成本和时间。以南非为例，根据2008年《夸祖鲁—纳塔尔规划和发展法》①、1998年《北开普规划和发展法》② 及相关条例，审批规划需要向有关人士和受影响人士通知规划申请以举行听证会，同时2010年《环境影响评价条例》也整整用一章规定了公众参与的要求。这两种不同的申请往往会使申请人、有关人士和受影响人士，以及审批申请的当局混淆。这不仅使得开发申请程序变得复杂，而且影响了效率，因为实质上这两个决策过程处理的是类似的问题。对于一般公众来说，对于空间规划和环境评价之间的区别与联系尚不清楚，申请人也经常会因为环评术语和流程而陷入困境，增加了环境申请及其处理问题的复杂性。另外，空间规划法的状态被广泛认为是一个复杂和混乱的法律泥沼，地方政府有许多平行的法律和条例，更加剧了项目申请的难度。③ 津巴布韦也存在相同的问题，其基本法对于各政府机构的角色定位不清，未对行业各部的职

---

① KwaZulu-Natal Planning and Development Act 6 of 2008.
② Northern Cape Planning and Development Act 7 of 1998.
③ Michael Kihato, *Integrating Planning and Environmental Issues through the Law in South Africa: learning from International Experience*, JM. dissertation, University of South Africa, 2012, pp. 70-76.

责作出明确的划分和规定，使得申请许可的手续变得复杂和难以执行。[①]

对此，近年来中国学界正加强对非洲环境资源法律的研究，从全面性和整体性进行考量，既有成果已经开始依据法律位阶对非洲各国的环境保护制度进行分层的考察，形成了部分从宏观的立法体系到微观的环评制度的对策性研究；在资源开发、生态保护、野生动物、国家公园、本土化立法规制等方面，也多采用综合性研究代替原来单一的法条译介；在我国对非投资的主要行业如采矿业、能源、基础设施建设等领域的环境法律制度已经出现了相关成果。[②] 此外，根据南非调研时的发现，相比过去，越来越多的中国赴南部非洲投资企业已经认识到环境保护建设、监管、风险预案的作用，大部分企业都能充分考虑项目实施过程中可能遇到的环保问题，一旦出现紧急情况，能够及时启动预案。

二　行政管理水平低造成采矿许可证的颁发反复

由于非洲多是发展中国家，普遍在法律的执行和管理方面存在问题，使矿业法的执行出现偏差。如在"德山有限公司诉马塔贝莱兰南省矿业主管等案"[③] 中，采矿主管部门不清楚采矿许可证颁发的流程，在《环境管理法》已明确规定的情况下违法颁发采矿证，不重视环境法的规定，导致采矿证书颁发反复，使原告和采矿者利益都遭受了损失。在这个案件中，原告是一家从事畜牧业的牧场公司，其所在的土地蕴藏着丰富的矿藏资源。在这片土地上进行不受控制的采矿活动，除了会破坏牲畜和野生动物的广大放牧区域，还对原告的员工、客户、游客、牛和野生动物造成人身危险。因此，原告希望采矿活动是合理的和有节制的。但由于被告矿业主管部门不遵从《环境管理法》的规定，对那些没有环境许可证书，未

[①] Rajah Naome, "Dino Rajah and Steven Jerie, Challenges in Implementing an Integrated Environmental Management Approach in Zimbabwe", *Journal of Emerging Trends in Economics and Management Sciences*, Vol. 3, No. 4, 2012, pp. 408–414.

[②] 张小虎:《"一带一路"倡议下中国对非投资的环境法律风险与对策》，载何勤华主编《外国法制史研究》（第20卷），法律出版社2018年版，第154—184页。

[③] High Court of Zimbabwe Mathonsi J. Bulawayo, Debshan (pty) Ltd. v. The Provincial Mining Director, Matabele and South province.

经过环境评价的采矿者颁发采矿许可证,导致这片土地面临着环境破坏的风险。因此,牧场公司屡次被迫对来农场的采矿者们提起昂贵的诉讼,基于以上理由,原告请求法院判决被告对采矿者颁发的采矿许可证书无效。被告辩称,只有采矿者在开始作业时才需要环境影响评价证书,而不是获得采矿许可证时。他们说,法院应该允许他们派检查员到农场去评价他们在没有影响证书的情况下在农场工作的矿工所造成的危险,他们希望有机会这么做,因为不应该允许矿工从事"对申请人的牧场和野生动物狩猎活动构成危险的采矿活动"。明显被告的辩解是于法无据和荒谬的,法官最终支持了原告的请求。

据南非调研发现,我国赴南部非洲投资企业大多提前了解了当地的法律法规,对于环境许可和环境评价的要求均有简要认识。大使馆、中国企业和华人华侨还组织编译了《南非法律指南》,对投资和生活相关的法律及其适用进行了详细介绍。同时,在南部非洲国家的中国投资者也认识到,近年来当地政府为了获得收益而选择忽视环境法规定的做法,容易造成政府、当地居民和投资者之间的利益矛盾。作为中国投资企业,积极承担当地的环境保护责任才是应对风险的有效举措,按照法律的规定和流程去进行采矿作业,这样才能有效避免损失。同时,不仅要了解当地的实体法,还要了解当地的程序法,防止有的政府越权处理所作的无效决定拖延我国企业项目开展的进度,增加我国企业投资的诉讼成本和时间成本。如"K & G 矿业集团诉 Ronald Mugangavari 等案"[1]中,原告公司和被告公司因矿区范围重叠争夺某一地的矿业权,当地省矿业主管决定取消被告公司关于在克利夫顿 15 号的矿业权,被告公司向矿业部长上诉,部长推翻了先前的裁决,允许被告恢复其在克利夫顿 15 号矿的采矿作业。对此,原告向法院起诉,请求废除部长的决定,因为部长对该争议并无管辖权,法官支持了原告的主张,认为在本案中,被告以省级矿业主管的决定向部长提出上诉是无效的,由此部长的裁决也是无效的。类似的情形在管理水平低、官员素质不高的南部非洲国家并不罕见,我国投资者应当采取措施预防此现象的发生。

---

[1] The High Court of Zimbabwe TAKUVA J BULAWAYO, K & G Mining Syndicate V Ronald Mugangavari and Provincial Mining Director-MIDLANDS.

三 环保 NGO 利用环境权诉讼影响大型工程项目

南部非洲多个国家明确规定了公民拥有环境权，且是一种可诉性的宪法权利，因此，非洲许多环境保护 NGO 可结合其环境权和环境基本法的规定将投资者或者矿业主管部门诉至法院，叫停矿业开采等项目。南非拥有大量的环保组织，在"南非采矿和环境正义社区网络等诉环境部部长、矿产资源与石油部部长等案"[①] 中，七个不同环保组织作为该案的原告，分别是"南非矿业与环境正义社区网络""地球生命非洲""国际鸟盟南非""濒危野生动物信托""可持续环境申请者联合会""水与农村发展协会"和"基准基金会"，它们以决策过程不透明、程序违法、部长失职等理由请求判决已授予的矿业许可证无效并得到了法官的支持。从南非的环保司法实践看，多数案件是以公众参与、信息公开、程序违法等程序性权利的救济为诉求，使矿业开采项目被迫中止。另外，在中非大型合作项目建设过程中，许多当地 NGO 受到欧美等国的资助和影响，时常利用公众的参与权和知情权向项目发难，从而影响中方投资及建设周期，造成利益受损。[②]

对此，中资企业应主动响应南部非洲国家政府和社会对环境保护的倡议，积极举办环境保护的公益活动，将部分资金用于建设当地所需的基础设施及其他惠民项目或工程。同时，应拿出一定资金做好公益事业，如修路、搭桥、建公共设施（诊所、小学、公共活动场所等）、资助公益慈善事业、赠送物品等，履行必要的社会责任。最后，中资企业应该学会与非洲媒体打交道，树立良好的公众形象。与当地媒体建立良好合作关系，了解东道国主要的电视、广播和报刊媒体。通过组织媒体开放日等形式，邀请媒体到企业参观采访，注重向媒体披露企业经营信息，尤其是环保举措和环境信息，中资企业应积极响应南非、赞比亚、纳米比亚等国建立的"吹哨人（披露者、检举人）保护法律制度"，完善涉及私营企业的内部信息披露制度，定期向媒体发布相关信息。将公司业务进展、环保节能技

[①] High court of south Africa (Gauteng Division, Pretoria), Mining and Environmental Justice Community Network of South Africa v minister of environmental affairs.

[②] 张小虎：《化解对非投资的环境法律风险》，《中国投资》2019 年第 14 期。

术、重大项目动向通过媒体及时与公众交流。例如，中材建设有限公司在建设中材水泥工厂过程中，严格遵守东道国环境保护标准，注重环境保护，如在工程建设过程中洒水降粉尘；提高项目基地绿化率，积极利用和推广新技术新工艺，节约资源，降低能耗，减少污染，维护自然环境和生态平衡，取得了当地民众的一致认可。

第四章　西部非洲及其主要国家的环境保护法律规制

近年来，西部非洲地区成为中非共建"一带一路"和推进产能合作的重点区域。数据显示，截至 2019 年年底，在中国对非直接投资存量前十位的国家中，尼日利亚累积 21.9 亿美元、加纳累积 18.3 亿美元，分别位列第六和第七位。在工程承包领域，2019 年，中国企业在西部非洲国家新签合同额 259.7 亿美元，同比下降 4.2%，完成营业额 107.2 亿美元，同比增长 12.2%。[①] 可见，近年来西部非洲是中国对非工程承包和基建发展迅速的区域，完成合同额在非洲五大区域中增长较快。从中国企业在西部非洲地区新签和正在开展的投资项目类型来看，以石油天然气开采和能源矿业开发为主体，道路建设、房地产、运输业、制造业等全面发展。因此，随着中国在西部非洲地区的投资和建设领域的不断扩大，相关行业在承建运营过程中的环境法律风险也由此产生，亟待中国投资企业高度关注。

第一节　西部非洲的区域特征与中国投资概况

西部非洲地区拥有一定的区位优势，部分国家濒临大西洋，拥有不少优良的海运港口，经济发展较依赖石油和矿产资源。同时，西部非洲国家众多，多为原法属殖民地，法律体系上呈现出大陆法系的成文法特征，受法国法影响较深。截至 2020 年年初，西非国家尼日利亚拥有 2.01 亿人口，既是非洲人口第一大国，也是非洲第一大经济体，其在

[①] 中华人民共和国商务部、中国对外承包工程商会：《中国对外承包工程发展报告 2019—2020》，2020 年，第 54 页。

2020 年度的 GDP 为 4578 亿美元，人均 2277 美元。近年来，中国加大了与西部非洲各国的合作力度，目前西非是中国在非承包工程新签合同最多的地区之一。

一　西部非洲的地理位置与国家分布

非洲西部地区是非洲大陆南大西洋海岸线周边地区，呈东西走向，被欧洲殖民时曾以象牙海岸和黄金海岸闻名，曾是奴隶贸易操纵地。20 世纪初期，除利比里亚外，西非各国均为欧洲列强殖民地。其边界东至乍得湖，西濒大西洋，南濒几内亚湾，北为撒哈拉沙漠。西非地区面积 638 万平方千米，占非洲 1/5。该地区人口约占全非总人口的 1/3，皆为黑色人种。西非地区通常主要包括西撒哈拉地区、毛里塔尼亚、塞内加尔、冈比亚、马里、布基纳法索、几内亚、几内亚比绍、佛得角、塞拉利昂、利比里亚、科特迪瓦、加纳、多哥、贝宁、尼日尔、尼日利亚 16 个国家和 1 个地区。

全境地势低平，一般海拔 200—500 米。南部为富塔贾隆和包奇高原，东北为贾多和阿伊尔高原，沿海有平原，气候和植被有明显的纬度地带性，北部热带沙漠气候，中部热带草原气候，南部热带雨林气候。内地与西部干热，沿海多雨。主要河流有尼日尔河、塞内加尔河、沃尔特河和冈比亚河，其中尼日尔河是西非最大的河流，也是非洲第三大河。主要的港口在阿比让（Abidjan），是科特迪瓦原来的首都，它是科特迪瓦最大的城市，也是西部非洲著名的良港。主要的海湾是几内亚湾。主要湖泊是乍得湖（Chad Lake），它是非洲第四大湖。

西部非洲富铝土、金刚石、石油、金、锰、铁、铜、铌、铀矿等。农产品有油棕、蜀黍、可可、棕榈仁、花生、咖啡、橡胶等。其中可可、花生等占有世界重要地位。经济以农矿业为主，发展水平在非洲居中。半荒漠带经济以畜牧业为主。目前，西非 16 个国家除毛里塔尼亚外均为西非国家经济共同体（Economic Community of West African States，ECOWAS）成员。西非国家中央银行发行西非法郎，现时流通于尼日尔、布基纳法索、马里、塞内加尔、几内亚比绍、科特迪瓦、多哥和贝宁。

二 中国在西部非洲投资的基本概况

西部非洲国家众多，该地区具有较为丰富的油气和矿产资源，经济发展呈现出增长态势，中国与西非国家近年来开展了一系列涉及石油开发和管道设施建设、能源电力和矿产开发，以及一般建筑和交通运输等领域的合作，取得了较好成效。

数据显示，第一，除佛得角外，我国与西非各国双边贸易总体呈缓慢增长态势；其中与利比里亚双边贸易同比增长97%，中方出口39.1亿美元，增长99.6%，进口1.2亿美元，增长39.4%，增长幅度较大；在西非地区，我国与尼日利亚和加纳的贸易额最高，与几内亚比绍和佛得角的贸易额较少。第二，从投资存量上看，尼日利亚、加纳和尼日尔是我国累积投资最多的国家；在年度流量上，我国对尼日利亚和尼日尔的投资额最高，对塞内加尔和科特迪瓦的投资明显增加；2019年，我国企业对佛得角无新增直接投资。第三，在承包工程上，我国与西非各国在合同额和营业额上的增长率不稳定，但在冈比亚、加纳、科特迪瓦、塞内加尔、利比里亚、布基纳法索等市场国的新签合同额度出现大幅增长。如2019年，中国在尼日利亚完成营业额50亿美元（同比增长13.5%）；在科特迪瓦，新签工程承包合同额34.9亿美元（同比增长71.9%）、完成营业额10.9亿美元（同比增长28.2%）；在加纳，新签工程承包合同额42.9亿美元（同比增长33.2%）；在塞内加尔，新签工程承包合同额10.25亿美元（同比增长153.7%）。[①] 第四，在投资领域上，我国对西非投资多集中在能源资源开采、矿业开发、基础设施建设、渔业和农业、通信方面。通过以上数据分析，我国目前对西非的投资还较多依靠当地自然资源，对布基纳法索和佛得角多为经济援助状态。我国投资额与营业额的波动，表明我国对非投资额与营业额之间不存在正负关系，可见影响二者的因素较多，完成目标的风险较高。因此，对非投资应当尽可能考虑存在的风险因素，及时针对风险提出有效的防范措施。

---

① 中华人民共和国商务部、中国对外承包工程商会：《中国对外承包工程发展报告2019—2020》，2020年，第56页。

表 4-1　　2019 年度中国与西部非洲地区各国的经贸合作数据

国别	双边贸易	投资金额	承包工程
加纳	2019 年中国与加纳双边贸易额 74.6 亿美元，同比增长 2.9%，其中，中方出口 49 亿美元，增长 1.9%，进口 25.6 亿美元，增长 4.9%	2019 年中国对加纳直接投资流量 2941 万美元；截至年末，中国对加纳直接投资存量 18.31 亿美元	2019 年，我国在加新签工程承包合同额 42.9 亿美元，同比增长 33.2%，完成营业额 8.2 亿美元，同比下降 27.8%
利比里亚	2019 年，与利比里亚双边贸易额 40.3 亿美元，同比增长 97%，其中，中方出口 39.1 亿美元，增长 99.6%，进口 1.2 亿美元，增长 39.4%	2019 年，我国企业对利全行业直接投资额为 2644 万美元；截至年末，中国对利比里亚直接投资存量 1.68 亿美元	2019 年，在利新签工程承包合同额 3 亿美元，同比增长 138.7%，完成营业额 4.4 亿美元，同比增长 123.5%
塞内加尔	2019 年，与塞内加尔双边贸易额 25.12 亿美元，增长 10.59%，其中，中方出口 22.11 亿美元，增长 3.18%，进口 3.01 亿美元，增长 134.06%	2019 年，我国企业对塞直接投资额 7243 万美元；截至年末，中国对塞内加尔直接投资存量 2.3 亿美元	2019 年，在塞新签工程承包合同额 10.25 亿美元，同比增长 153.7%，完成营业额 8.84 亿美元，同比下降 22.6%
布基纳法索	2019 年，与布基纳法索双边贸易额 3.2 亿美元，同比增长 1.1%，其中，中方出口 2.6 亿美元，增长 17.3%，进口 0.6 亿美元，下降 37.0%	2019 年中国对布基纳法索直接投资流量 126 万美元；截至年末，中国对布基纳法索直接投资存量 149 万美元	2019 年，在布新签工程承包合同额 1.4 亿美元，同比增长 275.5%，完成营业额 0.1 亿美元，同比下降 66.5%
科特迪瓦	2019 年，与科特迪瓦双边贸易额 25 亿美元，同比增长 16.4%，其中，中方出口 20.4 亿美元，增长 7.9%，进口 4.6 亿美元，增长 79.4%	2019 年中国对科特迪瓦直接投资流量 8526 万美元；截至年末，中国对科特迪瓦直接投资存量 5.64 亿美元	2019 年，在科新签工程承包合同额 34.9 亿美元，同比增长 71.9%，完成营业额 10.9 亿美元，同比增长 28.2%
几内亚比绍	2019 年，我国与几内亚比绍双边贸易额 4000 万美元，同比增长 7.66%。其中，中方出口 3200 万美元，同比增长 7.06%，进口 800 万美元，同比增长 10%	2019 年，我国企业对几比全行业直接投资 296 万美元；截至年末，中国对几内亚比绍直接投资存量 2671 万美元	2019 年，在几比新签工程承包合同额 1231 万美元，同比下降 48.5%，完成营业额 988 万美元，同比增长 244%
佛得角	2019 年，与佛得角双边贸易额 6400 万美元，同比下降 18.27%，其中我国自佛进口 2.87 万美元，其余均为我方出口	2019 年，我国企业对佛无新增直接投资	2019 年，在佛新签工程承包合同额 4 万美元，同比下降 98.7%，完成营业额 6671 万美元，同比增长 143.1%
多哥	2019 年，与多哥双边贸易额 23.1 亿美元，同比增长 8.3%，其中，中方出口 21.3 亿美元，增长 7.2%，进口 1.8 亿美元，增长 23.8%	2019 年中国对多哥直接投资流量 828 万美元；截至年末，中国对多哥直接投资存量 1.01 亿美元	2019 年，在多新签工程承包合同额 1731 万美元，完成营业额 1.2 亿美元

续表

国别	双边贸易	投资金额	承包工程
塞拉利昂	2019年，与塞拉利昂双边贸易额5.1亿美元，同比增长18.4%，其中，中方出口3.1亿美元，增长23.9%，进口2亿美元，增长10.5%	2019年当年中国对塞拉利昂直接投资流量76万美元。截至年末，中国对塞拉利昂直接投资存量16532万美元	2019年，在塞新签工程承包合同额0.7亿美元，同比下降92.6%，完成营业额1.3亿美元，同比下降5.7%
尼日利亚	2019年，与尼日利亚双边贸易额192.8亿美元，同比增长26.2%，其中，中方出口166.3亿美元，增长24%，进口26.5亿美元，增长42.5%	2019年中国对尼日利亚直接投资流量1.23亿美元；截至年底，中国对尼日利亚直接投资存量为21.94亿美元	2019年，在尼新签工程承包合同额125.6亿美元，同比下降26.2%，完成营业额50亿美元，同比增长13.5%
马里	2019年，与马里双边贸易额6亿美元，同比增长37.2%，其中，中方出口4.4亿美元，增长26%，进口1.6亿美元，增长81%	2019年中国对马里直接投资流量1849万美元；截至年末，中国对马里直接投资存量3.05亿美元	2019年，我国在马新签工程承包合同额1.35亿美元，同比下降16%，完成营业额4.3亿美元，同比增长8%
几内亚	2019年，与几内亚双边贸易额41.8亿美元，同比增长17.6%，其中，中方出口17.2亿美元，增长26.9%，进口24.6亿美元，增长11.9%	2019年中国对几内亚直接投资流量5304万美元；截至年末，中国对几内亚直接投资存量7.63亿美元	2019年，在几新签工程承包合同额26.6亿美元，同比增长64.2%，完成营业额12.2亿美元，同比增长50.6%
冈比亚	2019年，与冈比亚双边贸易额5.8亿美元，同比增长30.9%，其中，中方出口5.1亿美元，增长20.2%，进口0.7亿美元，增长256.1%	2019年中国对冈比亚直接投资流量451万美元；截至年末，中国对冈比亚直接投资存量1390万美元	2019年，在冈新签工程承包合同额0.8亿美元，同比增长1839.8%，完成营业额0.7亿美元，同比增长99.9%
毛里塔尼亚	2019年，与毛里塔尼亚双边贸易额19.57亿美元，同比增长3.07%，其中，中方出口10.26亿美元，下降1.06%，进口9.31亿美元，增长8.03%	2019年中国对毛里塔尼亚直接投资流量746万美元；截至年末，中国对毛里塔尼亚直接投资存量1.81亿美元	2019年，在毛塔新签工程承包合同额2.09亿美元，同比下降8.5%，完成营业额2.95亿美元，同比增长61%
尼日尔	2019年中尼进出口总额为5.11亿美元，同比增长77.9%。其中，中国出口2.87亿美元，同比增长147.2%；中国进口2.24亿美元，同比增长30.8%	2019年，中国对尼日尔直接投资流量1.78亿美元；截至年末，中国对尼日尔直接投资存量9.57亿美元	2019年中国企业在尼日尔新签承包工程合同49份，新签合同额9.55亿美元，完成营业额3.00亿美元

国别	双边贸易	投资金额	承包工程
贝宁	2019年,中贝双边贸易额23.1亿美元,较上年增长4.5%。其中,中国出口21.53亿美元,同比增长0.15%;中国进口1.54亿美元,同比增长219.4%	2019年,中国对贝宁直接投资流量1979万美元;截至年末,中国对贝宁直接投资存量9144万美元	2019年中国企业在贝宁新签承包工程合同13份,新签合同额1391.76万美元,完成营业额2.44亿美元

资料来源：商务部国际贸易经济合作研究院、商务部对外投资和经济合作司、中国驻上述各国大使馆经济商务处编《对外投资合作国别（地区）指南·2020年版》。

第二节 西部非洲国家的环境立法体系

西部非洲国家多为原法属殖民地，在法律体系上大多沿袭法国的大陆法系传统，以实体法的成文化法典编纂为特色。另外西部非洲地区也有超过10个国家将环境权写入了宪法，尤其是非洲法语国家，成为非洲环境权入宪的主力军。由此，西非各国形成了较为完备的环境立法体系。

一 环境权入宪的基本规定

西非地区国家中在宪法中明确规定了环境权条款的有贝宁、布基纳法索、多哥、佛得角、马里、尼日尔、科特迪瓦、几内亚、塞内加尔、毛里塔尼亚等国。

贝宁1990年宪法第27条规定了公民有获得健康、舒适和可持续的环境的权利以及捍卫和保护环境的义务，并规定了国家维护环境的责任。[1] 布基纳法索1991年宪法第29条也规定了公民健康环境权以及保护、捍卫和改善环境的义务；第30条规定所有公民对于破坏环境或文化、历史遗产的

---

[1] 孙谦、韩大元主编：《世界各国宪法·非洲卷》，《世界各国宪法》编辑委员会编译，中国检察出版社2012年版，第57页。

行为均有权发起行动或参加集体行动提出请愿。① 多哥 1992 年宪法第 41 条规定公民均有权要求干净的环境以及国家有环境保护的责任。② 佛得角在 2010 年新修改的宪法第 70 条规定：公民均有权享有健康的生活和生态平衡的环境，且有义务保卫和保护环境，国家和市政府在环境保护与环境养护组织的合作下，应当保证所有自然资源的合理利用，国家应当推动和支持创立环境保护、自然资源保护协会。③ 马里 1992 年宪法第 15 条规定任何人享有健康环境权，任何人和国家有义务保护环境和改善生活质量。④ 尼日尔 2010 年新宪法规定："任何人都享有健康的环境的权利，国家和个人有义务保护和改善环境。"⑤ 科特迪瓦 2000 年宪法第 19 条规定："人人均享有健康环境权。"⑥ 几内亚 2010 年新宪法规定："任何人都享有健康和可持续的环境权，并负有保护环境的义务，国家应当监督环境保护，以及对有害废物或污染物在境内的中转、进口、储存、排放及所有与此有关的协议均构成对国家的犯罪，适用的处罚由法律予以规定。"⑦ 塞内加尔在宪法第二章公共自由和人的自由、社会经济权利和集体权利第 8 条中规定所有公民都享有健康环境权。毛里塔尼亚 2012 年新宪法第 19 条第 2 款规定公民享有与政府同等的权利、履行同等义务，他们拥有平等参与祖国建设，以及在同等的条件下拥有可持续发展、获取平衡生态以及享

---

① 孙谦、韩大元主编：《世界各国宪法·非洲卷》，《世界各国宪法》编辑委员会编译，中国检察出版社 2012 年版，第 93 页。

② 孙谦、韩大元主编：《世界各国宪法·非洲卷》，《世界各国宪法》编辑委员会编译，中国检察出版社 2012 年版，第 126 页。

③ 孙谦、韩大元主编：《世界各国宪法·非洲卷》，《世界各国宪法》编辑委员会编译，中国检察出版社 2012 年版，第 142 页。

④ 孙谦、韩大元主编：《世界各国宪法·非洲卷》，《世界各国宪法》编辑委员会编译，中国检察出版社 2012 年版，第 150 页。

⑤ 孙谦、韩大元主编：《世界各国宪法·非洲卷》，《世界各国宪法》编辑委员会编译，中国检察出版社 2012 年版，第 749 页。

⑥ 孙谦、韩大元主编：《世界各国宪法·非洲卷》，《世界各国宪法》编辑委员会编译，中国检察出版社 2012 年版，第 392 页。

⑦ 孙谦、韩大元主编：《世界各国宪法·非洲卷》，《世界各国宪法》编辑委员会编译，中国检察出版社 2012 年版，第 243 页。

受健康生活的权利。①

这些国家大多通过权利义务结合型的条款设计模式将"享有健康环境权与保护环境"上升到公民的宪法权利与义务,从而赋予每个公民宪法环境权和环境保护义务,甚至有些国家的宪法将国家规定为环保义务的主体,如佛得角、马里、尼日尔等国,这凸显了西部非洲各国对环保的重视度和对环保力度的加强。环境保护为发展所趋,没有无义务的权利,也没有无权利的义务,二者相结合以确保每位公民在享有健康环境权利的同时也履行相应的保护环境义务。

二 环境基本法与法律法规

西非地区各个国家基本制定了环保法作为综合管理国家环境的依据,并建立了国家环境管理机构,确立环保机构的权力职能、明确管理范围和运营方式,出台了相关的环保法规,加大了环境保护的力度,根据法律法规要求生产经营者须进行环境评价,同时规划和制定解决方案。一方面,在环境基本法上,以颁布环境实体法的法典为特色,多以"环境法"或"环境保护法"命名,与南部非洲地区颁布环境程序法并以"环境管理法"命名有显著的区别;另一方面,西部非洲国家也颁布有大量的、不同领域的环境法规,内容详细具体。

(一) 西非各国环境基本法的主要内容

西部非洲地区多以法语国家为主,在法律体系上受大陆法系成文立法影响,多颁布有环境法典,且在内容上以环境实体法为特色,各国多形成了内容全面的综合性环境法典。

---

① Article 19.

Every citizen must loyally fulfill his obligations towards the national collectivity and respect public property and private property.

The citizens enjoy the same rights and the same duties vis-à-vis the Nation. They participate equally in the construction [edification] of the Fatherland and have right, under the same conditions, to sustainable development and to an environment balanced and respectful of health.

表 4-2　　　　　　　西部非洲国家的主要环境法律及其内容

国别	法律	主要内容
塞内加尔	《环境法》	规定政府通过征收"环保税"推动环境保护工作的开展，凡生产不能自然降解物质者都将缴纳环保税。还对废气、废水的排放作了规定，要求有关单位在排放废水前做净化处理。禁止"制造可能危害人身健康、严重妨碍邻居或破坏环境的噪声"，噪声等级限制都以法令的形式加以确定
布基纳法索	2013年修订的《环境法》，2011年修订的《森林法》	《环境法》规定政府根据环保标准对项目对环境的影响作出评价
多哥	2008年《环境法》和《森林法》	
冈比亚	1994年《国家环境管理法》	规定保护和促进自然资源的合理利用
几内亚	1989年《环境开发和保护法》	规定了环境保护和管理的法律总框架。基本要点如下：企业在经营过程中如涉及森林、动植物、大气、水体保护及污染事故，需拟订环境保护方案，报有关部门批准，作为企业经营的前提条件。在项目进行过程中企业必须减少对环境的破坏和对居民的影响，如造成损害或需移民应给予补偿。如违反有关法律，情节较轻者处以5万—100万几郎罚款，情节严重者判处一至五年有期徒刑。每年7月1日至9月30日为禁伐期，禁止采伐和运输木材。每年7月1日至8月31日为休渔期，禁止一切工业化捕捞
几内亚比绍	关于环境保护的单独立法还在起草中	该法共有40条款项，涉及项目评价和违规罚款等。主要内容：要求投资者在几内亚比绍境内投资前，向几比环境与可持续发展国务秘书处提交投资项目简介或投资项目环境评价报告，制订出项目环保计划，申请废水、废气和废渣排放许可证，并交纳有关费用
科特迪瓦	1996年修订的《环境法》	规定国家所有建设项目的可行性报告必须明确环保措施，经相关部门审核后方可实施；严禁进口、贩卖、储存有毒或有核辐射的垃圾或工业原料，违者处十五至二十年有期徒刑，并罚款1亿—1.5亿西非法郎；严禁向河流、泻湖、海洋中倾倒有毒物质、工业废料、医疗垃圾等污染物，违者处两个月至两年有期徒刑，并罚款200万—5000万西非法郎；由国家环境署裁定企业是否制造空气污染，如裁定确实，则处以责任人两个月至两年有期徒刑，罚款5000万西非法郎；违法采伐森林或违法放牧者，处以两个月至两年有期徒刑，罚款200万—5000万西非法郎；蓄意破坏古迹、重要纪念设施的，处以两个月至二十年有期徒刑，罚款200万—5亿西非法郎

续表

国别	法律	主要内容
利比里亚	2002年《环境保护法》	规定经济主体有责任消除对环境的有害影响,维护清洁卫生的环境。经济主体需在开展项目前向环保局提交环境影响评价报告,否则将受到经济处罚。介绍了利用大气、水、有害废物、噪声、电离辐射等环境质量标准;污染防控和许可制度;涉及森林、自然保护区,动植物保护等内容
毛里塔尼亚	《环保法》	明确规定:对有可能对环境造成明显影响的所有活动,必须事先取得环保机构对环境评价的认可。毛塔没有专门负责环境保护的执行机构,环境与可持续发展部长级代表负责在法律文本中确定需要进行环境评价的活动范围,各部委负责按照确定的活动范围执行环境评价
佛得角	1997年《环境保护基本政策》	
塞拉利昂	2000年《环境保护法》	规定在塞拉利昂从事对可再生资源造成大幅影响;对农业和渔业造成重大影响的活动;水利资源的开发利用;公共建设;工业设施建设;矿业;萃取工业;废旧物品的处理和排放;房屋建设、娱乐场地建设、汽修站以及电焊场所建设等活动均需向塞拉利昂环保局提交环境影响评价报告,经过审核并取得许可后方可进行
贝宁	《环境和自然保护法》	规定从子孙后代福利和未来持续发展着想,贝宁实行环境保护,促进经济发展。环境保护重视事前预防,违反环保法律的要进行经济处罚或刑事处罚

资料来源:商务部国际贸易经济合作研究院、商务部对外投资和经济合作司、中国驻上述各国大使馆经济商务处编《对外投资合作国别(地区)指南·2020年版》。

(二) 西部非洲国家的环境保护法律法规和战略计划

西部除了特色鲜明的环境法法典化,还颁布有分类较为全面的环境部门法规,同时,为明确环境保护政策,各国还颁布有环境战略计划。

表4-3　　　　西部非洲国家的环境法规、计划及其主要内容

国别	相关法律法规、法案与环境战略计划	主要内容
加纳	1897年《海滨设障条例》,此外目前环保法规主要还有《环境保护法》、1994年《环保事务局法》、1999年《危险和电子废物控制和管理法》和《环境评价条例》以及《2005年臭氧消耗物质和产品管理条例》	《环境保护局法》(1994年),确立环保局权力、明确其管理范围。《环境评价条例》主要规定了"环境许可"的申请、注册,授予和费用以及对"初步环境报告及环境影响报告"的审议、审查及其公告的发布,和许可证的有效期,环境证书要求的程序性规定等

续表

国别	相关法律法规、法案与环境战略计划	主要内容
佛得角	2006年《公共和私人项目环境评价办法》	经济主体有责任消除对环境有害影响；经济主体必须登记排放物的种类和数量，并每年向环境总局提交环境影响报告；环境总局可以责成经济主体向环保基金缴纳有关环境保护费
冈比亚	《环境质量标准》《环境影响评价指南》《生物多样性法》《反对乱扔垃圾条例》《渔业法》《环境影响评价条例》	对空气质量、水（包括地表淡水和地下水）质量制定了标准。地表淡水和地下水质量监测设定了物理化学参数和标准。注重生物多样性保护，对生物多样性保护区域进行的经济活动进行规定，对可能对保护区域造成不利影响的行为规定了处罚措施
几内亚比绍	《森林法》《水法》《自然保护区法》	
马里	(1) 动物资源保护：《野生动物及其居住地管理法》（N°95—031号）、《游客进口猎枪管理条例》（N°97—0972号）、《森林开发征收税费法》（N°01—136号）、《动物保护区和庇护地分类法》（N°99—321号）、《狩猎证权利实施条件法》（N°97—052号）、《狩猎向导实施条件和方式法》（N°97—051号）、《野生动植物样品拥有、交易、进出口、运输法》（N°02—017号）、《非常驻外国人狩猎特许证颁发条件法》（N°98—0139号）、《常规和特许狩猎实施条件法》（N°95—2489号）。(2) 森林资源管理：《树木开发、运输和贸易条件法》（N°95—003号）、《国有动植物开发收入分配法》（N°04—137号）、《森林资源管理条件法》（N°95—004号）、《国有森林开荒特许证颁发征费法》（N°97—053号）、《森林开发征税分配和退税实施细则》（N°98—402号）、《国有森林开荒程序法》（N°99—320号）、《森林分级和降级、绿化和保护范围法》（N°00—022号）、《森林开发许可证所附权利法》（N°01—404号）、《国有森林整治和保护基金、动物管理和保护基金创立法》（N°04—005号）	(1) 森林保护：根据《森林资源管理条件法》（N°95—004号），以下领域禁止开荒：河流发源地、经济树种集中地、公共卫生保护地、国防保护地、分级林和再生林以及存在土壤流失风险的山坡和高地、距河流和沼泽25米以内的区域。违反该法律，执法部门有权采取以下措施：没收开荒地原有资源、向司法部门起诉，包括根据实际损失罚款或对当事人、企业法人实行1—3个月监禁。(2) 动物资源保护：根据《野生动物及其居住地管理法》（N°95—031号），在野生动物区，从事地面或水下挖掘、矿石开采、道路开通、工程建设之前，必须事先向政府主管部门申办许可证。项目结束后，被授权企业负责恢复原状或实施补偿工程

第四章　西部非洲及其主要国家的环境保护法律规制　　179

续表

国别	相关法律法规、法案与环境战略计划	主要内容
马里	（3）水资源管理：《污水和生活垃圾管理办法》（N°01—395号）、《马里共和国畜牧宪章》（N°01—004号）、《水法》（N°02—006号）、《地方管理和组成原则法》（N°96—050号）、《渔业养殖保护分级和降级法》（N°96—010号）、《养鱼许可证征费率法》（N°96—010号）、《渔业养殖管理条件法》（N°95—032号）。 （4）杀虫剂管理：《杀虫剂管理和批准条例》（N°02—306号）、《植物检疫实施细则》（N°02—305号）、《杀虫剂管理和批准条例实施细则》（N°02—014号）。 （5）污染和危害管理：《污染和危害管理基本原则法》（N°01—020号）、《大气污染管理细则》（N°01—397号）、《噪声污染管理细则》（N°01—396号）、《含铅汽油禁止进口和销售法》（N°061218号）、《有害废料清单》（N°07/P—RM号）	（3）大气保护：根据《大气污染管理细则》（N°01—397号），企业生产所产生的有害物体排放指标不得超过世界卫生组织规定的标准；生产过程产生粉尘的，必须加装粉尘收集设备；产生有害气味和烟尘的，也必须安装处理设备。各企业各项检测报告要定期向环保部门上报。 （4）水体保护：根据《水法》（N°02—006号），禁止向水中直接或间接排放有害公共健康和动植物的废料；企业建设或生产需要临时或永久改变河流走向，获取水源（包括地下水），必须申办许可证
毛里塔尼亚	在保护渔业资源、旅游资源、自然环境及防止气候变暖等方面都有相应的法律法规	在水污染、空气污染、土壤污染、噪声污染、化学品泄漏、水源的保护、生物多样性的保护等方面有较为详细的规定
尼日尔	《水资源法》《环境法》及其修正案4个。①②③④	《水资源法》：水资源管理相关的财税制度；水资源使用的分配原则；在没有本法令所规定的授权的情况下，任何人进行水资源的提取治理、提取、工作以及工程或者设施的建造，将面临的刑事处罚。《环境法》：大气保护；有害或危险化学物质；自然资源的管理以及对违法行为的刑事处罚

---

① Loi N0 98-56 du 29 décembre 1998 portant Loi-cadre relative à la gestion de l'environnement.

② Décret N02000-369 /PRN/ME/LCD du 12 octobre 2000 portant attributions, organiation et fonctionnement du Bureau d'Evaluation Environnementale et des Etudes d'Impact .

③ Décret N0 2000-397/PRN/ME/LCD du 20 octobre 2000 portant sur la procédure administrative d'évaluation et d'examan des Impacts sur l'environnement.

④ Décret N02000-398/PRN/ME/LCD du 20 octobre 2000 déterminant des activités, travaux et documents de planification assujettis aux Etudes d'Impacts sur l'Evironnement.

续表

国别	相关法律法规、法案与环境战略计划	主要内容
尼日利亚	1988年《联邦环境保护署法案》、1992年《环境影响评价法案》、1998年《有害废物法案》；2002年《尼日利亚石油工业环境指南和标准》（尼日利亚石油资源局颁布）。此外，尼日利亚各州也有权制定本州的环保法规，如巴耶尔萨州《环境保护法》和三角洲州的《环境保护规范与标准》等	对森林保护、大气保护、水体保护、污染事故处理和赔偿标准以及对违法行为的处罚规定较为详细。《环境影响评价令》要求相关项目建设必须进行环评，涵盖农业开发、机场建设、排灌系统、围填海工程、渔港建设、林地使用、住房建设、工业建设、基础设施建设、港口建设、矿产开发、油气开采、发电输电、采石作业、铁路建设、交通设施、旅游设施、废物处理、供水项目等领域
塞拉利昂	2010年《环境保护局法案》	该法案确定了塞拉利昂环境保护局的组成结构及职责范围；规定了禁止在塞拉利昂从事的经济活动或行为，如禁止进口有毒或有害废物、禁止进口国际上禁止的化学品或物质、禁止向大气、土壤和水中排放有毒有害物质、对于防臭氧层被破坏、对氟氯化合物含量等有相应规定；规定了需申请许可证的活动范围及程序等
塞内加尔	1998年《海洋捕鱼法》（第98-32号）、1988年《采矿法》（第88-06号）、1998年《森林法》（第98/03号）和1998年《环境保护法》（第98/164号）、2006年《关于城镇固体废物处理法》（第2006-860号）等。此外，实行《环保计划》和《林业行动计划》（FSAP）；为防止气候变化和保护臭氧层，制定了气候变化框架公约；生物多样性的行动纲领；危险废物管理计划等。在1997年和1998年通过了新林业法、水法、石油守则、海上垂钓等法律文本和守则	

资料来源：商务部国际贸易经济合作研究院、商务部对外投资和经济合作司、中国驻上述各国大使馆经济商务处编《对外投资合作国别（地区）指南·2020年版》。

三 西部非洲区域组织的环保规定

西部非洲各国多为原法属殖民地，多以法语为通用语言，其法律一体化程度较高，区域一体化发展较快，西非各国经济、货币和商法统一化程度亦较高。因此，西非区域性组织法律文件中有关生态环境与自然资源保护的内容也大多被各成员国所吸收，对环境立法具有重要影响力，对本区域的投资活动具有约束力。

西非国家经济共同体（Economic Community of West African States）是非洲最大的发展中国家区域性经济合作组织，1975年5月28日建立。西非国家经济共同体以加强一体化，促进成员国在政治、经济、社会和文化等方面的发展与合作为宗旨。该组织的条约协定中有关环境保护内容主要有：第一，1993年《西非国家经济共同体修订条约》[1]，条约目的是促进各国的合作与一体化，提高人民的生活水平，维护经济稳定、增强经济发展，协调成员国之间的关系并促进非洲大陆的发展与进步。条约规定分阶段协调国家政策，促进一体化活动，特别是在粮食、农业和自然资源、工业、运输和通信能源、税收等领域进行改革。注重协调保护环境的政策，在环境保护方面，规定国家和区域各级通过政策建立适当的机构，以保护、维护和改善环境，在发生自然灾害时加强合作，控制侵蚀、滥伐森林、沙漠化、消灭蝗虫和其他害虫，严控危险和有毒废物的排放。在自然资源保护方面，协调开发和利用矿产和水资源的计划，就矿产资源的勘探和水资源的开发与配置交换意见、统一政策，完善原材料定价和销售方法，建立一个成员国之间的转化专门知识、交流科学技术和经济数据的系统。第二，《民主和善治补充议定书》[2]，议定书提出西非国家经济共同体多年来的主要成就超越了所有部门，包括了重新努力加强成员国的环境治理、总体环境保护、能力建设以及可持续发展资源管理，推广可再生能源技术和服务。协定书在展望未来的同时，还协调了宏观经济政策、实施了共同的对外关税（CET），在多边监督、贸易自由化、关税同盟、产业政策、矿产开发方面取得了积极进展，在农业和环境、基础设施交通、电信和能源等方面也得到了完善。第三，2013年6月召开的"阿比让部长理事会第70届常委会"[3]集中讨论了在西非国家经济共同体次区域中，为所有人实施可持续能源倡议，对西非国家经济共同体可再生能源政策作出

---

[1] Economic Community of West African States Revised Treaty (1993).

[2] Supplementary Protocol on Democracy and Good Governance.

[3] 70th Standing Committee of Abidjan Council of Ministers (2013).

了详细规定，重申了联合国人人享有可持续能源倡议的目标，该倡议旨在到 2030 年普及现代能源服务，加倍提高全球能源效率，将可再生能源在全球能源结构中的份额增加一倍。同时，提出通过在西非国家经济共同体成员国中推广和使用可再生能源与节能技术来改善能源安全，增加获得现代能源服务的机会，并以环境友好的方式支持该地区的经济和社会发展。

第三节　西部非洲国家的环境管理制度

在西部非洲国家中，塞内加尔、布基纳法索、毛里塔尼亚、几内亚、科特迪瓦、贝宁、尼日尔、马里八个国家曾合称"法属西非"。由于它们长期受法国政治与法律制度的影响，这使得大多数非洲法语国家继受了法国法律的传统。其他讲英语的西非国家，如塞拉利昂、利比里亚、冈比亚、加纳和尼日利亚的法律体系则多属英美法系。因此，西部非洲国家总体上拥有移植自殖民宗主国的、较为先进的环保制度。尤其是西部非洲矿产石油资源较为丰富，能矿项目开发力度大，这些正好是中国在西非地区投资活动的主要领域，相应的也就产生了较大的环境法律风险，易引发法律纠纷，可能被采取环境规制措施、面临环境诉讼等问题。西部非洲各国基本设立了环保管理部门，保护和改善自然环境，负责制定和实施有关环境保护的政策法规，负责管理国家环保事务，协调落实国家环境政策、环境评价报告、跟踪和监测环保相关项目与规划的环境方案、组织和领导全国范围内的环境检查等。另设下属部门，负责研究制定预防环境污染和破坏的相关政策、管理基础数据，还对企业投资对环境的影响做出评价，并提出整改意见等。

一　环境管理机构及其职能

西部非洲国家在国家行政体制内建立专门的环境保护、管理和监督的主管机构，同时还下设了分工明确的职能部门，完备的环境执法有利于环境资源保护的职能履行。

从环境管理行政体制看，西部非洲各国在环境法的实践执行方面，突出表现在环境执法机构建设上，形成了有一定执法能力的环境管理与监督机构，成为环境法实施的组织保证。各国还在国家级部门下设立了独立的环境保护局，在各地区首府和各区也有相应的区域和地区办事处，依法履行各自分工明确的职能，形成了一套较为系统全面的环保行政管理机制。特别是尼日利亚和马里两国，尼日利亚在联邦环境部下设了土壤保持、污染控制、森林保护、气候变化和环境影响评价等职能司局，保护区管理局以及能源资源半官方机构。马里则在环境、水利和清洁部下设了有国家水与森林局、国家清洁与污染和危害控制局、环境与可持续发展署、尼日尔河流域署。可见，上述西非两国在各自环境管理部下设置有各类环境管理机构，涉及了对自然资源等方面的保护，体现了西部非洲国家对环境保护的重视。

表 4-4　　　　西部非洲国家的环境主管部门及其下设机构

国别	部门	下设的主要执法机构
加纳	环境、科学、技术和创新部	环境保护事务局
布基纳法索	环境、绿色经济与气候变化部	国家环境评价局
多哥	环境与森林资源部	计划司
佛得角	环境、住房和土地规划部	环境总局
冈比亚	林业、环境、气候变化和自然资源部	国家环境局
几内亚	环境、水域、林业和可持续发展部	
几内亚比绍	环境国务秘书处	环境评价机构
科特迪瓦	环境与可持续发展部	国家环境署
利比里亚		环境保护局
尼日利亚	联邦环境部	土壤保持、污染控制、森林保护、气候变化和环境影响评价等职能司局，以及国家保护区管理局、尼日利亚森林研究所和国家石油泄漏勘查和处理局等半官方机构
马里	环境、水利和清洁部	国家水与森林局，国家清洁与污染和危害控制局，环境与可持续发展署，尼日尔河流域署
尼日尔	环境和可持续发展部	环境评价和影响研究局
毛里塔尼亚	没有环保部，但内阁中设有负责环境与可持续发展的部长级代表	
塞拉利昂	土地、国家规划和环境部	土地司和环境保护局
塞内加尔	环境和可持续发展部	

续表

国别	部门	下设的主要执法机构
贝宁	生活环境与可持续发展部	环保局

资料来源：商务部国际贸易经济合作研究院、商务部对外投资和经济合作司、中国驻上述各国大使馆经济商务处编《对外投资合作国别（地区）指南·2020年版》。

塞拉利昂的环境保护主管部门是土地、国家规划和环境部（Ministry of Lands, Country planning and the Environment），该机构的主要职责有制定全国土地转让和使用的相关政策；负责土地勘界、绘图和测量；加强与国际土地勘测机构的合作；利用法律手段执行国家土地规划和建筑物规划并清理非法建筑物；负责制订规划城市建设方案以及土地使用计划；制定国家环境政策；会同其他相关部门保护环境；加强与政府相关部门和国内国际相关机构的合作。该部下设的主要机构还有土地司和环境保护局，其中环境保护局也是下设的主要执法机构之一。[①]

冈比亚的环境保护主管部门是林业、环境、气候变化和自然资源部（MECCNAR）。该部全面负责监督和协调与环境，以及制定、实施与气候变化和自然资源有关的政策与计划。在履行职责时，MECCNAR支持并促进了国家环境局（NEA）、林业部（DOF）和公园与野生动物管理部（DPWM）的工作。该部的主要作用是促进治理可持续发展的环境，自然资源包括生物多样性的保护、管理、养护和发展等方面。其中《国家环境管理法案》（NEMA）创建了国家环境局（NEA），主要职能是确保冈比亚实现环境可持续与社会经济发展。主要涉及协调、咨询和协商，监督合规性并提供技术服务。根据1994年《国家环境管理法案》，国家环境局有权在与环境影响评价，建立环境质量和监测标准以及控制农药和危险化学品的进口和使用有关的事项上直接采取行动。在环境质量管理方面主要体现在污染控制层面。[②]

布基纳法索的环境保护主管部门是环境、绿色经济与气候变化部（Ministry of environment, green economy and climate change），主要职能是

[①] 中国驻塞拉利昂使馆经商处：《塞拉利昂政府主要部门职责介绍》，http://sl.mofcom.gov.cn/aarticle/ztdy/200404/20040400208073.html，2020年7月6日访问。

[②] 《环境、气候变化与自然资源部》，http://meccnar.gm/，2020年7月26日访问。

确保实施政府政策和监测生活环境卫生,并负责三个重要领域。一是环境保护领域,涉及环境保护和监测该国批准的国际环境公约、开发和监测环境教育计划、防治荒漠化和其他环境恶化原因的协调。二是保护森林和野生动植物,包括国家森林遗产的形成、分类、保护、开发和管理;与旅游部有关的国家公园,野生动植物保护区和类似保护区的形成、分类、保护和保护区管理;最大限度地利用野生生物;监管森林资源,野生动植物,渔业并监督其实施;有关部门和地方当局的水域保护。三是负责生活卫生,例如发起、协调、监管和监测与环境补救和改善城乡生活条件有关的活动;制定发展绿色空间和美化的国家政策;制定防止污染的法规;在公共卫生方面支持当地社区;制定和监测标准;回收和固体废物处理。①

科特迪瓦的环境保护主管部门是环境与可持续发展部(Ministry of environment and sustainable development),其主要职能是负责执行和监测政府有关环境保护和可持续发展的政策。②

综上,西部非洲国家环境保护部门为政府实施环境法提供了组织保证,其主要职能是致力于改善、保护和促进国家环境,发展可持续性环境,有效管理资源,并且负责监督国家环境政策实施以及促进国家可持续发展,改善国民生活环境状态,它们是保护和改善国家环境的主要机构。

二 环境许可证申请制度

国外投资企业在西部非洲国家开展涉及资源开发、化工、能源等项目,需要到环境执法部门或主要管理机构申请环境许可,相关技术部门对项目评价后发放许可证,程序及费用则须根据具体项目确定。有些国家的许可证有有效期的限制,到期前须再次向环境执法部门或主要机构申请。有的国家要求许可证不可转让,若项目变更所有人,须提前通知负责机构的负责人(提前通知的具体时间根据法律规定),申请变更所有人。部分

---

① "Burkina Faso Ministry of Environment", https://www.adaptation-undp.org/partners/burkina-faso-ministry-environment, accessed 2020-7-26.

② "Cote d'Ivoire's Ministry for the Environment and Sustainable Development", https://www.adaptation-undp.org/partners/cote-d%e2%80%99ivoire%e2%80%99s-ministry-environment-and-sustainable-development-0., accessed 2020-7-26.

国家在申报流程中需要提交补充材料，且须在法律规定的时间内完成提交。还有些国家要求企业及时按照要求填写表格、准备相关材料，并自行主动联系催促各环节联系人，且须在规定的时间内完成整个流程。另外，西部非洲国家环境许可证的申请项目种类较多，如涉及空气质量的许可证、废物和有毒物质许可证、电气和电子设备许可证、生物多样性保护许可证等。

三　环境影响评价制度

中国企业在西部非洲国家投资行业主要涉及石油和基础设施、机械制造、电子设备和服务业等领域，因此在承揽工程项目和投资时根据东道国规定一般需要进行环境评价，须向环保管理机构提交环境影响评价报告，经过审核通过后方可允许，涉及特定事项的，还要申请环境许可。环境评价制度内容主要包括重大环境问题、环评内容、环境显著性程度、特定群体的意见、环评监督等有关环境影响评价的一般性原则，还有需要进行环评的项目类别、环评的程序、审查小组、听证、实施等项目环境影响评价的具体事项，以及环评的权限、罚则和解释等其他有关事项。

表4-5　　　　西部非洲国家环境影响评价的基本信息

国家	环评管理机构	环评报告撰写	环评依据	环评审核费用	环评程序耗时
加纳	业主指定或熟悉的机构	/	《环境评价条例》	数万美金不等	半年至一年半
利比里亚	环境保护局（EPA）下属的环境影响评价（EIA）部门	/	《环境保护法》	/	/
塞内加尔	环境和可持续发展部	专门的环评部门	《环境保护法》	因项目而异	因项目而异
布基纳法索	环境与可持续发展部环境评价局	/	《环境法》	一定的环评资费	/
科特迪瓦	环境与保护部	项目实施单位与有资质的环评公司	《环境法》	一定的环评资费	/

续表

国家	环评管理机构	环评报告撰写	环评依据	环评审核费用	环评程序耗时
几内亚比绍	环境与可持续发展国务秘书处	/	《环保法》尚未提交国民议会通过	目前尚未最后确定	目前尚未最后确定
佛得角	农业和环境部所属环境总局	委托当地专业人员	《公共和私人项目环境评价办法》	不需缴纳环评费	3—6月
多哥	环境、可持续发展与自然保护部环境司	/	《环境法》	根据项目实际情况而定	/
塞拉利昂	环境保护局	/	《环境保护法》	依所经营项目和投资规模而有所不同	2—3月
尼日利亚	尼日利亚环境部环评司	/	《环境影响评价法令》	根据实际情况确定	根据实际情况确定
马里	环境、水利和清洁部	/	/	/	/
几内亚	环境、水域、林业和可持续发展部	/	《环境开发和保护法》	/	/
冈比亚	国家环保局（NEA）	/	《环境影响评价指南》《环境影响评价条例》	①初步筛选需支付1000达拉西，同时，筛选过程需按以下缴费：a. A类项目支付25000达拉西；b. B类项目支付10000达拉西；c. C类项目支付5000达拉西；d. 若项目是非营利、以社区为基础项目，且被归类为"C"，则需支付1000达拉西。②无论是以上何类项目，环境审批费用为项目开发成本的1%。③对于分类为"A"和"B"的项目，环境审批需每年更新，支付费用按照条款（1）分别为5000和3000达拉西。"C"类项目和社区发展类项目支付2000和500达拉西	20个工作日内

续表

国家	环评管理机构	环评报告撰写	环评依据	环评审核费用	环评程序耗时
毛里塔尼亚	毛里塔尼亚没有专门负责环境保护的执行机构，环境与可持续发展部长级代表负责在法律文本中确定需要进行环境评价的活动范围，各部委负责按照确定的活动范围执行环境评价	/	《环保法》	/	/
尼日尔	水利和环境部下属机构"环境评价研究局（简称BEEEI）"	/	《环境法》	3万美元左右	半年左右
贝宁	环保局	/	《环境和自然保护法》	根据具体项目确定。项目投资金额低于1亿西非法郎的，按1%费率收费；项目投资金额在1亿—10亿西非法郎的，1亿西非法郎以下部分按1%费率收费，以上部分按0.2%费率收费。项目投资金额在10亿—500亿西非法郎的，10亿西非法郎以上部分按0.02%费率收费。项目投资金额超过500亿西非法郎的，500亿西非法郎以上部分按0.01%费率收费	3个月内

资料来源：商务部国际贸易经济合作研究院、商务部对外投资和经济合作司、中国驻上述各国大使馆经济商务处编《对外投资合作国别（地区）指南·2020年版》。

具体环境评价流程根据东道国的环境影响评价法规确定，考察西部非洲各国的环评制度，其程序基本特点可以概括为：第一，企业提出申请，环保机构根据需要进行筛选和审查；若申请材料需要修改，则申请人须根据要求修改报告，并重新提交。第二，环保机构就申请发出一份筛选报告，该报告中明确说明申请是否获得批准，是否需要其他材料，并就审查等相关信息以举办公开听证会或者其他公开方式征求公众意见。第三，环保机构出具环评审查报告，审查认为合格后由环境保护机构向申请企业颁发该项目的环评许可证，申请人须支付环境证书的申请费用。第四，对于不遵守各国环评法规的，部分国家给予暂时吊销、取消或撤销许可证和证书的行政处罚，对于其他违法相关环境影响评价法律制度的，根据该国法律法规定罪量刑，对犯罪主体处以罚款、有期徒刑或二者并处。

四　石油和矿业法律制度

西部非洲国家石油和矿业资源丰富，品种多、储量大、分布广、开采价值高，特别是贝宁、加纳、尼日利亚、马里、塞内加尔、科特迪瓦、塞拉利昂、几内亚以及布基纳法索等国矿产丰富，且开发程度低，目前涌入了大量的开发投资者，西部非洲国家基本以石油矿产开采和出口为主要经济部门。丰富的储量与炼化能力不足的反差现象，让许多企业把握住了投资西部非洲国家的矿业的机遇。另外，为弥补石油和矿业经济单一化的缺陷，西部非洲国家政府尝试发展多元化经济，大力发展与矿产业相关行业，将矿业发展作为未来经济发展重点，矿产行业的投资也日渐升温，投资潜力巨大。

在贝宁，有两部有关矿业的法律，一部是1983年5月17日颁布的83-003和83-004号法，另一部是1989年7月28日颁布的89-296号法。两部法律均规定，一切矿产归国家所有，由国家授予勘查、开发和采矿活动以及相关权利。

在布基纳法索，其《投资法》规定外国企业与个人能够享受与布基纳法索本国企业或国民同等待遇，且不设行业限制。[①] 但外国法人无法持有开采许可证，需在布基纳法索建立并注册法人实体，任何所有权持有人需要注册并拥有一个代理商（除非所有权持有人拥有布基纳法索居住权），并提交代理商身份和资格给矿务管理局。

在几内亚，实行2011年《采矿法》，后在2013年4月9日，几内亚政府批准了新矿业法修正案，旨在建立更加灵活的税收制度，实现矿业开

---

① 商务部国际贸易经济合作研究院、中国驻布基纳法索大使馆经济商务处、商务部对外投资和经济合作司编：《对外投资合作国别（地区）指南：布基纳法索》，2020年，第42页。

发的双赢，使其矿业开发更具吸引力和竞争力，在经济发展中起到引擎作用。① 根据《采矿法》，采矿业的业权持有人仅在开采时才能获得地下及地表土壤内任何物质的左右权，包括铝土矿和铁矿，钻石、宝石、铂族金属和贵金属，其他贱金属，非金属物质，放射性物质，矿泉水和地热矿床。其中第 1 类和第 5 类投资额需确保超过 10 亿美元，其他情况下必须超过 5 亿美元。

在塞拉利昂，2009 年《矿山和矿产资源法》规定，外国投资者不能投资塞拉利昂手工或小规模矿业开发。与采矿有关的主要立法为 2009 年《采矿和矿产法》（MMA），该法规范了该国矿业活动的许可程序，2012 年该国根据 MMA 条款成立了国家矿产局，接管了矿业部门的管理和监管职责。②

在塞内加尔，对矿产行业的公司征收的三项主要税费包括增值税，采矿和采石业的特许权使用费和薪金预扣税。在石油和天然气领域，主要的税收和征税包括非商业利润的预提税，国家在天然气生产中所占份额的收益以及工资预提税。税收和土地局是负责收集和管理付给中央政府的税款的主要机构，而国有石油公司 PETROSEN 则从出售国有石油和天然气生产份额中收取收益。政府于 2016 年 11 月 8 日通过了新的《采矿法》，其中包括第 95 条，要求采矿公司参与 EITI 报告。塞内加尔计划开发矿产资源主要有铁矿、锆石矿、磷矿和金矿。在即将实施的塞内加尔新兴计划中，塞政府至 2020 年矿业发展目标：黄金产量 17 吨，铁矿产量 1500 万—2000 万吨，磷矿 250 万吨，磷酸盐 300 万吨，锆石矿 90 吨。③

在科特迪瓦，新颁布的 2014《采矿法》对采矿业进行了法律约束，规定只要事先获得授权即可从事采矿活动，采矿许可证持有人必须根据科特迪瓦法律创建公司，开采获得许可证的矿床。根据《采矿法》的规定，采矿许可证申请者需要提交 EIES（包括《环境和社会管理计划》和《场

---

① 商务部国际贸易经济合作研究院、中国驻几内亚大使馆经济商务处、商务部对外投资和经济合作司编：《对外投资合作国别（地区）指南：几内亚》，2020 年，第 50 页。

② 中国驻塞拉利昂使馆经商处：《塞拉利昂矿产资源管理规定》，http://sl.mofcom.gov.cn/article/ddfg/201507/20150701046973.shtml，2020 年 7 月 27 日访问。

③ 中国驻塞内加尔经商参处：《2020 年塞内加尔矿业发展目标》，http://senegal.mofcom.gov.cn/article/jmxw/201403/20140300505864.shtml，2020 年 7 月 27 日访问。

地修复计划》），且开始工作前必须获得环境合格证书。2018年11月科特迪瓦矿业和地质部提出打击非法淘金的两项新举措：一是成立专门部队打击非法采金活动及一切违反矿业法的行为，部队将配以无人机和卫星监视设备，以便更好地监控各个矿区，及时发现并摧毁非法采金点；二是由矿业开发公司（SODEMI）开办采矿工程学校，为自愿从事采矿的劳动者提供手工或半工业化采矿技术培训，学员一经培训合格即可前往采矿点工作。[①]

在马里，《采矿法》是主要矿产法律，后又在2012年颁布《采矿法令》对前述法律进行修订。2019年8月21日，根据矿业和石油部长提议，马里政府内阁会议审议通过了《矿业法》修订新草案，新版《矿业法》进行了如下修订：一是缩短稳定期持续时间；二是对勘探、河道淘金、生产阶段免征增值税、部分海关和税务优惠措施取消许可证；三是澄清手工、机械化和小规模采矿以及采矿企业社会责任领域的某些重要概念；四是将环保义务扩展到探矿阶段；五是调整矿物质分组；六是探索通过招标方式授予矿权的可能性；七是设立专门基金保证手工矿场的修复和安全，打击使用违禁品行为。[②]

根据西部非洲各国《采矿法》的内容，可基本概括为各国《采矿法》中规定的采矿权主要包括：勘探权、采矿特许权、勘探许可证、开采许可证，以及半工业勘探和开发许可证、手工开采许可证等。此外，申请矿山开采权的具体期限、单次延长期限、申请人提交报告时需要附带的勘探计划和年度预算等资料，许可证的有效期和可续期则在西非各国的《采矿法》中有着各不相同的规定。

五 非法采矿特别法庭

非法采矿屡禁不止，因为采矿能提供大量就业机会，还提供较高的收入。非法采矿是一项危险作业。特别是小矿开采技术落后，不仅给矿工生

[①] 中国驻科特迪瓦经商参处：《科特迪瓦出台打击非法淘金新举措》，http://ci.mofcom.gov.cn/article/jmxw/201811/20181102808946.shtml，2020年7月27日访问。

[②] 中国驻马里经商参处：《马里政府审议通过新版〈矿业法〉草案》，http://ml.mofcom.gov.cn/article/ddfg/201908/20190802894499.shtml，2020年7月28日访问。

命造成直接威胁，而且因为随意排放汞和氰化物等有毒化学物质，污染当地水源，会造成严重的社会问题。目前西部非洲各国政府致力于对小型金矿进行重组，如布基纳法索和加纳等国。调查显示，目前中国矿工前往非洲非法采矿的事件在当地媒体中被持续报道，也引发了西非各国政府加大对外来非法采矿活动的打击力度，试图从法律、制度、政策等各个方面研究对策以规范中小型矿产的开采活动。

2017 年加纳为打击非法采矿而特设了 14 个专门法庭，由七个地方首府的七个高等法院和巡回法庭组成，用于独立处理并法办一切因非法采矿造成的环境破坏、水体、植被和耕地污染等情况，从而更进一步地支持打击非法采矿的行动。据加纳网报道，2018 年 5 月 23 日，政府的反非法采矿部队逮捕了一名中国公民和 4 名加纳公民。5 人因涉嫌在阿散蒂（Asannti）地区进行非法采矿（galamsay）被捕。到目前为止，加纳政府已经遏制了部分中国人和欧美投资者赴加纳非法采矿的行为，媒体的积极宣传报道也提高了加纳公民的环保意识和中国投资者的守法意识，同时还有力打击了外来投资者破坏加纳生态环境与自然资源的行为。

第四节 主要投资国别：尼日利亚的环境法律制度

尼日利亚位于西非东南部，南濒大西洋几内亚湾，地理位置优越。目前，尼日利亚的投资市场巨大，它是非洲第一人口大国，也是非洲第一大经济体，还是非洲第一大石油生产和出口大国，已探明天然气储量居非洲第一。作为"一带一路"非洲沿线的重点国家，近年来中国对尼日利亚的投资大幅增加，它是中国在非洲的第一大承包工程市场和主要投资目的地，中资企业的投资领域包括工程承包、石油开采、自贸区经营、水电站开发、农业等。据商务部统计，"2019 年中国对尼日利亚直接投资流量 1.23 亿美元；截至 2019 年年底，中国对尼日利亚直接投资存量为 21.94 亿美元"[1]。在大使馆经商处备案有 120 家较大型的中资企业（工程承包

---

[1] 商务部国际贸易经济合作研究院、中国驻尼日利亚大使馆经济商务处、商务部对外投资和经济合作司编：《对外投资合作国别（地区）指南：尼日利亚》，2020 年，第 36 页。

70家、投资合作40家）。具体而言，工程承包业务已涉及公路、铁路、电力、通信、航空、石油等；投资领域主要包括石油开采、经贸合作区建设、固体矿产资源开发等。目前，中国还在尼日利亚建有莱基和奥贡两个合作区、中国土木工程集团有限公司承建尼日利亚铁路现代化项目、中国葛洲坝集团股份有限公司和中国水利水电第七工程局有限公司承建尼日利亚蒙贝拉水电站项目等。然而，尼日利亚虽有法律制度相对健全、对外开放程度相对较高的优势，但基础设施落后、执法随意性较大、政府监管能力也相对较弱，而中资企业投资的工程承包和石油与能源开发项目大多具有环境影响属性，在项目建设前后容易引发环境违法违规，也可能遭遇针对性执法的风险，而且中资企业排放污染物的报道也偶尔出现在当地新闻报刊上。因此，为了提高中资企业守法意识，注重保护当地生态环境与自然资源，建立良好基层社区关系，履行中国企业的社会责任，中国投资者应当高度重视尼日利亚的环境与资源法律制度。

一 尼日利亚的法律体系与环境立法

尼日利亚现行宪法颁布于1999年，它确定了尼日利亚以三权分立为基础实行联邦制政治体制，设立联邦、州和地方三级政府。最高立法机关为参、众两院组成的国民议会；最高行政长官为总统，由议会直选产生，任期4年，连任不得超过两届，总统领导内阁；司法系统由最高法院、上诉法院和高等法院所组成，此外，在各州还设置有高级法院和习惯法上诉法院，在地方政府设有地方法院。在政府机构上，联邦政府设立联邦执行委员会（即内阁），由总统、副总统、各部部长等组成。总统府内部还设有一些部委，部分部长亦为内阁成员。2015年新政府对部委进行了调整，现主要包括财政部、预算和国家计划部、工业、贸易和投资部、石油资源部、固体矿产部、农业和农村发展部等。[①]

尼日利亚的环境保护立法由联邦政府和各州的一系列法律法规组成。首先，根据宪法第20条规定了国家有保护和改善环境的责任，"国家应

---

① 商务部国际贸易经济合作研究院、中国驻尼日利亚大使馆经济商务处、商务部对外投资和经济合作司编：《对外投资合作国别（地区）指南：尼日利亚》，2020年，第11页。

当保护和改善环境以及维护尼日利亚国内的水、空气和土地、森林和野生动物"①。其次，第44条则表明了尼日利亚矿产和石油资源的所有权和管理职能均为国家所有，"尼日利亚境内所有土地上的所有矿藏、石油、天然气、地下及地表水源及尼日利亚独立经济区的整个财产及控制，必须以国家议会法案所规定的诸如由联邦政府合法拥有和管理的方式进行。"② 再次，第12条间接规定且含蓄地规定了，经国民议会批准的国际条约（包括环境条约）应作为法律在尼日利亚执行。最后，第33条和第34条分别提出了保障作为基本人权的生命和人的尊严，而健康和安全的环境则是实现权利内容之一。因此，宪法有关环境保护、自然资源所有权、国际环境法的效力以及作为基本人权而受到保障的环境权利为其后相关立法奠定了基础。

在经历了1987年三角洲有毒废物倾倒事件后，尼日利亚迅速成长为一个具有环保意识的国家，在环保立法方面实现了巨大的飞跃。关于环保行政主管机关及其职能的1988年《联邦环境保护部法》③是尼日利亚的环境基本法，在1999年修改之后，再结合宪法相关规定，共同成为尼日利亚联邦和各州在环境立法和环保执法过程中的主要依据。由此，在联邦中央层面上，颁布了关于环评具体程序和详细规定的1992年《环境影响评价法》④，关于固废物管理的1998年《有害废物法》⑤，改善恶劣的城市居住环境的《尼日利亚城市与区域规划法》⑥，规制土地使用的《土地利用法》⑦《濒临灭绝物种法》⑧《海洋渔业法》⑨和《专属经济区法》⑩，以及由尼日利亚石油资源局颁布的2002年《尼日利亚石油工业环境指南

---

① Article 20: Environmental objectives The State shall protect and improve the environment and safeguard the water, air and land, forest and wild life of Nigeria.

② Article 44 of Constitution of the Federal Republic of Nigeria, 1999.

③ Federal Environmental Protection Agency Act 58 of 1988.

④ Environmental Impact Assessment Act, 1992.

⑤ Harmful Waste Act, 1988.

⑥ The Nigerian Urban and Regional Planning Act.

⑦ Land Use Act.

⑧ The Endangered Species Act.

⑨ Sea Fisheries Act..

⑩ Exclusive Economic Zone Act.

和标准》①、旨在规范固体矿物的勘探和开发活动的 2007 年《尼日利亚矿产与矿业法》②、建立机构并保障尼日利亚生物安全问题的《国家生物安全管理法》③ 等。同时，有关环境保护的单行条例还有于 2009—2010 年相继颁布的 24 部环境法规，如《国家环境（流域、山区、丘陵和集水区）条例》④《国家环境（环境卫生和废物管制）条例》⑤《国家环境（获取共同资源和惠益分享）条例》⑥《国家环境（煤炭，矿石和工业矿物的采矿和加工）条例》⑦ 等。此外，由于实行联邦制，尼日利亚各州也有权制定本州的环保法规，如巴耶尔萨州《环境保护法》(Environmental Protection Decree) 和三角洲州《环境保护规范与标准》(Environmental Protection Guidelines and Standards) 等。⑧

二 尼日利亚的环保机构与主要规定

在尼日利亚联邦政府中，环境保护的主管部门是成立于 1999 年的联邦环境部 (Federal Ministry of Environment)，以确保环境与资源能够得到有效保护，建立一个可持续发展的尼日利亚。该部门的主要职能有制定国家环境资源保护政策和项目环境影响评价程序，为联邦政府制定环保规划并就实施规划和各类技术活动提供咨询意见与建议，就促进环境资源保护相关事项展开联邦、州、地方政府和跨部门的合作，就水体、大气、有害物质等制定标准和管理规则，督查与执行环保措施。联邦环保部下设五个隶属部门，分别是环境卫生登记委员会 (Environmental Health Officers Reg-

---

① Environmental Guidelines and Standards for the Petroleum Industry in Nigeria.
② Nigerian Minerals and Mining Act, 2007.
③ National Biosafety Management Agency Act, 2015.
④ National Environmental (Watershed, Mountainous, Hilly and Catchments Areas) Regulations, 2009.
⑤ National Environmental (Sanitation and Wastes Control) Regulations, 2009.
⑥ National Environmental (Access to Generic Resources and Benefit Sharing) Regulations, 2009.
⑦ National Environmental (Mining and Processing of Coal, Ores and Industrial Minerals), 2009.
⑧ 商务部国际贸易经济合作研究院、中国驻尼日利亚大使馆经济商务处、商务部对外投资和经济合作司编：《对外投资合作国别（地区）指南：尼日利亚》，2020 年，第 72 页。

istration Council)、国家公园服务局（National Park Services）、尼日利亚森林研究所（Forestry Research Institute of Nigeria）、国家石油泄漏勘察处理局（National Oil Spill Detection and Response Agency）、国家环境标准与法规执行局（National Environmental Standards and Regulations Enforcement Agency）。同时，还建立了土壤保持、污染控制、森林保护、气候变化和环境影响评价等职能司局。其中，与中国投资者相关的重要机构及其职能有：

国家环境标准与法规执行局，负责保护和发展尼日利亚的自然资源和环境技术，促进生物多样性和可持续发展。根据《国家环境标准与法规执行（设立）法》，[①] 该局可制定规章、规范和标准，以保护和提高尼日利亚空气质量；确定主要噪声源、噪声标准；制定水质保护条例；制定保护和提高土地资源质量、自然流域质量、海岸带质量、堤坝和水库质量的条例；对遵守既定标准进行实地跟踪，并采取法律规定的程序惩罚违规者。此外，该局还可与司法机构合作，建立流动法庭，迅速处理环境违法案件。另外，尼日利亚生物安全局，负责为其现代生物技术应用安全措施提供规章框架、体制和行政机制，以防止对人类健康、动物、植物和环境产生任何不利影响。它还负责提供转基因生物的个案评估和管理风险对策，以确保安全的使用转基因生物，防止其对人类健康和环境造成破坏，并确保转基因生物的使用对社会经济和文化利益没有不利影响。因此，在相关法律法规与环保行政主管机构的职能下，尼日利亚环境与资源保护的主要规定有：

一是森林保护。法律要求加强对现存和新的森林保护区的保护；通过森林资源的可持续管理，确保该资源能够持续为今世后代的尼日利亚人民提供产品和服务，由此保障尼日利亚的环境稳定；保护河流和水体周围的防护林，对河流和水体周围退化的防护林要进行恢复；加强城市森林带建设，为城市增加绿化、休闲、社会和经济价值。

二是大气污染防治。法律要求保护并提高尼日利亚的空气质量，以改善公众健康和福利，提高尼日利亚人口、动物和植物的发展和繁殖能力，

[①] National Environmental Standards and Regulations Enforcement Agency (Establishment) Act, 2007.

对国际社会可能影响外层空间（臭氧层）的物质和活动进行研究，并提出防控建议。

三是水体与土壤保护。法律要求保护尼日利亚的水体；消除和控制水体污染；设定水体质量标准，以保护公共健康和福利，提高水质；工业废水要进行处理，达标后方可排放；土壤保持；保护尼日利亚的土地，减少土壤流失，鼓励土壤保持，实现土地资源的可持续性利用，对土壤流失区域进行环境恢复。

四是有害废物防治。禁止在任何土地、领水及其有关地域携带、存放和倾倒有害废物，并将与有害废物的购买、销售、进口、过境、运输、存放、储存有关的一切活动，宣布为禁止的和非法的。

五是污染事故的处理和赔偿标准。法律规定由废物来源单位负责废物的收集、处理、运输和最终处置，并负担有关费用；企业或其他机构应对废物的清除、环境的清洁和恢复负责，如有必要，应向受影响的各方支付赔偿金。除尼日利亚法律允许外，严禁向尼日利亚的天空、土地、水体或海岸排放有害物质。违反上述法律的个人将被处以不超过10万奈拉的罚金或不超过十年的监禁，或者二者并处。违反上述法律的公司，将被处以不超过50万奈拉的罚金（若非法行为继续进行，则采取按日计罚处每日1000奈拉的罚金）；公司有关负责人如不能证明自己不知情或采取了一切必要的防范措施，也将受到相应处罚。此外，违法的个人或公司还要承担清除有害物质、清洁和恢复环境的费用，并向有关各方进行赔偿。购买、销售、进口、运输、储藏有害废物者将处以终身监禁。因自然灾害、战争或蓄意破坏而违反有关法律造成污染的，有关人员和公司将不承担法律责任。[①]

三 尼日利亚的环境影响评价制度

目前，中国在尼日利亚投资的企业有国有和民营两类。国企投资行业主要涉及石油和基础设施领域，民营企业主要为机械制造、电子设备和服

---

① 商务部国际贸易经济合作研究院、中国驻尼日利亚大使馆经济商务处、商务部对外投资和经济合作司编：《对外投资合作国别（地区）指南：尼日利亚》，2020年，第73页。

务业。企业在审批的时候，都需要进行环境影响评价，涉及特定事项的，还要申请环境许可。因为，1992年《环境影响评价法》要求任何有可能对环境造成影响的项目或活动都必须依据本法进行前期的环境影响评价，包括农业开发、机场建设、排灌系统、围填海工程、渔港建设、林地使用、住房建设、工业建设、基础设施建设、港口建设、矿产开发、油气开采、发电输电、采石作业、铁路建设、交通设施、旅游设施、废物处理、供水项目等领域。项目的环评事宜由尼日利亚联邦环境部的环评司主管，由联邦环境部负责审查评价材料。《环境影响评价法》规定了重大环境问题、最低环评内容、环境显著性程度、特定群体对环评的意见、环评监督等有关环境影响评价的一般性原则，还设置了需要和不需要进行环评的项目类别、环评的程序和考量因素、筛选方法、强制性研究、审查小组、听证、设计、实施、管辖、州际和国际环境影响、禁止令等项目环境影响评价的具体事项，以及环评促进权、制定规章的权限、罚则和解释等其他有关事项。

第一，在环境评价规则上，主要内容包括系统地识别和评价计划中的项目、计划、方案和立法行动对总体环境造成的潜在影响，尤其是项目运营可能对自然环境、当地社会和居民健康造成的负面影响。对评价做出结论前，应给有关政府机构、公众、专家和团体发表意见的机会。环境评价的结论应以适当方式向有关公众、个人和团体公开；对可能对尼日利亚以外环境造成严重影响的项目，要进行国际环境影响评价。具体的法律依据有第7条规定环评结论应对以适当方式向有关公众和个人与团体公开，以便于他们评价；第47条和第48条要求可能造成跨州和跨国环境影响的项目，需要进行严格的州际和国际环境影响评价；第55条规定环境评价的每个项目都要建立一个公共登记处，并依据本法进行登记，待环评结束后，还必须确保公众可以查阅到有关环评的信息。

第二，在环境许可规则上，根据尼日利亚《国家环境（许可和许可证制度）条例》的有关规定，国家环境标准与法规执行局颁发的环境许可证分为以下五种类型：一是与大气排放、车辆排放、露天焚烧、制冷和空调设备（RAC）以及噪声问题有关的空气质量许可证；二是与废物产生、限制化学品、污泥处置和污水排放问题有关的废物和有毒物质许可证；三是二手电气和电子设备（UEEE）许可证；四是涉及UEEE的处理，进口和出口的许可证；五是与遗传资源评估问题有关的生物多样性保护许可证。此外，申请时需要提交的材料包括：填写完整申请表及相关附件；两份拷贝及文件副本。以上材料需提交至离项目或设备最近的国家环境标准与法规执行局办事处。

第三，在环评工作程序和罚则上，规定较严格。一是确定是否适用环评法律；二是检查项目的潜在环境影响；三是调查确定环境影响的时空范围；四是开展详细的基准线研究，以确定项目实施前的环境条件；五是准备一份详细的环评报告；六是如果必要，对环评报告进行专门小组审查；七是批准签发环境影响报告书（EIS）等证明文件。其中的费用和所需时间根据实际情况确定。① 在完成环评所有程序后，联邦环境部会做出最终决定：倘若联邦环境部认为该项目不太可能造成重大的不利环境影响，或该影响可以得到减轻与合理化，则联邦环境部可行使权力让该项目按照环评结果全部或部分地实施，并确保项目根据联邦环境部的要求执行减轻环境影响的措施；倘若联邦环境部认为该项目可能造成重大的不利环境影响，且这种影响无法减轻并不能证明这是种合理影响，则环境署不得允许该项目开工实施。② 最后，对于不遵守《环境影响评价法》各项规定者，均属犯本法规定之罪，一经定罪即可对个人处以 10 万奈拉以下罚款，或

---

① 李青梅：《尼日利亚矿产资源管理制度》，《国土资源情报》2019 年第 4 期。

② 39. Decision of Agency

(1) Following the submission of a report by a mediator or a review panel or the referral of a project back to the Agency pursuant to section 25 (b) of this Act, the Agency shall take one of the following courses of action in relation to the project, that is-(a) where in the opinion of the Agency - (i) the project is not likely to cause significant adverse environmental effect; or (ii) any such effect can be mitigated or justified in the circumstances, the Agency may exercise any power or perform any duty or function that would permit the project to be carried out in whole or in part and shall ensure that any mitigation measures that the Agency considers appropriate are implemented; or (b) where, in the opinion of the Agency, the project is likely to cause significant adverse environmental effects that cannot be mitigated and cannot be justified in the circumstances, the Agency shall not exercise any power or perform any duty or function conferred on it by or under any enactment that would permit the project to be carried out in whole or in part. (2) For greater certainty, where the Agency takes a course of action referred to in subsection (1) (a) of this section, it shall exercise any power and perform any duty or function conferred on it by or under any enactment in a manner that ensures that any mitigation measure that the Agency considers appropriate in respect of the project is implemented.

五年以下有期徒刑；对于公司或法人处以 5 万奈拉以上、10 万奈拉以下罚款。①

四 尼日利亚的石油和矿业法律制度

除尼日利亚联邦环境部及其保护环境的法定职权外，联邦政府的其他有关部门也相继负责各自领域的环保工作，较重要的还有能源部下属的石油资源部。它负责颁布并实施石油领域环保的技术标准，在这个以石油开采和出口为主要经济部门的非洲国家，油气收入是尼日利亚最重要的经济收入来源，能够贡献94%的外汇收入和62%的财政收入。② 据统计，"2019年，尼日利亚石油和天然气产业产值约12.65万亿奈拉（约合412亿美元），占GDP的8.78%"③。而且，石油出口收入占尼日利亚出口总收入的98%，占国家总收入的83%。但是，丰富的储量与炼化能力不足的反差现象，让许多企业把握住了投资尼日利亚石油业的机遇。另外，为弥补石油经济单一化的缺陷，尼日利亚布哈里政府尝试发展多元化经济，将农业和固体矿产业作为未来经济发展重点，矿产行业的投资也日渐升温。然而，投资过程中出现的非法采矿活动也导致了每年至少4万亿奈拉（约130亿美元）的经济损失，这让尼日利亚政府的石油与矿产主管部门加强了执法力度，严厉打击矿产投资中的非法行为。综上，相关部门及法规有重要的价值，需要中国投资者高度关注。

第一，石油资源部是尼日利亚石油产业的主管行政机构，其要求必须确保石油工业经营者在运营过程中不会降低环境质量。为了有效开展这些监管活动，该部门自1981年以来一直在制定环境准则和标准。这些准则和标准涵盖了对各种石油勘探、生产和加工业务的污染物的控制。其具体

---

① 60. Offence and penalty.

Any person who fails to comply with the provisions of this Act shall be guilty of an offence under this Act and liable on conviction in the case of an individual to ₦100,000 fine or to five years' imprisonment and in the case of a firm or corporation to a fine of not less than ₦50,000 and not more than ₦100,000.

② 黄利飞：《尼日利亚：非洲第一大经济体》，《湖南日报》2019年6月18日。

③ 商务部国际贸易经济合作研究院、中国驻尼日利亚大使馆经济商务处、商务部对外投资和经济合作司编：《对外投资合作国别（地区）指南：尼日利亚》，2020年，第26页。

职责包括：监督所有石油工业业务在该国的许可证和租赁下进行；监督石油工业的运营，以确保符合国家目标和愿望，包括与家庭燃气供应义务有关的目标和愿望，确保油气资源开发利用健康、安全，符合国家环境法规和国际标准；维护石油工业业务的记录，特别是与石油储备、生产和出口、许可证和租赁有关的事项等。

第二，与石油开采和运输有关的法律有《石油管道法》①《石油管道条例》②《石油法》③《石油生产与分销法》④。其中，《石油管道法》规制和引导了石油开采活动，第 11（5）条明确了相关人的民事责任，因管道破裂或泄漏而致使人身或财产损失则必须支付赔偿；⑤ 第 17（4）条要求必须遵守公共安全和防止土地与水污染的规定才能颁发许可证。⑥ 根据该法而颁布的《石油管道条例》则进一步要求建立环境应急计划，如果违背将处以 50 万奈拉罚款或六个月监禁。⑦ 作为尼日利亚关于石油天然气的主要立法《石油法》规定了促进公共安全和环境保护的内容，第 9（1）（b）条授权制定防治大气和水污染的条例。⑧《石油生产与分销法》⑨ 规定故意破坏环境造成环境污染的处以死刑或不超过 21 年的有期徒刑。⑩ 除了上述法律之外，有关石油开采的条例《石油钻探生产规

---

① Oil Pipelines Act.

② Oil Pipelines Regulations (under Oil Pipelines Act).

③ Petroleum Act.

④ Petroleum Products and Distribution Act.

⑤ Section 11 (5) creates a civil liability on the person who owns or is in charge of an oil pipeline. He would be liable to pay compensation to anyone who suffers physical or economic injury as a result of a break or leak in his pipelines.

⑥ Section 17 (4) establishes that grant of licenses are subject to regulations concerning public safety and prevention of land and water pollution.

⑦ Section 9 (1) (b) establishes the requirement of environmental emergency plans.
Section 26 makes punishable any contravention with a fine of ₦500000 and/or an imprisonment term of six months.

⑧ Section 9 (1) (b) provides authority to make regulations on operations for the prevention of air and water pollution.

⑨ Petroleum Products and Distribution Act.

⑩ Under this Act, the offence of sabotage which could result in environmental pollution is punishable with a death sentence or an imprisonment term not exceeding 21 years.

定》①《石油提炼规定》②《矿物油安全与原油运输装运规定》③ 等还明确了开采过程中的环境保护法律规制，例如《石油钻探生产规定》第 17（1）（b）条禁止开采许可证持有者在建筑物、水坝、水库和公共道路等 50 码范围内使用土地；④ 第 23 条和第 27 条均禁止未经合法许可砍伐森林保护区的林木；第 25 条要求采取合理措施防止水污染并在水污染发生时予以制止。⑤《石油提炼规定》第 43（3）条要求炼油厂的经营者必须采取措施，防治环境污染；第 45 条规定违反上述规定者将被处以 100 奈拉罚款或六个月的监禁。⑥《矿物油安全与原油运输装运规定》则强制要求应在石油产品生产、装载、运输和储存的过程中采取防止污染环境的措施。此外，《石油工业的环境指南和标准》⑦ 涵盖了尼日利亚各种石油活动的环境控制，包括勘探、生产、码头作业、碳氢化合物加工厂、石油和天然气运输与营销等，是中资企业运营过程中需要遵守的重要法律文件。《石油应用的指导原则和天然气工业服务许可》⑧ 要求企业申请项目时应附上专业人士或公司出具的证书以及可能适用的其他相关文件，专业人士或公司应包括尼日利亚环境协会（NES）。

第三，规制固体矿物勘探和开发的法律是 2007 年《矿产和矿业法》⑨，相关规定需要中国矿企投资者高度关注：一是所有权（第 1 条）。尼日利亚所有的矿产资源，以及地上地下、大陆架和所有河流、水道、水域与专属经济区均由尼日利亚人民授予联邦政府所有和控制；发现有商业

---

① Petroleum Drilling and Production Regulations.

② Petroleum Refining Regulations.

③ Mineral Oil Safety Regulations and Crude Oil Transportation and Shipment Regulations.

④ Section 17 (1) (b) places restrictions on licensees from using land within fifty yards of any building, dam, reservoir, public road, etc.

⑤ Section 25 establishes that reasonable measures be taken to prevent water pollution and to end it, if it occurs.

⑥ Section 43 (3) requires the Manager of a refinery to take measures to prevent and control pollution of the environment.

Section 45 makes any contravention punishable with a fine of ₦ 100 or an imprisonment term of six months.

⑦ Environmental guidelines and standards for Nigeria's oil industry.

⑧ Guiding principles for petroleum applications and natural gas industry service licensing.

⑨ Nigerian Minerals and Mining Act 2007.

开采价值的土地,即归政府所有;矿产资源的所有权由政府让渡给依本法获得相应权利的人。二是管理机构(第5条、第6条、第7条)。成立矿权地籍办公室,负责矿产权的管理及产权登记,提供勘探许可证、探测许可证、采矿租约、小型采矿租约、水使用许可证、采矿许可共六种注册,还可以其法人名义发起或参与诉讼,可以接受、占有及处置动产及不动产,中央矿权地籍办公室设在首都阿布贾。三是地方管理(第19条)。各州成立了矿产资源与环境管理委员会,对矿产开采地污染、土地退化问题进行讨论并向部长提出建议,监控矿产资源开发及矿企实现社会和环境保护措施,就环保和矿产资源的可持续性管理问题向当地政府和社区提出建议。四是许可证(第46条)。寻找和开发矿产资源权利的前提是必须具备勘探许可证、探测许可证、小型采矿租约、采矿租约、采石租约、水使用许可证,未获得许可的情况下开展或参加矿产开发将被视为违法。六是禁止性规定(第78条、第81条、第123条、第127条)。不论何种租约持有者都不能对通航水道进行水流改造,而妨害或影响船只、独木舟、小艇等自由与安全通行,未经同意不得在进行探测和采矿作业过程中在国有土地和习惯租地上建造道路、电车轨道或铁路,任何人不得在探测或采矿期间对矿区内或其外的水河水道造成污染或引发导致污染的结果,未经矿产监查部门同意,任何人不得擅自或允许其他人对供水进行调整,对其他用水者产生损害。七是小型采矿(第91条)。规定必须提交环境影响评价报告和处理废料及残渣操作指南,要介绍采矿健康及安全操作,为大型的采矿营地提供水和健康设施。八是环境保护与复原计划(第120条、第121条)。提交包括复原成本评估、复原行动费用以及将矿区恢复成安全环保和进行未来经济开发场所时间表的年度报告,为保证矿权持有者履行环保义务,应在其环境保护和复原计划获得通过后一年内,根据计划批准的金额开始交纳环境保护和复原基金。而且在采矿租约存续期间,矿权持有者应执行和满足环境保护和复原计划的所有义务。

第五节 主要投资国别:加纳的环境法律制度

加纳位于非洲西北,南濒大西洋,地理位置优越,是西非地区重要的货物贸易集散中心,辐射西非国家经济共同体3亿多人口,自然资源禀赋丰厚，经济增速依然是非洲最快的国家之一。其法律以英国普通法和习惯法为基础，法律体系相对健全，政局稳定、治安良好，市场较为开放。加纳矿产资源丰富，黄金储量估计为 20 亿盎司，已探明储量近 2 亿盎司，2016 年黄金产量 281 万盎司，约合 80 吨，位列非洲第二，其 2018 年黄金产量同比增长了 12%，超过了南非，成为非洲最大的黄金生产国；加纳海岸线长 562 公里，渔业资源丰富；森林覆盖面积约 495 万公顷，占国土面积的 22%。2018 年中加两国签署了"一带一路"合作协议，中国对加纳投资持续增长，投资项目领域覆盖全面。其中，国企投资主要在能源和航空领域，民营资本的投资主要集中在陶瓷、钢铁、化工等领域。此外，中国企业在加纳的工程承包业务成果显著，2019 年中国企业在加纳新签工程承包合同额 42.9 亿美元，同比增长 33.2%，完成营业额亦达 8.2 亿美元。据商务部统计，2019 年中国对加纳直接投资流量 2941 万美元；截至 2019 年年末，中国对加纳直接投资存量 18.31 亿美元。中国已连续多年成为加纳重要的外资来源国，中国在加纳的投资领域覆盖全面、梯次衔接紧密，国企民企齐头并进。在投资方面，深能源和中非基金共同投资的天然气电站助力加纳政府解决电力供应难题，海南航空、中非基金与加纳本地资金共同投资的非洲世界航空公司是中国在非洲投资运营的首个航空公司，科达陶瓷厂、森拓钢铁厂、新安阳光草甘膦水剂厂等代表性民营企业，有力支持了加纳"一县一厂"战略与国家工业化进程。[①]

一　加纳的法律体系与环境立法

1992 年宪法规定加纳为总统制国家，总统是国家元首、政府首脑和武装部队总司令。实行一院制议会，议会为国家最高权力机构，有立法权和修宪权；司法机构由司法系统和公共法庭系统组成，其中，司法系统包括最高法院（终审法院，能解释和执行宪法）、上诉法院、高等法院、商业法庭、地区法院、巡回法院、速审法院、县级法院、少年法庭、检察长办公室等；各级公共法庭是为了确保"人民参加司法程序"，以最终实现

---

① 商务部国际贸易经济合作研究院、中国驻加纳大使馆经济商务处、商务部对外投资和经济合作司编：《对外投资合作国别（地区）指南：加纳》，2020 年，第 1—3 页。

司法民主化而建，全国公共法庭为终审法庭。加纳还存在传统法庭，由酋长根据习惯法处理当地民事纠纷。此外，加纳政府由36个部委组成，与中国企业赴加纳投资的环境保护管理有关的政府机构有贸工部，农业部，能源部，渔业与水产发展部，土地与自然资源部，环境、科技与创新部，水资源与环卫部，监察与评估部等。

1897年《海滨设障条例》（Beaches Obstruction Ordinance）是加纳最早的环境保护法律。1958年加纳独立后，该国政府相继颁布了多部环境保护的法律法规。当前，加纳的环境立法体系由分工明确、内容明细的环境法律法规组成。首先，1992年《宪法》第6章国家政策指导原则第41条规定加纳公民（无论是企业主还是普通劳动者）必须保护并捍卫环境，[①] 这是1994年国会批准成立环境保护事务局和制定相关环境保护法律法规的宪法基础。随后，最重要的1994年《环境保护事务局法》（Environmental Protection Agency Act 409 of 1994）和1999年《环境评价条例》（Environmental Assessment Regulations 1999）以及2002年《环境评价（修订）条例》［Environmental Assessment (Amendment) Regulations 2002］相继颁布。这两部法律规定了加纳环境保护行政主管机构的具体职能与环境保护的法律措施，对环境影响评价的操作程序和手续要求进行了设置。

具体而言，《环境保护事务局法》明确设置了加纳环境保护事务局的权能和职责，作为环境保护主管机构，其下设环境保护理事会（Board）针对重要的环境信息进行分析并向部长提出建议，同时还设置有理事委员会（Committees of the Board）、危险化工委员会（Hazardous Chemicals Committee）、区域和地区办事处（Regional and district offices）；设置了环境影响评价制度、环境保护巡视员制度和国家环境基金制度，明确了环境保护相关行政职能和财政预算审计；加强了农药管控和登记制度等。《环境评价条例》首先设置了严格的环境许可制度以及申请许可的法律程序，明确了初步环境报告和环境影响报告的具体内容与评价事项，对环境评价相关内容、审定、听证、管理等相关内容作出规定，还对违反相关规定设置了严厉的处罚条款。而2002年《环境评价（修订）条例》则规定了环境许

[①] Article 41 (K) to protect and safeguard the environment in the Constitution of The Republic of Ghana, 1992.

可证及其收费标准,也设置了大型企业环境评价证书及相关费用。

除上述两部主要的法律法规外,加纳目前适用的重要的环保法规还有:2005年颁布的《消耗臭氧层物质与产品条例》,它主要对经销消耗臭氧层物质的限制、资质要求、经营所需各类许可作出规定;2016年颁布的《有害及电子废弃物控制与管理法》,它对有害废弃物和电子废弃物内容进行了界定,规定了相关检验管理、允许进出口及销售等管理规定;其他重要的还有《环境保护法》等,上述法律法规在加纳环境保护事务局网站有详细列举。

二 加纳的环保机构与主要规定

加纳的国家环境保护主管机构为环境保护事务局(Environmental Protection Agency),它是负责保护和改善加纳环境的公共指导机构,执行政府的环保政策,检查和规范企业行为,并对污染事件做出紧急应对。[1] 环境保护事务局的内部管理机构是理事会,它由政府部门、环境科学、工业协会、商业金融领域的代表组成,每三个月召开一次会议,有环境利害关系披露义务,理事会可在环境保护事务局内设立有效履行环境保护事务局职能所必需的部门,环境保护事务局还在加纳境内各省都设有分支机构。[2]

根据加纳《环境保护事务局法》的规定,首先,该机构的性质为永久性的法人团体,可以其名义起诉和被起诉,在执法中也可取得、持有动产或不动产,并可以订立合同或进行交易。其次,该机构的具体职能包括向部长提出环境政策和保护的咨询意见,协调环境技术部门与管理机构,管制工业废物相关活动,防控废物排放并改善环境质量,发出控制指令警告禁止噪声,制定大气、水、土地和相关污染排放的管制标准,进行环境保护调查和管理,建立环保综合数据库便于公众参考,征收环境保护税。其中,最为重要的是签发环境许可证及污染削减通知书,进而管制废物的排放、储存或任何其他污染源及对环境或部分环境质量有危险或潜在危险

---

[1] "Environmental Protection Agency, Ghana", www.epa.gov.gh, accessed 2020-7-29.

[2] Article 4, 5, 7, 8, 20, 21 of Environmental Protection Agency Act 409 of 1994.

的物质的数量、类型、成分及影响。① 同时,该局确保开发项目在规划和执行过程中遵守规定的环境影响评价程序,包括现有项目执行的合规性。因此,根据上述有关环境保护的法律、规制和细则,与项目投资和个人活动有关的环境保护法律制度主要有:

一是环境保护巡视员制度。加纳环境保护事务局的理事会可以任命环境保护巡视员,巡视员可在合理时间进入任何场所,以确保遵守环境保护有关的法律法规(如场所的负责人要求则须出示授权书),任何人侵犯或妨碍正式授权的巡视员执行指定职能,即属犯罪,一经简易程序定罪,可处不超过200罚款单位的罚款"约合2400塞地(cedi)"或六个月以下的监禁,或二者并处。②

二是国家环境基金制度。加纳设置了国家环境基金,其来源包括政府为保护或改善环境而提供的补助金、环境保护事务局在履行其职能时收取的税款,以及环境保护事务局收到的捐赠物资。设立环境基金旨在服务于公众环境教育、有关环境保护事务局职能的研究学习与调查,以及理事会与环境保护局局长协商确定的其他目标。③

三是环境许可证申请制度。加纳规定了严格的项目环境许可证制度,环境保护事务局必须向任何已经或可能对环境、公众健康产生不利影响的项目负责人发出书面通知,要求其在指定时间内就该业务进行登记并取得环境许可证,未履行上述程序的不得开展相关业务。项目负责人可根据环境保护机构确定的形式和费用,向该机构提交环境许可证申请。④ 要求注册和环境许可证的项目类型涉及农业、捕鱼业、伐木和林业、采矿业、原油和天然气、采石场及砂石坑、制造业、非金属矿产品、建筑、公共设施、批发贸易、住宿和餐饮服务共30个类别。⑤

四是初步申请评价的筛选规则。环境保护机构在收到申请书及相关资料后,应做出初步评价并对申请进行筛选,考察的内容有:业务活动的地

---

① Article 2 of Environmental Protection Agency Act 409 of 1994.
② Article 15 of Environmental Protection Agency Act 409 of 1994.
③ Article 16, 17 of Environmental Protection Agency Act 409 of 1994.
④ Article 1, 2, 4 of Environmental Assessment Regulations 1999.
⑤ Schedule 1 [Regulation 1 (1)] Undertakings Requiring Registration and Environment Permit Agricultural and Related Services.

点、规模及可能的产量;计划使用的技术;公众所关注的事项,特别是居民直接关注的事项;土地用途等相关因素。申请人编写项目的环境评价业务报告,提交环境保护机构,报告应列明:业务对环境、健康和安全的影响;切实保证不在业务过程中造成任何可避免的不利环境影响;切实保证处理不可避免的环境和健康影响问题,并在必要时采取措施减少该影响;开展业务的替代办法。在完成筛选之后,环境保护机构应就申请发出一份筛选报告,该该报告中明确说明申请是否获批准、是否有异议、是否要求提交初步环境报告或是否要求提交环境影响报告书。[1]

五是环境许可证的注册发放与费用规定。环境保护机构初步评价批准申请的,将登记注册申请事由所涉及的业务并就该业务颁发环境许可证。若反对申请,则构成不接受申请,申请人也不得开始业务活动,已经开始的,还应终止业务活动。若需要申请人进一步提交相关报告或说明文件,环境保护机构将在收到环境许可证申请之日起 25 天内通知申请人。环境许可证的相关费用由环境保护机构确定,应为拟议项目开发成本的 1%,环境保护机构将在许可证发出日起 3 个月内,对决定授予环境许可证的以通知形式,在政府公报和大众媒体上公布。[2]

三 加纳的环境影响评价制度

中国企业在加纳承揽工程项目一般需要进行环境评价。按照规定,环境评价应由业主负责完成,但考虑到费用及效率问题,一般由推动项目的企业承担。时间约半年至一年半,费用数万美金不等。评价机构由业主指定或熟悉的机构来完成,评价结果由业主签字认可。具体规定有:

一是初步环境报告、环境影响报告、范围界定报告。首先,环境保护机构审议申请材料后,可要求项目申请人提供包含原环境许可证申请书外的其他资料,用以具体说明拟议业务对环境的详细影响,即"初步环境报告",当环境保护机构核准后可颁发环境许可证;其次,倘若环境保护机构认为该报告反映的业务活动可能造成重大环境不利影响,则可要求项

---

[1] Article 5, 6 of Environmental Assessment Regulations 1999.

[2] Article 7, 8 of Environmental Assessment Regulations 1999.

目申请人就该业务的影响提交一份"环境影响报告",并在向环境保护机构提交的范围界定报告中予以概述;最后,"范围界定报告"则应列明申请者将进行的环境影响评价的范围或程度,还应包括一份职权范围草案,并涵盖环境影响报告书中需要处理的基本问题。①

二是参考范围草案。包含拟议业务参考范围草案的环境影响报告书须涉及:项目业务的描述;业务必要性分析;业务的替代办法与不开展业务的替代情况;项目选址事宜,包括说明选址原因及是否考虑其他选址;确定现有环境状况,包括社会、经济和其他主要环境问题;在拟议业务的不同发展阶段,环境、社会、经济及文化方面对其造成潜在、正面及负面影响的情况;对居民健康的潜在影响;缓解社会经济、文化和公众健康对环境造成任何潜在负面影响的建议;监测可预测的环境影响和拟定缓解措施的建议;现有或将制订的应急计划,以应对任何无法预测的负面环境影响及其缓解措施;与可能受业务运行影响的公众的协商意见;有助于理解环境影响报告书内容的地图、规划、表格、图表和其他说明性材料;临时环境管理计划;就业务活动可能对土地或财产造成的损害支付赔偿金的建议;说明加纳以外的任何地区是否可能受到该业务的影响。对此,环境保护机构将在收到报告后的25日内通知申请者该报告是否被接受。倘若接受范围界定报告则会通知申请者根据该报告提交环境影响报告书;若不接受范围界定报告的,应建议申请人酌情修改该报告,可由其自愿重新提交。②

三是环境声明中应处理的事项规定。在提交环境影响报告中,项目申请者应在该报告中根据范围界定报告的内容,对拟议的环境业务作出明确评价,具体内容有:环境介质中污染物的浓度,包括来自流动或固定来源的空气、水和土地;与群落、栖息地、动植物群有关的污染物浓度造成的任何直接生态变化;生态过程的改变,如通过食物链传递能量、分解和生物积累,可能影响到任何群落、栖息地或动植物物种;倾倒废弃物、清理植物和填料等活动直接破坏栖息地现状的生态后果;噪声及振动水平;气味;车辆运输的生成和交通事故增加的可能性;与社会、文化和经济模式

---

① Article 9, 10, 11 of Environmental Assessment Regulations 1999.
② Article 12, 13 of Environmental Assessment Regulations 1999.

相关的变化；由环境影响导致的现有或潜在使用价值资源的减少。同时，项目开发还必须注重本土化经营，以直接或间接创造就业机会，关注移民及其引起的人口变化，提供道路、学校和卫生设施等基础设施，推动本地经济，关注文化变迁，包括移民与旅游可能引起的冲突，明确拟议业务区域内的潜在土地用途，而且环境影响说明书还应包括该业务对拟议业务范围内及附近人员可能造成健康影响的资料，采矿和其他采掘业的环境影响说明书则应包括复垦计划。①

四是环境影响保护书的听证会制度。环境保护机构将针对具体环境影响情况举办公开听证会，原因包括拟议业务的开展存在严重的公众不良反应，该业务将涉及社区搬迁、迁移或重新安置，以及该业务可能对环境产生广泛和深远的影响。环境保护机构将委任的3—5个专家组审（至少1/3成员为拟议业务所在地理区域的居民），他们会听取意见的人士及团体的陈述，并在15日内向环境保护机构提出书面建议。对此，环境保护机构会审查上述建议，若环境影响报告不合格，将书面通知项目申请人，要求其提交修改后的报告。②

五是完成环境影响报告并授予环境许可证。审查合格的环境影响报告，将书面通知申请人要求其提交8份经批准的环境影响报告副本及1份磁盘副本，后方可由环境保护机构授予环境许可证。环境保护机构在收到填好的申请表后的90天内审定并送交申请人。授予申请人的环境许可证自授予之日起18个月内有效，若环境许可证被宣告无效的，申请人可向有关审批机构提交重新申请的事由。同时，对于获批准的初步环境报告书或环境影响报告书所涉及的业务，可在环境许可证发放后开始运作，负责人应在开始作业之日起24个月内自环境保护机构之处取得环境证书。而且，负责人还必须向环境保护机构提交一份年度环境报告，并支付环境证书的申请费用。③

六是环境管理计划与年度环境报告的规定。已获批初步环境报告或环境影响报告的业务责任人，应在开始作业后的18个月内及其后每3年，就其业务向环境保护机构提交一份环境管理计划。其应采用环境保护机构

---

① Article 14 of Environmental Assessment Regulations 1999.
② Article 17, 18 of Environmental Assessment Regulations 1999.
③ Article 19, 20, 21, 22 of Environmental Assessment Regulations 1999.

的指定格式,其内容应包含制定拟采取的措施,以控制业务的运作可能造成的任何重大环境影响。同时,获得环境许可证的项目,应在开始作业之日起12个月内及其后每12个月,向环境保护机构提交其业务的年度环境报告,报告应采用环境保护机构指定格式,并载有该机构的指示详情。①

七是许可证的吊销与相关罚则。一方面,对于暂时吊销、取消或撤销许可证和证书的情况有:在开始作业前未获法律所要求的与其业务有关的其他授权;违反环境评价有关法规的要求规定;未在到期日支付申请费用的;存在违反其许可证规定的任何行为;未遵守其评价报告书或环境管理计划中的缓解承诺。凡许可证持有人存在上述情形,环境保护机构可暂停、取消或撤销已发出的环境许可证。而且在业务开展前后,因自然原因造成环境发生根本性变化的,环境保护机构亦可暂停发放环境许可证或证书,并要求根据新的环境状况修订环境评价报告和环境管理计划。另一方面,法律还规定了环境受害人的投诉制度。因环境保护机构的决定或措施而遭受损害者可向部长提交书面投诉,申诉人应在其知道与投诉有关的决定或措施后30日内,提交投诉于部长。对此,该投诉指明陈述反对的问题、反对决定的副本、与认可和确定投诉有关的所有文件。环境保护事务局局长将收到投诉后的14日内任命专家组,并听取各方意见后,作出更改环境保护机构、在定期限内确定申请等合理决定,相关处理决定将在60日内向局长报告。最后,是环境犯罪与处罚制度。未取得环境许可证的情况下开始经营,未遵守环境保护机构关于业务的登记注册和取得环境许可证的指示,未在业务开始前或依环境保护机构指示进行环境影响评价,未向环境保护机构提交所需环境资料,未提交年度环境报告,以及其他违反相关环境影响评价法律制度的即属犯罪。经简易程序定罪后,可判处200万塞地以下罚款或一年以下监禁,或二者并处;属持续犯罪的,对犯罪持续期间处20万塞地以下的按日计罚罚款。②

综上所述,根据理事会的建议,环保局将书面通知对环境影响或潜在影响的企业,在通知所指明的期间内提交环境影响评价报告。环境保护局可就影响环境事宜负责发放牌照、许可证、批准书或同意书的机关或政府

---

① Article 24, 25 of Environmental Assessment Regulations 1999.

② Article 6, 7, 9 of Environmental Protection Agency Act 409 of 1994.

部门告知该通知业已发出，并告知该机关或部门不得发放许可证、批准书或同意书，除非在其遵守通知后，事先得到环保局的书面批准。[①]

第六节　西部非洲国家的环境法律风险与应对举措

西部非洲富铝土、金刚石、石油、金、锰、铁、铜、铌、铀矿等矿产资源，以及油棕、蜀黍、可可、棕榈仁、花生、咖啡、橡胶等农产品，因此该区域的经济发展多以农、矿业为主。这使得我国对西非的投资领域多集中在能源资源开采、矿业开发、基础设施建设、渔业和农业、通信等方面。可见，对西非的投资还较多依靠当地自然资源，这些行业具有极强的环境影响性质，且高度依赖低附加值的初级产品出口，也会对自然资源与生态环境造成潜在危险。另外，由于非洲国家政策波动性较大，社会治安问题以及法律环境的复杂性，在我国对非洲投资额和投资领域不断深化的过程中，必将面对较大的投资法律环境和制度的差异，这使我国对西非地区投资法律风险逐渐显现。

一　生态危机引发对中国投资的环境关切

目前中国企业对非洲投资遭遇的环境问题，主要表现在生态破坏和环境污染两个方面。如 2008 年，塞拉利昂政府颁布了木材出口禁令，他们认为外国企业对塞拉利昂北部的草原进行了不可持续的砍伐，致使当地自然生态系统严重失衡，众多森林一夜尽毁，大量珍贵的物种被运出，严重破坏了当地的生物多样性。加纳布维大坝的修建使当地国家公园的生态系统遭受破坏。这些都是修建大型水电工程不可避免会出现的环境问题。中国企业在能源类项目的勘探开发过程中容易产生污染物引发环境污染现象，并可能会诱发其他环境次生污染灾害。

对此，在西非投资的中国企业对该区域和国别的环境法律规制形成了基本认知，明白在环保领域不能习惯性地照搬国内经验，须重视西非国家

[①] Article 12 of Environmental Protection Agency Act 409 of 1994.

的现实国情以及 NGO 和媒体的话语权与影响力，善于倾听投资国政府与民众的声音，积极有效地与当地政府和相关组织进行沟通协商，避免因沉默而激化社会矛盾，降低投资过程中的环境法律风险。同时，也要积极参与环境公益活动，履行企业的社会责任。例如，中国港湾工程有限责任公司（中国港湾）为了保障其承建加纳特马港扩建项目工程区域海龟正常产卵孵化，于 2017 年建立了海龟孵化基地，将野生海龟在沿岸产的卵收集起来进行集中孵化，在小海龟孵化后放回大海。公司还对项目员工进行宣讲教育，任何员工一旦发现海龟上岸产卵，需要暂时停工和避让，并印制了宣传海报张贴在周边社区，帮助周边社区的居民了解海龟保护的重要性，呼吁当地居民发现海龟后及时拨打联系电话，帮助当地居民提高环保意识。[①] 由此，取得了良好的舆论效果，也展现了中国企业履行生态保护责任的形象。

二 环境政策变更让中国投资者疲于应付

受殖民统治影响，西部非洲各国的法律对西方环境法律存在一定程度的保留，相对来说比较陈旧，虽然后来根据当地实际情况进行立法补充，制定了各种相关条例、管理办法和法案，这种"大杂烩"的立法方式也给我国投资者带来了不便。如塞拉利昂、加纳、多哥、马里、冈比亚等国，在发展经济的时候需要利用自然资源，在此过程中对自然资源的浪费比较严重，为达到吸引投资、减少资源浪费与破坏、发展经济又能有效利用资源的目的，在保留西方法律的同时颁布较多能源资源利用的法律法规和相关的国家政策。所以，从实践调研看，西部非洲国家法律和政策不具有稳定性，各种环境相关条例，管理办法和法案，频繁出台，且较多采用修正案及禁止令形式，尤其是受早期欧洲殖民影响的国家，能源资源法规变动频繁，出台较多法案和指导性政策文件，因此给我国投资者带来极高的投资风险。如加纳近年来出台了可再生能源法案，为国际能源行业的开发和拓展提供必要的法律法规框架，还起草颁布了一系列的可再生能源指

---

① 商务部国际贸易经济合作研究院、中国驻加纳大使馆经济商务处、商务部对外投资和经济合作司编：《对外投资合作国别（地区）指南：加纳》，2020 年，第 70 页。

导性监管政策文件，内容复杂、颁布频繁，并多次调整。2020年6月30日，多哥环境、水和森林资源部长宣布7月15日起停止木材砍伐和运输活动，这项禁令仅持续了2个半月。法律法规的频繁变更和政策命令的不定期发布，使我国企业在完善相应的环保措施和寻求法律救济时产生滞后性，也不利于我国企业及时调整在该国相应的环保标准。

因此，从近年来我国企业在西非地区的投资实践来看，企业负责人、投资管理机构对了解和认识当地环保基本法和部分法规高度重视。驻外使领馆基本上已通过调研，为投资者大致介绍驻在国相对严格和重要的环境保护法律标准。能够及时向投资者反馈各国新出台的环境管理办法及法案，以便中国企业及时调整自身管理政策和投资策略。同时，也杜绝把投资国一时的环保低标准作为投资的出发点，要求通过正当手段获得各项目环境许可证，必须严格遵守环境监督和审批流程，积极树立大国企业形象，承担社会责任，遵守环境法律法规。

三 复杂的环评程序给投资企业增加难度

西部非洲各国有关环境评价的程序较为复杂，且在具体程序如审查主体、具体环评活动、环境许可规则和环评工作程序和罚则上不尽相同，给中国投资者增加了适用法律难度。如塞拉利昂的环境评价规定：在塞拉利昂从事对可再生资源造成大幅影响的活动、对农业和渔业造成重大影响的活动、水利资源的开发利用、公共建设、工业设施建设、矿业、萃取工业、废旧物品的处理和排放八个类型的活动时，均需向塞拉利昂环保局提交环境影响评价报告，经过审核并取得许可后方可进行。与其他国家申请环境评价许可证申请程序相比，该国在环保机构征求公众意见后还须将反馈意见呈递环保局局长审核，局长将综合意见呈递董事会讨论决定，环评报告通过后，塞环保局董事才会将向申请企业颁发该项目的环评许可证。

当前，在中国项目赴西非国家投资的决策阶段，已经有相关风险评估和投资公司会对东道国的历史、政治、经济、文化、社会、法律等方面进行详细介绍，不少智库和涉外律所也专门开展了对西非国家社会因素、自然地理环境、政策法规制度等方面的实地调研。各方都建议企业按照东道国环评法规事先做好环境影响评价及其申报审批，做好前期的环境风险评估工作,聘请具有资质的环保公司,在立项阶段就开展评价项目实施过程和运营之中可能遭遇的各项环境法律风险制定相关专业性措施、引入环保技术,进而加强环境的预防和监控。调研发现,大多数中国企业在注册手续完成后,都会及时到环境保护部门申请项目环境许可,在进出口贸易经营时也基本遵守有关野生动植物保护等环境法律规定。在加纳,大多数中国矿业企业基本能够按照东道国要求开展矿渣等废弃物处理;在几内亚湾附近的中国渔业企业的环境守法意识有了明显提升,能够在注重自身经济利益的同时,确保西非几内亚湾附近沿海各国的渔业资源遵循可持续性捕捞。

四 矿业开发的法律规制依然是最大风险

西部非洲国家矿产石油资源丰富,甚至有些国家推行了小型采矿政策,试图规范和改革采矿活动,并帮助收回被非法采矿毁坏的土地。加纳矿业资源丰富,但采矿需得到加纳矿业委员会、环保局的批准。根据加纳法律,外国人只能开采25英亩以上的大型金矿。事实上,虽然在加纳经过培训的原非法采矿运营商,以及一些对采矿感兴趣的人可以合法运营,但小型采矿被用来掩盖不负责任的采矿和非法采矿的日益增长的趋势,导致环境恶化,严重影响河流和森林保护区。加纳政府自2018年12月17日起,正式解除小型金矿开采禁令,允许经加纳政府审核且证照齐全的加纳小型金矿企业,恢复开采。但加纳政府同时强调,解禁小型金矿开采不是解禁非法采金,任何未经加纳政府批准的采金行为,都是非法的。解禁小型金矿开采,仅面向加纳公民,外国人参与小型金矿开采仍属违法行为。[1] 据中国驻加纳大使馆在2019年2月发布的消息称,多名中国公民因涉嫌非法采金被加纳执法部门抓扣。近年来,越来越多的外国商人到加纳非法淘金,对环境造成严重破坏,已经引起加纳政府和民众高度不满,加方军警和移民部门曾出面干涉并逮捕了一些矿主。此类事件屡见不鲜,而我国在加纳采金人员较多,导致加纳媒体、民众对中国的舆论环境不友

---

[1] 《外国人在加纳开采小型金矿属违法 中使馆吁勿参与》,http://www.chinanews.com/hr/2019/02-19/8758213.shtml,2020年9月15日访问。

好，另外采金带来的不仅是环境问题，还破坏了一些既得者的利益，因此媒体常见对我国在加合法经营的矿业企业进行负面不实报道，影响我国企业在非洲的形象和正常经营。

可见，面对西非比较丰富的矿产油气资源，中国企业在勘探开发利用过程中必须改变粗放型的经营方式，详细了解西非各国的《投资法》和《矿产法》，尤其是尼日利亚有关石油开采以及加纳有关矿产开发的法律法规与环保规制，遵守相应的勘探开发法律要求，降低资源投资活动对当地生态环境的破坏和影响。不断健全环境风险防控制度，建立环境风险预防和事故应急处理机制。据此，不少大型央企在西非投资过程中还聘用了环保专员，以加强风险排查，做到实时监控。在矿产资源开发完毕之后，企业也认识到必须加强对受损环境的修复和补偿，及时与当地民众、政府和相关组织协商沟通，避免因环境风险而引发社会危机。

第五章　北部非洲及其主要国家的环境保护法律规制

2010年年底以前，北部非洲地区社会相对稳定，是中国对非投资的最早开展的区域，也是中非产能合作与"一带一路"建设的重点区域。2011年埃及、突尼斯等国经历了社会革命和政权更迭，对中国企业投资利益造成了一定损失。但在2014以后，埃及等地区性大国政局重回稳定，并制定了详细的经济恢复和社会发展政策，国家发展回到正轨，中非合作有序进行。从商务部2019年统计数据看，中国继续成为埃及最大的贸易伙伴，而且"2019年前3个季度，中国在埃及的直接投资增加了66%，达到749亿美元"①。同时，埃及也是2020年新冠肺炎疫情暴发期间，唯一一个GDP依旧保持正增长的非洲国家。在投资存量上，截至2019年年底，中国对阿尔及利亚的投资存量达17.8亿美元，位居中国对非投资流量第八。此外，中国同摩洛哥等国也保持着良好的投资贸易关系。从中国在北部非洲地区的投资类型看，交通基础设施建设、能源矿产开发合作等依然是主要领域，这些行业与环境资源保护密切相关，环境法律规制会对中国企业造成一定影响。同时，北非国家多受法国的大陆法系立法的影响，在环境保护法典化、环境保护制度化上具有浓厚特色，相关法律法规及其管理制度较为完备。因此，鉴于中国企业在北部非洲投资合作的发展，环境法律制度应当被中国企业所重视。

第一节　北部非洲的发展现状与中国投资概况

北非地区是非洲大陆经济实力较强的地区，经过多年的发展，北非国家已经成为中国在非洲的重要经贸伙伴。北部非洲具有较为丰富的石油和

---

① 弗拉基米尔·费奥多罗夫（俄罗斯卫星通讯社）：《中国和埃及将制定2020年合作规划》，https://www.investgo.cn/article/yw/zctz/202001/474097.html，2021年7月31日访问。

磷矿资源,吸引了不少中国企业进入投资,主要集中在阿尔及利亚、埃及以及摩洛哥,并体现在能源水利、矿产开发和基础设施建设领域。但是,北非各国因独特的地理位置和丰富的资源,容易引起大国争夺和介入,仍有部分国家处于政局不稳定状态。

一 北部非洲的发展优势与主要问题

北部非洲大部分位于撒哈拉沙漠北侧,北隔地中海望欧洲,南接南部非洲,西临大西洋,东有红海,地理位置十分优越。其地形以高原地形为主,地势较平坦,由于气候干旱,沙漠广布,形成了世界上最大的沙漠地区——撒哈拉沙漠。地中海沿岸有狭小的沿岸冲积平原。其农业主要分布在有水源供给的地中海沿岸和尼罗河沿岸及河口三角洲地区,以种植棉花、小麦等作物为主。灌溉农业发达,加上耕作制度和技术水平比较先进,产量较高,在洲内占有重要地位,以盛产棉花、小麦及地中海果品等出名。其矿产资源丰富,采矿业比较发达,石油、天然气、磷酸盐在全洲总产量中发挥着支柱性作用,在世界上也有一定地位。本地区人民在充分利用自然资源的基础上重点发展了以农业为核心的第一产业,以及以石油和磷矿为基础的初级加工业。根据非洲联盟官方的划分,北部非洲包括六个国家,分别是阿尔及利亚、埃及、利比亚、毛里塔尼亚、摩洛哥、突尼斯,以及被非洲联盟所承认的西撒哈拉地区。

北非国家自然资源丰富。其中,利比亚的石油、天然气等资源储量丰富,其石油储量为非洲之最,天然气探明储量居非洲第 4 位;埃及的主要资源是石油、天然气、磷酸盐、铁等,其石油和天然气探明储量分别居非洲国家第 5 位和第 4 位,也是非洲最重要的石油和天然气生产国;阿尔及利亚的石油探明储量居世界第 15 位,天然气储量居世界第 7 位,其他主要矿藏还有铁、铅、锌、铀、铜、金、磷酸盐等。比较而言,我国能源结构一直存在富煤、贫油、少气的特点,油气资源的对外依存度一直处于高位。随着现代经济的迅速发展,人民生活水平普遍提高、加上汽车的普及,种种因素都使得油气在我国一次能源中的比例持续攀升。[①] 我国的能

[①] 曹春德、王家山、曹博胜:《天然气长输管道建设情况及输气技术研究》,《南方农机》2019 年第 19 期。

源生产不能满足国内的需要和世界经济全球化的大趋势，决定了我国能源安全必须实行自力更生与"走出去"相结合的战略，以实现能源供给保障多元化。① 所以，地处北非的阿尔及利亚、埃及和利比亚等国的油气资源储量丰富，产能合作优势互补，促使越来越多的中国企业赴北非地区开展石油和能源开发合作。

然而，北非各国因独特的地理位置和丰富的资源，容易引起大国争夺和介入，自2011年年初以来，北非形势发生了很大变化。突尼斯、埃及和利比亚，先是内乱，后是外患。内乱外患之后，国家政权发生了更迭。2010年12月，突尼斯青年布瓦吉吉迫于生计压力而抗议自焚，随后，因文化背景、语言环境及社会状况的相同或相似，使得埃及、利比亚等阿拉伯国家纷纷爆发民众示威游行。之后，突尼斯、埃及基本实现了政权和平更迭，过渡政府宣布废除现行宪法并颁布了公民权利更加广泛的新宪法，以缓解国内矛盾，解决经济发展与社会变革的问题。例如在2014年，突尼斯颁布新宪法确定实行共和制；埃及则通过新宪法逐步强化世俗政治和军方实力，以实现社会的平稳过渡，迅速恢复受损的经济；而利比亚的抗议运动演变为政府与反对派之间的武装冲突，至今仍处于动荡之中。

除此之外，北非地区还存在环境资源的争议问题。多年来，埃塞俄比亚和埃及因为尼罗河上游修建大坝的问题产生争端，两国曾就大坝问题进行多次谈判。2020年11月还将谈判搬到了华盛顿，但即使由白宫帮助调解，埃及和埃塞俄比亚仍未能达成决议。2021年4月，埃塞俄比亚军队在北部频繁演习，威慑埃及和邻国。两国争斗其实质是对水资源的争夺，尼罗河水源之争凸显了各国不同的利益诉求。伴随工业化和城市化的发展，国家对水的需求量也日益增加，尼罗河对其流域内的每个国家都至关重要。但争夺与冲突根本无法彻底解决问题，反而会因此加剧各国在经济、政治、外交等领域的冲突。伴随区域一体化发展进程的加速，求同存异是当下解决水源问题最好的途径。②

---

① 张小峰、玄兆娟：《中国对北非阿拉伯国家直接投资动因分析及策略选择》，《阿拉伯世界研究》2010年第3期。

② 张帅：《尼罗河水源争夺战》，http：//www.globalview.cn/html/global/info_15690.html，2020年10月20日访问。

二 中国在北部非洲投资的基本情况

2018—2019年，中国对北非国家投资流量整体而言呈稳步上升态势。投资流向国别主要集中在阿尔及利亚、埃及、苏丹和摩洛哥四国，且呈现出流入区域的不均衡性特征。目前我对北非国家投资领域已经扩大到了贸易、生产加工、资源开发、农业及农产品综合开发等多个方面，但投资比重最大的仍是资源类行业，如石油、有色金属等自然资源领域。

在承包工程上，2019年中国企业在北非地区新签合同额为82.1亿美元，同比下降40.2%，完成营业额106亿美元，同比下降6.4%。目前，中国在北非地区的投资和承包工程多集中在埃及和阿尔及利亚两国。2019年，中国企业在埃及市场新签合同额25.9亿美元，完成营业额31.9亿美元，在完成额上同比增长超五成。2019年，中国企业在阿尔及利亚市场新签合同额37.3亿美元，同比下降22%，完成营业额63.4亿美元，同比下降16.8%。[①]

在主要国别上，中国与北非阿拉伯国家的双边经贸数据表明埃及和阿尔及利亚是经贸投资主要流向国。其中，2019年中国与阿尔及利亚的双边贸易额为80.8亿美元，与埃及则达到132亿美元，而在上述两国的投资存量则分别达到20.6亿美元和10.8亿美元，在工程承包领域年完成营业额分别为63.4亿美元和31.9亿美元。

表5-1　2019年度中国与北部非洲地区各国的经贸合作数据

国别	双边贸易	中国对该国投资	承包工程
阿尔及利亚	2019年，与阿尔及利亚双边贸易额80.8亿美元，同比下降11.2%，其中，中方出口69.4亿美元，同比下降12.4%，进口11.4亿美元，同比下降3.1%	2019年，中国对阿直接投资流量-1.24亿美元；截至年末，中国对阿直接投资存量17.75亿美元	2019年，中企在阿新签工程承包合同额37.3亿美元，同比下降22%，完成营业额63.4亿美元，同比下降15.8%

---

① 中华人民共和国商务部、中国对外承包工程商会：《中国对外承包工程发展报告2019—2020》，2020年，第49—51页。

续表

国别	双边贸易	中国对该国投资	承包工程
埃及	2019年，与埃及双边贸易额132亿美元，同比下降4.5%，其中，中方出口122亿美元，同比增长1.8%，进口10亿美元，同比下降45.5%	2019年，中国对埃直接投资流量1096万美元；截至年末，中国对埃直接投资存量10.86亿美元	2019年，中企在埃新签工程承包合同额25.9亿美元，同比下降67.4%，完成营业额31.9亿美元，同比增长55.9%
利比亚	2019年，与利比亚双边贸易额72.5亿美元，增长16.9%，其中中方出口24.5亿美元，下降71.6%，进口48亿美元，同比增长0.5%	2019年，中国对利比亚直接投资流量-1.29亿美元；截至年末，中国对利直接投资存量2.99亿美元	2019年，中企在利新签工程承包合同额7747万美元，完成营业额2108万美元，同比增长1870.1%
毛里塔尼亚	2019年，与毛里塔尼亚双边贸易额19.57亿美元，同比增长3.07%，其中，中方出口10.26亿美元，下降1.06%，进口9.31亿美元，增长8.03%	2019年，中国对毛塔直接投资流量-746万美元。截至年末，中企对毛塔直接投资存量1.81亿美元（2019年，中企对毛塔直接投资额3187万美元）	2019年，中企在毛塔新签工程承包合同额2.09亿美元，同比下降8.5%，完成营业额2.95亿美元，同比增长61%
摩洛哥	2019年，与摩洛哥双边贸易额46.7亿美元，同比增长6.4%，其中，中方出口40.4亿美元，同比增长9.6%，进口6.3亿美元，同比下降10.4%	2019年，中国对摩洛哥直接投资流量-9516万美元；截至年末，中国对摩直接投资存量3.03亿美元	2019年，中企在摩新签工程承包合同额2.3亿美元，同比增长7%，完成营业额3.4亿美元，同比下降50.9%
突尼斯	2019年，与突尼斯双边贸易额15.7亿美元，同比下降2.3%，其中，中方出口13.6亿美元，下降3.6%，进口2.1亿美元，同比增长7.2%。	2019年，中国对突尼斯直接投资流量1996万美元；截至年末，中国对突直接投资存量4150万美元	2019年，中企在突新签工程承包合同额1.8亿美元，同比增长317.8%，完成营业额9367万美元，同比下降16%

资料来源：商务部国际贸易经济合作研究院、商务部对外投资和经济合作司、中国驻上述各国大使馆经济商务处编《对外投资合作国别（地区）指南·2020年版》。

综上，北非阿拉伯地区依然是非洲大陆综合实力最强的地区，经过多年发展，北非阿拉伯国家已经成为中国在非洲的重要经贸伙伴。再加上北部非洲具有较为丰富的石油和磷矿资源，这吸引了不少中国企业进入投资，且主要集中在阿尔及利亚、埃及和摩洛哥、苏丹四国，并体现在能源水利、矿产开发和基础设施建设领域。

第二节 北部非洲国家的环境立法体系

公元 7 世纪，阿拉伯帝国征服北非地区，伊斯兰教和阿拉伯文化随之在北非地区传播。由于撒哈拉沙漠的天然屏障，阿拉伯文明并未越过沙漠继续南下，由此北非地区开启了伊斯兰化的进程。1798 年，拿破仑的法国军队入侵埃及，拉开了阿拉伯世界近现代史的序幕，与大部分阿拉伯国家一样，北非阿拉伯国家也相继进入被西方列强殖民统治的时代。因此，除了传统的本土法和伊斯兰法之外，特别是自近代以来，北非阿拉伯国家在争取民族独立和推进国家现代化的进程中，受西方法律特别法国大陆法系的影响至深，时至今日，北非地区形成了以阿拉伯语为官方语言、以法国大陆法系成文法编纂为特色，以伊斯兰政教合一为基本国情的非洲独特区域。所以，北部非洲国家受法国的大陆法系立法影响，在环境保护法典化、环境保护制度化上具有浓厚特色，形成了鲜明的二元化特征。一方面，在世俗法领域，北非各国基本以成文法典形式颁布涉及环境保护、资源开发、生物多样性保护等实体法律，重视对本国内环境侵权和违法的处罚，也旨在通过严格的环境立法共同参与应对全球气候变化，防止区域性和全球性环境恶化，减少温室气体排放，营造良好环境法治。另一方面，在宗教法领域，北部非洲国家多属于伊斯兰政教合一国家，伊斯兰教为其国教，伊斯兰教法（也称"沙里阿"）是各国立法的主要依据。据此，北非阿拉伯国家的法律传统是大多从《古兰经》《圣训》和教法学中演绎出来。于是北非各国编纂有伊斯兰化的法典将上述传统进行归纳和具体化，虽然北非国家已经在近代司法变革中，用世俗法院代替了传统沙里阿法院（也称"卡迪法院"），但在世俗法院的司法过程中依然适用这些伊斯兰化的法典。同时，《古兰经》和《圣训》中存在不少环境伦理，强调穆斯林必须保护生态环境、要自然和谐共生，环境保护成为这些国家中的道德义务。因此，中国投资者不仅要遵守北非地区的国家环境立法，也应当充分了解宗教道德中的生态环保思想，依法开展项目，尊重宗教伦理与风俗习惯。

一 北部非洲国家的环境权入宪

北部非洲国家的环境法基本形成了以宪法上的公民环境权规定为基

石、以环境保护实体法为基础、以部门法规为具体实施领域的环境立法体系。北非六国除利比亚，其他五国皆将环境权条款写进了宪法，体现了国家对环境保护以及国民生活质量的重视。宪法环境权条款通常可归入下列三种类型：一是赋予实体性的基本权利与义务；二是规定了抽象的宪法权利与义务；三是蕴含在指导原则和国家政策中的权利与义务，以作为环境立法与管理的宏观导向。其中，前两类条款设置具有现实约束力，能在法院审判中予以适用，所以从北非各国的环境权入宪看，其作为第三代人权属性的立法意图十分明显。

2011年之后，北非多国为缓和国内民众矛盾，巩固新政权，于是纷纷修改宪法，由此加入了大量有关公民基本权利的条款。[1] 在埃及，2014年新宪法第46条环境权条款规定："每位埃及公民有生活在一个舒适健康的环境中的权利。环境保护是国家的责任。国家应当采取必要的措施保护环境并确保不危害环境。确保理性使用自然资源以期实现可持续发展。并确保未来的埃及公民能够享有上述环境权。"[2] 在突尼斯，2014年宪法第45条环境权条款规定："国家确保公民身处健康及和谐环境中的权利，以及参与应对气候变化的权利。国家应当采取必要措施以消除环境污染。"在摩洛哥，2011年宪法第19条和第31条规定，"男女平等地享有环境权等其他基本权利；公民享有水资源和健康的环境等相关权利。"这两条将公民的环境权上升为与公民健康权等权利同等地位的宪法权利，体现出摩洛哥政府对公民环境权的重视及其为保护环境所做之努力。[3] 在阿尔及利亚，2016年新宪法第19条和第68条的分别规定，"国家保证合理利用自然资源并保护自然资源，以造福子孙后代；公民有权享有健康的环境，国家通过促进可持续发展，保护环境和改善公民生活质量。"这两条巩固了国家在保护环境和改善公民生活质量上做出的努力。在毛里塔尼

---

[1] 张小虎：《埃及法专题研究》，湘潭大学出版社2019年版，第213页。

[2] Article 46.
Every individual has the right to live in a healthy, sound and balanced environment. Its protection is a national duty. The state is committed to taking the necessary measures to preserve it, avoid harming it, rationally use its natural resources to ensure that sustainable development is achieved, and guarantee the rights of future generations thereto.

[3] Bouchra Nadir, "Les fondements constitutionnels du Droitdel environnementau Maroc", *Mediterranean Journal of Social Sciences*, Vol. 4, No. 9, 2013, pp. 164-170.

亚，2012年宪法第19条第2款规定："公民享有与政府同等的权利、履行同等义务。他们拥有平等参与祖国建设的、以及在同等的条件下拥有可持续发展、获取平衡生态以及享受健康生活的权利。"①

虽然，上述北非五国明确了公民环境权利并设置了相应的国家环保责任，宪法环境权条款可以作为司法审判中间接适用的法律依据。但其作为一种授权性的法律规则，在强制力方面仍有不足。② 公民依据宪法环境权条款进行诉讼、展开实体性权利救济难度较大，公民环境权难以真正落到实处。

二 北部非洲国家的环境法律法规

近年来，北非各国通过环境权宪体加强了对公民权利和环境保护的重视，在宪法权利之下，各国还制定了相应的环境基本法律以及具体领域的法律法规，从而进一步完善了本国的环境立法体系。例如，阿尔及利亚于2003年颁布了《环境保护法》，这是该国的环境基本法，规定了环境保护的宏观指导方针与措施，并规定搭配相关细则而实施。与之相应，阿尔及利亚针对不同的环境因子，在各层面都颁布了具体的部门法规，以及一系列有关环境保护的科学数据规范文件；埃及的环境基本法是颁布于1994年的《环境法》③，后在2005年以及2009年进行了两次修改。此外，埃及的环境法规还有1983年《自然保护法》④ 和1982年《保护尼罗河及相关水道环境法》⑤ 等；利比亚不仅颁布了《环境法》，其基础环保法律法规还包括《耕地保护法》及其修正案、《矿山和矿业法》《水资源利用

---

① Article 19.

Every citizen must loyally fulfill his obligations towards the national collectivity and respect public property and private property. The citizens enjoy the same rights and the same duties vis-à-vis the Nation. They participate equally in the construction [edification] of the Fatherland and have right, under the same conditions, to sustainable development and to an environment balanced and respectful of health.

② 张小虎：《非洲国家宪法环境权的实证研究》，载齐延平主编《人权研究·第21卷》，社会科学文献出版社2019年版，第242—267页。

③ Environment Law 4 of 1994.

④ Nature Protection Law 102 of 1983.

⑤ Protection of the Nile and Water ways from Pollution Law 42 of 1982.

法》《牧场和森林保护法》及其修正案、《海洋资源利用法》《动物和树木保护法》等；毛里塔尼亚也在宪法环境权的指引下，颁布有涉及环保各领域的法律法规，具体内容包含渔业资源与旅游资源的保护，以及自然环境及防止气候变暖等领域。而且毛里塔尼亚规定了较为严格的环保标准和要求，以为本国保护资源和环境，尤其在石油勘探领域均参照了欧洲环保标准。相关法律在水污染、空气污染、土壤污染、噪声污染、化学品泄漏、水源保护、生物多样性保护等方面有较为详细的规定；摩洛哥依托宪法环境权，颁布有种类繁多的环保法律法规，主要包括《环境保护法》《国家环境保护和可持续发展法》《废物管理和销毁法》。其中《国家环境保护和可持续发展法》明确了环境保护的基本政策、保护对象、适用范围、保护措施和方式、各法律主体保护环境的义务以及破坏环境所应担负的责任等；突尼斯以宪法环境权为指导，分别制定了《水法》《空气质量法》《水土保持法》和《森林法》等环境法律法规，最新一部涉及投资环境影响评价的法规是于 2005 年颁布的《环境影响评价及确定需进行环境影响评价或需招标的企业类别的法规》。

表 5-2　　　　　　北部非洲国家的主要环境法律及其内容

国别	法律	主要内容
阿尔及利亚	2003 年《环境保护法》	（1）土壤保持：土地使用必须与其本身性质匹配，限制不可逆的开发；土地的农业、工业、城市化使用须符合有关环境规定；（2）森林保护：法规对开垦林区、森林防火防虫害、林区放牧、林区及附近地区的工业和建筑设置、林区沙石等方面做出规定；（3）大气污染防治：所有建筑物、工商农设施及汽车等均应该依照环保和减少污染的原则进行建设、开发或生产；所有工业设施必须减少使用或不使用破坏臭氧层的生产物质；主要就空气中二氧化氮、二氧化硫、臭氧、浮尘的含量参考值、污染最大限量、预告限量、警戒限量四个等级进行量化规定，以便采取相应措施进行防治；工业废气污染排放超出规定限值时应对相关生产活动征收附加税，附加税按照超标比例分为 5 级，在相应范围内征收一定的税费；（4）水体保护：对淡水、海水的保护和工业废水排放进行了详细规定；工业废水排放超出法规规定限值时应对相关生产活动征收附加税，附加税按照超标比例分为五级，在相应范围内征收一定的税费。阿尔及利亚现行法律未对污染事故处理及赔偿进行详细规定，只规定了有关违反环保法律法规和造成污染的刑法处罚条款，处罚主要根据不同情况处以 1000 至上百万第纳尔的罚款，以及几个月至几年的监禁

续表

国别	法律	主要内容
埃及	1994年《环境法》	规定工业项目必须对在生产过程中产生的污染进行初步治理，达到排放标准后才可向公共排污管道排放。禁止擅自处理固体废弃物、喷雾式杀虫剂或其他化学品。无论何种情况，禁止对海洋资源进行探测开发的国家或公司船只、离岸平台（如海上钻井平台等）在埃及领海内排放污染物质。排放不允许排入海洋，必须远离海岸线500米以外。不准许向捕鱼区、游泳区或自然保护区排放。在Aqaba海湾的Taba和Ras mohamed之间的地区禁止使用鱼网或炸药捕鸟、捕鱼，包括海贝壳、珊瑚、蚝和其他的海洋生物。违规者必须在水资源和灌溉部规定的时间内改正或清除违规行为和事物。如在规定的时间未能做到，水资源和灌溉部有权采取措施（如使用行政手段或吊销执照）消除或改正其违规行为和做法
利比亚	1970年33号《耕地保护法》及其修正案、1971年2号《矿山和矿业法》、1982年3号《水资源利用法》、1982年5号《牧场和森林保护法》及其修正案、1989年14号《海洋资源利用法》、1989年15号《动物和树木保护法》	《环境法》规定，利比亚行业委员会、人大委员会、人民省委员会以及公司、机构、部门和所有私营、国有、外国公司和伙伴合作企业以及个人都有义务与有关部门配合消除污染带来的影响，并按照《环境法》的要求去实施；任何公司、企业和工厂都要到有关部门对所排放气体的成分和排放量进行备案登记；任何个人不允许在居住区域随意燃烧橡胶、石油制品、废物和有机物，同时该法还对海洋及其财富的保护、水资源的保护、食物的保护、健康环境、土地和耕种的保护、陆地动物的保护、生物安全等均做出了规定
毛里塔尼亚	《环保法》	在石油勘探领域参照欧洲环保标准。有关法律在水污染、空气污染、土壤污染、噪声污染、化学品泄漏、水源的保护、生物多样性的保护等方面有较为详细的规定。相关部门还会进行监督，一旦发现问题便会对有关企业进行书面警告，限期整改，如限期未能纠正则用法律手段进行惩罚。 明确规定：对有可能对环境造成明显影响的所有活动，必须事先取得环保机构对环境评价的认可。毛里塔尼亚没有专门负责环境保护的执行机构，环境与可持续发展部长级代表负责在法律文本中确定需要进行环境评价的活动范围，各部委负责按照确定的活动范围执行环境评价
摩洛哥	《国家环境保护和可持续发展法》《森林保护开发法》《自然保护区法》《捕猎法》《远洋渔业法》《可再生能源法》《矿产开发法》《废物管理和销毁法》《反空气污染法》《水法》等	《国家环境保护和可持续发展法》明确了环境保护的基本政策、保护对象、适用范围、保护措施和方式、各法律主体保护环境的义务以及破坏环境所应担负的责任等。 《废物管理和销毁法》对生活废物、生活垃圾、工业废物、医药废物、危险废物、农业废物、可降解废物等各类废物的收集、持有、贮存、转移、处理、开发、管理、再利用、销毁、进出口等进行了分类规定，明确了产生废物的单位和个人所应承担的义务，制定了强制性的法律规则、法律程序和法律责任。例如，收集和运输危险废物必须获得主管机关的许可，许可有效期为5年，到期可申请延长；危险废物必须交由国家指定并授权的专业机构进行销毁或处理，不得擅自倾倒、堆放或填埋，违反者处以1万迪拉姆以上、200万迪拉姆以下的罚金，并处或单处6个月以上、2年以下的有期徒刑

续表

国别	法律	主要内容
突尼斯	《水法》、2007年《空气质量法》《水土保持法》、1988年《森林法》、2005年《环境影响评价及确定需进行环境影响评价或需招标的企业类别的法规》	根据1988年8月2日第88—91号法律规定，所有工业、农业和贸易机构以及所有法人或自然人，以固体、液体、气体或其他方式排污，其行为可能造成环境污染的，必须取消或减少该类污染排放，并回收排放物。违反以上规定将根据其严重程度处以100—50000第纳尔的罚款。《空气质量法》规定企业应当配置环保设备和技术，预防和减少废气排放。排污单位不得超量排放废气（具体排污标准由法令另行规定），违者将被处以1000—50000第纳尔的罚款。一旦发生大气污染事故，需立即通知相关部门，汇报污染情况并采取必要的补救措施。违者将被处以100—10000第纳尔的罚款。紧急情况下，法官可以责令涉嫌造成污染的企业采取补救措施，减少污染。如果排污单位无法避免超量排污，法庭可以责令其停业。1989年7月20日，突尼斯经济部关于批准水域污水排放标准的条令规定，水域污水排放的标准参照
突尼斯	《水法》、2007年《空气质量法》《水土保持法》、1988年《森林法》、2005年《环境影响评价及确定需进行环境影响评价或需招标的企业类别的法规》	标准化和工业产权研究院NT106.02（1989）号标准。该标准明确规定了排放污水的温度、酸碱度、悬浮物等参数（详见突尼斯环保署网站）。企业如果违反条令，政府将根据《水法》有关条款要求企业赔偿损失。国家环保署设立了移动实验室，随时对民用和工业排放污水的水质进行检测分析，并建立基础数据库，通过预防有效保护水资源，防止污染。1988年4月颁布的《森林法》规定，在森林及其所属土地上进行施工和治理项目，如果其规模或影响被视为可能对自然造成损害，则必须预先由批准的专业机构对其后果进行评价。这些工程和项目只能在获得农业部门许可后才能实施。违反者将被处以20—300第纳尔的罚金，并被处以10天到3个月的拘留

资料来源：商务部国际贸易经济合作研究院、商务部对外投资和经济合作司、中国驻上述各国大使馆经济商务处编《对外投资合作国别（地区）指南·2020年版》。

因此，不难看出，北非国家的环境立法体系结合了大陆法系与伊斯兰法特点，故其在环境立法上多以成文法典为主，而且实体性法律数量繁多，针对性较强。

三 北部非洲国家的主要环境政策

依法治理环境,是各国的必然选择。根据非洲联盟 2063 年议程和联合国 2030 年可持续发展议程,依法保证资源合理利用、依法防止环境污染和环境破坏、依法协调经济与环境关系是当今世界的主旋律,而支撑主旋律的法律政策、法律措施、法律行动的总和,构成环境保护法律机制。由于撒哈拉沙漠的影响,北非国家大多面临着严重的荒漠化问题,大部分国家制定相应的环境政策以应对环境问题时会突出对水资源、植物和生物多样性的关注和保护。

例如,埃及的环境政策的主旨是通过政府引导对自然环境资源进行管理和保护,在实现可持续发展的前提下,尽可能地从中获益;引起社会各界对环境保护的重视并鼓励所有的集体和个人主动加入到环境保护工作中去;[1] 突尼斯的人口、经济、体制和环境变化迅速,这些都给地方一级的公共服务提供了额外的压力。地方政府考虑到对空气、土壤和水质的严重影响,以及受影响地区的整体生活质量,其公认的重点目标是脱碳。[2] 突尼斯、苏塞和斯法克斯等城市参加了城市发展战略项目,后来又补充了可持续能源行动计划。这些战略使地方当局能够最大限度地推测经济和环境的变化及其所带来的利益;摩洛哥制定了一项可持续发展政策,该政策旨在保护国家环境和自然资源,要求地方政府持续保护自然环境,以及改善公民的自然生活环境。摩洛哥在环境保护和实施环保政策方面还拥有着突出的项目,像非洲最大的风电场、撒哈拉沙漠中庞大的太阳热力学系统以及将 600 座清真寺改造为绿色建筑的项目等;毛里塔尼亚政府曾批准国家环境保护行动计划。该计划将力争实现毛里塔尼亚环境政策目标和落实国际协议。计划的内容涵盖了以下主要主题:防止荒漠化、自然资源的管理、环境维护、生物多样性的修复和可持续管理、防止气候变化效应、海滨的管理、城市和工业环境管理、化学品和废品管理、灾难污染和风险。

---

[1] 李萍萍:《埃及的旅游环境影响、环保举措及启示》,《和田师范专科学校学报》2009 年第 3 期。

[2] Nathan Appleman and Anna Leidreiter, *Policies of the Future: A Guide to Local Environmental Governance in Tunisia*, World Future Council, 2016.

北部非洲各国的环境政策更注重于生物的生存数量和质量，努力维持当前生态系统的稳定，而且更趋向于与类似国家合作共同应对环境问题。

四　北部非洲国家参与的国际环境条约

从当今各国发展实践看，环境问题已成为跨越国境、涉及全人类利益的重大问题，通过签署和遵守国际环境条约已形成一套有效的实施机制。北部非洲各国参与了大量与环保相关的国际条约的签订，例如 1991 年《设立非洲经济共同体公约》就要求缔约国追求健康的环境，制定环境政策与战略，实施行动计划。这些条约是非洲国家开展环境合作的法律基础，通过信息交换制度、技术和财政援助制度、协商机制等共同应对环境问题。目前，几乎所有的北非国家都加入了《华盛顿条约》《联合国气候变化框架公约》《生物多样性公约》《京都议定书》《巴黎协定》《联合国关于在发生严重干旱和/或荒漠化的国家特别是在非洲防治荒漠化的公约》等重要的国际条约。

北非国家因参与了上述有关国际环境保护的条约，通过吸收和并入的方式，由此环境保护方面的国际法律制度也成了北非各国遵循的重要法规。不仅如此，北非国家还纷纷参与区域性组织，积极推动并落实各区域性组织在环境保护协议或条约中的规定。

例如，北非区域性组织上，摩洛哥、突尼斯、阿尔及利亚、利比亚和毛里塔尼亚等地处北非马格里布地区的国家组成了阿拉伯马格里布联盟（Union of the Arab Maghreb），联盟将保护旱地写进了其宪章内，要求各会员国致力于制定有效的土地恢复、开发和使用政策，以确保土壤保持其特性，并响应粮食安全的要求；协调撒哈拉地区的发展项目和环境保护；巩固非洲荒漠化联盟各州防治荒漠化的区域项目；保护受到威胁的水资源免遭各种形式过度开发的危险；确保在马盟各国合作框架内合理使用这些水库，以保护不可再生含水层。[①] 又如，萨赫勒—撒哈拉国家共同体（Community of Sahel-Saharan States）是非洲第二大地区性组织，截至 2019 年 4

---

① Cathy Lee and Thomas Schaaf, *The Future of Drylands International Scientific Conference on Desertification and Drylands Research*, Tunisia, 19-21 June 2006, Springer, 2008.

月，共有 29 个成员方，北非六国除阿尔及利亚外均加入了该组织。组织不仅设有专门负责农业水利和环境保护问题的农业和水资源委员会，还在领导人会议第八次常会上倡议兴建由非洲联盟发起的"绿色长城"计划，并积极推动计划的落实、制订行动方案，目的是解决在该地区的土地退化和沙漠化所造成的对社会、经济和环境的不利影响。"绿色长城"的建立不仅将发挥生态和经济的双重效益，更有助于消除因贫穷产生的恐怖主义的滋生。[①]

在地区性组织上，非洲联盟（African Union）是非洲最大的地区性组织，从 1963 年"非洲统一组织"发展到 2002 年改组至今，非洲联盟已发展有 55 个成员方，是集政治、经济和军事于一体的全非洲性的政治实体。它以帮助发展，稳固非洲民主人权以及永续发展经济为目标。自 20 世纪 60 年代以来，许多非洲地区性环境保护公约陆续颁布：在自然资源保护方面，1968 年《非洲保护自然和自然资源公约》在阿尔及利亚获得通过，该公约提出对非洲的动植物资源、水资源、土壤资源等自然资源进行全面保护；在生态环境保护方面，1989 年第一届非洲环境大会在乌干达坎帕拉召开，以会议宣言的形式提出了非洲的环境保护与可持续发展原则。自此，在非洲自然环境与生态资源保护频繁交流的基础上，非洲的区域性多边环境协定与公约日益增多。例如，1989 年关于土壤和森林保护的第 4 个《洛美协定》以及关于非洲有害物质越境转移的《巴马科公约》等。

北非国家还通过签署非洲区域性公约，进而从一些重要法律文件中吸收涉及环境保护的相关规定：一是 1981 年《非洲人类与民族权利宪章》[②]，这份基本文件在 1986 年正式生效，宪章建立了促进、保障、实现非洲人权的标准框架。它的第 24 条特别针对环境问题规定了所有人都有"有利于其发展的、总体上令人满意的环境的权利"，这是首次承认满意的环境权利，而该条款对当时所有非洲统一组织的成员国具有约束力，这就使之成为具有非洲区域性法律约束力的环境保护文件。《非洲人权宪章》既是非洲各国将健康环境权作为人权的一种宣示，也是 1992 年联合国环境与气候发展大会所确立的可持续发展思想与方式在非洲的早期体

---

① 李志伟：《非洲"绿色长城"不只是生态屏障》，《人民日报》2016 年 1 月 21 日。

② African Charter on Human and Peoples'Rights (1981).

现。二是1991年《设立非洲经济共同体公约》①，公约建立了非洲经济共同体（Abujia Treaty），在非洲一体化进程中促进经济、社会和文化的发展。同时，公约也包含了许多针对环境及其环境保护问题的条款。第58条要求缔约国追求一种健康的环境并为此制定相应的环境政策和发展战略，积极实施公约规定的行动计划。三是2000年《非洲联盟基本法》②，基本法是非洲联盟的创办法律，其尤为强调用立法或权利保障的方式，实施合理地环境保护、通过环境管理促进可持续发展。四是2013年《2063年议程：我们希望的非洲》，这是一份非洲50年发展的愿景和行动计划，文件提出了七大愿景，描绘了2063年非洲的宏伟蓝图，其中第一点便是在包容性增长和可持续发展基础上打造繁荣的非洲，希望建设环境可持续、具有气候应对力的经济和社区。其后，2015年非洲联盟又颁布了"第一个十年实施计划（2014—2023）"，包括了建设刚果英戈大坝等清洁能源项目。在2020年2月，非洲联盟委员会还与非洲联盟发展署共同发布了《2063年议程：我们希望的非洲》执行情况评估报告，对第一个十年规划的执行情况进行评估并寻找差距，但是在"应对气候变化实现可持续发展的能力"上，其完成度不足三成。这说明非洲联盟开展的环境保护与可持续经济发展仍需各国努力参与，北非国家作为非洲五大区域中经济社会较为发达的地区，应承担更多的环境保护义务。

第三节 北部非洲国家的环境管理制度

环境问题包括工业生产造成的环境污染问题，也包括开发资源引起的生态保护问题等。北部非洲国家大多建立专门化的环境管理制度，并在政府部门里面设置有国家环境保护行政主管机构，加强国家对环境管理的职责，以便实现控制环境污染和环境破坏之实效。环境行政是环境法实施与执行机制中的重要组成部分，对全社会的环境保护起着计划、组织、协调、管理功能，发挥着重要作用。

---

① Treaty Establishing the African Economic Community (1991).

② Constitutive Act of the African Union (2000).

一 北部非洲国家的环境主管机构

北部非洲各国全部在其国家行政管理体制内建立有专门的环境保护、管理和监督的国家行政主管部门,职能明确并且权责划分清晰。

表 5-3　　　　　　北部非洲国家的环境主管机构及其职责

国家	国家环境主管机构	主要职责
阿尔及利亚	环境和可再生能源部	制定环保方面战略规划、法律法规;对国家环境状况监控、管理;会同有关部委建立健全环保行政机制、技术装备和管理机制,监督环保执法情况;促进可持续发展、生物多样性
埃及	环境事务署	制定环保领域法律法规,编写国家环保报告及发展规划,制定各类建设和运营项目环保标准和规范并开展试点项目,执行国际和区域环境公约,管理国家环保基金
利比亚	环境总局	对环境保护的法律法规、政策的制定和贯彻执行,致力于与环境事务有关的生物资源保护,环境污染,可持续发展和社区综合规划,其职责是保护和改善环境
毛里塔尼亚	仅在内阁中设有负责环境与可持续发展的部长级代表	制定和实施国家环保政策,并对国家环境进行评价和监督
摩洛哥	能源、矿业与可持续发展部下属的可持续发展局	制定和实施国家环境保护管理政策措施、监督管理环境污染、协调解决重大环境问题
突尼斯	国家环境保护部	制定环境保护的方针政策,落实可持续发展目标,负责环保立法,宣传可持续发展理念,制定相关标准

资料来源:商务部国际贸易经济合作研究院、商务部对外投资和经济合作司、中国驻上述各国大使馆经济商务处编《对外投资合作国别(地区)指南·2020年版》。

考察北部非洲各国的环境法以及环境政策可见,北部非洲各国除设有一个国家环境主管部门外,还设有各种各样的政府机构,如利比亚除独立自主的环境总局外,还设有卫生部以及负责所有水资源管理、规划和监测的水务总局;[1] 而阿尔及利亚除环境和可再生能源部外,还有能源部,工业和矿业部,水资源部,农业、乡村发展渔业部等。严格的环境职能划分以及完备的环境管理制度,体现了北部非洲国家对环境保护的重视。

---

[1] Libya, *ENPI-SEIS project Country Report-Libya*, March 2015.

二 北部非洲国家的环境评价制度

北部非洲各国基本建立有环境影响评价管理机构,对有可能对环境造成明显影响的所有活动,必须事先取得环保机构对环境评价的认可。环境评价的基本内容要求包括:对项目所在地基本状况的分析;项目内容、特点和实施阶段的描述;对可能受到影响的环境进行描述(包括相关资料);项目对环境可能造成的影响进行正面和负面影响评价;消除、减少或抵消项目对于环境不良影响的建议措施;项目环境状况的后续监测,等等。此外,环境影响评价还包括信息公开和公众咨询,即告知公众该项目可能对环境造成的影响并征求他们的意见,进行环境影响研究分析和公众咨询的费用由环评申请者负担。中国公司要严格遵守北非各国有关环境保护的规定,约束和规范企业的经营行为,加强企业环境保护和环保风险防范机制建设。

表 5-4   北部非洲国家环境影响评价的基本信息

国家	环评管理机构	环评报告撰写	环评依据
阿尔及利亚	环境部、省环境局	环境和可再生能源部认可的、有资质的单位编制	《环境保护法》
埃及	环境事务署	环保部门	《环境法》
利比亚	环境总局	环境总局指定的机构	
毛里塔尼亚	环境与可持续发展部长级代表	/	《环境保护法》
摩洛哥	环境影响研究委员会	/	《国家环境保护和可持续发展法》
突尼斯	国家环境保护署	/	《环境影响评价及确定需进行环境影响评价或需招标的企业类别的法规》

资料来源:商务部国际贸易经济合作研究院、商务部对外投资和经济合作司、中国驻上述各国大使馆经济商务处编《对外投资合作国别(地区)指南·2020年版》。

表 5-5   北部非洲国家环境影响评价的国家环评审核费用与期限

国家	环评审核费用	环评程序所耗时间
阿尔及利亚	50万—100万第纳尔	3—5月

续表

国家	环评审核费用	环评程序所耗时间
埃及	根据项目类型和投资额定	45天左右
摩洛哥	/	20个工作日内出具意见，5个工作日后公布结果
突尼斯	/	21个工作日或3个月以内（视项目不同，审批时间分为两类）

资料来源：商务部国际贸易经济合作研究院、商务部对外投资和经济合作司、中国驻上述各国大使馆经济商务处编《对外投资合作国别（地区）指南·2020年版》。

北部非洲各国的环境评价制度是其对环境监督和管理的最重要的手段之一，其关于环境影响评价的立法规定大致分为两类：一类是法律授权法，另一类是更为详细的具体法律或条例。例如，突尼斯于1988年颁布了关于环境影响评价的法律规定，后又于1991年对环境影响评价的执行条例作出了规定。该法令就明确了应遵循其规定的活动清单、环评程序的步骤、期限和机构责任。因为每个国家的法规和程序中规定了不同机构在环境影响评价过程中的作用，所以各国都有专门的环境部门负责监督环境影响评价过程。例如，在埃及，环境事务署是环评的主管机构，尽管行政主管机关在环评过程中拥有行政权，但监督筛选过程、管理环评报告的检讨、决定环评报告的可接受性以及发出环评指引仍是由环境事务署的环评组负责；在突尼斯，国家环保署的环评理事会是负责管理、审查和监测环评的机构。据突尼斯的环境法规，国家环保署有权强制执行任何与环评以及污染监控相关的决定。[①]

第四节 主要投资国别：埃及的环境法律制度

埃及是人类文明的发祥地，也是四大文明古国之一，它地处亚非欧三大洲交界处，是西亚北非的地区性大国，还是非洲最早加入"一带一路"倡议的国家。2011年以来，塞西政权执政稳固，并且制定了一系列开放

---

① Balsam Ahmad and Christopher Wood, "A comparative evaluation of the EIA systems in Egypt, Turkey and Tunisia", *Environmental Impact Assessment Review*, Vol. 22, No3, May 2002, pp. 213 – 234.

市场和吸引外资的改革措施,取得了良好的效果,营商环境逐步改善。"南非兰德商业银行研究报告显示,埃及蝉联 2018 年非洲最佳投资目的国。"

据中国商务部统计,"2019 年中国对埃及直接投资流量 1096 万美元;截至 2019 年年末,中国对埃及直接投资存量 10.86 亿美元。在埃及注册的中国企业已超 1500 家。据中国驻埃及使馆经商处不完全统计,中国企业通过不同渠道对埃及的直接和间接投资额累计超过了 75 亿美元,包括在石油领域的并购和股权投资等。投资领域集中在油气开采和服务、制造业、建筑业、信息技术产业以及服务业等"[①]。其中,在油气行业主要有中石化集体新星石油有限责任公司、振华石油控股有限公司等;在制造业中的苏伊士经贸合作区已有超 30 家制造业企业入驻;在建筑业领域中埃及新行政首都中央商务区、斋月十日城轻轨等国家级项目均由中国企业承建。石油业、制造业、建筑业等均有较大的环境影响性和资源依赖性,存在较高环境违法风险,中国企业必须熟悉相关制度。

一 埃及的法律体系与环境立法

埃及的法律体系呈现出大陆法系与伊斯兰法系混合的特色,在立法上以颁布制定法为主要形式,婚姻家庭与财产继承等私法领域以伊斯兰法为核心,在国家制度与行政管理等公法领域则受法国的大陆法系影响较深。在宪法上,1971 年"永久宪法"在 2011 年后被废除,现行宪法于 2014 年通过全民公投,并且在 2019 年完成了关于总统任期的修改,规定总统任期从现任开始按 6 年一任计算,可连任一次,以保障政局稳定和改革的顺利推进。2019 年宪法修正案规定埃及重新恢复在 2014 年宪法中被废除的参议院(议会上院),但埃及的最高立法机关依旧为人民议会(People's Assembly),由其负责立法和修宪,审议和批准条约,审议和批准施政纲领与财政预算,监督政府工作等。埃及的法院系统由最高法院、上诉法院、中央法院和初级法院以及行政法院组成,此外,在开罗还设有

---

① 商务部国际贸易经济合作研究院、中国驻埃及大使馆经济商务处、商务部对外投资和经济合作司编:《对外投资合作国别(地区)指南:埃及》,2020 年,第 69 页。

最高宪法法院,在主要省份设有经济法庭。而检察机构则由中央的总检察院和地方的检察分院组成。[1] 在行政机构上,埃及政府是埃及最高执行及管理组织,下设有财政部、贸工部、投资与国际合作部、环境部、电力和能源部、石油矿产部、交通部和旅游部等34个政府部门。

首先,埃及环境保护的宏观指引是2014年宪法第46条的环境权条款,其规定:"每位埃及公民有生活在一个舒适健康的环境中的权利。环境保护是国家的责任。国家应当采取必要的措施保护环境并确保不危害环境。确保理性使用自然资源以期实现可持续发展。并确保未来的埃及公民能够享有上述环境权。"[2] 通过宪法赋权,在环境保护领域授予公民权利、设定国家责任,并将二者相互结合,甚至可以作为埃及宪法法院在审判或释法中直接适用的法律依据,囊括了有关公民环境的具体权利和国家应当承担的环保责任,二者相互对应,实现国家与个人在环境保护上的互动,成为埃及环境立法、执法和司法的最高依据,因为,公民具有健康的环境权利,国家有保护这种权利的责任。在宪法环境权之下,埃及的环境基本法是颁布于1994年的《环境法》[3],后在2005年进行了修改,大规模修订了环境标准,重新制定了环境考核的指标体系和评价内容,规定了更严格的排放标准和污染物处理方法及污染源的管理方式。在2009年,埃及再次对《环境法》进行修改,新增了沿海区环境保护定义及综合管理措施、臭氧层保护措施、设立总理级尼罗河水域保护委员会等内容。目前,该法由序言、补充条款加上四篇共104条组成。其中,序言规定了环境保护的总则(第1条)、环境事务署(第2条至第13条第2款)、环境保护基金(第14—16条)、激励机制(第17—18条);第1篇防治土地污染规定了发展与环境(第19—28条)、有害物质和废物(第29—33条);第2篇规定了防治空气污染(第34条至第47条第2款第1项);第3篇

---

[1] 张瑞晨:《穆巴拉克威权政体垮台的原因》,硕士学位论文,华中师范大学,2015年,第22页。

[2] Article 46.
Every individual has the right to live in a healthy, sound and balanced environment. Its protection is a national duty. The state is committed to taking the necessary measures to preserve it, avoid harming it, rationally use its natural resources to ensure that sustainable development is achieved, and guarantee the rights of future generations thereto.

[3] Environment Law (Law Number 4 of 1994).

防治水污染规定了船舶污染（第 48—68 条）、油污（第 48—59 条）、有害物质污染（第 60—65 条）、污水和垃圾污染（第 66—68 条）、陆源污染（第 69—75 条）、国际证书（第 76—77 条）、行政和司法程序（第 78 条至第 83 条第 2 款）；第 4 篇是罚则（第 84—101 条）；补充条款（第 102—104 条）则规定了环保稽查与监督等内容。[1]

此外，埃及的环境法规还有 1983 年《自然保护法》[2] 和 1982 年《保护尼罗河及相关水道环境法》[3]；政府部门颁布的环境法令还有废弃物与管理监管局（Waste Management Regulatory Authority）的《2015 年第 3005 号总理令》[4]，国家应对气候变化委员会（National Council for Climate Change）的《2015 年第 1912 号总理令》[5] 和《2019 年第 1129 号总理令》[6]，这些法令及时关注了埃及有关废弃物管制和应对气候变化等问题，成为环境保护管理的重要指引。当然，埃及的环境法律法规也与埃及环境与能源项目实践联系紧密，为迎合正在兴建中的该国第一个燃煤电站，埃及还将制定关于燃煤电站的专门性环境部分法案。

最后，在国际法上，埃及目前签署应对气候变化的国际公约 5 项，其中仅《联合国气候变化框架公约》（1995）及其补充条款《京都议定书》（2005）批准生效；在危险物和废弃物处置上签署批准国际公约 3 项，分别是《巴塞尔公约》（1993）、《斯德哥尔摩公约》（2003）和《巴马科公约》（2004）；在海洋污染领域批准生效国际公约 2 项，分别是《吉达公约》（1985）和《保护地中海海洋环境和沿海区域公约》（2004）；在自然保护领域签署国际公约 7 项，实施生效的有《生物多样性公约的卡塔赫纳生物安全议定书》（2004）、《拉姆萨尔公约》（1988）、《关于养护黑海、地中海和毗连大西洋海域鲸目动物的协定》（2010）、《波恩公约》（1983）和《非洲—欧亚大陆迁徙水鸟保护协定》（1983）。[7]

---

[1] Environment Law (Amended by Law Number 9 of 2009).

[2] Nature Protection Law (Law Number 102 of 1983).

[3] Protection of the Nile and Waterways from Pollution (Law Number 42 of 1982).

[4] The Prime Minister Decree No. 3005 for year 2015.

[5] The Prime Minister Decree No. 1912 for year 2015.

[6] The Prime Minister Decree No. 1129 for year 2019.

[7] "Ministry of Environment Egyptian Environmental Affairs Agency", http://www.eeaa.gov.eg/en-us/laws/conventions.aspx, accessed 2020-4-13.

二 埃及的环保机构与主要规定

根据 1994 年《环境法》创设了埃及环境事务署（Egyptian Environmental Affairs Agency，EEAA），它由 1982 年第 631 号法所设立的环境事务管理机构发展而来，后根据 1997 年总统第 257 号令，改组成立了新的行政机构，至此环境部和环境事务署成为埃及环境保护的最高行政主管机构，负责促进和保护环境，并协调相关事务。它们的主要职能有：制定环保领域法律法规，编写国家环保报告及发展规划，制定各类建设和运营项目环保标准和规范并开展试点项目，执行国际和区域环境公约，管理国家环保基金等。根据埃及环境基本法和相关法规以及行政主管机构的职能设置，由此形成环境保护的主要法律制度。

一是设立了专门的环境事务署。为保护和促进环境发展，在内阁下设环境事务署，具有公共法人地位，隶属于环境事务主管部长。"环境事务署"拥有独立预算，其总部设在开罗。环境事务部部长可以根据部级法令在各省设立"环境事务署"分支机构，且应当优先考虑在工业区内设立。[①] 环境事务署主席由环境事务部部长提名，经内阁总理提议，通过颁发总统令正式任命。其具有实施和拟议环境法律、编写环境状况报告和制订国家环保计划、制定企业项目的环保标准和条件、企业环保守法的调查与处理、确定污染物的特点标准、对接环境状况信息、制定环境影响评价的原则和程序、环境灾害应急管理、实施环境检测、发布环境指标、保护自然资源与生态环境、国际环保公约的履约、沿海管理等 24 项重要职能。[②]

二是建立了环境保护基金制度。埃及政府依据新修改的《环境保护法》设立了环境保护基金（Environmental Protection Fund），其属于环境事务署，具有法人资格。基金资源的分配应当用于实现环境事务署的环保目标。基金理事会的负责人由总理决定，主席由环境事务部部长担任，其资金主要来源于财政拨款、组织机构捐赠、环境的损害赔偿，同时，因环

[①] Article 2 of Environment Law.

[②] Article 5 of Environment Law.

境损害造成的罚款和赔偿暂时收取的金额也应当存入本基金并进行托管。①

三是形成了环境保护激励机制。环境事务署应当与财政部合作,创建激励机制(Incentives),环境事务署与各行政主管部门可向其他机构、企业、个人以及其他组织提供环境保护活动或项目奖励。② 那些项目实施过程中可能造成环境危害企业将面临在环保激励机制下被当地民众举报的风险。

四是污染初步治理原则。法律要求开设的工业项目必须对在生产过程中产生的污染进行初步治理,只有达到排放标准后才可向埃及的公共排污管道排放。禁止擅自处理固体废弃物、喷雾式杀虫剂或其他化学品。③ 同时,负责危险废物生产企业的管理人,应当承诺在企业搬迁或停止生产时,排除企业污染,净化企业所在地的土壤和场所。④

五是有关保护土地环境免受污染、发展与环境、有害物质和废物、保护空气环境免受污染等制度。首先,在注重经济发展的同时一定要注重保护环境,避免污染加重。若企业未保存环境记录,没有定期更新数据或数据是不真实的,或企业没有遵守标准或其污染物负荷规定,埃及环境事务署应当通知行政主管部门要求企业所有人及时纠正此类违规行为。其次,对于有害物质和废物,禁止未经行政主管部门许可使用有害物质和废物。在明确具体危险废物的种类基础上,严格遵守危险废物管理的规定,未经行政主管部门在咨询埃及环境事务局意见后出具许可证,禁止设立任何危险废物处理企业。此外,从事气体、液体或固体形式危险物质生产或流通的人员应当采取一切预防措施,确保不会发生环境损害。最后,关于保护大气环境免受污染,在建立项目之初,其建立场地必须适合项目活动,以确保空气中污染物含量不会超标,同时确保一个地区的污染物排放总量在允许范围内。在项目成立后开展活动时,应遵守本法规定的场地要求,以确保空气污染物的排放或泄漏不超过现行法律和法令所允许的实施条例确

---

① Article 14 of Environment Law.

② Article 17 of Environment Law.

③ 商务部国际贸易经济合作研究院、中国驻埃及大使馆经济商务处、商务部对外投资和经济合作司编:《对外投资合作国别(地区)指南:埃及》,2020 年,第 121 页。

④ Article 33 of Environment Law.

定的最高标准。不允许使用排放烟雾严重或噪声超过规定限值的发动机或车辆。上述具体措施和禁止性规定，是为了确保工业、能源生产、建筑或其他商业目的项目的潜在环境影响降至最低。

六是保护水环境免受污染。水资源的匮乏是埃及当前面临的重要环境问题，所以法律从各方面、多领域对水资源进行保护和控制。水环境污染防护要做到：保护海岸和港口免受各种形式的污染；通过预防、控制和减少任何来源的污染，保护领海和专属经济区的环境及其生物或非生物自然资源；保护经济区和大陆架的自然资源；赔偿自然人或法人因水环境污染而遭受的任何伤害；对沿海地区的综合环境管理，确保对其资源进行管理以实现可持续发展。鉴于上述目的，从船舶污染、石油污染、有害物质污染、污水和垃圾污染等方面进行控制，并作出相应的程序性规定。

七是严格的海洋生态环境资源保护。获准探索、开采海上油田和其他海洋自然资源（包括石油运输设施）的国家、外国公司和组织，禁止在埃及专属经济区和领海排放因钻探、勘探、测试油井或在该地区进行生产活动而产生的任何污染物质。还必须使用不损害水环境的安全措施，并依照现有的技术方法和《国际防止船舶造成污染公约》规定处理排放的废弃物或污染物质。[①] 并且，禁止载运有害液体物质的油轮故意或过失、直接或间接排放有害物质、废弃物或沉积物，损害水域环境、公共健康或海洋的其他合法用途。禁止在容器、水箱、便携式储罐、陆地或铁路集装箱中携带有害物质的船舶，通过埃及领海或专属经济区时处置此类物质。禁止在埃及领海或专属经济区内投掷动物尸体。[②] 禁止载运有害物质的船舶向大陆架或专属经济区倾倒污染物和废弃物。

八是其他禁止性规定与罚则。在生物多样性上，禁止狩猎、杀戮、捕捉鸟类、野生动物或海洋生物，禁止从事任何破坏其自然栖息地或改变其自然环境属性的活动，禁止买卖所有濒临灭绝的动植物物种;[③] 在大气污染防治上，绝对禁止露天焚烧垃圾和固体废物；禁止在封闭的公共场所吸烟，公共交通工具内禁止吸烟;[④] 因此，对于任何违反环境法规定的人，

---

① Article 52 of Environment Law.
② Article 60 of Environment Law.
③ Article 28 of Environment Law.
④ Article 46 of Environment Law.

应当处以监禁和相应的罚款，同时规定环境犯罪的累犯、责令停产停业、吊销许可证、没收违法器具和违法所得等多层次、轻重分明的违法罚则。

三 埃及的环境影响评价制度

对于发展所涉及的环境问题，应首先考虑对环境的影响及负荷。任何自然人或法人，公共部门或私人部门，都应当承诺在开始施工前向行政主管部门或许可机关提交企业或项目的环境影响评价研究报告，该研究应当按照埃及环境署与行政主管部门协同确定的要素、设计、规格、基础和污染物负荷进行。所以，埃及设置了严格的环境影响评价报告制度，在埃及，所有投资项目在开工之前都必须向环境事务署申请取得环境影响评价报告。因此，所有在埃及设立的工业项目都要对自身对环境造成的潜在影响进行评价，而且评价必须由埃及权威的环保部门做出，环境影响评价报告是企业获得经营许可不可或缺的文件。法律规定，所有投资项目在获得埃及工业发展总局（Industry Development Agency，IDA）等机构颁发的最终许可之前，都必须通过埃及环境事务署的环境影响评价。具体程序是：投资者向环境事务署提交《项目环境影响评价报告》的英文或阿文版，环境事务署评审后下达环评通知书，一般需时45天左右。费用根据项目类型和投资额确定，例如5000万美元的食品类项目，环评费用约为40万埃镑。

一方面，具体基本流程包括：（1）完成工业发展总局预批准后，办理该机构的最终批准许可证；（2）准备投资项目的环评报告，将报告提供给代理；（3）环境事务署确定投资项目的环保评级（分A、B、C三类）；（4）咨询环境事务署，确定有环保证代理资质的相关院校或专家，选择有环保证代理资质的专家；（5）与代理签订合同后，给代理出具委托函，准备相关资料，提供编制环保报告；（6）A、B两级耗时一般为1—2个月；C级耗时较长，需在投资所在省政府进行两次听证会，后将环保报告和听证会报告提交当地环境事务部门审批。

另一方面，编制环评报告所需的资料包括：（1）项目投资申报时的环评报告（在中国申报项目时已经完成的项目计划书，包含有环评内容部分）。（2）具体投资地点。在工业区的投资需有地图标注工厂的地理位置、周围的工程（公司，工厂）、风向、离住宅区距离等信息。（3）生产工艺流程说明。（4）用水量、污水处理工艺系统的详细说明。其中用水需要有埃及自来水公司的证明函。（5）电力、燃气等相关能源的初步合同。合同必须是埃及政府或者相关能源供应公司提供的有效证明函。（6）如有废气，说明废气的控制工艺。（7）如果有化工原料，还需要作防护与操作的说明。（8）员工劳动保护的说明。

此外，办理环保证的文件包括：（1）商业注册证。（2）工业发展总局预批准。（3）土地合同。（4）投资所在地工厂区域图，要有当地政府盖章。（5）能源与供水的正式确认函。（6）环评报告。（7）听证会报告（C级需要）。[1]

第五节　主要投资国别：阿尔及利亚的环境法律制度

阿尔及利亚位于非洲西北部，其国土面积较大、人口较多，经济规模和市场体量稳居非洲前列，国家政局相对稳定，投资贸易法律比较健全，基础设施得到发展，治安状况也有所改善，是非洲大陆强有力的大国。其中，阿尔及利亚的石油、天然气和页岩气储量丰富，石油探明储量约17亿吨，占世界总储量1%，居世界第15位，非洲第3位，属撒哈拉轻质油，油质较高。[2] 碳化氢工业是阿尔及利亚国民经济的支柱，产值占GDP的30%左右，税收占国家财政收入的60%左右，出口占国家出口总额的97%以上。[3] 近年来，中阿关系持续升温，阿尔及利亚是中国在非洲最大的承包工程市场之一，中国劳务人员超过4万人，中资企业在当地数量较大、信誉较高，承揽了一批重要的基础设施项目和大量住房项目。[4] 据商务部统计，2019年中国对阿尔及利亚直接投资流量-1.24亿美元。截至

---

[1] 商务部国际贸易经济合作研究院、中国驻埃及大使馆经济商务处、商务部对外投资和经济合作司编：《对外投资合作国别（地区）指南：埃及》，2020年，第121—122页。

[2] 李军：《在阿尔及利亚的商机》，《中国中小企业》2011年第5期。

[3] 杜云星、何滨斌、何顺利、胡景宏、朱健：《阿尔及利亚油气工业投资环境分析》，《国际石油经济》2012年第11期。

[4] 周月桂：《阿尔及利亚，非洲面积最大的国家》，《湖南日报》2019年6月6日。

2019年年末，中国对阿尔及利亚直接投资存量17.75亿美元。中国企业在阿尔及利亚整体投资规模不大，主要集中在油气、矿业领域。① 另外，矿物燃料、矿物油及其产品、沥青、有机化学品等是中国从阿尔及利亚进口商品的主要类型。中国企业在阿尔及利亚整体投资规模不大，主要集中在油气、矿业领域，主要有中石油、中石化等，主要项目是油气区块风险勘探项目和矿业勘探开发项目。同时，中阿两国还签署了2016年《关于加强产能合作的框架协议》，在机械工业、铁路、冶金、基建、石化、新能源等领域开展深层次的产能合作。

一　阿尔及利亚的政治与法律概况

2016年修改后的新宪法确定了阿尔及利亚民主人民共和国的伊斯兰、阿拉伯、柏柏尔属性，并实行总统制，但国家高级法院拥有审判总统、总理背叛行为或渎职罪的权力。立法机关由国民议会（众议院）和民族院（参议院）组成。两院共同行使立法权，对政府行使监督权，并有权弹劾政府。设最高司法委员会，主席和副主席分别由总统和司法部长担任，法院分为最高法院、省级法院和市镇法庭三级。不设检察院，在最高法院和省级法院设检察长，均受司法部领导。阿尔及利亚的政府由总理、部长等组成，共设有27个政府部门。其中，与投资过程中的环境保护相关的部门有司法部，能源部（Ministère de l'Energie），工业和矿业部（Ministère de l'Industrie et des Mines），水资源部（Ministère des Ressources en Eaux），农业、乡村发展渔业部（Ministère de l'Agriculture, du Développement Rural et de la Pêche），环境和可再生能源部（Minisètre de l'Environnement et des Energies Renouvelables）等。

二　阿尔及利亚的环境立法与主要规定

2016年，阿尔及利亚通过了宪法修正案，将环境权写入宪法，巩固

---

① 商务部国际贸易经济合作研究院、中国驻阿尔及利亚大使馆经济商务处、商务部对外投资和经济合作司编：《对外投资合作国别（地区）指南：阿尔及利亚》，2020年，第30页。

国家在保护环境和改善公民生活质量上的努力。第19条规定国家保证合理利用自然资源并保护自然资源，以造福子孙后代，同时，第68条规定公民有权享有健康的环境，国家通过促进可持续发展，保护环境和改善公民生活质量。在环境基本法上，阿尔及利亚曾颁布有2003年《环境保护法》（No. 03-10），这是该国的主要环境法典，规定了环境保护的宏观指导方针与措施，并规定搭配相关细则而实施。因此，本法旨在确立可持续发展框架下的环境保护规则和主要目标，提出了保护生物多样性原则、防止自然资源退化原则、代替原则、一体化原则、源头预防原则及环境污染防止原则、防患原则、污染者付费原则、信息公开原则共九大原则。同时，本法要求建立环境信息反馈组织、确立环保标准、规划国家环保事务实施细则、建立环境测评体系、建立独立的司法制度及监督机构、推动个人及环保组织的参与。据此，阿尔及利亚形成了完备的环境管理制度、严格的环境保护规定和有害物质防治规定，并且制定了严厉的环境违法处罚规定。[①]

阿尔及利亚有关环境保护的具体部门法律还有1984年《森林管理法》（No. 84-12）、2001年《垃圾管理、监控和处理法》（No. 01-19）、2002年《滨海地带开发和保护法》（No. 02-02）、2004年《山区保护法》（No. 04-03）、2007年《绿化区管理、开发和保护法》（No. 07-06）。对环境基本法与单行法进行补充的是内容完整、执行力强的配套规章与实施细则，主要包括2004年《特殊危险垃圾运输条例》（No. 04-409）、2005年《特殊垃圾制造者或持有者批准规定》（No. 05-314）、2005年《特殊危险垃圾申报规定》（No. 05-315），以及2007年《关于环境评价的具体实施细则》（No. 07-145）、2007年《关于工业废气污染附加税实施细则》（No. 07-299）、2007年《关于工业废水污染附加税实施细则》（No. 07-300）。同时，阿尔及利亚还颁布有大量环境保护的科学数据规范文件，如《大气污染成分限值、警戒值及参考值》（No. 06-02）、《在大气中排放气体、烟雾、蒸汽、粉尘及其监控条件》（No. 06-138）、《工业废水排放限量》（No. 06-141）、《根据环保要求制定的有关设施（项目）的分级

[①] Art. 1, 2, 3, 5 de Loi relative à la protection de l'environnement dans le cadre du développement durable.

管理体系》（No.06-198）、《垃圾分类目录（包括特殊危险垃圾）》（No.06-104）和《确定根据环保要求制定的设施（项目）分级目录》（No.07-144）等。阿尔及利亚受大陆法系法国法的影响，所有法律以制定法为主要形式，并且可以在该国政府秘书处网站的公报栏根据法令文号查询。① 因此，根据上述有关环境保护的法律、规制和细则，与项目投资和个人活动有关的环境保护法律制度主要有：

一是环境信息公开制度与环保鼓励政策。法律规定法人或自然人均有权向相关部门申请环境信息公开，具体包含反映国家环境状况的各类有效数据、与环境保护相关的规章、具体环境治理方式及程序。因此，掌握可能对公共健康产生直接或间接不利影响信息的法人或自然人，有义务将信息告知当地政府部门或环境事务主管部门。公民均拥有获取其生活区域内环境风险和环境保护措施信息的权利，包括获取技术风险和可预见的自然风险信息。② 同时，阿尔及利亚也对投资者保护环境的做法进行政策性鼓励。例如，针对生产过程中或产品所产生的温室气体或各类污染，引入相关设备减少或消除污染的工业企业，可享受财政法中规定的财政及海关关税优惠。对于优化环境有所贡献的法人或自然人可享受税费优惠政策。针对环境保护设立国家奖励。③

二是个人与环保组织的诉讼制度。阿尔及利亚的法律规定致力于环保及生活质量提高的组织有权参与环境法律事务，无论该事务是否与协会内成员相关，该组织可就环境损害向有管辖权的法院提起诉讼，对直接或间接损害公共利益的行为行使特定的民事权利。同时，当法人在生活质量、水资源、空气、城市生态环境领域中遭受同一个人、同一行为所导致的同一类损害，该法人可以经环保组织中不少于2人授权后，以组织名义向法院提出赔偿申请。④

三是保护区与生物多样性保护的法律规制。阿尔及利亚的保护区由自

---

① www.joradp.dz.

② Art. 7, 8, 9 de Loi relative à la protection de l'environnement dans le cadre du développement durable.

③ Titre V Dispositions Particulieres.

④ Chapitre 6 De l'intervention des individus et des associations en matière de protection de l'environnement.

然保护区、国家公园、自然景观、栖息地或生物物种管理区、陆域或海域风景保护地、自然资源保护区组成。禁止一切有可能损害生物多样性、整体上损害保护区正常功能发挥的行为，尤其禁止捕猎、渔业、农林牧业、工业、矿业、广告业、商业、工程建筑、提取国家特许或普通材料、取水、使用各类公共交通工具、放任家畜乱闯及飞越保护区上空的行为。为实现对生物多样性要素更宽泛、科学的保护，可针对保护区内一部分或多个部分领域施行特殊限制令。① 在生物多样性保护上，禁止摧毁鸟巢、诱捕鸟类、损坏及破坏其生存环境，运输、贩卖、利用、买卖动物活体或标本的行为；禁止摧毁、切割、损坏、拔除、采摘植物及其果实，运输、贩卖、利用、买卖参与生态循环的植物，非法制作检测标本的行为；禁止摧毁、蚀变、损坏动植物栖息地的行为。②

四是空气及大气保护规定规制。明确大气污染对自然界的直接或间接影响的种类，包括危害人类身体健康、导致气候变化或臭氧层变薄、损害生物资源及生态系统、危害公共安全、影响人口数量、产生臭气、影响农业及粮食产量、腐蚀建筑及损害景点特性、遭受物质财产的损失。因此，房屋，工业、商业、艺术、农业组织，以及交通工具、其他不动产项目的建设、开发和利用应适应环境保护的需要，避免和减少空气污染。当大气污染的排放对人类、环境、财物构成威胁，污染者应根据相应条文减轻或避免污染物的排放。③

五是水源及水域保护的规制。对于排水设备的排污规定，要求限制或禁止倾倒、流出、直接或间接排放污水及污染物以及其他有可能改变地表或地下水、沿岸水域水质行为的情形，禁止任何向用于地下水回流的水源地、水井、钻井或废弃引水通道倾倒或排放污废水的行为。禁止向海洋水域排放、浸没、焚烧危险物质，禁止损害公众健康及海洋生态系统，禁止危害航海、水产养殖和渔业等海上活动，禁止改变海水水质及效用，禁止

---

① Art. 31, 32 de Loi relative à la protection de l'environnement dans le cadre du développement durable.

② Art. 40, 41 de Loi relative à la protection de l'environnement dans le cadre du développement durable.

③ Art. 44, 45 de Loi relative à la protection de l'environnement dans le cadre du développement durable.

降低海洋及沿海水域娱乐价值与旅游吸引力。同时,需投放至海洋水域的各类材料、物质、废料的装卸需取得环境部长的授权。在海洋运输的环境保护上,运输危险、有毒、污染货物的商船如需在阿尔及利亚法律规定的水域附近或水域内航行,相应船长需报告航行及事故情况,并告知航行过程中对海洋环境、水域及国境可能形成的风险。而且,根据国际公约关于碳氢化合物致污民事责任担责情形及范围的规定,海上运输大量散装碳氢化合物的船只所有人需对氢碳化合物渗漏或排放造成的污染承担相应赔偿责任。①

六是表土和底土保护以及生活环境保护的规制。禁止任何破坏及污染作为有限、可再生或不可再生资源的土地、表土、地下土壤及其养分的行为。对土地的利用应因时制宜,本法严格限制对土地进行不可逆开发的行为。用于农业、工业、城市规划或其他用途的土地利用和规划应在遵守环境法规定的同时,符合城市规划的相关规定。② 禁止在古建筑、自然遗迹及景点、保护区、公共行政楼宇、树木上张贴广告,而且广告照片的放置方式应依据《广告法》的规定。③

七是严厉的环境违法罚则。在生物多样性保护上,任何在非必要情形下遗弃、公开或非公开虐待或残忍对待家畜、驯服或被囚禁动物的个人将被判处十日至三个月的监禁并处以 5000—50000 第纳尔的罚金,或择一处罚。若行为人为累犯,则加倍处罚。④ 在大气污染防治上,向大气中排放毒气、烟尘、烟雾,液体或固体微粒行为,造成大气污染的行为人将被处以 5000—15000 第纳尔的罚金,若行为人为累犯,则将被处以两个月至六个月监禁,并被处以 5 万—15 万第纳尔的罚金,两者可单独适用或并处。⑤ 在水污染防治上,以直接或间接方式向地表水、地下水或法律规定的海洋水域投放、倾倒或放任污染物排放的行为,无论该行为导致了一种

---

① Chapitre 3 Des prescriptions de protection de l'eau et des milieux aquatiques.

② Chapitre 4 Des prescriptions de protection de la terre et du sous-sol.

③ Chapitre 6 De la protection du cadre de vie.

④ Art. 81 de Loi relative à la protection de l'environnement dans le cadre du développement durable.

⑤ Art. 84 de Loi relative à la protection de l'environnement dans le cadre du développement durable.

还是多种污染物的排放，也无论其对人类健康、动植物损害、浴场效用降低是否仅是造成短暂性不利影响，行为人仍将被处以两年的监禁，并处50万第纳尔的罚金。① 在破坏生活环境上，于禁止的场所或位置张贴、维护被禁止的广告、招牌或设计招牌的行为将被处以15万第纳尔罚金的罚款。②

除此之外，在环境保护的配套规章和细则上还规定了有关投资者的环保法律规制。第一，在土壤保持上，要求土地使用必须与其本身性质匹配，限制不可逆的开发；土地的农业、工业、城市化使用须符合有关环境规定。第二，在森林保护上，对开垦林区、森林防火防虫害、林区放牧、林区及附近地区的工业和建筑设置、林区沙石等方面做出规定。第三，在大气污染防治上，要求所有建筑物、工商农设施及汽车等均应该依照环保和减少污染的原则进行建设、开发或生产；所有工业设施必须减少使用或不使用破坏臭氧层的生产物质；主要就空气中二氧化氮、二氧化硫、臭氧、浮尘的含量参考值、污染最大限量、预告限量、警戒限量四个等级进行量化规定，以便采取相应措施进行防治；工业废气污染排放超出规定限值时应对相关生产活动征收附加税，附加税按照超标比例分为五级，在相应范围内征收一定的税费。第四，在水体保护上，对淡水、海水的保护和工业废水排放进行了详细规定；工业废水排放超出法规规定限值时应对相关生产活动征收附加税，附加税按照超标比例分为五级，在相应范围内征收一定的税费。③

三 阿尔及利亚的环保机构与环评制度

根据2016年宪法修正案，阿尔及利亚将环境权宪法化，基于国家保护自然资源并赋予公民环境权，于是对2000年成立的城市发展与环境部进行

---

① Art. 100 de Loi relative à la protection de l'environnement dans le cadre du développement durable.

② Art. 109 de Loi relative à la protection de l'environnement dans le cadre du développement durable.

③ 商务部国际贸易经济合作研究院、中国驻阿尔及利亚大使馆经济商务处、商务部对外投资和经济合作司编：《对外投资合作国别（地区）指南：阿尔及利亚》，2020年，第56页。

改革，在 2017 成立环境与可再生能源部（La Ministre de l'Environnement et des Energies Renouvelables），成为阿尔及利亚的环境保护行政主管机构。该部负责制定环保方面战略规划、法律法规；对国家环境状况监控、管理；会同有关部委建立健全环保行政机制、技术装备和管理机制，监督环保执法情况；促进可持续发展、生物多样性等。而且，主管环境的政府部门需颁布符合国家可持续发展要求的环境治理规划，确立国家在环境领域采取的具体行动和措施，国家环境治理规划及可持续发展规划期限一般为五年。① 具体而言，作为阿尔及利亚环境保护的行政主管机构，该部的主要职能为通过针对性教育工作建立可持续的环境文化，保护自然和生物多样性，减少各种形式的污染，维护沿海生态系统，保护湿地和自然保护区，治理各种形式的污染和环境破坏，建立监管框架的体系与措施，确保协会和机构参与旨在改善民生框架的协助行动，改善公民生活条件，确保阿尔及利亚通过可再生能源和能源效率计划，为多样化的全球环境保护做出贡献，开展能源改革，开发出对可持续发展和环境保护有重大影响的可再生能源。同时，该部门尤为强调改善废弃物综合管理设施，以扩大收集范围并在所有市政一级对废弃物进行选择性分类。对此，通过促进公共和私营部门之间的合作关系，加强废弃物回收领域的资本化活动，加快废弃物收集、运输、分类和处理，以及废物评估部门的发展，发展环保支柱产业，创造工作职位。②

阿尔及利亚环境与可再生能源部的机构设置较为复杂，截至目前具体部门划分如下：部长（La ministre）掌握最高权力，具体由秘书处（Le Secretaire General）、执行办公室（Le Chef de Cabinet）及监察局（L'inspection Generale）负责职能业务的分配、监督与执行。秘书处设有两名审核主管（Directeurs d'etudes）、国家安全部委办公室（Le Bureau ministeriel de la surete interne du ministere）及办公厅（Le bureau d'Ordre General）；执行办公室设有八名研究及报告员，以负责准备、组织环境与可再生能源部内部的活动；监察局设有两名监察员。

在事务的具体执行上，环境与可持续发展总务司由六大部分组成，

---

① Art. 13, 14 de Loi relative à la protection de l'environnement dans le cadre du développement durable.

② http://www.meer.gov.dz.

分别是环境宣传、教育处与环境事务合作处（DSEPPE），环境影响处与环境风险、审计评估处（DEEE），气候变化适应处与气候变化减缓处（DCC），自然、生物遗产及绿地保护处与海岸、海洋环境及湿地保护处，山地、草原、沙漠生态系统保护处（DPCBE），废料、危险化学物质及材料管理处，清洁技术研发及废品、工业副产品再利用处，分类机构及工业风险与危害预防处（DPEI），生活及类似大件无危害废料处，听觉及视觉损害、空气质量及绿色交通处，城市液体废料处（DPEU）；可再生能源开发、推广及再利用司，下设可再生能源开发、再利用处与监管及预测处加上可再生能源普及、推广处；规章、法律事务及诉讼司，下设规章处、法律事务及诉讼处；合作司，下设双边合作处及多边合作处；人力资源、培训及资料司，下设人力资源处、培训处与资料处；规划、预算及财政司，下设预算及会计处、规划处、信息及数据系统处与资产及市场处。

此外，还设有国家环境委员会，国家环保局，国家环保计划、环境和可持续发展理事会，国家环境基金等，另外各领域还有各自的管理局。负责投资项目环保审查的部门为各省政府成立的环保监控委员会，该委员会由省长主持，委员包括各省环境、宪兵、安全、工业、水利、农业、渔业、贸易、规划、卫生、中小企业、劳动、森利保护、投资促进等部门的负责人和相关市镇议会主席以及特邀技术专家，根据不同项目召集相关负责人对投资项目进行环保审查。[①]

此外，阿尔及利亚还设置有关于环境保护与资源开发的国家部委。一是工业和矿业部（Ministère de l'Industrie et des Mines），其主要职能是制定国家工业部门的发展战略和法律法规，管理产业发展、结构改革，负责各行业标准化和技术改造，为产业竞争力提升制定有关措施，监管工业企业的规范生产经营和生产安全等；组织协调国有企业私有化及其参股过程；研究提出促进投资的政策建议；负责内阁参股部门的秘书工作。[②] 二是能源部（Ministère de l'Energie），其主要负责制定和执行油气、矿产和其他能源资源的勘探开发、生产和能矿工业的政策、法律和法规，管理石油、

[①] 商务部国际贸易经济合作研究院、中国驻阿尔及利亚大使馆经济商务处、商务部对外投资和经济合作司编：《对外投资合作国别（地区）指南：阿尔及利亚》，2020年，第55页。

[②] http://www.mdipi.gov.dz/.

天然气及其衍生物从勘探到销售的各个环节，管理矿产资源的开发利用，统领能源矿产领域各机构。① 三是水资源部（Ministère des Ressources en Eaux），主要职能是制定水资源开发利用政策法规，管理水坝、灌溉、水井、输水、水处理等项目的开发利用，统管国民经济各方面水资源使用。② 四是农业、乡村发展渔业部（Ministère de l'Agriculture, du Développement Rural et de la Pêche），负责制定国家农业、林业、畜牧业的政策法规，管理和促进农、林、畜牧业资源的开发利用，协同有关部委管理农、林、畜牧业的工业化和食品安全等事宜。

环境影响评价是中国大型项目建设取得环境许可的前提基础。阿尔及利亚《环境保护法》规定所有与重点项目、基础设施、固定系统、工厂及其艺术品、建筑及整治工程有关的规划，一旦对环境，尤其是对生物物种、资源、自然环境区、自然保护区、生态平衡、生活领域、生活质量产生直接或间接、短期或长期的影响，则需根据实际情况对其作出环境影响评价或说明，其具体内容至少包括关于计划施行活动内容的报告、活动点及其周围可能受人类活动影响的环境原始情况介绍、计划施行活动对环境及人类健康潜在影响的介绍，同时附载解决方法及建议替换方式、计划施行活动对文化遗产及社会经济状况影响的报告、补救措施报告，其中包含降低、消除、弥补对环境及人类健康消极影响的具体措施。同时，需公开的评价状况内容、环境影响说明的具体内容、对环境产生较大影响的工程清单和环境影响力较弱的工程清单还将有专门规制进行规定。③ 据此，阿尔及利亚规定外资企业在当地开展投资或承包工程需进行环境评价，环评报告须由环境和可再生能源部（Ministère del'Environnement et des Energies Renouvelables）认可和有资质的单位编制，环评申请的程序和收费如下：

一方面，在编制单位和申请手续上，环评报告必须由环境和可再生能源部认可的、有资质的单位编制。投资企业既可通过招标确定单位，也可自行确定，委托编制环评报告完成后，交项目主管部门，由其交省环境局

---

① http://www.energy.gov.dz.

② http://www.mree.gov.dz.

③ Chapitre 4 – Du système d'évaluation des incidences environnementales des projets de développement: Etudes d'impact.

审批后，再交环境和可再生能源部审批；不同性质的项目有不同的审批权限，或直接交省环境局。其中的一个程序是要在报纸上公示，征求当地民众意见，这是环评报告的一个组成部分。另一方面，在环评报告编制的费用和时间上，按项目大小、复杂程度不同而不同，编制费为50万—100万第纳尔不等，一般需要3—5个月时间。[1] 此外，阿尔及利亚的环境保护主管部门对其认可的环境评价编制单位进行了信息收录，可登录相关机构网站进行查询。[2]

综上，中国投资者在投资建设项目前，必须先进行环境评价，将评价报告及相关材料递交有关环保主管部门，得到批准后方可进行项目建设。所有涉及工艺流程变化、业务扩展、设备变化等因素的改变或有关设施地理位置的移动，都必须重新提交项目的环保许可申请。在生产和生活中，应严格遵守各项法律规定的环保标准。[3]

第六节　北部非洲国家的环境法律风险与应对举措

北非国家的环境立法层次分明、内容多样，以环境法典和部门法规为核心，大量的成文法增加了中国投资者的查找困难；同时，作为北非阿拉伯国家，沙里阿原则是各国的立法渊源，对伊斯兰教义中的生态环境保护原则必须有清醒的认识；此外，2011年之后，北非各国修改或颁布新宪法，作为"第三代人权"内容之一的环境权被写入其中，以体现对公民基本权利和生态环境的重视与保障。然而，上述问题既是北非阿拉伯国家的环境立法特色，又是我国投资者不太了解的环境法律规制问题，由此极易引发投资中的环境法律风险。

---

[1] 商务部国际贸易经济合作研究院、中国驻阿尔及利亚大使馆经济商务处、商务部对外投资和经济合作司编：《对外投资合作国别（地区）指南：阿尔及利亚》，2020年，第57页。

[2] http://www.meer.gov.dz。

[3] 张鑫刚、巴特尔、孙仁斌、元春华、韩九曦：《阿尔及利亚矿产资源开发及矿业投资环境分析》，《矿产勘查》2019年第5期。

一 北非各国均用环境权入宪来提升环保要求

北非所有国家都在 2011 年之后修改或颁布了新宪法,其中规定了广泛的公民权利,而环境权成为其中重要的内容被吸入其中。同时,北非国家埃及、摩洛哥等都建立有宪法法院制度,例如,2014 年埃及宪法就规定了独立的司法机构——宪法法院,虽然宪法法院不审理普通法院审判的案件,只负责判决法律法规是否合宪,但普通法院审判的案件所依据的法律如果违宪,宪法法院有权撤销违宪的法律。[1] 倘若在埃及的普通司法机构中有受理侵犯公民环境权的案件,将有可能因法律适用问题或相关规定违宪,而遭到宪法法院的废止,由此凸显出对公民宪法基本权利保障的重视。然而,我国投资者对于宪法法院及其审查法律、维护公民基本权利的诉讼活动较为陌生,尤其在刚刚经历了严重社会动荡的北非地区,公民环境权等宪法赋予的权利将成为当地民众最为关切的内容之一,极易引发不利于中国企业的权利救济诉讼。

目前,中国在北非投资的企业能够遵守东道国环境保护法律制度,积极开展环境影响评价工作,以此最大限度防止项目建设和运营过程中违反宪法的环境权。面对企业涉及的潜在环境问题,有关部门首先考虑到的是对环境的影响及负荷。基于宪法规定的公民环境权以及信息公开权,在北非国家投资的自然人或法人,公共部门或私人部门,都能够在开始施工前向行政主管部门或许可机关提交企业或项目的环境影响评价研究报告,主动公示相关环境信息。基于北非各国严格的环境影响评价和报告制度,在实践中,所有大中型投资项目都能够在开工之前向环保部门或机构申请取得环境影响评价报告,得到批准后再开展项目建设。相比民营企业,国企及其员工在北非各国的生产和生活中,更加能够遵守各项法律规定的环保标准,其环境违法风险也相对较低。

二 北非各国环境立法庞杂增加查询获取难度

北非国家在近代多受大陆法系成文立法的影响,在具体部门法律领

---

[1] 汤鸿沛:《埃及的司法制度》,《人民法院报》2004 年 10 月 8 日。

域，颁布了种类繁多、针对性较强的环境法律法规，同时受阿拉伯语和法语的语言限制，在查找时较为困难。分类多、内容细的环境部门法律法规给中国企业在北非投资带来了法律查明和风险防范的困难。例如，联合国粮农组织提供的阿尔及利亚概况，内容包括阿尔及利亚在农业和农村发展、种植植物、环境、渔业、食品与营养、林业、土地和土壤、牲畜、海洋、水资源、野生物种和生态系统等方面的国家政策、国内立法及国际协议。其中，在环境政策上，出台了《2016—2030 年国家生物多样性战略和行动计划》① 等 13 部；在农业和乡村发展环境的法规上，颁布了《农业和农村发展法》② 等 60 余部；在应对气候变化上，加入了《京都议定书》等国际环境协定并颁布有 4 部对应法律；在环境保护上，颁布了《国家沿海环境管理与机构组织》③ 等 120 余部法律法规，在野生动物与生态保护上，颁布了相关法规 50 余部；此外，还在渔业、森林、土地与土壤、水资源上各颁布了近百部法律法规。④ 同样的情况还出现在突尼斯，该国也颁布了涉及生态环境的法律法规政策等数百部，签署了涉及环保的《突尼斯—中国海上运输协议》⑤ 等共 45 项。⑥ 在成文法的立法形式下，相关法律较为庞杂，为中国企业了解北非国家的环境保护相关规定增加了复杂性，由此极易忽略特殊性规定，而引发环境违法或侵权风险。

对此，投资企业大多重视安全生产，聘请了专门的环境监督和检查专员，以此降低环境法律法规较多、查找翻译困难而产生的违法风险。同时，企业负责人的环境安全与保障意识也有提升，在建筑、采矿等具有一

---

① Stratégie et Plan d'Actions Nationaux pour la Biodiversité 2016—2030, 2016.

② Décret exécutif n° 20-128 du 28 Ramadhan 1441 correspondant au 21 mai 2020 fixant les attributions du ministre de l'agriculture et du développement rural, 2020.

③ Décret exécutif n° 20-157 du 16 Chaoual 1441 correspondant au 8 juin 2020 fixant les modalités de fonctionnement du compte d'affectation spéciale n° 302-065 intitulé Fonds national de l'environnement et du littoral, 2020.

④ 联合国粮食和农业组织：《FAOLEX 数据库·阿尔及利亚》，. http：//www.fao.org/faolex/country-profiles/general-profile/zh/? iso3＝DZA, 2020 年 8 月 19 日访问。

⑤ Convention entre le gouvernement de la République tunisienne et le gouvernement de la République populaire de Chine dans le domaine du transport maritime, 16 April 2002.

⑥ 联合国粮食和农业组织：《FAOLEX 数据库·突尼斯》，http：//www.fao.org/faolex/country-profiles/general-profile/zh/? iso3＝TUN, 2020 年 8 月 19 日访问。

定潜在环境风险的项目中，能够提前做好环保举措，并注重对当地员工工作环境的改善与安全维护，以降低在当地的负面影响。相应地，进一步积极履行企业社会责任，尤其是促进绿色与可持续发展，通过对接地方政府组织和环保 NGO，进而开展有关公益活动，主动参与回馈社会的公益活动，并适当邀请媒体，从正面予以宣传，以树立中国企业良好形象。①

---

① 商务部国际贸易经济合作研究院、中国驻突尼斯大使馆经济商务处、商务部对外投资和经济合作司编：《对外投资合作国别（地区）指南：突尼斯》，2020年，第72—73页。

第六章　中部非洲及其主要国家的环境保护法律规制

在中非共建"一带一路"和构建更加紧密的"中非命运共同体"的推动下，近年来，中国对非洲较为贫困的中部非洲地区的投资逐步提升，中国对中部非洲的投资集中于石油、林木资源开发和基础设施工程承包等与环境有密切关联的领域，中部非洲各国大多建立了以环境权入宪为基石、以环境政策为引导、以环境基本法律为支撑、以国际合作为助力的环境法律体系，并设有专门的环境管理机构和严格的环评制度。

第一节　中部非洲的发展现状与中国投资概况

中部非洲具有较为丰富的矿产与森林资源，近年来吸引了不少中国企业进入投资，主要集中在刚果（金）、喀麦隆等国，并体现在能源水利、矿产开发和基础设施建设领域。但是，中部非洲地区国家众多，仍然有一些国家处于政局不稳定状态，不少国家仍被联合国列为最不发达的国家和地区。

一　中部非洲的发展优势与主要问题

中部非洲地势起伏，自北向南为提贝斯提高原、乍得盆地、阿赞德高原、刚果盆地、下几内亚高原与隆达—加丹加高原，分属撒哈拉沙漠、苏丹草原、热带雨林带。金刚石、铜、锰、钴、金、铀、锡、镭、铌、钽、铁等矿产在全球占重要地位。石油也是中部非洲北部和东部国家的主要出口产品，占乍得等国国内生产总值的很大比例。富热带森林，产棕油、棕榈仁、橡胶、可可等。经济以农业为主，矿业次之，多属低收入国，其主要的农业经济活动是耕作、放牧和捕鱼。中部非洲北部和东部至少40%的农村人口生活贫困，经常面临长期粮食短缺的问题。根据非洲联盟官方的划分，中部非洲包括九个国家，分别为：乍得、中非、喀麦隆、赤道几内亚、加蓬、刚果（布）、刚果（金）、布隆迪、圣多美和普林西比。

20世纪60年代后，伴随着非洲民族解放运动的开展，非洲各个国家逐步实现独立自主，中部非洲国家也不例外，由于殖民历史和世界潮流的影响，中部非洲各国的政治制度基本都是总统共和制，通过制定宪法，实行立法、司法和行政三权分立，并且强调司法权的独立，形成了相对完善的制度体系。但在中部非洲地区，仍然有一些国家处于政局不稳定状态，如中非共和国，2012年年底发生独立以来最严重武装冲突，国家行政机构和基础设施遭到严重破坏，经济遭受重创，政府财政极度困难，形势严峻；如刚果（金），虽在2018年年底首次通过民主方式实现国家权力的和平过渡，但武装冲突、群族暴力、埃博拉和霍乱疫情等威胁着社会治安；如喀麦隆，局部地区安全形势严峻。并且这些国家自身经济发展水平低下，极度依赖国外的援助和经贸合作，仍有如布隆迪、刚果（金）、圣多美和普林西比等国家属于联合国认证的最不发达国家。

二 中国在中部非洲投资的基本情况

2019年度，中国在中部非洲地区的贸易和投资有所下滑，在工程承包领域，中国承接新项目和完成营业额的表现也有所波动。

首先，在双边贸易领域，第一，中部非洲各国和中国的双边贸易额普遍偏低，贸易额最多的刚果（布）65.05亿美元，远不及非洲其余四大地区双边贸易额最多的国家，且该地区贸易额最少的国家圣多美和普林西比仅仅900万美元。第二，2019年大多数国家［刚果（布）、刚果（金）、中非、赤道几内亚、喀麦隆］与中国的双边贸易额下降了，其中赤道几内亚、喀麦隆、刚果（布）不仅双边贸易额下降，中国出口和进口都下降；由此可见，中部非洲与中国的贸易合作规模小，双边贸易提升空间巨大。其次，在双边投资领域，最明显的特征也是中国对中部非洲各国的投资体量很低，2019年仅有刚果（布）超过1亿美元，圣多美和普林西比无新增直接投资，中国在赤道几内亚、布隆迪、喀麦隆三国的年度投资流量出现明显下滑。再次，在工程承包领域，2019年中国企业在中非地区承包工程的新签合同额63.6亿美元，同比下降29.8%；完成营业额58.9亿美元，同比下降23.3%。[①] 最后，在国别合作领域，刚果（金）依然是中国在中部非洲合作最多的国家，此外合作较多的还有喀麦隆和乍得。综上，中国在中部非洲主要的投资类型和中企主要经营的领域集中在电力工程建设、油气矿产开发、工业建设、一般建筑、水利建设等领域，由于工程承包是中企在中部非洲乃至整个非洲主要的投资合作领域，其数据有非常重要的代表性，"工程承包合同额与双边贸易额呈现出正相关性"，双边贸易额越多，表明双边合作态势相对较好，能够在一定程度促进中企在中部非洲地区的工程承包。

表6-1　　2019年度中国与中部非洲地区各国的经贸合作数据

国别	双边贸易	中国对该国投资	承包工程
圣多美和普林西比	2019年，双边贸易额900万美元，同比增长22.3%。其中，自圣普进口1.37万美元，其余为中方出口	2019年，中企对圣普无新增直接投资	2019年，在圣普新签工程承包合同额238万美元，同比下降98.4%，完成营业额90万美元，同比增长650%
布隆迪	2019年，双边贸易额0.79亿美元，同比增长61.07%，其中，中方出口0.66亿美元，增长77.87%，进口0.13亿美元，增长8.51%	2019年，中国对布隆迪直接投资流量-190万美元；截至年末，中国对布隆迪直接投资存量820万美元	2019年，中企在布新签工程承包合同额5379万美元，完成营业额8619万美元
刚果（金）	2019年，与刚果（金）双边贸易额65.05亿美元，同比下降12.51%，其中，中方出口20.77亿美元，增长17.04%，进口44.29亿美元，下降21.78%	2019年，中国对刚果（金）直接投资流量9.31亿美元；截至年末，中国对刚果（金）直接投资存量55.97亿美元	2019年，中企在刚新签工程承包合同额35.63亿美元，完成营业额24.47亿美元
中非共和国	2019年，与中非双边贸易额0.62亿美元，同比下降15.31%，其中，中方出口0.26亿美元，增长35.5%，进口0.36亿美元，下降33.1%	2019年，中国对中非共和国直接投资流量56万美元；截至年末，中国对中非直接投资存量1398万美元	2019年，中企在中非新签工程承包合同额2352万美元，完成营业额8743万美元

---

① 中华人民共和国商务部、中国对外承包工程商会：《中国对外承包工程发展报告2019—2020》，2020年，第54页。

续表

国别	双边贸易	中国对该国投资	承包工程
乍得	2019年，与乍得双边贸易额7.26亿美元，同比增长158.97%，其中，中方出口2.79亿美元，增长51.04%，进口4.48亿美元，增长366.61%	2019年，中国对乍得直接投资流量4,981万美元；截至年末，中国对乍得直接投资存量6.49亿美元	2019年，中企在乍新签工程承包合同额6.73亿美元，完成营业额7.33亿美元
加蓬	2019年，与加蓬双边贸易额50.2亿美元，同比增长49.1%，其中，中方出口3.8亿美元，下降2.2%，进口46.4亿美元，增长55.7%	2019年，中国对加蓬直接投资流量1666万美元；截至年末，中国对加蓬直接投资存量2.52亿美元	2019年，在加新签工程承包合同额2.5亿美元，同比下降10.7%，完成营业额2.7亿美元，同比增长68.8%
赤道几内亚	2019年，与赤道几内亚双边贸易额18.36亿美元，同比下降19.83%，其中，中方出口1.13亿美元，下降22%，进口17.23亿美元，下降19.68%	2019年，中国对赤道几内亚全行业直接投资流量-4460万美元；截至年末，中国对赤道几内亚直接投资存量4.04亿美元	2019年，在赤几新签工程承包合同额6.84亿美元，同比增长270.4%，完成营业额5.82亿美元，同比增长7.2%
喀麦隆	2019年，与喀麦隆双边贸易额26.8亿美元，同比减少3.9%。其中，中方出口16.7亿美元，同比减少1.4%，进口10.1亿美元，减少7.9%	2019年，中国对喀麦隆直接投资流量-3369万美元；截至年末，中国对喀麦隆直接投资存量3.04亿美元	2019年，在喀新签工程承包合同额8.6亿美元，同比减少29%，完成营业额14亿美元，同比增长170%
刚果（布）	2019年，与刚果（布）双边贸易额64.9亿美元，同比下降10.5%。其中，中方出口4.4亿美元，下降2.2%，进口60.5亿美元，下降11%	2019年，中国对刚果（布）直接投资流量9459万美元；截至年末，中国对刚果（布）直接投资存量6.10亿美元	2019年，在刚新签工程承包合同额3亿美元，同比增长4%，完成营业额3.7亿美元，同比下降23%

资料来源：商务部国际贸易经济合作研究院、商务部对外投资和经济合作司、中国驻上述各国大使馆经济商务处编《对外投资合作国别（地区）指南·2020年版》。

第二节　中部非洲国家的环境立法体系

20世纪60年代以来，非洲多国陆续建立了环境法律体系。迄今，以该体系为中心、以环境政策为引导、以环境基本法律为支撑、以国际合作为助力、以可持续发展为理念的非洲环境保护法律机制已基本形成。[1] 不仅如此，非洲国家在环境权立法过程中将环境权入宪，此举走在世界前列。因此，中部非洲地区受法国、德国、比利时等大陆法系立法影响较深，由此形成了以环境法法典化为特征的环境立法体系，各国基本建立了从宪法、环境法规，到环境政策、国际条约等位阶层次鲜明的环境法律体系。

一 中部非洲国家的环境权入宪

环境权入宪基于两点：一是现实需要，近30年来，非洲环境不断恶化，自然资源消耗显著，生物多样性锐减，荒漠化严重，大气和水质污染凸显，气候变化影响恶劣。[2] 除了重点发展资源出口型经济等因素的影响，还有一方面原因是环境保护法律机制不够健全，环境权入宪，将其上升到宪法的高度，相当于给环境法律体系打下了一个坚实的宪法基础，并且将环境权入宪，增设更多公民的基本权利，可让执政党获得更多的民意支持。二是历史渊源，通过法律移植的方式，许多西方的法律制度和观念也被杂糅进非洲本土的法律体系之中。[3]

中部非洲九国中，截至目前已有七个国家将环境权写入了宪法，分别是：乍得、中非、刚果（金）、加蓬、喀麦隆、圣多美和普林西比、刚果（布）。虽然上述国家已在宪法中写入了公民环境权，但条款设置方式差别较大，主要有以下几类：第一类，通过简单的宣示性条款，明确了环境权是公民的基本权利，不过无法直接适用于司法实践当中。例如，1996年乍得宪法第47条："所有人民均有健康的环境权。"[4] 2004年中非宪法第9条列举出每个公民都有卫生环境权、教育权等基本权利。[5] 第二类，

---

[1] 范纯：《非洲环境保护法律机制研究》，《西亚非洲》2008年第4期。

[2] 张庆彩：《当代中国环境法治的演进及趋势研究》，博士学位论文，南京大学，2010年，第58页。

[3] 张小虎：《非洲国家宪法环境权的实证研究》，载齐延平主编《人权研究·第21卷》，社会科学文献出版社2019年版，第242—267页。

[4] 孙谦、韩大元主编：《世界各国宪法·非洲卷》，《世界各国宪法》编辑委员会编译，中国检察出版社2012年版，第1102页。

[5] 吴卫星：《环境权研究——公法学的视角》，法律出版社2007年版，第233—244页。

明确了公民环境权利并设置相应的国家环保责任，但对应型环境权条款的强制力不足。公民权利和国家政策的宣示让宪法环境权条款实施困难，相关概念解析伸缩不定，难以让公民环境权真正落实到位。例如，2006 年刚果（金）宪法第 53 条："任何人均有权获得有利于全面发展的健康环境。任何人均有义务保护环境。国家监督保护环境和人民健康。"① 2014 年加蓬宪法第 8 条明确了拥有良好的自然环境是公民的权利，而且国家应当保障这种权利。② 第三类，通过复合型条款设计让环境权具备执行力，可直接成为法院审判的宪法依据，为环境公益诉讼主体资格的放宽，提供了有力保障。例如，1996 年喀麦隆宪法序言："任何人都享有良好的环境权。保护环境是所有人的责任。国家关心、保护和改善环境。"③ 2003 年圣多美和普林西比宪法第 49 条："（1）所有人均享有拥有一个人居环境的权利，并有保护环境的义务。（2）国家应在其管辖的领土范围内规划并实施一个环境政策。"而且第 10 条还确定了保护自然和环境的和谐平衡是国家的初期目标之一。④ 第四类，构建公民环境权利、国家环保责任、环境保护措施、环境权司法救济四位一体的综合体系。例如，刚果（布）的宪法第 41—44 条。⑤ 但正如一些学者所言，宪法条款为保护环境

---

① 孙谦、韩大元主编：《世界各国宪法·非洲卷》，《世界各国宪法》编辑委员会编译，中国检察出版社 2012 年版，第 220 页。

② Article 8 of Gabon's Constitution of 2014.

The state, subject to its resources shall guarantee to all, notably to the child, the mother, the handicapped, to aged workers and to the elderly, the protection of health, social security, a preserved natural environment, rest and leisure.

③ 孙谦、韩大元主编：《世界各国宪法·非洲卷》，《世界各国宪法》编辑委员会编译，中国检察出版社 2012 年版，第 566 页。

④ 孙谦、韩大元主编：《世界各国宪法·非洲卷》，《世界各国宪法》编辑委员会编译，中国检察出版社 2012 年版，第 894 页。

⑤ Article 41, 42, 43, 44 of Congo (Republic of the)'s Constitution of 2015

Article 41: Every citizen has the right to a healthy, satisfying and durable environment and has the duty of defending it.

The State sees to the protection and the conservation of the environment.

Article 42: The conditions of storage, of handling, of incineration and of disposal of toxic wastes, pollutants or radioactive [materials] originating from factories and other industrial or artisan sites installed on the national territory, are established by the law. （转下页）

提供了广泛而有力的工具，但迄今为止，这些工具在非洲基本上没有得到充分利用。① 如何将环境权入宪的作用落到实处，依旧任重而道远。

二 中部非洲国家的环境法律法规

中部非洲各国大多为原法国的殖民地，其法律制度深受法国大陆法的系影响，各国基本颁布有实体性的环境法典，并多以"环境保护法"或"环境法"等命名，这显著区别于非洲英语国家的环境立法，因为这些国家多以程序性的环境管理法律为环境立法的主要特征。

目前，中部非洲各国基本上已经制定了相应的环境基本法律，而且部分国家还制定了与环境相关的部门法，进一步完善了本国的环境立法体系，如刚果（金）颁布有1994年《组织开采和出口水族鱼类法律》、2002年《林业法》、2002年《矿业法》（2018年修改）；刚果（布）则颁布了《林业法》和《石油天然气法》，以及保护野生动物、植物的法律规定等。

表6-2　　　　　　　　中部非洲国家的主要环境法律

国家	环境法名称
布隆迪	《环境法典》（2000年6月）
赤道几内亚	《环境保护调节法》（2003年11月27日第7号法律）
刚果（布）	《环保法》（1991年4月23日第003/91号法律）

（接上页）All pollution or destruction resulting from an economic activity gives rise to compensation.

The law determines the nature of the compensatory measures and the modalities of their execution.

Article 43: The transit, the importation, the storage, landfill, [and] dumping in the continental waters and the maritime spaces under national jurisdiction, the expanding in the airspace of toxic wastes, pollutants, radioactive [matter] or of any other dangerous product, originating or not from abroad, constitute crimes punished by the law.

Article 44: Any act, any agreement, any convention, any administrative arrangement or any other act, which has as [a] consequence to deprive the Nation of all or part of its own means of existence deriving [tirés] from its natural resources or from its wealth, is considered as an crime of pillage and punished by the law

① Bruch, C., WCoker & CVanArsdale, "Constitutional environmental law: giving forcet of undamental principles in Africa", *Columbia Journal of Environmental Law*, No. 26, 2001, pp. 131-212.

续表

国家	环境法名称
刚果（金）	《环境保护法》（2011年）
加蓬	《环境法》
喀麦隆	《环境管理框架法》（1996年8月5日第96/12号法律）
中非	《环境法》（2007年12月28日）
乍得	《环境保护法》（1998年7月17日）

资料来源：商务部国际贸易经济合作研究院、商务部对外投资和经济合作司、中国驻上述各国大使馆经济商务处编《对外投资合作国别（地区）指南·2020年版》。

第一，由于中部非洲各国政府财政紧张，单靠自身力量无法有效地进行环境保护研究以及将环保政策和行动落到实处，因此在环保法中设置环保基金，试图解决环保经费困境。例如，喀麦隆《环境管理框架法》在第11条、第12条就对其国家环境和可持续发展基金作出了规定，严格设置了基金的用途和方式，并且规定了基金来自喀麦隆政府、捐助、国际援助、与环保相关的罚款和税收等。

第二，环境影响评价制度是各国环境基本法中的必备条款，如赤道几内亚《环境保护调节法》中就规定，投资者在赤道几内亚境内投资前，需要对投资项目做环境影响评价报告，企业有责任消除投资项目对当地环境的影响。[1] 投资者因环境保护不力，对当地环境造成损害时，需接受赤道几内亚环境保护主管部门的处罚；喀麦隆《环境管理框架法》在第三部第二节第17—20条对环评制度作了规定。

第三，部分中部非洲国家的环境基本法中详细规定了违反相关环境法律的处罚规定。如喀麦隆《环境管理框架法》第77—81条规定了不同情形下需要承担的不同种类的责任；中非《环境法》对大气和水体污染事故处理与赔偿标准作出了详细规定；乍得也制定有具体部门领域的环境法，如《森林、动物和渔业资源管理条例》《植物保护法》《水法》对森林、动物、植物、水体等作出了具体的惩罚性规定。

---

[1] 汪峰：《中国与刚果（金）经贸合作现状及前景》，《国际资料信息》2012年第7期。

三 中部非洲国家的主要环境政策

由于法律的稳定性和中部非洲国家环境保护形势多变性的矛盾，环境法律法规难免呈现出滞后性等特点，因此，大部分中部非洲国家都会制定相应的环境政策以应对生态环境和气候变化问题，如喀麦隆《环境管理框架法》第 13 条就明确政府每五年应当制订一份国家环境管理计划。关于非洲中部各国的环境政策，有几点值得注意：第一，虽然中部非洲各国基本上都会制定与环境相关的政策，但通过研究发现，由于经济建设方面的巨大落后，其侧重点仍然在如何通过利用本国的优势资源发展经济，如在赤道几内亚的《环境与社会管理计划》之中，是以发展本国的渔业等优势产业为主要目标，并在年度报告中明确经济发展和基础设施建设的优先地位；第二，环境政策（制定）层级偏低导致环境管理部门权限偏弱，且缺乏相应的社会激励措施。对比于非洲其他国家，如在南部非洲的马拉维，国家政策由总统颁布，在当中建立环境事务协调机构，能协调跨部门事务，减少其他部门对环境事务管理的干预，且设立相应的激励措施和多种惩罚手段双向并行，而中部非洲国家的环境政策尤为缺乏上述内容。

四 中部非洲国家参与的国际环境条约

中部非洲各国参与了大量与环保相关的国际条约的签订，具体分为两类：一是全球性的国际条约，如 1993 年《生物多样性公约》、1994 年《联合国气候变化框架公约》和 1997 年《京都议定书》和 2016 年度《巴黎协定》，以及专门性公约，如 1996 年《联合国关于在发生严重干旱和/或荒漠化的国家特别是在非洲防治荒漠化的公约》等；二是地区性国际条约，可追溯到 1933 年的《保护天然动植物伦敦条约》。该条约虽为英、法等殖民宗主国所签署，但它的适用范围为非洲的大部分殖民地，包括非洲中部国家，1968 年 9 月 15 日《非洲保护自然界和自然资源公约》由非洲国家政府及领导人签署，涉及土壤、水、动植物资源，要求对环境予以保护和利用。同时，以下政策文件足以说明非洲国家对环境保护的承诺：非洲统一组织宪章；拉格斯行动计划和拉格斯最终法案；非洲经济共同体条约；非洲统一组织部长理事会决议。2009年环境部长会议签署了应对气候变化的《内罗毕宣言》。非洲国家认为：非洲应该从发达国家那里得到由于气候变化而导致的环境、社会、经济损失的补偿；新的国际气候制度谈判必须坚持业已形成的"共同但有区别的责任"原则，优先考虑到非洲在可持续发展、减贫和实现千年发展目标方面的需要；[1] 同时，发达国家应切实履行减排义务，并以可操作和可验证的方式向非洲提供资金、技术和能力建设方面的支持。[2]

另外，在中部非洲的次区域性国际组织也在相关相关法律文件中明确了本区域的环境保护原则与基本要求。例如，中部非洲经济与货币共同体（Communauté Economique et Monétaire de l'Afrique Centrale, CEMAC）是1999年6月25日正式成立的组织机构，它取代原中部非洲关税和经济联盟。在组织的条约协议中，涉及环境资源保护的有2009年《中非国家联盟公约》[3]，条约通过协调立法、统一其国内市场、在经济基本部门中执行共同政策，以促进成员国的经济发展，遵守开放和竞争的市场经济的原则，促进资源的最佳分配。条约规定在中非经济联盟框架内协调国家部门政策，采取联合行动，通过政策协调以确保可持续性发展，其中，特别强调基础设施项目、能源、环境和自然资源、教育和职业培训等，突出环境保护的重要性。[4] 此外，在中非经济联盟的框架内，协调教育、研究和专业培训、农业、畜牧业和渔业、能源、运输和电信、环境保护、工业和旅游业等领域的部门政策。与此同时，条约还设专门一节规定了环境和自然资源保护的内容，包括各会员国参与相互信息系统，以协调其保护环境和自然资源的政策；通过执行成员国准则，以保护、恢复和改善环境与自然资源的质量；为了防治荒漠化、干旱和森林砍伐，开发可负担的能源，特别是可再生能源，合理利用热带森林、水资源、沿海、海洋和渔业资源、动植物和土壤资源，以及保护生物多样性和保护脆弱的生态环境，为城市和农村环境问题制定创新的解决方法，合理管理和禁

---

[1] 《非洲：要求国际社会尤其是发达国家提供帮助无可厚非》，《海洋世界》2009年第12期。

[2] 詹世明：《应对气候变化：非洲的立场与关切》，《西亚非洲》2009年第10期。

[3] Union of Central African States (UEAC) Convention (2009).

[4] Chapter II, Title II of the UEAC convention (articles 29–46).

止危险废物进口等。

第三节 中部非洲国家的环境管理制度

中部非洲国家大多建立专门化的环境管理制度，并在政府部门里面设置有环境保护行政主管机构，内容主要涉及生态环境、农牧业、森林资源与可持续发展等，甚至还有一些将环境保护与可持续发展相结合的国家环境保护联合部门。

一 中部非洲国家的环境主管机构

虽然中部非洲地区的环境管理法律制度有较大的完善空间，但各国还是基本建立有专门负责生态环境、自然资源以及可持续发展的国家行政管理部门，并明确了职能与权责。

第一，中部非洲各国基本上都设置了部级行政主管部门，不过大部分环境主管部门未单独成为一个独立的部级部门，管理权限十分有限，虽然诸如刚果（金）、喀麦隆进行了机构改革，成立独立的环境部级机构，不过正如前文提到，环境政策是由其部级机构制定，很难做到将协调其他部门在完成本部门工作的同时兼顾环境保护落到实处，这一点也是中部非洲国家机构进一步完善的必经之路。第二，由于环境主管机构的相对"弱势"，中部非洲国家设置了一些机构以增强环境主管机构的执行能力，如中非在《环境法》第7条、第8条规定应设立一个联合机构，称为国家环境和可持续发展委员，由国家、民选代表、地方当局和非政府组织代表组成以协助环境主管部门制定和落实政策。同时，在中非共和国《环境法》第6条中规定了地方当局和环保组织有义务协助环境主管机构。第三，中部非洲部分国家设置了单独的级别较高的环境评价管理机构，如喀麦隆的环评管理机构就是喀麦隆环境、自然保护和可持续发展部，刚果（金）的国家环境和技术中心设立了一个环境影响评价管理和批准机构，称为刚果民主共和国环境研究小组等，突出对环境评价的重视。

表 6-3　　　　　西部非洲国家的环境主管机构及其主要职责

国家	国家环境主管机构	主要职责
布隆迪	环境、农业与牧业部	(1) 制定和实施环境的国家政策；(2) 制定环境标准；(3) 与其他部门合作制定预防和管理自然灾害的国家政策；(4) 制订和普及环境教育国家计划；(5) 参与保护自然资源和环境计划的国际公约的实施；(6) 与其他技术部门合作制定应对气候变化的政策；(7) 管理国家自然森林；(8) 负责植树造林和城市、农村环保
赤道几内亚	农业、畜牧业、森林与环境部	制定和实施与环境相关的政策，管理国家农业、畜牧业
刚果（金）	环境与可持续发展部	推动和协调所有与环境有关的活动，保护自然环境，以符合科学进步的方法完成这项任务
刚果（布）	林业经济、可持续发展和环境部	制定与环境相关的国家政策并实施保护环境的行动
加蓬	河湖、森林、海洋、环境、气候计划和土地分配计划部	做好规划，保护加蓬生态环境，促进可持续发展
喀麦隆	环境、自然保护和可持续发展部	制定并落实政府在环境和自然保护领域的政策，促进可持续发展
乍得	环境、水利和渔业部环境总局	负责环境评价、动植物等自然资源保护
中非共和国	环境、生态和可持续发展部	制定并实施环境保护和可持续发展政策

资料来源：商务部国际贸易经济合作研究院、商务部对外投资和经济合作司、中国驻上述各国大使馆经济商务处编《对外投资合作国别（地区）指南·2020 年版》。

二　中部非洲国家的环境评价制度

中部非洲各国均建立有环境影响评价制度，有较为明确的负责机构，但在实践中，具有环评资质的机构较少、环评执法也受制于各方，中国企业应当高度关注由此引发的风险。

表 6-4　　　　　中部非洲国家环境影响评价的基本信息

国家	环评管理机构	环评报告撰写	环评依据
乍得	环境、水利和渔业部下属环境总局	Agritchad 和 Sahel Conseil Études et Travaux 公司	《环境影响研究管理条例》《环境影响研究实施指南》

续表

国家	环评管理机构	环评报告撰写	环评依据
刚果（布）	林业经济、可持续发展和环境部	林业经济、可持续发展和环境部认可的环评咨询公司	
赤道几内亚	农业、畜牧业、森林与环境部环境司	有资质的环评公司	主要参照世界银行标准和做法
刚果（金）	环境与可持续发展部、矿业部		主要参照世界银行标准和做法
中非	环境、生态和可持续发展部	环境和可持续发展部授权机构	《环境法》
布隆迪	投资促进署下属环评办公室	专门咨询公司	
加蓬	环境和自然保护局	重大项目多聘用欧美公司	
喀麦隆	环境、自然保护和可持续发展部	政府认可的咨询公司、研究机构、非政府组织、协会	《环境管理框架法》

资料来源：商务部国际贸易经济合作研究院、商务部对外投资和经济合作司、中国驻上述各国大使馆经济商务处编《对外投资合作国别（地区）指南·2020年版》。

中部非洲各国的环境评价制度是其对环境监督和管理的最重要的手段之一，其重要性不言而喻，甚至中非共和国和喀麦隆是由环保部级别的部门直接管辖。其他国家至少也是部级下设机构管理。对于具有环评资质的机构，中部非洲各国都十分匮乏，乍得仅有两家公司，而中非共和国仅有一家公司，加蓬则主要聘请国外公司进行环评报告撰写，且部分国家缺少本国专门制定的环评法律依据。各国的环评管理机构的职责略有不同，大致可分为：第一类，如赤道几内亚农业、畜牧业、森林与环境部环境司，不承担具体的环评管理和监督等职责，主要是为承包商寻找有资质的环评公司出具报告再到农业部认证；第二类，如中非、乍得等大部分中部非洲国家，环评管理机构的职责为接受申请，对环评报告进行审核，如喀麦隆，环境、自然保护和可持续发展部赴项目现场考察，撰写考察报告，实地考察后对环评报告提出修改意见。

表6-5 中部非洲国家环境影响评价的审核费用与期限

国家	环评审核费用	环评程序所耗时间
喀麦隆	简明报告400万非郎 详细报告700万非郎	批准30日内 审核需20日内

续表

国家	环评审核费用	环评程序所耗时间
刚果（布）	一般较大项目收费6000万—7000万非郎	四个月到一年
中非	由投资或承包项目金额大小决定	一个月
加蓬	由具体项目决定	由具体项目决定
布隆迪	约为200万—500万布郎（约合1800—4000美元）	两周至一个月不等

资料来源：商务部国际贸易经济合作研究院、商务部对外投资和经济合作司、中国驻上述各国大使馆经济商务处编《对外投资合作国别（地区）指南·2020年版》。

关于环评制度，还有几点需要注意：第一，环评的启动条件，大部分国家直接规定国内外企业开展投资或承包工程的项目都需要环评，刚果（金）进一步具体规定了开展矿业等项目投资以及实施可能对环境造成影响的工程项目。第二，环评程序的前置性和严格性，各国都毫无例外地规定了环评程序置于具体项目正式实施之前，环评报告的内容和批准程序需要符合法律法规的要求，并且对环评资质获得后同样进行限制要求，在一定期限内不进行项目建设，则需要重新环评。第三，部分国家的环境评价制度程序复杂、要求多样，除环境评价外，还需要开展相关领域的审查评价，如喀麦隆《环境管理框架法》[1]第7条规定，任何开发项目、机构、方案或政策的发起者或所有者必须执行三大环评程序，即环境与社会评价（Environmental and social impact assessment, ESIA）、战略环境评价（Strategic environmental assessment, SEA），并制作环境评价报告书（Environment impact statement, EIS），否则将受到环境法律的制裁。[2] 第四，对违反环评的后果做出了严格规定，以喀麦隆为例，其《环境管理框架法》第79条规定：企业如果在没有进行环保设计的情况下就实施必须进行环保设计的项目，或不按照环保设计要求的标准、规范和措施实施项目，将被处以200万—500万非郎的罚款，或处六个月至两年的监禁，或两者并处。由此可见，违反环评需要承担民事、刑事等多种责任。

---

[1] Article 7 of the Framework Law on Environmental Management (Decree No. 2013/0171/PM).

[2] Christopher F. Tamasang and Sylvain N. Atanga, "Environmental Impact Assessment under Cameroonian Law", in Oliver C. Ruppel and Emmanuel D. KamYogo, *Environmental Law and Policy in Cameroon-Towards Making Africa the Tree of Life*, Nomos Verlagsgesellschaft, Baden-Baden, Germany, 2018, pp. 281, 286.

第四节 主要投资国别：刚果（金）的环境法律制度

刚果民主共和国，简称"刚果（金）"，位于中部非洲，是非洲国土面积第二、人口数量第四的大国，是法语国家和地区人口第一大国。其矿产（铜、钴）、森林、水资源储量均居世界前列，但也是世界上最不发达国家和重债贫穷国之一，公共服务、基础设施、医疗条件落后。虽然刚果（金）在2018年年底首次以民主的方式实现国家政权平稳交接，但社会稳定因素依然让投资安全受到一定威胁。武装冲突、群族暴力、埃博拉和霍乱疫情等威胁着社会治安；行政效率低下、产权保障不足、税收和基建困难等，导致营商环境不佳，外资吸引力较弱。① 但是，近年来中刚经贸合作依然保持着强劲势头，在"一带一路"和"八大行动"引领下，展现出广阔的发展空间和潜力，形成了以投资、发展援助、"两优"贷款项目为支撑的"三位一体"格局。② 据中国商务部统计，2019年中国对刚果（金）直接投资流量9.31亿美元；截至2019年年末，中国对刚果（金）直接投资存量55.97亿美元。2019年中国企业在刚果（金）新签承包工程合同197份，新签合同额35.63亿美元，完成营业额24.47亿美元。累计派出各类劳务人员3358人，年末在刚果（金）劳务人员6485人。新签大型承包工程项目包括中国水电建设集团国际工程有限公司承建刚果（金）松博维项目；中国葛洲坝集团股份有限公司承建刚果（金）恩子洛2水电站项目；中国技术进出口集团有限公司承建刚果（金）帕姆维农村试验项目等。③

---

① 据世界银行《2019年营商环境报告》排名，2019年在全球190个国家和地区中，刚果（金）营商环境排名第184位。

② 商务部国际贸易经济合作研究院、中国驻刚果（金）大使馆经济商务处、商务部对外投资和经济合作司编：《对外投资合作国别（地区）指南：刚果（金）》，2020年，第1—2页。

③ 商务部国际贸易经济合作研究院、中国驻刚果（金）大使馆经济商务处、商务部对外投资和经济合作司编：《对外投资合作国别（地区）指南：刚果（金）》，2020年，第42—43页。

一 刚果（金）的法律体系与环境立法

2006年新宪法规定总统为国家元首，总理为政府首脑，政府对议会负责；议会实行两院制，由国民议会（下议院）和参议院（上议院）组成，下议院可对政府成员提出不信任案，总统有权解散议会；司法机关由宪法法院、最高法院、上诉法院、法院、民事法庭、军事法庭和检察院组成。判决、审判和裁定均以总统的名义执行。最高司法会议（最高法官理事会）是司法权的行政管理机构。刚果（金）政府下设35个部门，其中与投资过程中的环境保护相关的部门有：外交与国际合作部，矿业部，石油部，能源与水利部，土地部，领土整治、城建与住房部，基建与公共工程部，农业、渔业和畜牧业部，公共卫生部，环境与可持续发展部等。

在环境立法上，刚果（金）的环保法律法规由四个层面组成。第一，宪法上明确赋予公民环境权，宪法第53条规定"任何人均有权获得有利于全面发展的健康环境。任何人均有义务保护环境。国家监督保护环境和人民健康"[1]。

第二，在环境基本法上，2011年议会批准颁布了《环境保护法》。本法规定了刚果（金）有关环境保护的八大法律措施：一是保护和改善环境是国家发展战略的重要组成部分；二是国家以及各级政府在制定社会和经济发展政策、发展战略和经济持续发展规划时，须符合本国的环境保护法规；三是各级政府机关、地方合作组织、国家企事业单位、私营生产企业、公民都必须保护、维护生态环境，恢复和改善被破坏的生态环境；四是合理开发和使用自然资源和矿产资源；五是采用和引进先进的处理、防控污染的新技术，减少环境污染；六是生产、进口、使用化肥农药以及其他化工产品时，应尽可能减少对人体健康的损害，保护生态环境；七是回收和利用再生资源、能源；八是加强和促进国际的环保技术、经济和科学领域的合作。由此，其环保领域的重点工作是：保护土壤；保护生态的多

---

[1] 孙谦、韩大元主编：《世界各国宪法·非洲卷》，《世界各国宪法》编辑委员会编译，中国检察出版社2012年版，第220页。

样性和可持续利用；控制污染，保护公共卫生；合理利用水资源；大气减排和适应气候变化；控制人口过快增长。

第三，在部门环境法律法规上，颁布有 1994 年《组织开采和出口水族鱼类法律》、2002 年《林业法》、2002 年《矿业法》（2018 年修改）以及 2005 年《确定环境部收取税费费率的部门决议》。其中，2002 年由总统签署的《林业法》规定了适用于森林资源养护和开发的规则。该法律制度的目标是促进对自然森林资源的合理和可持续管理，以增加其对今世后代经济、社会和文化发展的贡献，同时为后代保护森林生态系统和生物多样性。《矿业法》于 2018 年进行了修订并颁布。新法规增加了利润税，使政府在新采矿项目中的股份增加了一倍，不仅提高了"战略性"矿产的使用费税率，而且为取消 2002 年《采矿法》中引入的稳定条款铺平了道路。与此同时，新的采矿法包括了与收入可追溯性和行业透明度有关的若干条款，对不遵守这些规定的公司处以高额罚款。

二 刚果（金）的环保机构与主要规定

刚果（金）的环境保护与管理的综合性行政机构为"环境与可持续发展部"，其主要职责为以科学先进的方式保护自然环境，推动和协调所有与环境相关活动。同时，该机构下设刚果（金）环境署（Agence Congolaisede l'Environnement）负责具体的环境审批与评价手续，同时该环境署还与矿业环保管理局合作，根据 2018 年新修改的《矿业法》管理刚果（金）的矿业开发与矿区环境保护。此外，这些机构的具体规定设置还有：

第一，环境违法处罚。投资者因环境保护不力，对当地环境造成损害时，将受到刚果（金）环境保护主管部门的处罚。

第二，限塑令。2017 年的"总理法令"要求全面禁止塑料袋、塑料包装制品的生产、进口、销售和使用，但农业、建筑业、医药等领域不在限制之列。目前该政策执行效果较好，在金沙萨各大超市，均不再提供塑料袋，改为提供付费纸袋。[1]

---

[1] 商务部国际贸易经济合作研究院、中国驻刚果（金）大使馆经济商务处、商务部对外投资和经济合作司编：《对外投资合作国别（地区）指南：刚果（金）》，2020 年，第 68 页。

三 刚果（金）的环境影响评价制度

根据刚果（金）环境旅游部、矿业部规定，投资者在其境内投资前，需要对投资项目制作环境影响评价报告，企业有责任消除投资项目对当地环境的影响。尤其是，开展矿业等项目投资以及实施可能对环境造成影响的工程项目，投资或施工主体需事先提交项目对环境影响的评价报告，获批准后方可开展下步工作。而且刚果（金）的环境影响评价标准，主要参照世界银行标准和做法。

第一，评价管理部门。2007年5月16日第07/018号法令加强了这一点，该法令规定了各部委的责任，刚果（金）总统将环境影响评价的管理授权给当时命名的环境、自然保护、水和森林部（现称"环境与可持续发展部"）。然而，在同一法令中，总统将所有与矿业有关的事项，包括环境问题的责任交给矿业部，特别是矿业环境保护司司长。这种情况造成了两个部之间的冲突，前者在环境部门具有一般管辖权，而后者在采矿部门环境方面的具有有限管辖权。

第二，基本理念和评价原则。《环境框架法》是刚果（金）环境影响评价的基本法，该法明确规定了其目标是通过制定有关管理和保护环境免受一切形式退化的基本原则，以便合理开发自然资源，打击一切形式的污染，并改善当前和未来人口的生活质量。环境影响评价有以下几个基本原则：一是提前介入原则。环境影响评价应尽早介入工程前期工作中，重点关注选址（或选线）、工艺路线（或施工方案）的环境可行性。二是完整性原则。根据建设项目的工程内容及其特征，对工程内容、影响时段、影响因子和作用因子进行分析、评价，突出环境影响评价重点。三是广泛参与原则。环境影响评价应广泛吸收相关学科和行业的专家、有关单位和个人及当地环境保护管理部门的意见。

第三，评价程序。对刚果（金）投资项目进行环境评价的管理机构是环境与可持续发展部和矿业部。根据工程的类型向管理机构递交全部材料后，环境与可持续发展部和矿业部授权下属环评部门对项目进行环境评价。根据项目类型差别，每个项目的环境评价费用各不相同。同时，环境评价所需的时间也视项目大小和领域的差别而定。环境评价结束后，环评部门将向环境和可持续发展部、矿业部出具环评报告和针对该项目的环保建议，最终由环境和可持续发展部、矿业部出具环评报告。

第四，环境许可。刚果（金）境内所有矿物的探矿都需要有探矿证书。探矿证持有人必须遵守有关环境保护的所有适用条例。任何人只要持有相关政府实体颁发的有效采矿或采石许可证，就可在刚果（金）境内勘探或开采矿物。除非申请者提交并批准了构成"环境计划"的文件，其中包括 EIS 和 EMPP/MRP，否则将不颁发采矿或采石许可证。然而，由于对环境敏感，总统指定为禁止区的地区不允许采矿。

四　刚果（金）的矿业法律制度

刚果（金）国家投资促进署的资料显示其矿产、森林、水资源储量均位居世界前列，丰富的自然资源，为中国的投资带来巨大潜力。据此，刚果（金）政府也相继发布了《投资法》《矿业法》和《林业法》等法律，设立了国家投资促进署（ANAPI）和企业注册一站式服务窗口，由司法部管辖，以简化手续、提高效率、改善营销环境，促进投资，尤其鼓励自然资源开发。① 同时，两国政府四次签订关于中方给予原产于刚果（金）部分输华产品零关税待遇的换文，中国政府自 2015 年起享受零关税待遇的原产于刚果（金）的输华商品范围扩大至 97%。由此，中刚双边贸易呈增长势头。2018 年，双边贸易额增长 74.6%，中国对刚果（金）的进口增长 72.1%，主要类别包括未锻轧铜材、原木、铜矿砂及其精矿和天然乳胶等。可见，矿业与林业合作是中刚两国之间投资贸易的主要领域，矿产富庶的刚果（金）是中国海外寻矿战略中不可忽视的一环，但由于矿业是环境资源的消耗行业，这就带来了潜在危机。尤其是 2018 年新修改的《矿业法》，相关法律制度和政策收紧，让在国际矿业公司集体退出刚果（金）企业联合会，矿企与刚果（金）政府的谈判严峻形势。因此，中国赴刚果（金）开展矿业投资应特别关注 2018 年《矿业法》修改带来的影响。

第一，加强矿企的社会和环境责任。新的《矿业法》中对于环境要

---

① 张春：《刚果金矿业资源现状及投资环境分析》，《中国矿业》2008 年第 12 期。

求的规定主要集中在第十四章,该章是加强社会和环境责任的章节。主要包括环境和社会影响研究以及环境和社会管理计划、起草和备案社会责任书、环境领域引入普通法项下的环境机构、环境审计等部分。同时,新的《矿业法》对矿权取得、矿产冶炼和开采、下游分包、股权分红和转让、税基、税率和外汇等规定全面收紧。

第二,增设了环境和社会的影响研究与管理计划。新增加的矿业社会影响研究和矿业社会管理计划,不仅限于环境部分。环境署将在矿业环境部的协助下,审查环境和社会的影响研究与管理计划,并颁发环境证明。这给矿业企业提出了社会责任要求,要求必须在环境署的监督下,审查矿企所在地的环境和社会影响情况,给予审查合格的矿企环境证明,证明其满足了环境主管部门的行政要求。但是,该规定更多为行政性质的规范,是其行政部门对矿业企业的监督和管理,但未设置惩罚性措施或行政指导意见,是一种行政规范性文件。

第三,起草和备案社会责任书。要求开采性质的矿权持有人或采石持有人在颁发权证之日起,最晚在开始开采之日起六个月内要起草和备案社会责任书。该社会责任书需要取得省政府的批准。政府希望借此加强矿企的社会责任感,使其通过被动承诺的方式,担负社会责任。同时,这也构成矿权维护的义务之一。矿权/采石持有人有义务根据社会责任书履行责任,并依据其中确定的时间表遵守其社会义务。若未遵守,则构成矿权撤销的事由之一。惩罚性条款的设置,有效监督和保护了社会责任书的履行。

第四,设置社区贡献金。要求提取最少0.3%的营业额资金用于支持项目社区的发展,该资金由矿权持有者代表和本项目直接相关的当地社区组成法律实体进行管理,目前增强了当地居民利益,强化了矿企的社会服务意识。

第五,建立了新的环境管理机构。建立环境署,成为推广社会服务国家基金的机构,在矿业环境保护局的合作下对环境和社会的影响研究、管理计划,以及环境减缓、修改计划进行审查。环境署将把环境审查结果、环境证书转给矿权登记局,而环境署还将负责矿权的申请和转让。上述一系列措施都将以审查因素存在,共同组成矿权登记审核的指标,也从根本上保证了上述措施得以强制实施。

第六，明确环境审计制度。新《矿业法》规定，自矿权登记局将转矿权申请资料转交由环境署之日起十个工作日内，环境署必须与矿业环保管理局合作开展现场环保审计，以审查是否遵循出让人在批准的环境与社会管理计划书中的环保义务。完成环境审计后，环境署将颁发环保义务清偿证，并转给矿权登记局。现场环保审核类似于环境影响评价制度。

第七，设置环境责任的无过错归责原则。在环境责任归责上，采取"无过错归责原则"，哪怕矿权（采石权）持有人不存在过错或过失行为，但其也应承担其采矿活动所造成的人员、财产和环境损害。因采矿活动产生的疾病，持有人也要相应法律担责。对于未遵守环境义务而造成法律后果的矿权（采石权）持有人，将处以罚款或中止经营活动，情节严重的移送司法机关起诉。本条成为国际矿业公司集体退出刚果（金）企业联合会的争议点之一。在环境无过错责任原则基础下，国家将责任归于企业一方，虽在一定程度上加重了企业的负担，但是对于环境保护、恢复和修复的作用明显。由此，在审查确实由企业造成的环境破坏的案件，可以由企业单独担责，由环境署监督审查，由矿业登记部门进行兜底规制。对于审查不明确破坏主体的情况下，建议由国家和企业共同承担环境恢复的工作。

第八，扩大矿业本土化的法律规制。规定采矿权年限从 30 年减少至 25 年，探矿权只能续期 1 次；国家无偿持有且不可稀释的股权由 5% 增加至 10%，并在每次开采证续期时增加 5%；在创立矿业公司时，必须有 10% 的股权由刚果（金）国民持有；增加了本地选矿和本地采购的要求；矿业投资中自有资金不少于 40%，即负债融资不能超过 60%；对矿业公司外包承包商的矿业法税收优惠只适用于控股股东为刚果（金）国民的承包商；有色金属及基本金属的矿业税由 2% 上调至 3.5%，贵金属由 2.5% 上调至 3.5%，并以产品的毛市场价值计算；对被国家视为"战略资源"的矿产将征收特别矿业税 5%—10%；对任何因产品价格超过银行级可研报告中规定的产品价格 25% 而产生的利润，征收 50% 超额利润税等不利于矿业投资企业的措施。①

---

① 丝绸之路法律服务中心：《刚果金新旧矿产法对比》，https：//www.sohu.com/a/291545215_99904063，2020 年 7 月 26 日访问。

第九，设置严格的环境义务与违法罚则。若未遵守环境义务，将处以罚款或中止经营活动，情节严重的，将提起司法诉讼。惩罚性规则分为两类：一是由环境署于环境登记部门联合规制，在企业登记或者转让矿权时进行制约，对于环境评价不过关的企业，不予登记；对于已登记的企业，在后续转让矿权时制约。二是司法部门的最终司法审判。同时，新《矿业法》第十五章规定了审查后的延续性措施。增加了矿业领域的透明度，加入了跟踪机制，旨在跟踪矿业生产的整个阶段以及随后的资金流动，包括从开采矿产品直到出口环节所涉及的持有、运输、商业化、加工等。根据矿业工业领域适用的透明、跟踪，以及矿物质认证的国家、地区、国际标准制定的特殊的法律法规，尤其是披露、合同公示、矿业资产的实际受益人、应付给国家的税费和特许权使用费的申报。本条贯穿于矿业法律规制的全过程，起到监督审查的作用，完善了矿业的审查机制。若违反了矿业工业领域的透明与跟踪原则，将处以约 10 万—100 万美元的罚款。

五 刚果（金）的林业采伐法律制度

一段时间以来，刚果（金）加丹加省大量人员从事非法森林采伐业务，尤其是针对红木的采伐，对当地生态环境及植被造成破坏。所以，刚果（金）的林业采伐规范比较严格。虽然刚果（金）尚未制定对森林等重点领域保护的具体技术标准，但对林业采伐有较为严格的规定。林业采伐许可证分为手工采伐证和工业采伐证。手工采伐证只颁发给刚果（金）国籍的居民（自然人），每人每年申请的手工采伐证不得超过 2 份，每个采伐证采伐量不得超过 350 立方米，且只能用手工采伐（手工锯和油锯）；工业采伐证主要签发给具有实力的企业，持有工业采伐证的企业可采用大型机械作业。例如，在 2018 年环境和可持续发展部长签署法令，取消禁止在加丹加省从事森林采伐的法令，恢复在该地区合法的森林采伐业务。该法令要求森林从业者，必须遵守 2002 年《林业法》，从事红木采伐业务者，必须获得特殊经营许可，并要在指定的地点存放，经过抽检、检验合格后方可进行贸易活动。

首先，《林业法》提出了利益共享理念。2002 年《林业法》的主要创新是通过以下方式促进参与式森林治理：维护所有传统用户权利，让本地居民参与，在所有生产性森林中实施森林管理计划，包括野生动物的生产，承认当地社区管理按习惯权利拥有的森林的权利，将40%的面积费返还各省和地区，履行社会合同，与本地居民协商，通过透明的方法分配生产林，并促进环境服务。

其次，《林业法》第83、第85、第86条规定，特许权分配制度应以透明拍卖而不是任意决定为基础。《林业法》规定了两种主要类型的伐木所有权：工业用途的长期所有权和手工伐木的短期所有权。按照《林业法》的规定，根据先前立法确立的长期所有权正在转变为森林特许权。

虽然刚果（金）《林业法》的大多数执行法令已经起草和定稿，但由于以下几个原因，许多规定尚未在当地适用：其一，《林业法》的宣传工作被推迟，使大多数森林人口不知道《林业法》的存在。一些倡导性非政府组织正在将守则的内容翻译成当地语言，促使当地社区了解他们的权利和义务。其二，中央和省级政府围绕新权力划分的冲突是一个重大挑战。权力下放改革要求将森林使用费和手工作业转移到各省，但中央政府不愿放弃这些权力。其三，司法机构薄弱，无法对抗立法中的违规行为。

六 刚果（金）的环境法律风险防范

虽然刚果（金）的环境保护、环境影响评价，以及矿业、林业的法律法规较为齐全，但是政府办事效率不高，各环境主管部门之间缺乏有效的协调和沟通机制，各自为政、有法不依、有禁不止现象时有发生。因此，赴刚果（金）投资的中国企业应充分研判相关环境法律风险。

一方面，中国企业应自觉遵守刚果（金）环境保护法规，并教育职工遵守环保、环境卫生管理条例，做文明企业，避免随地堆放材料、淤泥、垃圾等。对于生产经营中可能产生的废气、废水和其他影响环保的排放物，要事先进行科学评估，在规划设计中选好解决方案。此外，要根据刚果（金）环保部门的要求，制定有效的环保规划，并切实加以执行。在生产过程中，如出现环境污染等问题，涉事企业要高度重视，主动配合当地主管部门采取应对措施，并根据环境污染的具体情况，分清责任，对受到损害的当地居民依法作出赔偿，及时挽回社会影响。对施工现场周边树木、草地绿化要妥善保护，未经绿化主管部门批准，不准乱砍滥伐移植树木或破坏草地。在土方开挖或施工过程中，如发现文物迹象，应局部或全部停工，采取有效的封闭保护措施，及时通知文物主管部门处理后，方可恢复施工。对具有特殊意义的树木，应采取有效措施给予保护。[①]

另一方面，近年来中国向刚果（金）提供的经济援助，主要存在于农业、医疗卫生和基础设施等领域，建设了政府综合办公楼、人民宫、体育场、医院、小学校等项目。例如，援刚果（金）中部非洲国家文化艺术中心项目、援科卢维奇职业培训中心项目、援卢本巴希综合医院项目、援刚万村通项目、援刚农业示范中心技术合作项目、"人民宫+体育场"第十一期技术合作等。所以，在基础设施建设和工程承包项目中，施工企业业务必高度关注企业自身业务发展可能给当地资源、环境、和社区带来的问题，避免引起当地居民的反感和抵制。不仅关注工业生产造成的环境问题，以及开发资源引起的生态保护问题等，也要关注企业员工的工作环境，避免上述问题成为当地和西方媒体炒作的热点，让好心办了坏事。

第五节 中部非洲国家的环境法律风险与应对举措

通过对中部非洲环境法律制度的整体性分析，以及中国在此区域投资主要国别刚果（金）具体环境规制的考察，投资过程中的法律风险主要涉及资源开发和生态保护两个领域。为应对相关风险，企业可以加强国际环境公约的履约，并积极承担可持续发展的企业社会责任。

一 资源类投资丰富引发西方媒体不当指责

根据中国在中部非洲地区的投资概况，从整体长远的发展过程看，中国对中部非洲的投资量有了很大的增长，但在2019—2020年投资量呈现上下波动的表现。究其原因，重要一点是中国对中部非洲的投资基本上是石油、森林等资源开发和少量的工程承包，其中的环境保护问题就显得十

[①] 商务部国际贸易经济合作研究院、中国驻刚果（金）大使馆经济商务处、商务部对外投资和经济合作司编：《对外投资合作国别（地区）指南：刚果（金）》，2020年，第90页。

分突出,如中石化在加蓬洛南果(Lonango)国家公园勘探时,一些环保组织指责其"野蛮施工",破坏原始森林。喀麦隆军警抓捕了一百余名外国非法淘金者,而其中有不少中国人。这些淘金者不仅违反当地规定,私自投资开采小型金矿,而且不顾环境后果,不对开挖过的矿坑进行回填,并破坏水体和耕地,最终引发了当地社会的强烈抗议,同时受到当地政府的严格处理。乍得政府因为中石油在当地开采时未按法律规定清理溢出的原油而暂停了后者在该国的油田开采活动。中国石化在加蓬贝林加建设一座大坝,没有进行环境影响评价,会威胁到森林、生物多样性,且协议的细节公布前不久刚被爆出了森林砍伐丑闻,这或将损害中国在非投资的声誉。[①] 这些事例说明了由于中国企业在投资过程中存在少量的违反当地环境法律法规的行为,对其投资上造成了不必要的损失。

非洲环保 NGO 和中部非洲国家多次以东道国环境法和环境权为由叫停了中国融资的大型工程项目,而西方则以中国投资非洲能源矿业为借口指责为"中国环境新殖民主义""中国环境威胁论"等不利情况,各种原因综合导致了中国企业在中非地区投资面临环境法律风险。

二 内外双重因素导致了中国企业对环保重视不够

从中国国家政府的层面上看,国家保护企业对非经贸合作的形式与措施相对单一,力度也需提高,国家现存防范安全风险的法律体系与制度与之不相适应,无法充分保障国家利益和投资者合法权益,缺乏健全的海外投资保险法律制度、担保制度和中国特色投资条约"保护与安全"和"保护伞"条款等保障措施。近十年来,我国政府以母国立法和司法、发布规范性文件、加强审核监督等的方式规制海外投资者及其环保守法行为,但相关法规缺乏具体标准和要求,可操作性较低;缺失的信息公开和公众参与规定,易成为 NGO 的反对理由;母国司法规制则受"不方便法院"原则和非洲各国具体规定的影响而具有不确定性。此外,我国还未完全建立起银行、保险机构和证交所对可持续性融资与贷款的环境评价

---

① 谢卜罗特·埃索诺·翁多(Protet Essono Ondo)、吕维菊:《加蓬贝林加(BELINGA)铁矿开采项目系列案例:中国优秀投资者责任的典范案例》,National Committee of The Netherlands(IUCN),2016 年。

机制。

从中部非洲层面上看，首先，从实践上看，中部非洲地区还有部分国家政治局势不稳定，导致国家环境管理结构经常出现非正常变化，环境法律和环境政策执行力下降，并且部分国家政局腐败，导致其司法执行不透明且违法执法的情况多发，致使企业的合法权益受到侵犯。其次，分析中部非洲国家环境立法体系可以发现，中部非洲国家逐步构建了以环境权入宪为依据，基本环境法律为基础，环境政策为指导的体系化环境法律制度结构，对环境保护力度也有了很大的提升，如设置民事刑事等各种责任、建立严格的环评制度等。

从在中部非洲投资的中国企业来看，首先，中国企业对中部非洲各国的环境法律体系的认识存在不足，一方面是信息渠道不通，另一方面是中国企业认识不足。其次，企业的社会责任感不强，如在环境领域，只关注经济、政治、市场和融资等因素，忽略环境和社会风险，为了避免环评许可和环境诉讼对投资利益的减损，投资大多以经济手段解决了环境纠纷，引发了舆论批评。此外，企业缺乏自身风险的预防和监督手段，导致自身容易出现一些违规操作的情况。

三 应对中部非洲国家环境法律风险的措施

分析表明，目前我国对于中部非洲国家投资过程中的环境风险防范主要从两个层次进行了构建。通过宏观上国家政府的保驾护航，以及微观上企业提升自身防控能力，以解决环境法律风险带来的不利投资影响。

在国家层面上，第一，从事前预防的角度，我国政府已加强与非洲地区的高层互访，建立沟通机制，通过相关专业部门，尝试中部非洲国家环境法律资源库，加强拓宽对中部非洲各国的了解，整合官方和学界相关智库，全面具体整理分析中部非洲地区各国环境法律体系。第二，从环境立法角度，在国内法上进一步颁布境外投资环境守法的规范性文件，指引企业保护非洲环境、履行企业社会责任；加强环境保护行政主管部门的审批与监管责任，系统性、连续性地开展环境影响跟踪评价；秉承企业投资项目透明度原则，加强环境信息披露和公众参与，避免与 NGO 正面对抗；建立国家联系点制度，处理跨国公司和子公司因环境问题引发的诉讼和调解，辅助法律查明；规定银行、保险和证交所等融资、担保机构对赴非投资客户进行环评、监管的绿色金融服务。在国际法上"于中非BITs中增加母国和投资者保护非洲环境的责任和义务，修正和更新现有BITs，纳入环境条款，并且约定环境法律争端解决的途径和效力"[①]。

在中国企业层面上，已加强了有关单位对中部非洲各国环境法律制度的了解，树立了承担社会责任，尤其是环境保护与可持续发展的意识。以刚果（布）为例，企业大多了解刚果（布）环境保护法规，并且实时跟踪当地的环保标准。目前，刚果（布）的环保立法除了《环保法》，还主要体现在《石油法》和《林业法》中。2008年10月底，第六届国际可持续发展会议在布拉柴维尔举行以后，从中非国家共同体到刚果（布）政府都比较重视落实《京都议定书》的有关要求，目前政府正在陆续出台一些清洁生产和可持续发展的法律，企业能够在驻外使领馆的帮助下认识到中部非洲国家的政策国情、法律制度、环保规制；要切实做好企业的环境保护，对于生产经营中可能产生的废气、废水和其他影响环保的排放物，进行事先科学评估，在规划设计中选好解决方案。此外，根据环保部门的要求，制定有效的环保规划，在环境信息公开的法律要求下，依法依规切实加以执行。在生产过程中出现环境污染等问题，涉事企业要高度重视，主动配合当地主管部门采取应对措施，并根据环境污染的具体情况，分清责任，对受到损害的当地居民依法作出赔偿，及时挽回社会影响。在面对法律纠纷的时候，企业懂得依据双边投资保护条约中有关诉讼和救济程序的规定，严格依照东道国法律，合理承担法律责任，防止当地政府提出无依据的赔偿请求，依法维护投资权益。

[①] 韩秀丽：《中国海外投资的环境保护问题——基于投资法维度的考察》，《厦门大学学报》（哲学社会科学版）2018年第3期。

第七章 中国对非洲投资中环境法律风险的成因、防控及化解

非洲是全球生态环境最为脆弱的地区，环境保护也是近年来联合国对非工作的重要内容之一。"由于非洲大陆容易受气候变化的影响，环境可持续性是非洲的重大优先事项。在这方面，新伙伴关系规划和协调局继续支持非洲国家执行政策，提高应对气候变化的能力。"[①] 所以，从中国投资者的角度看，在应对全球气候变化和非洲脆弱环境的过程中，了解非洲的环境法律风险尤为紧迫。目前，非洲的环境保护法律制度特色明显，既有完备的环境立法体系，又有及时的环境司法救济，但环境执法的效力和水平则相对较低，中国对非投资过程中的环境法律风险由此产生。具体而言，首先，超33个非洲国家将环境权作为公民基本权利而写入宪法，不仅形成了可诉性的环境权，部分国家更是将其提升至人权保护的高度；其次，非洲各国多设置单一环境许可证制度，环境影响评价手续较为复杂，且各国环境执法能力欠缺，腐败现象时有发生，导致企业的环评申请和许可取得受限；再次，非洲国家环保NGO活动频繁，在西方国家的资金支持下，它们常以环境保护和社区权益为由展开公益诉讼，阻碍了中国投资的大型项目；最后，非洲多国已建立了环境审判专门化制度，通过专业、严格的司法程序来维护当地生态环境与自然资源，导致中国企业面临着潜在的败诉风险。此外，非洲各国本土和外来宗教多元并存，宗教理念与传统习俗中也有相关环境保护的规定，值得注意。因此，基于上述原因，近年来中国企业在非投资过程中出现了不少因环境法律规制而引发的利益受损情况，生态环境

[①] 联合国大会：《非洲发展新伙伴关系：关于执行情况和国际支持的第十六次综合进度报告（秘书长报告）》，2018年，第7页。

污染和资源过度开发是中国企业面临环境法律风险的两大主要类型。对此，有学者认为："作为非洲长期的发展合作伙伴，中国的战略利益在于解决其在非洲投资项目中的环境影响问题。"[①]

第一节　中国对非洲投资中环境法律风险的潜在成因

中国对非投资中的环境法律风险成因来自多方面，在主观上不熟悉、不重视、不惧怕的情况是导致环境违法的根源，因此中国企业关于非洲环境保护的具体实施办法与内部惩戒制度存在较大缺失；在客观上，非洲环境法律规制严格，从公民的宪法环境权到详尽的环保法律法规，虽然非洲国家环保执法能力欠缺，但在 NGO 的宣传活动下，环境权利司法保障和救济的相对及时与严厉，这些非洲特色让中国企业极易陷入环境违法或侵权的风险。据此，对于中国投资者而言，非洲自身环境保护法律制度的特殊性及其外部影响性综合导致了投资风险的产生。

一　环境权的司法救济：程序与实体的双重风险

20 世纪 60 年代开始，非洲各国纷纷独立，与此同时环境权被西方社会提出，环境权入宪成为国际社会最热点的问题。在殖民资源掠夺、非洲环境危机和西方法律移植的背景下，《非洲人权和民族权宪章》首次在区域性人权公约中提出环境权保护。1990 年贝宁成为第一个环境权入宪的非洲国家。经历三次入宪浪潮，至今共 33 个非洲国家在宪法中写入了公民环境权，非洲成为全球环境权入宪的主力军，这些国家尤以非洲大陆法系国家居多。[②] 截至 2017 年 12 月，按照环境权入宪的时间考察，贝宁（1990）、莫桑比克（1990）、圣多美和普林西比（1990）、几内亚（1990）、布基纳法索（1991）、安哥拉（1992）、多哥（1992）、佛得角

[①] Bernard Manyena, "After Sendai: Is Africa Bouncing Back or Bouncing Forward from Disasters?", *International Journal of Disaster Risk Science*, Vol. 7, Mar. 2016, pp. 41-53.

[②] 张小虎：《非洲国家宪法环境权的实证研究》，载齐延平主编《人权研究·第 21 卷》，社会科学文献出版社 2019 年版，第 242—267 页。

(1992)、刚果（布）(1992)、马里（1992）、塞舌尔（1993）、埃塞俄比亚（1995）、乌干达（1995）、喀麦隆（1996）、乍得（1996）、南非（1998）、尼日尔（1999）、科特迪瓦（2000）、科摩罗（2001）、卢旺达（2003）、中非（2004）、刚果（金）(2005)、苏丹（2005）、肯尼亚（2010）、南苏丹（2011）、摩洛哥（2011）、索马里（2012）、毛里塔尼亚（2012）、塞内加尔（2012）、津巴布韦（2013）、加蓬（2014）、埃及（2014）、突尼斯（2014）共33个非洲国家已将环境权写入宪法。[①] 所以，环境权入宪是非洲环境保护的特色，也是引发外国企业遭受环境侵权诉讼的关键原因。从条款内容看，非洲各国大多采取抽象规定和具体规定两种方式进行设计。[②] 从实践效果上看，非洲各国环境权条款的设置从不同维度实现了对公民环境权的保护，赋予其可诉性，使其在司法实践上具备可操作性，从而达到约束和制裁企业与个人环境违法行为的立法目标，既保护和救济了公民环境权利，又平衡了经济发展与环境保护的关系。[③]

一方面，抽象性的法律规则具有鲜明的政策宣示性特征，在宪法指导方针下，以规定基本国策或基本原则的方式将环境权提升至最高层面，凸显环境保护的重要目标。然而，抽象性环境权条款的设计存在缺陷，它更多展现出一种指引性，不能单独适用，必须通过有关机构的解释才能成为可适用的法律规则。贝宁、多哥、喀麦隆、马里、乍得、乌干达、科特迪瓦、科摩罗和刚果（金）等国的宪法均采取该模式设计环境权条款。如，2012年《塞内加尔共和国宪法》规定国家确保公民享有健康环境权。2006年《刚果民主共和国宪法》第53条："任何人均有权获得有利于全面发展的健康环境。任何人均有义务保护环境。国家监督保护环境和人民

[①] 吴卫星：《环境权入宪的比较研究》，《法商研究》2017年第4期。

[②] 张小虎、贺鉴：《非洲各国宪法中的公民环境权：文本分析与经验启示》，载徐祥明主编《中国环境资源法学评论》，社会科学文献出版社2017年版，第58—72页。

[③] 截至2018年12月，在全球233个国家和地区（198个国家，35个地区）中，大约有70余个国家在宪法中明确规定有环境权，约占全球国家和地区总数的31%。其中，亚洲9国，约占地区比10%；欧洲20国，约占地区比44%；拉丁美洲10国，约占地区比50%；非洲33国，约占地区比61%；而大洋洲和北美洲国家则未在宪法中明确规定环境权。从数据上看，非洲国家是环境权入宪的主力军，六成以上的非洲国家在其宪法中以不同的条款设计模式确认保障公民环境权，约占全球环境权入宪国家数量的一半。因此，从文本上看，非洲国家成为环境权入宪的"万花筒"。

健康。"2005年《乌干达共和国宪法》第39条:"每一个乌干达人均有清洁和健康的环境权。"2001年《科摩罗联盟宪法》序言:"每个人均有获得健康环境的权利和保护环境的义务。"2000年《科特迪瓦共和国宪法》第19条:"人人均享有健康环境权。"[1]

另一方面,具体性的法律规则体现出权利义务相复合的强制性特征,该类型的环境权条款详细规定了权利的内容、应当履行的义务、损害的法律后果,可以在司法中直接适用。安哥拉、佛得角、塞舌尔、南非、尼日尔、布基纳法索、埃塞俄比亚、肯尼亚等国均采用具体性的条款设计模式。如2010年《安哥拉共和国宪法》第39条:"(1)人人享有在健康、无污染的环境中居住的权利,并有义务捍卫它。(2)国家应当在本土范围内采取必要措施保护环境和动植物物种,以维护生态平衡,确保经济活动适当,在可持续发展、尊重后代的权利以及保护物种的理念下合理开发和利用自然资源。(3)禁止危害或破坏环境的行为。"2010年《佛得角共和国宪法》第73条:"(1)每个人均应享有健康生活和生态平衡的环境权利,有义务捍卫和维护。(2)为保障环境权,国家机构应负责:(a)制定并实施适当的领土规划,保护和维护环境以及合理利用所有自然资源的政策,保护环境再生和生态稳定的能力。(b)推广环境教育,尊重环境价值,防治沙漠化和干旱。"2010年《尼日尔共和国宪法》第35条:"任何人均有要求洁净环境的权利。国家有义务为当代和后代人之利益保护环境。人人均得致力于其所生活环境之保障与改善。来源于领土上之工厂和其他工业或手工业单位之有毒或污染性废料,其取得、储存、操作和排出受法律的规制。在本国领土内从事外国有毒或污染性废料的交易、出口、储存、埋藏和注入以及与此相关的所有协议均构成叛国罪,受法律制裁。国家致力于分析

---

[1] 此外,类似的抽象性环境权条款还有1992年《多哥共和国宪法》第41条:"每个人均有权要求干净的环境。国家应致力于环境保护。"1992年《马里共和国宪法》第15条:"任何人享有健康环境权。任何人和国家有义务保护环境和改善生活质量。"1995年《乍得共和国宪法》第47条:"所有人民均有健康的环境权。"1996年《喀麦隆共和国宪法》序言:"人人均有权享有健康的环境。保护环境是每个公民的义务。国家应确保环境的保护和改善。"以及中非、贝宁等国的规定。参见孙谦、韩大元主编《世界各国宪法·非洲卷》,《世界各国宪法》编辑委员会编译,中国检察出版社2012年版。

和审查所有环境发展计划草案将产生的影响。"①

(一) 实体性权利救济：企业须兼顾经济发展与环境保护

处理经济发展与环境保护的关系，是非洲各国现代化进程中的重要关切，企业在投资过程中务必做到二者兼顾，否则将引发环境实体性权利的诉讼救济。例如，南非宪法第 24 条环境权和相关司法实践已明晰了二者之间的关系，即政府有促进经济与社会发展的责任，但其前提是国家和企业必须履行环境保护的义务。

在南非"史蒂芳登水务与林业局局长诉史蒂芳登金矿公司案"② 中，史蒂芳登金矿公司因采矿导致地下水污染，由此被史蒂芳登水务与林业局要求停业整改。该局长向法院申请法院令，要求金矿公司提供其遵守了《国家环境管理法》的证明文件，但该公司收到法院令后仍然怠于执行，并认为该局长无权决定矿业企业的社会责任类型。然而，法院在判决时以宪法第 24 条"国家在促进经济和社会合理发展的同时，确保生态上的可持续发展和自然资源利用"③ 为依据，同时援引"三重底线投资理论"（triple-bottom line），要求企业在投资活动中，兼顾经济收益、环境保护和社会责任。据此，法院判决史蒂芳登金矿公司履行环境保护的社会责任，并要求其立即提交遵守了环境基本法的证明材料。综上，本案以环境实体性权利的救济为特征，通过宪法第 24 条环境权第 iii 目之规定，要求国家相关机构积极开展环境行政许可的审批与核查，防控企业或个人的环

---

① 此外，类似的规定还有：1993 年《塞舌尔共和国宪法》第 38 条："国家承认人人有权体在清洁、健康和生活平衡的环境中生活并享受该环境，为确保此项权利的有效实现，国家承担下列职责：(1) 采取措施以促进环境的保护、维持和改善；(2) 通过审慎使用并管理塞舌尔的资源以确保塞舌尔社会经济的可持续发展。(3) 提高保护、维持和改善环境的公共意识。"接着第 40 条又规定一切塞舌尔公民应当履行保护、维持并改善环境等义务。1991 年《布基纳法索宪法》第 29 条："承认享有健康的环境的权利。保护、维护和改善环境的人人皆有之义务。"以及第 30 条："任何公民都享有以请愿的形式发起一项行动或参与某项集体行动，以反对下列行为的权利：损害国有财产；损害社区利益；破坏环境、文化遗产或历史遗产。"参见孙谦、韩大元主编《世界各国宪法·非洲卷》，《世界各国宪法》编辑委员会编译，中国检察出版社 2012 年版，第 33 页。

② Stilfontein Minister of Water Affair and Forestry v. Stilfontein Gold Mining Co. Ltd. 2006 (5) SA 333 (W)。

③ 孙谦、韩大元主编：《世界各国宪法·非洲卷》，《世界各国宪法》编辑委员会编译，中国检察出版社 2012 版，第 677 页。

境违法行为，让国家指导投资企业平衡环境保护与经济、社会发展的关系，也通过环境实体性权利的救济，依法规制企业经营活动，要求其履行环境保护的企业社会责任。

在肯尼亚"克莱门特·卡瑞乌奇诉肯尼亚林业局"[①] 案中，实体性权利的救济同样得到相当程度的重视。被申请人肯尼亚林业局于2012年6月14日在《国家日报》上发出通知，号召个人和有兴趣的机构、企业申请国家林场的特许权，每个地块面积在1000—12000公顷。申请人认为，被申请人的行为除非受到限制，否则可能会对环境、经济和动植物造成严重伤害，且这一行为所带来的影响将不利于肯尼亚森林社区的生存与发展。最终，宪法法院法官支持申请人的主张，认为尊重和保护环境是宪法的价值原则之一，肯尼亚林业局对企业授予林场特许权必将对森林造成不利影响，因此法院依据肯尼亚宪法第42条环境权条款，判定禁止林业局实施林场特许权广告并停止授权。本案为赴非投资林业的企业提供了警示，已将环境权入宪的非洲国家将通过司法诉讼救济实体性的环境权。

（二）程序性权利救济：披露环境信息是企业的义务

环境信息公开、环境公众参与等都是非洲各国宪法相关条款所赋予公民的程序性环境权，在实践中公民环境权的司法保障，多以程序性权利救济为常见形式。同时，程序性环境权连同宪法相关条款，由此成为非洲各国环保NGO影响大型项目的重要依据，可见程序性环境权的司法救济是非洲各国政府和企业面临环境公益诉讼的宪法基础。

例如，南非的环境信息披露义务来自宪法第24条环境权与第32条知情权的结合，该国因未履行环境信息公开义务而产生的环境权救济诉讼较为常见。在"豪登省矿产开发部长诉拯救瓦尔河环境组织"[②] 中，原告获得了政府颁发的矿业开发许可，即将在瓦尔河附近进行露天采矿，但环保NGO"拯救瓦尔河环境组织"希望从生态环境保护的角度，反对豪登省

---

① Republic v. Kenya Forest Service Exparte Clement Kariuki & 2 Others [2013] eKLR, Judicial Review 285 of 2012.

② The Director: Mineral Development, Gauteng Region v. Save the Vaal Environment 1999 (2) SA 709 (SCA).

矿业开发部长颁布采矿许可,根据宪法第 24 条、第 32 条①,以及《国家环境管理法》第 31 条和《促进行政公正法》第 3 条②的规定,南非上诉法院判决豪登省矿产开发部撤销矿业许可。③

又如,南非"范·胡伊斯丁等诉环境事务和旅游部案"④ 中,某自然保护区管理者范·胡伊斯丁质疑待建铁矿将污染附近的咸水湖,但其申请公开政府掌握的相关文件却被拒绝,于是以环境权被侵犯为由诉至南非高等法院。法院认为,咸水湖附近土地所有者在面临待建钢铁厂可能的污染时有权知悉政府掌握的相关文件。尽管知情权并非绝对,但为保护程序性环境权,原告有权查询相关文件。法院在本案的司法实践中,将宪法环境权、知情权和《促进行政公正法》等相关内容相互结合,以保护作为程序性权利的环境知情权为契机,进而保障南非的公民环境权,使其从实体性权利的保护延伸至程序性权利进行保护。

再如,肯尼亚宪法同样将环境权与公民的知情权进行结合,从程序到实体上对环境权进行保障。依然在"克莱门特·卡瑞乌奇诉肯尼亚林业局"一案中,申诉人的另一项申诉理由就在于其认为肯尼亚林业局的通告令申请人"感到意外",因为被申请人并没有向公众提供任何有关如何作出这项决定的信息。在发出本通告前,申请人也并不知悉是否进行了环境影响评价,林业局也没有征求申请人和相关人的意见。基于肯尼亚宪法第 10 条⑤,

---

① 《南非共和国宪法》第 32 条第 1 款规定,每一个人皆有:(a) 获取国家持有的信息的权利;(b) 为了实现或保障任何权利而取得他人所持有信息的权利。

② 《促进行政公正法》第 3 条第 1 款规定:"对某人权利或立法预期造成显著和不利影响的行政行为,必须具备程序公正。"

③ 曾明:《南非宪法环境权的历史流变与现实启示》,《求索》2018 年第 5 期。

④ Van Huyssteen and others v. Minister of Environmental Affairs and Tourism and others, High Court of South Africa, 1996 (1) SA 283 (C), June 28, 1996.

⑤ The Constitution of Kenya, Article10 National values and principles of governance:
(2) The national values and principles of governance include——
(a) patriotism, national unity, sharing and devolution of power, the rule of law, democracy and participation of the people;
(b) human dignity, equity, social justice, inclusiveness, equality, human rights, non-discrimination and protection of the marginalised;
(c) good governance, integrity, transparency and accountability; and
(d) sustainable development.

申请人认为林业局的此条通告违宪，应当予以撤销。尽管林业局就此项诉求做出了回应，但是审理法官认为，程序正义是法院最为关心的要素之一。遵从合法程序作出的决定，法院将不会干预。而本案中被申请人在作出决定时有滥用自由裁量权的嫌疑，罔顾了公民的知情权。因此，判定肯尼亚林业局撤销该项决定。因为，政府机关必须在行政执法与决策过程中遵守"程序公正"原则，履行环境信息公开的义务；投资企业也必须依法公开项目相关环境信息，并就具有潜在环境影响的项目征求当地社区和民众的意见。从投资实践看，环境权的程序性权利是企业赴非投资过程中极易忽略的问题。

（三）可诉性的环境权：给企业增加违法风险

从宪法文本和司法实践综合考察非洲 33 个环境权入宪的国家，通过宪法环境权条款和环境基本法以及相关法律法规的配合衔接，非洲多国均已形成了具备可诉性的公民环境权保护制度，而相关制度与我国宪法、环境法的规定差别较大，中国赴非投资者对其比较陌生，因为我国宪法未将环境权写入公民基本权利，《环境保护法》也并未上升至基本法的高度。非洲主要存在宪法环境权的宣示性条款和综合性条款两种类型，需要赴非投资的中国企业予以高度重视。以宣示性条款在宪法中赋予公民环境权的非洲国家不在少数，宣示性条款的特点在于仅在条款中提出公民拥有环境权，而不在该宪法条款中对国家责任、救济途径等其他要素进行规定。然而该类型的条款在适用过程中，由于缺乏与权利相对应的责任和明确的救济途径，导致公民环境权保护的实效不容乐观。采用公民环境权作为一种宣示性权利的立法模式的国家在对该权利的保护过程中，其实效表现与其立法预期不相匹配，在 2000 年以前颁布的宪法文本多以宣示性条款为主，因实效原因，这类型的宪法环境权条款对中国企业赴非投资约束力不大。

但是，以肯尼亚、埃塞俄比亚和南非等为代表的综合型宪法环境权条款设置模式的国家，其对公民环境权的保护实效显著，具备可诉性的公民环境权不再是一种授权性的权利宣示存在于宪法当中，而是被公民援引用于权利被侵犯时寻求救济的宪法依据，这种综合性、可诉性的公民环境权宪法条款设置，囊括了权利塑造、国家责任、立法保障、司法救济等多个维度。采用综合型环境权条款设置的宪法，大多颁布或修改于 2005 年之后，对于这种类型的环境权条款，赴非投资的中国企业务必高度关注，最大限度避免因此引发的实体性或程序性权利救济诉讼。

与此同时，认真分析这类型环境权条款的具体内容，做到提前预判相关风险。例如，肯尼亚宪法第 42 条赋予了公民拥有清洁健康环境的权利①，第 69 条规定国家有责任保护环境，以确保公民环境权的实现。② 此外，宪法在第五章"土地与环境"的第二节"环境与自然资源"中明确了国家保护自然环境应采取的具体措施，包括政府应承担的可持续开发、利用、管理与保护国家自然资源，采取措施提高森林覆盖率，保护生物多样性与基因资源，确保公众参与环境保护与环境权益分享的权利，开展环评与监管系统等八个方面的责任。同时宪法还要求公民有义务与国家机关和他人合作以保护环境。依据肯尼亚宪法的要求，国会应当依据该法制定相关法律，确保权利的充分实现。③ 最后，肯尼亚宪法第 70 条赋予公民在其宪法环境权受到侵害或威胁时，除获得其他法律救济外，肯尼亚公民

---

① Article 42.

Every person has the right to a clean and healthy environment, which includes the right (a) to have the environment protected for the benefit of present and future generations through legislative and other measures, particularly those contemplated in Article 69; and

(b) to have obligations relating to the environment fulfilled under Article 70.

② Article 69.

(1) The State shall—

(a) ensure sustainable exploitation, utilisation, management and conservation of the environment and natural resources, and ensure the equitable sharing of the accruing benefits; (b) work to achieve and maintain a tree cover of at least ten per cent of the land area of Kenya;

(c) protect and enhance intellectual property in, and indigenous knowledge of, biodiversity and the genetic resources of the communities;

(d) encourage public participation in the management, protection and conservation of the environment;

(e) protect genetic resources and biological diversity;

(f) establish systems of environmental impact assessment, environmental audit and monitoring of the environment;

(g) eliminate processes and activities that are likely to endanger the environment; and

(h) utilise the environment and natural resources for the benefit of the people of Kenya.

(2) Every person has a duty to cooperate with State organs and other persons to protect and conserve the environment and ensure ecologically sustainable development and use of natural resources.

③ Article 72.

Parliament shall enact legislation to give full effect to the provisions of this Part.

还可以向法院申请环境权的救济，法院必须做出裁决，防止或停止侵害、促使公职人员制止危害环境行为，为环境权受侵害人提供赔偿途径。① 目前，肯尼亚公民可以向普通法院以及环境与土地法庭提起环境权保障的诉讼，也可就行政机关违规履行环保行政行为而向肯尼亚国家环境法庭提出诉讼。可见，非洲多国的环境权条款具备可操作性，以此促进公民积极参与环境保护，也督促政府积极履行环保责任。在此背景下，中国赴非投资企业需要认识到非洲国家公民环境权保障的现实影响。

二 环境公益诉讼频发：造成中国企业被动应诉

在非洲，由于各国有严格的环境立法与司法保障制度，因此中国在非投资企业和个人有可能被东道国的环境受侵害公众诉至法庭，从而陷入民事侵权或追责诉讼以及环境刑事犯罪诉讼之中。尤其是非洲各国都有规定环境刑事责任，并且入罪门槛越来越低。例如，在尼日利亚 2004 年《有害废物（专门刑事条款）法》就禁止向该国的空气、土地或水中倾倒或沉积有害废物。如违反规定，可能导致终身监禁，以及没收土地或用来犯罪的任何物品等刑罚。如果是公司犯罪，该法亦对存在纵容、同意或疏忽责任的公司领导予以并罚。该法还规定罪犯要对其犯罪行为的受害者承担

---

① Article 70.

(1) If a person alleges that a right to a clean and healthy environment recognised and protected under Article 42 has been, is being or is likely to be, denied, violated, infringed or threatened, the person may apply to a court for redress in addition to any other legal remedies that are available in respect to the same matter.

(2) On application under clause (1), the court may make any order, or give any directions, it considers appropriate——

(a) to prevent, stop or discontinue any act or omission that is harmful to the environment;

(b) to compel any public officer to take measures to prevent or discontinue any act or omission that is harmful to the environment; or

(c) to provide compensation for any victim of a violation of the right to a clean and healthy environment.

(3) For the purposes of this Article, an applicant does not have to demonstrate that any person has incurred loss or suffered injury.

民事责任。① 尼日利亚刑法典惩罚任何形式的环境犯罪，从水污染到使用有毒物质都包括在内。② 在非洲，由于环保 NGO 组织发达且活动频繁，在西方基金的支持下，它们利用各国环境诉讼制度的规定，通过提请条件较为宽松的环境公益诉讼，针对中国企业的大型项目，以公民环境权救济和社区环境利益保障为由，诉至法院。近年来，中国在非投资项目已经遭遇了此类环境公益诉讼案件，被迫应诉相关案件成为引发投资风险的又一方面。

（一）公民环境权是环境公益诉讼的请求权基础

在 33 个已将环境权写入宪法的非洲国家，侵犯公民环境权成为该国个人和组织提起环境公益诉讼的请求权基础。例如，在南非，根据宪法第 24 条环境权条款和宪法法院对环境权救济的诉讼实践，形成了以宪法环境权保障为权利客体的环境公益诉讼制度。其中，无害于公民"健康与幸福"的环境实体性权利，以及信息获取等程序性权利，这些都是环境权司法救济和公益诉讼的权利客体依据。另外，最高上诉法院和宪法法院在司法判例中对环境权的解释，反过来也促进了宪法环境权的实施和环境公益诉讼的发展。以宪法第 38 条为依据，个人和集体在其环境权受侵害时均可进行诉讼，环境权成为环境公益诉讼所救济权利，在司法判例中，法院多以环境权是否受到实质性损害为考察内容，在"健康与福利部部长诉伍德卡波公司案"③ 等判例上，法院甚至还做出解释，具备合理请求权的原告，可直接依据宪法上的环境权而提前诉讼，且无须证明该权利是否遭受实质性的威胁或损害，进一步明确了宪法环境权作为环境公益诉讼所保护的权利客体地位。

（二）放宽环境公益诉讼的主体资格限制

环境公益诉讼主体资格限制的放宽是非洲各国环保 NGO 组织或个人得以用该制度叫停当地大型投资项目的重要原因。从非洲各国司法实践看，对于环境公益诉讼的主体资格，既有法律未做太多的限制。

例如，在肯尼亚，相关案件反映出该国关于环境公益诉讼的主体规定

---

① 韩秀丽：《中国海外投资中的环境保护问题》，《国际问题研究》2013 年第 5 期。
② Sections 245-248 of Nigerian Criminal Code, 2004.
③ Minster of Health and Welfare v. Woodcarb (Pty) Ltd and Another 1996 (3) SA 155 (N).

宽泛。根据宪法第 70 条中环境权利实施的相关规定，如果一个人认为其基于本法第 42 条所享有的权利，正在或可能被忽视、被侵犯或受到威胁，可以到法院申请赔偿，而无须证明任何人曾遭受损失或受伤。在该条款的语境下，适格提请环境诉讼的人不仅局限于权利受到侵害或者面临被侵害威胁之人，而是所有基于合理认为环境权利将被破坏的人。该项规定使得环境权在更严格的背景下得以运行，强化了宪法环境权的立法目的，也促使了肯尼亚环境公益诉讼的兴起，在救济权利的同时保护了生态环境，但是也对具有潜在环境影响的大型项目造成了一定的影响。例如，中国电建国际承包的肯尼亚拉穆老城的燃煤电厂项目，自 2016 年由中国工商银行批准贷款并签订项目施工合同以来，就一直受到当地环保 NGO 组织的反对，它们以环境权及其程序性与实体性救济为权利基础，提出了数次环境公益诉讼，直至 2019 年该项目在肯尼亚国家环境法庭被正式叫停，截至 2020 年年底，南非标准银行和中国工商银行已先后从该项目撤资。

又如，在前述"克莱门特·卡瑞乌奇诉肯尼亚林业局案"[①] 中，被申请人肯尼亚林业局发布广告通知号召个人或机构申请国家林场的特许权，但申请人认为不加限制地开发将对环境、经济和动植物造成严重伤害也不利于森林社区的生存与发展。最终，宪法法院判定禁止被申请人采取广告的命令。可是在本案中，原告方克莱门特等人提起诉讼并非基于其个人环境权正在遭受侵害或威胁，而是基于保护公共利益之目的而提起诉讼。因此肯尼亚宪法法院受理该案也意味着公民依据宪法环境权条款提起公益诉讼的行为得到了法院认可。同时，本案法官依据肯尼亚宪法第 42 条做出判决是肯尼亚将宪法赋予公民的实体性权利进行救济的体现。

又如，南非宪法第 38 条规定，任何个人和集体在环境权利受到侵害时均可进行诉讼维权，在环境公益诉讼主体资格上亦采取宽泛的规定，几乎所有的合理请求人都能够成为环境公益诉讼的原告。于是，南非环境公益诉讼原告资格开始突破"直接利害关系"原则的限制，转而关注原告环境权利是否受到实质性损害。还是在"健康与福利部部长诉伍德卡波公司案"[②] 中，法院以被告未经许可的排放侵犯了相邻人的环境权为由，

---

① Republic v. Kenya Forest Service Exparte Clement Kariuki & 2 Others [2013] eKLR, Judicial Review 285 of 2012.

② Minster of Health and Welfare v. Woodcarb（Pty）Ltd and Another 1996（3）SA 155（N）.

驳回了初审法院作出的原告缺乏诉讼主体资格的判决。此外,为配合宪法环境权对环境公益诉讼主体资格放宽的规定,作为环境基本法的南非《国家环境管理法》进一步扩大了提起环境公益诉讼的主体资格范围,原告甚至不再需证明自身的环境权利受实质损害或损害威胁,几乎所有的合理请求人都获得了环境公益诉讼的原告资格,具备可诉性的宪法环境权成为环境公益诉讼的请求权基础,而诉讼主体亦相对宽泛。由此,南非法院承认公益案件原告的诉讼资格。在"南部非洲野生动物协会诉环境事务和旅游部案"[1]中,南非最高法院支持了非营利性环境组织和公民的诉权。该案中,原告试图恢复被非法移居者破坏的海岸保护区。法院在审理过程中虽然已经意识到关于放宽诉权要求可能会造成"怪人和好事者"(cranks and busybodies)的滥诉,但法院认为最高法院起诉的高昂成本可以阻却滥诉,而且即使不适用宪法所明确规定的诉权,法律也要求政府采取行动保护环境和公共利益,环保公益组织在普通法层面上也有权要求法院发布命令强制政府遵守法律。可见,南非亦有着较宽泛的环境公益诉讼主体资格规定,由此引发的环境诉讼风险,需要中国企业高度重视。

三 环保组织干预项目:民间团体影响错综复杂

近年来,越来越多的环保 NGO 在非洲出现,尤其在南非、肯尼亚、尼日利亚等国大量兴起,它们时常以社区权益、环境保护、资源开发、生物多样性等问题对中国投资项目进行抨击,甚至导致项目停滞。它们的干预成为中国企业在非投资过程中遭受环境法律风险的普遍原因之一,其背后既有非洲环境法律相关制度的依据,也有西方基金相关势力的恶意推动,这些都是直接引发环境公益诉讼的重要原因。因此,中国在非投资企业必须高度警惕非洲错综复杂的民间组织力量,防止其干预项目建设运营。

(一)中国在肯尼亚融资并承建项目被 NGO 阻挠

在 2019 年 6 月,由中国工商银行主要提供贷款的东非首个燃煤电厂

---

[1] SA Predator Breeders Association v Minister of Environmental Affairs(72/10)[2010]ZAS-CA151.

项目,被肯尼亚国家环境法庭(National Environmental Tribunal)下令暂停。该项目造价 20 亿美元,其中 12 亿美元来自中国工商银行出口信贷融资,工程由中国电建国际承包,业主为肯尼亚阿姆电力有限公司(Amu Power Company Ltd.)。[①] 但这个由肯雅塔政府提案并背书的项目,从提出开始就遭到项目所在地居民和民间组织的反对,理由包括对当地环境、居民健康、生物多样性的不良影响。[②] 在 2020 年 11 月 16 日,反对该项目的肯尼亚环保 NGO 拯救拉穆联合会(Save Lamu)发布消息,中国工商银行已被迫从拉穆火电厂撤资。可见,非洲当地的环保 NGO 是影响项目进度和造成项目中止的重要因素。

事实上,中国项目首次在肯尼亚被环保 NGO 叫停发生在 2016 年,一家名为"肯尼亚卡迪巴协会"(Katiba Institute)的非政府组织代表拉穆地区(Lamu)30 多家社区组织成立了"拯救拉穆联合会(Save Lamu)",将燃煤厂项目业主阿姆电力有限公司和肯尼亚国家环境管理局(National Environment Management Agency)告上法庭,诉讼反复不断。直至 2019 年 6 月 26 日肯尼亚国家环境法庭下令暂停项目,并撤销其环境影响评价许可,拉穆地区 1050 兆瓦燃煤电厂建设项目被迫搁置。据此,项目业主必须在 30 天内做出上诉与否决定,若不上诉则需决定如何处置该项目。当时,法庭接受了该 NGO 的主张,认为燃煤电厂项目没有依法将工程计划和项目关键事实向公众披露,也没有充分考虑应对气候变化法案的相关条例。最终,法庭认为肯尼亚国家环境管理局没有依法组织公众参与,其颁发的电厂环评许可证只是一份通用许可,与上述项目事项没有联系。[③] 这也表明,作为肯尼亚环保最高行政机关的国家环境管理局的执法随意性,以及对大型项目环评手续的态度不一。

后来,又另一环保 NGO "非煤炭化"(deCOALonize)提出,由于拉穆当地人才技能缺失,大部分项目技术工将可能从中国雇佣,当地居民不能从项目中直接获益,却会遭受空气污染、文化遗产破坏和危害当地旅游业等负面影响,本土成分和社区利益成为当地居民强烈反对中国项目的又

[①] 张小虎、杨双瑜:《论肯尼亚的环境法律规制与投资风险防范》,《河南科技学院学报》2020 年第 7 期。

[②] 张小虎:《化解对非投资的环境法律风险》,《中国投资》2019 年第 14 期。

[③] 张哲:《投资非洲必知的五大风险》,《进出口经理人》2019 年第 12 期。

一原因。肯尼亚国家统计局（KNBS）数据表明，肯尼亚主要发电来源为清洁的新能源——地热能（45.9%），煤炭资源则相对缺乏，维持电厂运转甚至需要进口煤炭，因此煤炭发电完全不适用于肯尼亚。[①] 所以，还有NGO从可持续发展角度指出，评估肯尼亚电力需求，开发清洁新能源的价值远大于建设拉穆燃煤发电厂，建电厂将造成肯尼亚电力过剩，因此阿姆电力对发电成本的可行性分析显然"不切实际"。地热能、水电、柴油、煤炭等燃料的适用性争论久未停歇，但在争议过程中当地居民已清醒地认识到燃煤电厂项目将会给人居、自然和文化遗产带来的消极影响，于是当地民众在上述多个NGO的组织带领下长期与中国融资承建项目对抗，直至以公益诉讼叫停项目。倘若重启项目，则必须依法进行新的环境影响评价并遵守所有必要的法律，项目延期或停滞，将导致中国工商银行的12亿元出口信贷融资陷入风险。

（二）在欧美国家支持下非洲NGO消极作用明显[②]

除上述拉穆燃煤电厂项目外，山西汾西矿业集团在肯尼亚东部基图伊（Kitui）进行的煤炭开采项目，也遭到了当地居民和NGO的反对。虽然在2010年肯尼亚政府就已将当地煤炭的开采特许权授予中国企业，但由于各种争议和NGO的阻挠，该项目至今仍未启动。除此之外，非洲各国受欧美资助的NGO越来越多，例如，在尼日利亚，环保NGO繁多，总数有十多个。它们或集中于某一环保领域，或某一地理区域，且活动频率飘忽不定，有时通过组织植树造林和清除污染物等活动直接从事环保，有时通过在报纸杂志上发表文章、组织抗议活动、向政府请愿、在有关环保研讨会上发表演讲等活动影响政府决策，间接从事环保工作，有时通过组织民间集会等活动唤醒、加强民众的环保意识。[③] 若在合理范围内，上述活动则会对当地环保产生积极效益，但在利益交织的复杂情况下则多做出不

---

① 目前，根据肯尼亚国家统计局（KNBS）数据，2017年，肯尼亚主要的发电来源为地热能（45.9%）、水电（26.8%）、柴油（24.5%），第一大来源、占据几乎半壁江山的地热能为清洁的新能源，而肯尼亚煤炭资源相对缺乏，此前几乎不使用煤炭进行发电。

② 张小虎、杨双瑜：《论肯尼亚的环境法律规制与投资风险防范》，《河南科技学院学报》2020年第7期。

③ 驻尼日利亚经商参处：《尼日利亚环保法律法规及环保非政府组织情况》，http://www.mofcom.gov.cn/aarticle/i/dxfw/gzzd/200804/20080405456784.html，2020年6月8日访问。

利于外国投资者项目建设、运营的决定，它们甚至会以本国环境法律规定和制度为由，勾结欧美基金，通过游行、宣传和媒体等手段鼓动当地民众阻挠项目。

一方面，公民环境权是 NGO 以环保为由阻碍中国项目的法律理由。因为已有33国在宪法中规定了公民环境权，还有多国将其与公民相关权利相结合，从而形成了一种可诉性的环境权利，即维护公民环境权又要求国家承担司法救济的责任。于是，非洲 NGO 很好地利用了宽泛的公益诉讼资格和环境权的可诉性，通过环境侵权的司法救济，直接以公益诉讼叫停中国项目。例如，在肯尼亚，上述 NGO 就利用了宪法中有关环境权的第42条、第69条和第70条，阻止了中国项目。①

另一方面，公众参与、信息公开和行政部门环评手续最易被 NGO 利用。从南非、肯尼亚和埃塞俄比亚的环保司法实践看，多数案件是以公众参与、信息公开和行政部门环评手续等程序性权利的救济为诉求，通过宪法和环境法、行政法，将环境权与公民的知情权与参与权相结合。例如，在前述"克莱门特·卡瑞乌奇诉肯尼亚林业局"中，申请人提出林业局未公开环评信息，也未邀请相关人参与并发表建议，因此林业局发布的国家林场特许权公告违宪。②

此外，中国企业对非洲本土成分立法重视不足，易忽略当地社区的利益，由此被 NGO 所利用，成为挑拨本地居民与项目建设经营的矛盾。近年来非洲各国在能源和基础设施建设领域加大本土成分立法的新要求，"要求外国投资者优先雇佣本地人员，开展培训项目，实施技术转让"③。例如，前述拉穆火电厂案中，原告 NGO 指出该项目技术工将从中国雇佣，当地人技能缺失、得不到培训，也不能直接从项目中受益。因为2014年肯尼亚《能源（本土成分）条例》要求相关公司在股权、公司采购和企业发展、人力资源开发、推动当地社区发展、就业、环境影响评价等多方面加强本土化成分作为，以期促进国内本土经济增长。④ 故，本土成分立

---

① The Constitution of Kenya, Article 42 Environmental, Article 69 Obligations in respect of the environment, Article 70 Enforcement of environmental rights.

② The Constitution of Kenya, Article 10 National values and principles of governance.

③ 朱伟东:《应对非洲本土成分立法》,《中国投资》2018年第10期。

④ 朱伟东:《肯尼亚的本土化立法》,《中国投资》2018年第12期。

法势必给中国企业带来成本的增加,也成为 NGO 鼓动当地民众以环境保护、资源利用、社区权益为由冲击外国投资项目的重要法律依据。而且,截至目前,越来越多的国家都已将本土化成分立法以及本地社区权益维护写进宪法,例如肯尼亚将环境资源保护的本土化立法措施作为原则性规定写进了宪法,要求国家以肯尼亚人民的利益和目的利用土地和自然资源。[1] 此外,在南非、加纳、尼日利亚、尼日尔等国,还颁布了油气与矿产资源开发等领域的本土化法典,以此保证股权、采购、技能培训等领域的本地人与企业的参与。这些问题都成为中国企业在非面临 NGO 阻挠的不利因素。

四 环境审判的专门化:增加中国企业败诉风险[2]

目前,包括肯尼亚、赞比亚、尼日利亚等国都建立了环境法庭或流动法庭,实行环境审判专门化。在该制度下,审判人员专业化、案件来源特殊化、审理过程简易化,中国在非投资企业和个人曾因此遭受败诉后的法律制裁,项目建设也被迫停滞,因此耽误的工期,造成了投资利益的损失。同时,环境审判专门化带来的败诉风险,让非洲当地民众和环保组织有机可乘,他们借此大肆宣扬中国企业投资项目的"环境威胁论"和"资源掠夺论",给中国在非投资的企业形象带来不良影响,被社交媒体炒作发酵后,严重冲击中非合作的舆论环境。

(一) 南非建立了非洲最早的专门化环境法庭

约 20 年前,南非就已出现了专门化的环境审判制度,甚至在更早的时候还成立了"水法庭"(water court),后来在 1998 年改为了"水法院"(water tribunal),以制裁水污染行为,受理水污染诉讼。[3] 目前水法院由人居、水利和公共卫生部(Ministry of Human Settlements, Water and Sanitation)管理,但在司法审级上,它与南非高等法院(High Court)为同

---

[1] The Constitution of Kenya, Article 66 Regulation of land use and property, Article 69 Obligations in respect of the environment.

[2] 张小虎、杨双瑜:《论肯尼亚的环境法律规制与投资风险防范》,《河南科技学院学报》2020 年第 7 期。

[3] Water Tribunals Rules, 2019.

级，属于专门法院系统之一。水法院是一个独立的机构，对所有9个省份都有管辖权，由一名主席、一名副主席和其他成员组成。它对水资源争端拥有管辖权。水法院的成员必须具有法律、工程、水资源管理或相关领域知识，由部长根据选举法官的司法事务委员会的建议任命。① 此外，2003年在西开普省南部沿海小镇赫曼努斯（Hermanus）成立了第一个环境法庭，保障当地沿海水产资源的可持续开发与利用。同时，法庭利用《国家环境管理法》确立的南非环境综合管理与部门协调框架，在多部门联合执法后，审理了19起相关案件，其中有两起案件的犯罪分子经环境法庭审理后被判刑入狱。② 第一家环境法庭成立一年审理了74起案件。随后，2004年第二家环境法庭在东开普省伊丽莎白港（Port Elizabeth）建立。南非的环境法庭大多审理偷猎鲍鱼以及在海岸线进行非法开采活动的案件，③ 并且加强了对破坏陆地生态环境罪犯行为的起诉和审判，从而维护该国生态环境与自然资源，加强生物多样性的保护。

例如，在《海洋生物资源法》颁布后，法庭审理的第一起刑事违法案件，两名华人与一名南非人因从事海鲜交易和非法加工鲍鱼而被判3年的监禁。为打击盗采、走私鲍鱼的违法行为，南非将其列入了《濒危野生动植物种国际贸易公约》名单。按照《海洋生物资源法》规定，捕捞鲍鱼必须首先获得南非政府签发的捕捞许可证，而且，当时的农林渔业部也多次在政府声明和相关法律中强调，没有获取许可证而从事捕捞、运输、加工、出口珍稀海洋生物的行为都属于违法行为，将会面临着严格的刑事处罚甚至监禁。所以，在本案件中当事人非法制作鲍鱼干、囤积约6吨的鲍鱼，市场价值高达百万美元，法院按照《海洋生物资源法》第七章"司法事务"对取证、立案、定罪和量刑的规定，他们被判处了三年的监禁。

---

① 《南非共和国西开普省政府公共网》，https://www.westerncape.gov.za/general-publication/courts-south-africa#9.，2020年7月27日访问。

② 陈铭：《南非成立环保法庭加强保护鲍鱼等水产资源》，《水产养殖》2003年第3期。

③ 南非政府将鲍鱼列入《濒危野生动植物种国际贸易公约》，限制野生鲍鱼捕捞量与出口量。所以，在南非，无执照偷采野生鲍鱼属于犯罪行为，但是基于巨大的经济利益，南非鲍鱼偷猎与黑市交易等活动屡禁不止，但此举严重危及了南非的海洋生物资源，造成海洋生态危机。参见刘敏《全球化时代的饮食文化与海洋生态环境保护——以南非鲍鱼偷猎为例》，《绿叶》2015第1期。

因此，从机构级别来看，专门化的"环境法庭"大致类同于"地区法院"（magistrate court）（南非的审判机关按照级别划分自上而下分别有：宪法法院、最高上诉法院、高等法院、地方法院），却较之拥有更加广泛的权力。这些环境法院能够以专门化的司法审判技能对涉及环境污染与资源保护的具体案件展开诉讼与救济。对于环境诉讼案件，环境法庭将发挥出更好、更专业的审判水平。据统计，"在南非设立专门的环境法庭之前，环境类违反案件只有约10%得到最终判处，而现在这一比例已经上升至70%"[①]。然而，由于南非并未颁布专门的环境特别法庭程序法，所以只能从宪法和《国家环境管理法》的某些条款来推定环境法庭的设立与审判规则，最终，在南非沿海城市设立的环境法庭于2006年关闭。[②] 然而，环境法庭的关闭并不意味着环境司法体系的瓦解，当前南非大多数环境问题都是交由高等法院、最高上诉法院和宪法法院进行审理和判决，而且根据既有法律，南非的司法机构依然受理公民个人和组织团体提起的环境诉讼案件。

（二）赞比亚和尼日利亚的环境法庭特色显著

在赞比亚，矿业是其国家经济和对外贸易的主要产业，由此引发了大量有关采矿权与矿区环境资源的法律争议案件，对此，赞比亚特别建立了矿业上诉法庭（Mining Appeals Tribunal）制度。一方面，设立矿业上诉法庭并明确职权。规定矿业上诉法庭由部长任命的主席、副主席和其他三名成员共5个成员组成，其中，主席和副主席需为10年以上法律行业工作经验的法律从业人员，其他三名成员需有8年以上工作经验且熟谙本法。该法庭可对与勘查、淘金、采矿作业相关的任何争议进行调查、作出判决与裁定；对与矿业赔偿相关的任何争议进行调查、作出判决与裁定；对影响个人或者政府的淘金、矿产权或非矿产权利与义务的事项进行调查、裁定。另一方面，规定矿业上诉法庭的审判程序。矿业上诉法庭将在14日内，以书面形式告知申诉人部长裁决的内容与理由。权益受到侵害的个人对裁决不服的，可在收到裁决后30日内向高级法院起诉，法院院长可依

---

① 张宝：《南非的环境公益诉讼》，《世界环境》2010年第1期。
② 徐隽：《金砖五国最高法院大法官对话环境司法保护 哪些他山之石可攻玉》，《人民日报》2015年4月1日第18版。

法制定传唤证人出庭、向法庭出示文件等证据的程序或进行庭审。[1]

在尼日利亚，确定国家环境标准法规执行局，负责保护和发展尼日利亚的自然资源和环境技术，促进生物多样性和可持续发展，执行局还可与司法机构合作，建立流动的专门化环境法庭，迅速处理环境违法案件。根据《国家环境标准与法规执行（设立）法》，该局可制定各类环境保护的规章、规范和标准，以对企业是否遵守既定标准进行实地跟踪，并且通过相关法律规定的程序来审判并惩处违法违规者，其具体关注领域为土地资源质量、自然流域质量、海岸带质量、堤坝和水库质量等。

（三）建立水法庭是非洲环境审判的发展趋势

人口激增与气候变化让水资源匮乏成为非洲面临的新困境。尤其是清洁饮用水问题，曾经让南非开普敦超过100万户家庭的自来水被关闭长达数月之久。故，不少非洲国家都制定了相应的水资源法律以合理利用水资源，如南非1998年《国家水法》（NWA），肯尼亚2016年《水法》（WA），纳米比亚2013年《水资源管理法》（WRMA），设置了水法庭（Water Tribunal）受理水资源纠纷的诉讼，构建了以水法庭为特色的环境司法体制。[2] 然而，当地中资企业似乎并未充分了解这一国内尚未出现的制度，由此造成环境法律风险。

一方面，水法庭以解决水资源纠纷为职能。南非的水法庭审理对主管部门、集水管理机构或水管理机构根据本法作出的某些决定提出的上诉。[3] 肯尼亚水法庭受理和裁决受水资源管理机关行政命令直接影响的任何人的上诉。[4] 纳米比亚水法庭受理水资源管理机关做出的与许可证、行政处罚等具体行政行为相关的上诉。可见，水法庭的主要职能是受理水资源纠纷利害关系人对于水资源管理机关作出的具体行政行为提起的上诉。水法庭通过听取水资源纠纷利害关系人对水资源管理机关所作决议的意见甚至是投诉，允许当事人提起对抗具体行政决定的诉讼，可以就责任机构作出的有关污染问题及其决定发出指令，以司法手段达到制约水资源管理机关行政权力滥用的目的。同时，各国受理案件宽泛程度不同，南非宽于

---

[1] Article 97, 98, 99, 100 of Mines and Minerals Development Act 11 of 2015.
[2] 王朝乾、张小虎：《非洲水法庭制度简析》，《环境与发展》2021年第1期。
[3] Chapter 15 Appeals And Dispute Resolution of South Africa's National Water Act of 1998.
[4] Article 121 of Kenya's Water Act of 2016.

肯尼亚,肯尼亚宽于纳米比亚。因此,当中资企业的经贸活动可能涉及水资源纠纷争议之前,需要尽可能地将其控制在受理案件范围内。

另一方面,水法庭设置具有独立性和专业性特征。在独立性上,首先,南非水法庭属于独立的机构,[①] 在机构设置上属于国家层面,水法庭属于专门法院系统,与高等法院属同一级,进而凸显水法庭的独立性;其次,人员任命上,南非和纳米比亚都规定由主管部长根据法定条件任命,肯尼亚根据《宪法》第172条第1款c项由司法事务委员会任命,水法庭人员组织由国家高级部门负责,以避免干扰;再次,南非和纳米比亚的水法庭支出由议会负责,以确保其履职不受其他机构干预;最后,水法庭成员在履行职能过程中善意的作为或不作为将不负法律责任,以保证专业司法人员的独立性。在专业性上,纳米比亚和南非均规定水法庭法官必须具备法律、工程、水资源管理或相关知识领域的知识;[②] 在水法庭运作过程中,南非和纳米比亚规定需要首先明确案件适用的专业类型,随后,再指定具有此类专业知识的法官进行审理,以保障水法庭设置和运作的专业性。

除此之外,水法庭包含有调解程序、简易程序等特别程序。一是调解程序。南非、纳米比亚、肯尼亚均规定除一般程序外,当事人双方可以主动向水水法庭的主管机关长官申请,或者由该长官主动启动调解程序,并且对于申请的时间并没有限制,故调解的启动基本上是只要一方申请,经水法庭上级长官同意即可;在调解员任命上,遵循自主性的原则,当事人双方可在任何时间自主协商调解员的人选,如果双方未协商成功,则由上级机关长官任命,并且限制"如果上级机关长官或该机关是争端的当事方,调解人不得是该机关的官员"[③]。在调解的保密性上,南非和纳米比亚都规定"调解程序期间进行的讨论和提交的材料的内容是保密的,不得在任何法院用于证据,除非当事人另有约定"[④]。因为当事人为达成调

---

① Article 146 of South Africa's National Water Act of 1998.

② Article 146 of South Africa's National Water Act of 1998.

③ Article 150 of South Africa's National Water Act of 1998 and Article 121 of Namibia's Water Resource Management Act of 2013.

④ Article 150 of South Africa's National Water Act of 1998 and Article 121 of Namibia's Water Resource Management Act of 2013.

解协议或者和解的目的作出妥协所涉及的对案件事实的认可，在诉讼过程中可能对其利益带来极大的影响。二是简易程序。纳米比亚规定了简易程序启动的条件，"水法庭庭长在与在场或有代表的上诉所涉各方协商后，可确定决定上诉所应遵循的程序，其中可包括只通过有关各方提交书面材料或通过听取证据作出决定"①。据此，简易程序的启动需要当事人双方与水法庭庭长协商，与调解程序不同，简易程序仍然是由水法庭进行审理裁判的程序，只是简化了诉讼过程。此外，适用简易程序时可以传唤人证物证，并非仅依据当事人双方的书面材料进行审判。可见，简易程序在保证诉讼审理速度之时，无法完全兼顾审判公开，应高度注意。

（四）肯尼亚的环境审判专门化制度最为完备

肯尼亚2010年新宪法创设了环境和土地法院制度，2011年《环境和土地法院法》（Environment and Land Court Act）明确了环境审判专门化的原则、细化了法院的规则，建立了专门处理环境与土地的使用、占有、所有等法律问题的司法机构。同时，《国家管理与协调法》还建立国家环境法庭（National Environmental Tribunal），设定了人员组成和法庭程序、做出裁定的法定人数、向环境与土地法院上诉、任命环境评价员等内容，而且国家环境法庭不受《证据法》第80章规定的证据规则的约束。② 该国环境审判专门化带来了更加专业和严格的环境司法保障与救济制度，由此给中国投资项目造成了一定影响。

环境和土地法院对肯尼亚有关环境的初审、监督和上诉案件均享有管辖权，排除了原先高等法院对环境案件享有的初审管辖权。③ 因此，由于该法院属高等法院级别，所以对下级法院或区法院就相关案件作出的裁决享有上诉管辖权。它能够审裁与环境和土地使用、占有、所有的全部争端，包括环境规划和保护、气候问题、土地利用规划、所有权、使用权、土地边界、租金、采矿、矿物和其他自然资源、征用土地、与土地行政和管理有关的事项等。不服该法院裁决的，可向上诉法院提出上诉。法院审判时，

---

① Article 119 of Namibia's Water Resource Management Act of 2013.

② Environmental Management and Co-ordination of Kenya, Part XII – National Environment Tribunal (Article 126-135).

③ Constitution of Kenya (2010), Article 162.

将综合运用肯尼亚的环境政策、原则、权利和与自然资源相关的法律。[1] 法院人员由审判长（Presiding Judge）和司法服务委员会确定的法官组成，法官必须是杰出的法学学术或法律职业者，并具备十年以上的从业经验，在环境或土地方面具备相关知识和经验。[2] 司法服务委员会任命的司法常务官（Registrar of the Court）也具备三年以上的丰富行政工作经验，具备成为高等法院法官的资格以及不少于十年的职业法官经验。[3] 在职权方面，法庭有权作出有关环境保护的命令，如救济令、保护令、中止令，以及接受环境审查、环境恢复、环境补偿、环境损失赔偿等裁判，还有发布环境恢复令（Environmental restoration orders）、环境地役权令（Environmental easements）和环境保护命令的权力。可见，环境和土地法院在人员任命上具有高度的职业性和专业性特征，给企业应诉带来了一定的专业困难。

此外，根据《环境管理与协调法》，肯尼亚还在首都内罗毕设有一个由4位专家组成的国家环境法庭（National Environment Tribunal），依特定法律行使管辖权。[4] 它与环境和土地法院的区分在案件受理范围上表现为，该法庭主要负责对与环境有关的行政行为进行司法审查，包括国家环境管理委员会不按规定发放或拒绝发放许可证或执照，在许可证上强行附加任何条件、期限或限制，违规吊销、暂扣或更改其许可证，或者国家环境管理委员会发布的环境恢复令侵害了公民权益等。[5] 如果对国家环境法庭的裁决不服的，可以向高级法院提起上诉，高级法院的裁决具有终局性。[6] 因此，如果中国企业在肯尼亚因项目建设实施侵犯了当地公民的环境权，会被诉至专门的环境法院，要求承担侵权责任。除将私人所有的环境资源量化后进行损害赔偿外，当地公民还可请求法院发布环境恢复令、环境保护地役权与环境保护令。[7] 甚至已获得该国环境保护行政主管机关

---

[1] Donald W. Kaniaru, "Environmental Courts and Tribunals: Improving Access to Justice and Protection of the Environment Around the World", *Pace Environmental Law Review*, 2012, pp. 566-581.

[2] Environment and Land Court Act (2011), Article 5, 6, 7, 8.

[3] Environment and Land Court Act (2011), Article 9, 10, 11, 12.

[4] Donald Kaniaru, "Environmental Tribunals as a Mechanism for Settling Disputes", *Environmental Policy and Law*, Vol. 37, No. 6, 2007, pp. 459-467.

[5] Environmental Management And Coordination Act (1999), Article 129.

[6] Environmental Management And Coordination Act (1999), Article 130.

[7] Environmental Management And Coordination Act (1999), Article 108-116.

颁发的环境许可或环评证书,也可能面临着国家环境法庭对其行政程序进行的司法审查,导致中国企业的环评许可或证书被废止,前述拉穆老城火电厂项目就属于该情况。

五 环境保护特殊规定:因不熟悉导致个人违法

截至目前,已在驻非各国使领馆登记备案的中国企业超过 3800 家。另据《麦肯锡报告》测算,在非洲还有近 1 万家未及时登记备案的中国私营企业。"非洲目前有中国人 100 万,其中,既有华侨华人,又有中资企业的管理人员和劳工,甚至也包括游客。"① 可见,越来越多的制造业、采矿业和工程承包项目的投资,将让更多的中方企业管理和技术人员以及部分劳工来到非洲,但是他们往往因为不了解非洲各国的环境保护法规,而是生产生活过程中过失污染了环境,侵犯了当地居民的环境权。一份面向中国在非投资矿业公司的矿工调查报告显示,"60%以上的受访者表示完全不了解有关境外投资和合作中环境保护的指南,27%的受访者表示听说过但不熟悉"②。可见,在非洲投资的过程中,具有资源依赖性的大型矿企员工有六成以上不熟悉投资合作中的环境保护指南,而对于当地的环境保护法律法规就更为陌生。另外的一些中小企业和私营业主因缺乏培训和必要管理,他们更容易忽视非洲当地的环境法规。另外,非洲的环境保护制度特殊,也多与本国的宗教历史、传统习惯有关,中国投资者尤其是个人因不了解风土人情,而极易违反相关规定。

(一) 特殊环境法律引发个人违法

因为社会经济和传统文化的差异,非洲设置了不少特殊的环境保护法律制度,易引发个人环境违法或侵权的风险。例如,在南非,1993 年修改的《动物保护法》③ 设置了特殊的禁止虐待动物规定,拴狗绳短于 3 米构成动物虐待,忘记喂食亦是虐待行为,在公共场所公开虐待或屠杀动物

---

① 舒运国、张忠祥:《非洲经济发展报告(2016—2017)》,上海社会科学院出版社 2017 年版,第 35 页。
② 翁晓雪、莉拉·巴克利:《非洲中资企业:如何看待企业社会责任和中国政府政策作用?(讨论稿)》,国际环境与发展研究所,2016 年,第 16 页。
③ The Animals Protection Act 71 of 1962.

都属于违反《动物保护法》的行为。甚至很多地方将钓鱼都视为一种动物虐待,从而禁止钓鱼。除偏远部落的祭祀活动外,在城市地区屠宰家养牲畜需要具备相关资质,牲畜的肉类必须冷冻后出售。在海边游玩时禁止捕杀海洋动物、不得带走自然保护区中的石头或植物,出售海洋水产品须获得国家机关颁发的许可证,无证捕杀和出售则违法。又如开普敦虽有享誉海外的龙虾但却禁止随意捕杀,只有向南非动物保护部门提出申请获批后才能进行,且每次只允许以本人食用为目的捕捉4只,贩卖龙虾会也可能违法。曾经就有南非华人因不了解《动物保护法》,在公开场所烹煮一只活螃蟹,被南非动物保护NGO告上了法庭,初审被宣判十年监禁,后在二审中改判为五年监禁、缓期五年执行,并处罚金10万兰特。[①] 此外,非法捕捞海洋生物资源亦将获刑,近年来发生了一些中国人盗采并加工制作鲍鱼而遭起诉的案件。因而,为制止盗采、走私南非鲍鱼等破坏海洋生物资源的非法行为,1998年《海洋生物资源法》[②]规定捕捞鲍鱼必须首先获得南非政府签发的捕捞许可证,只有持证人士才能进行捕捞。南非农林渔业部也多次在政府声明和相关法律中强调,未获许可证的捕捞、运输、加工、出口珍稀海洋生物等行为均属违法,将面临严格的刑事处罚甚至监禁。南非《海洋生物资源法》颁布后的第一起违法案件,就是两名华人与一名南非人因从事海鲜交易和非法制作、加工、囤积鲍鱼而被判处三年监禁。[③] 综上,非洲生态环境特殊,环境单行法中有许多动物保护、海洋资源保护等特殊的规定,若中国企业员工不了解当地的特殊法律规定,则极易发生个人环境违法或侵权行为。

(二) 企业生产经营中的特殊环保规制

赴非投资的中国企业在生产与经营活动中可能遇到许多与国内不同的

---

① 参见《公开煮只螃蟹5年缓刑罚款10万》,《新文化报》2010年6月28日。
② Marine Living Resources Act 18 of 1998.
③ 2014年11月19日,当时的南非农林渔业部(Department of Agriculture, Forestry and Fisheries)通报了《海洋生物资源法》颁布后的第一起被判监禁的案例,两名中国男子因在当地非法加工鲍鱼及非法从事海鲜交易,被判入狱3年。大量的盗采和走私导致南非鲍鱼数量锐减,因此南非政府将鲍鱼列入了《濒危野生动植物种国际贸易公约》名单。只有持有南非政府签发的鲍鱼捕捞许可证的人士,才能对鲍鱼进行合法捕捞。同时,南非禁止任何非法捕捞、运输、加工、出口珍稀海洋生物的行为。

环境保护法律制度，由于疏忽极易造成违法违规的情况，非洲国家特殊的环保规制不仅有关于动物保护、海洋资源的内容，也涉及废物和塑料制品的使用禁令。例如，2013年8月南非宪报公布了《禁止弃置液体废物法》并规定了6年过渡期，让相关行业采取必要的技术措施准备。2019年8月，该法正式生效，明确禁止将液体废物倾倒在垃圾填埋场。同时，本法结合2009年生效的南非《国家环境管理：废弃物法》[①]，全面防止有害液体渗漏，以保护南非的地下水储备。据此，中国企业在南非经营必须有效管理和处置容易渗入地下水池的渗滤液（一种经过物质后含有可溶性和悬浮固体的液体），不能忽视废液处置对垃圾填埋场的影响。同时，企业和相关工业必须证明，他们将减少产生液体废物的技术和机制，若不能减少则就必须调查这些液体废物的有益用途，不论运往废物处置地点的液体废物的体积大小，废物处置设施必须确保含水量少于40%，以尽量减少渗滤液的产生。倘若违反相关规定将被环保执法查处，面临行政甚至刑事处罚。[②] 另外，在淡水资源较为匮乏的南部非洲，各国都通过立法严格控制水资源的使用，其中曾在2018年面临自来水水荒的南非就在《水法》中规定了一系列严格的用水限制，这些内容与我国相关规定差别较大，极易引发个人违法风险。[③]

[①] National Environmental Management: Waste Act 59 of 2008.

[②] 龙辉：《南非环境新法律：液体废物倾倒在垃圾填埋场属违法》，《中非新闻报》2019年8月21日。

[③] 根据《水法》，以下为永久适用的法规：
1. 只允许在上午9点之前或下午6点之后浇水。这适用于用饮用水、井眼或井点水浇水。
2. 用于清洗车辆、船只和房车的软管必须装有控制装置，如喷雾器或自动关闭装置。
3. 自动喷水灭火系统必须能够正确定位，并且能够调整以防止水资源浪费。
4. 必须节约和有效地使用钻孔和井点水。
5. 商业洗车行业必须遵守有关每次洗车用水的行业最佳实践规范。
6. 所有游泳池必须盖上游泳池盖，以免在不使用时水蒸发。
7. 不允许给游泳池和花园池塘使用从饮用水水源供给的浮阀自动加满系统。
8. 不允许用市政饮用水冲洗硬表面或路面区域。
9. 屠宰场、食品加工行业、护理设施、动物收容所和其他有特殊用水需要的行业或设施（仅与健康/安全相关）必须申请豁免。
10. 饮用水不得用于预防建筑砂和其他建筑材料被风吹走。
11. 公共设施内的水龙头和淋浴器必须安装按需式水龙头。
12. 室外水龙头（住宅用水龙头除外）必须锁定以防未经授权使用。
13. 任何淋浴喷头的最大流量不得超过每分钟7升。
14. 安装在洗脸盆上的水龙头的最大流量不得超过每分钟6升。
15. 新的或更换的马桶水箱容量不得超过6升。

又如，在卢旺达 2019 年"塑料袋禁止令"，要求禁止一次性塑料的生产、使用和销售，这将对中国的进口商和制造商产生影响，同时该法还禁止使用塑料水瓶、一次性吸管、盘子、勺子和玻璃杯等其他产品。经过卢旺达立法机关审批通过后，本法将作为 2008 年相关法律的补充，形成对不可生物降解的聚乙烯袋全面禁令。而且，卢旺达环境部还大力提倡企业使用可回收物并禁止一次性用品。同样全面禁止塑料袋的国家还有乌干达，其 2019 年《国家环保法》也做出了"限塑令"的规定。所以，这些环保规定将对中国企业赴该国投资塑料厂和塑料贸易行业受到冲击，容易引发环境违法或影响投资收益。

在应对全球气候变化上，南非为了减少排放，2019 年 6 月 1 日正式颁布生效了《碳税法案》，政府通过对二氧化碳排放进行征税，进而减少温室气体排放并保护自然环境，南非也成为首个实施碳税的非洲国家。[①] 鉴于南非经济发展与外国直接投资比较依赖能源消耗，尤其是化石燃料，所以矿企、钢企、国家电力公司（Eskom）等温室气体排放大户对碳税表示反对。于是，法案将分两个阶段实施，第一阶段从 2019 年 6 月 1 日至 2022 年 12 月 31 日，第二阶段从 2023 年至 2030 年。法案实施的第一阶段将配套出台系列免税津贴政策，并制定较为温和的收费标准，即每吨二氧化碳排放当量仅征收 6—48 兰特（约合 3—24 元人民币）的碳税。[②] 因此，对于中国投资者而言，务必注重项目的可持续发展，准确衡量投资的成本效益，用价格合理的方式减少温室气体排放，鼓励企业更新环保技术，在未来积极采用清洁技术，在南非投资和开发更多的清洁能源项目，履行更多的企业环境保护社会责任，理性对待严格的环境法律规制，以实现中非共同合作应对全球气候变化，保护非洲环境。事实上，早在 5 年前，由于已征收碳排放税的国家将开始向没有征收碳排放税的国家征税，南非作为非洲工业化体系和生产制造业最为完备的国家，其在限制碳排放方面面临越来越大的政治和经济压力。对此，中国作为与南非经贸关系密切、能源合作最为深入的国家，中国投资者曾结合几家大型化石燃

[①] 根据世界银行数据，到目前为止，包括南非在内全球已经有 46 个国家和地区以及 28 个国内地方政府（如州、省等）确定实行碳交易市场或碳税等碳价机制。

[②] 《南非：正式开征碳税》，《节能与环保》2019 年第 6 期。

料公司，呼吁建立一个全球碳交易机制并征收碳税。① 在这项计划实施不久后，南非正式立法建立了碳税征收制度，开始与国际碳排放交易机制接轨。据此，南非的立法在南部非洲地区乃至整个非洲都具有引领性，在成为非洲第一个立法征收碳税的国家之后，将会引发其余国家效仿。所以，中国能源矿业企业开发业务必高度重视南非及非洲各国的碳税立法进程，及时做好矿业投资成本提升的应对策略。

六　社区权益导致纷争：当地民众提出的新需求

近年来，在中国企业赴非投资的过程中，有关生存环境、经济参与、自然资源等问题，在一些国家引发了危机，因为受"本土化（本土成分）立法"的影响，非洲各国当地社区权益及其维权意识在不断兴起，越来越多的国家采取本土化立法的措施在生存环境、社区利益、发展权益等方面提出了更高要求。同时，非洲开发银行的政策也规定，环境和社会因素可被视为效益的一部分，可持续性如果作为"适用性决策"的一部分，是一个国家发展目标的重要组成，则可能需要在本地采购中将其主流化。② 由此，非洲"本土成分立法"及其赋予当地社区更多的权益和环境保护要求，造成企业投资成本的增加，也引发了违法的潜在风险。据此，有国际研究机构指出，必须认识中国企业在非洲的投资自然资源的风险，迎接治理挑战，重视非洲严格的环境法规和传统社区权利问题，加强与当地 NGO 和开发伙伴合作，维护传统社区权益。③

（一）非洲本土成分立法趋势扩大引发风险

"本土化"（Local Content Requirement），也称"本地成分"，作为新

---

① International Labour Office；Enterprises Department，The enabling environment for sustainable enterprises in South Africa，Geneva：International Labour Organization 2016，p. 100.

② 非洲开发银行集团：《非洲开发银行采购政策的执行方法》，https：//www. afdb. org/fileadmin/uploads/afdb/Documents/Policy-Documents/Methodology_for_Implementation_of_the_Procurement_Policy_of_the__African_Development_Bank. pdf.，2018 年 1 月 20 日访问。

③ 中非森林治理学习平台：《中国对非洲森林的投资：规模、趋势和未来政策》，国际环境与发展研究所，2016 年，第 15 页。

兴的经济学概念，在 1981 年被首次提出。① 随后逐渐演变为"在一国经营的公司要在本地获取一定百分比的中间投入"②，成为宏观调控国内经济发展的杠杆工具。虽然《TRIMs 协议》第 3 条第 4 款禁止贸易过程中一定程度的"本地成分"保护，但第 4 条却将该权利赋予 WTO 认定的 34 个最不发达国家（LDC），其中多为撒哈拉以南非洲国家，至此"本土化"概念开始在非洲各国立法上运用。从"本土化"的现实要求看，它是指外国投资者在东道国进行投资活动时，要采购一定数量的本地产品和服务、雇用一定比例的当地人员并对其进行技能培训、增加当地股份或股权参与、促进当地生存环境改善和社会发展等。于是，在社会、政治和经济发展的考量下，通过立法或制定政策实施本土化要求，由此相关的立法就是"本土化立法（或称本土成分立法）"。所以，为摆脱殖民者对非洲经济的控制，维护当地社区权益，非洲各国利用《TRIMs 协议》，开始尝试通过本土化成分实现当地人的经济参与。近年来非洲各国的"本土成分立法"呈现出扩大化趋势。

从 2000 年来，已经有将近 20 个非洲国家通过了本土成分立法，特别是近年来本土成分立法的势头更猛。例如，2003 年南非《广大黑人经济振兴法（B-BBEE）》、2010 年津巴布韦颁布《本土成分与经济赋权条例》、2014 年莫桑比克开始启动本土成分立法工作、2017 年乌干达议会已审核《本土成分法》。同时，在以矿业为支柱性产业的部分非洲国家也在修改或重新制定本土成分立法，例如 2013 年加纳《石油（本土成分和本土参与）条例》、2011 年几内亚《矿业法》、2010 年尼日利亚《尼日利亚油气行业成分发展法》等。③ 其中，2018 年修改后的南非《矿业和矿产行业基础广泛的社会经济赋权宪章》（简称"矿业宪章"）对矿业投资过程中的"本土成分立法"规制最为完备，提出了矿业所有权、矿山社

---

① G. M. Grossman, "The Theory of Domestic Content Protection and Content Preference", *The Quarterly Journal of Economics*, Vol. 18, No. 5, 1981, pp. 583-603.

② R. A. Belderbos and L. Sleuwaegen, "Local Content Requirements and Vertical Market Structure", *European Journal of Political Economy*, Vol. 13, No. 2, 1997, pp. 101-119.

③ 朱伟东：《应对非洲本土成分立法》，《中国投资》2018 年第 10 期。

区发展、当地采购、住房和生活条件、人力资源开发和就业平等六大方面要求。① 另外，在赞比亚相关法律也规定，在环境保护、租赁或购买土地方面，必须尊重并考虑到社群或部落权。② 所以，在此趋势下，在资源开发、本地雇工、技能培训等方面，中国企业需要加强认识，遵守并落实各项本土化评估、加强环境保护，重视对非洲弱势群体和当地社区权益的保护，同时注意相关法律中不够明晰的规定所造成的违法风险。

(二) 矿产油气资源开发中的社区权益维护

在世界银行发布的《世界银行环境和社会标准（ESS）：原住民/撒哈拉以南非洲历史上服务水平低下的传统当地社区》规定注重外国对非洲贫困社区的环境影响，并强调对他们利益的维护，注重预防环境危机与社会影响，还需要在相关领域进行提前规划与评估。③ 特别是在拥有悠久采矿业历史的非洲国家，在长期历史压迫和当今世界组织的赋权下，矿区居民普遍具有较高的环境保护和权益维护意识，鉴于矿业的环境影响性和资源依赖性，中国投资者务必注重矿产和油气资源开发过程中的开采社区环境保护。例如，近年来南非许多受采矿影响严重的社区纷纷成立环保NGO，如 MEJCON-SA、沃特伯格环境正义论坛（WEJF）和绿色革命委员会等，还共同草拟了一份代表 150 多个受采矿影响社区的愿景书，阐释了矿山社区遭受的环境损失，以及恢复社区自然环境的新要求。同时，也由于"矿业宪章"对矿山社区环境保护的规定不明，还曾引发了有关社区权益与环境保护争议的司法判例。在"巴莱尼等人诉矿产资源部长案"④ 中，高等法院裁定，除非获得社区的"充分知情并同意"，否则矿产资源部长不能授予该公司以采矿权。法院作出了倾向于保护社区权益的判决结果，规定矿产资源部长在未经社区持有人同意的情况下，禁止授予

---

① 张小虎、赵倩：《论南非矿业本土化的立法规制与风险防范》，《国土资源经济》2021 年第 2 期。

② 国际贸易中心：《赞比亚：农业加工和轻工业部门的可持续投资》，日内瓦国际贸易中心，2019 年，第 16 页。

③ Environmental & Social Frame Work for IPF Operations, ESS7: Indigenous Peoples/Sub-Saharan African Historically Underserved Traditional Local Communities, World Bank, 2016, pp. 5, 9, 16.

④ Baleni and Others v Minister of Mineral Resources and Others (73768/2016) [2018] ZAGP-PHC 829; [2019] 1 All SA 358 (GP); 2019 (2) SA 453 (GP) (22 November 2018).

新申请人任何探矿权和非正式土地的采矿权。据此，矿企申请采矿许可证前，必须事先向当地社区公布有关的环境信息和相关权益，在得到矿山社区明确同意后，才能送至矿产资源部长处审查。

  本案具有代表性，其中所反映的问题应引起中国赴非投资矿业的企业的高度重视：一是矿山社区自然环境需要矿业知情权前置规定来保护。因开矿会对生态自然会造成破坏，采矿也会带来环境污染问题。据此，南非宪法法院曾作出"发展不能依靠不断恶化的环境基础来维持"的著名判决，这意味着在实现矿业经济利益的同时，必定要考虑因此而受损害的环境经济价值。所以，在南非，申请采矿权的长期惯例是，只要向南非矿产资源部咨询受影响社区意见后，满足相关要求便可发放许可证。但本案之后，矿山社区知情权前置的规定使得授予矿业许可证的权利下放至矿山社区，由民众根据环境保护和社会发展内容进行考量，征求意见并同意后才可送至矿产资源部进行批准。二是矿山知情权前置规定势必会增加投资者审批成本。授权许可证的权利下放至矿山社区后，该社区会设置高额的环境损害赔偿费用，不仅是简单的环境恢复，还会对采矿活动引发的环境污染设定惩罚性赔偿费用，抑或要求矿企在环境恢复过程中，加强对社区成员的培训和雇用，变相提高了"矿业宪章"所设定的"矿山社区计划"指标，由此引发矿企投资者投入更多的开发费用，提高了生态环境与生存环境的维护成本。

  可见，虽然"矿业宪章"缺失明确的矿山环境保护条款，但相关规定却与南非完备的环境立法相结合，从宪法环境权，到以《国家环境管理法》为核心的六部环境基本法，再到《矿业与石油资源开发法》《矿山健康与安全法》，中国投资者将可能在矿业开发过程中面临更多的环境违法风险，引发矿企与当地社区的环境纠纷，被当地民众和环保 NGO 进行抗议之后导致针对性执法和过量的司法裁判。在矿企履行矿区保护义务时，易忽略矿山社区知情权前置的程序性规定。勘探、采矿权许可证审批的部分权力下放至社区，使得矿产资源部门在发放许可证前，需向矿山社区征求同意意见，增加了南非矿业投资者提前与矿山社区协商沟通的风险。实践上，社区与投资者争议较大的两个方面是矿山社区计划指标和环境修复。前者是"矿业宪章"六大核心要求之一，作为强制性法律规定，投资者难有协商的余地。但后者，仅仅是矿山社区知情权前置当中的较大争议点，所以前期协调沟通十分有必要。对此，中国赴非投资矿业必须注重矿区环境保护，这既能塑造负责任的企业形象，也满足了矿山社区知情权前置程序中的具体要求。

（三）社区权益是企业社会责任履行的标尺

在非洲各国"本土成分立法"的趋势下，将环境保护与社会权益相结合是各国政府和公众的新关切，也是投资企业在非洲履行社会责任的衡量标杆。倘若积极履行相关义务，将成为海外投资与当地社会经济发展的良性结合；倘若未重视相关问题，则会成为非洲基层社区反对工程项目和投资活动的有力法律武器。

例如，西方不少在非投资企业时常因未最大限度满足社区权益而导致抗争。2012年尼日利亚的一名部落首领曾向美国法院起诉荷兰皇家壳牌石油公司（Royal Dutch Shell），指控其数十年来的漏油污染损害当地民众的健康，破坏生态环境，要求赔偿10亿美元。经历了此次事件，壳牌公司被迫调整在尼日利亚的战略布局，为此付出了巨大的代价。因为，尼日利亚《油气行业成分发展法》和《环境影响评价法案》等均强调了油气矿产开采区域和当地社会的环境保护问题，假如违法相关环境法律规定，个人要处以10万奈拉的罚金或五年监禁，公司要处以5万—100万奈拉的罚金。可见，西方企业因疏于非洲的社区权益维护与环境资源保护而遭受了巨大的投资损失。

反之，中国企业近年来虽有遇到因本土成分立法而引发的社区环境保护问题争议，但总体上看，越来越多的企业开始关注社区群益维护和本土化经营的要求。商务部报告显示，"目前有超过90%的在肯尼亚中企雇用本地员工，创造就业岗位数量名列前茅。在肯约有400家中国企业，平均每家雇用本地员工360人，其中70%为全职雇员。与国有企业相比，私营企业更为注重'员工本地化'"[①]。同时，这些企业认真分析了本土化立法对环境资源保护，特别是能源矿产行业的新要求，积极预案，最大限度降低投资成本和风险。又如，肯尼亚的中国民营企业科达陶瓷厂成立社区管理委员会，希望当地村民参与到企业中来，并为村民做一些有益的事情。于是，定期邀请附近村民来企业参观，在社区管理委员会每两周定期

[①] 商务部国际贸易经济合作研究院、中国驻肯尼亚大使馆经济商务处、商务部对外投资和经济合作司编：《对外投资合作国别（地区）指南：肯尼亚》，2020年，第80页。

开会，邀请附近马赛村落村长和副村长以及7—8名村民代表参加会议。积极与附近社区村落之间沟通协调，听取他们的利益诉求，履行企业社会责任。重点解决社区民众诉求集中的就业、环保、用水、道路等问题。[①] 再如，截至2016年年底，中国中铁资源集团刚果（金）分公司所属三个公司已经累计在当地投资6.2亿美元，每年解决当地1800多人就业，并为当地捐款、修路、参加各种公益活动累计投入520多万美元。所属绿纱矿业公司、MKM矿业公司和刚果（金）国际矿业公司已经成为见证中非人民良好合作的友谊矿山和友谊桥梁。为了表彰绿纱矿业公司为当地经济发展和社会公益做出的突出贡献，刚果（金）进步报业协会曾授予绿纱矿业公司"优秀矿山企业"荣誉称号。一些在刚果（金）的中资企业重视承担社会责任，将社会责任写入企业发展战略，确立了"树社会责任形象、建安全精品工程、与伙伴员工合作双赢、创文明绿色环境、谋社区长远福祉"的企业社会责任方针，并由企业行政人事部负责监督执行。企业每年拿出专款参与当地公益事业，免费帮助营地附近居民修路；与当地大学建立合作关系，提供部分奖学金，选拔优秀学生到企业就业等。中资企业在施工中还注意保护环境，与当地员工和谐共处，受到当地政府和居民好评。[②]

非洲国家以环境权入宪的方式加强环境保护的力度，对环境违法行为的处罚也趋于严苛，特殊的宗教环境保护观念以及作为人权保护的公民环境权，加之中国企业投资非洲矿产能源、基建和农业等领域的环境资源依赖性，这使得非洲东道国的环境法律规制成为我国对非投资的潜在雷区，如何预防和解决对非投资过程中的环境法律风险成为当务之急，中非环境法律纠纷的化解机制亟待建立。

第二节 防范对非洲投资环境法律纠纷的方式与问题

目前，我国为防范对非投资过程中产生的环境法律纠纷，采取了从国

---

① 中华全国工商联合会、中国商务部国际贸易经济合作研究院、联合国开发计划署驻华代表处：《2019中国民营企业"一带一路"可持续发展报告》，2019年，第34页。
② 商务部国际贸易经济合作研究院、中国驻刚果（金）大使馆经济商务处、商务部对外投资和经济合作司编：《对外投资合作国别（地区）指南：刚果（金）》，2020年，第91页。

际法到国内法、从政府到企业的综合性应对措施。在国际法上，虽然在已签订的 34 个中非双边投资协定中除了"中国—坦桑尼亚 BIT"之外，其余均缺少有关环境保护与可持续发展以及环境法律纠纷的条款，但新范本协定已将该内容纳入其中，未来将会在中非新签 BITs 中出现有关环境保护的原则与争议解决条款；在国内法上，我国政府在 2006 年颁布《关于鼓励和规范我国企业对外投资合作的意见》，明确提出中国企业海外投资时负有保护东道国环境资源的义务，截至 2020 年十余部有关境外投资与"一带一路"的规范性文件均要求企业海外投资时遵守东道国的环境法律；在企业上，"赤道原则"已经被越来越多的中国政策性银行与商业银行所采用，由此规范了中国企业在非投资过程中的环境评价与环境守法行为，从赴非投资贷款审查的手续上进行严格把关，同时企业自身通过遵守当地环境许可、积极开展环境影响评价、采取环境补偿与修复等方式降低环境违法风险；在学术研究上，近年来有关对非投资环境法律风险方面的对策性成果日益增加，虽然与当前对非投资过程中屡屡发生的环境纠纷相比，学术研究服务中非合作实践仍需加强，但既有成果还是为企业赴非投资提供了一定的风险预警与防范建议。这些都是目前我国为防控对非投资中环境法律风险而采取的不同举措，虽然存在不少问题和疏漏，但依然起到了防范环境法律纠纷的积极作用。

一 用双边协定提升企业赴非洲投资的环保意识

用双边投资协定（BIT）来促进和保护对外投资是各国通常采取的做法，通过 BIT 宽泛而宏观的规定，引导企业依法合规的开展海外投资经营活动。"中非之间还不存在一个综合性的调整中非投资关系的法律制度，目前中非直接的投资关系主要是通过双边投资条约调整的。"[①] 就中非 BITs 而言，协定鼓励中国企业赴非投资，也基本约定有投资争端解决的方式，但除了"中国—坦桑尼亚 BIT"之外，在与其他非洲各国签订的双边投资协定中，有关环保、绿色与可持续发展的理念仍需增补，应当以此

---

① ［美］翁·基达尼：《中非争议解决：仲裁的法律、经济和文化分析》，朱伟东译，中国社会科学出版社 2017 年版，第 260 页。

作为提升企业赴非投资环保理念的有效方式。截至 2020 年 1 月，中国虽与包括喀麦隆、坦桑尼亚在内的 34 个非洲国家签署了《双边促进和保护投资协定（BIT）》，但在 34 个双边投资保护协定中，生效的仅有 20 个（详见表 7-1）。特别是在中非产能合作示范国家或重点对象中，中国仅同南非、坦桑尼亚、埃塞俄比亚、刚果（布）等国存在有效的双边投资协定。中国同肯尼亚在 2001 年 7 月 6 日签订的双边投资保护协定至今尚未生效。[①] 所以，用 BIT 引导中国企业注重非洲环境保护，并约定有效的环境法律纠纷解决方式依然有待重视。

表 7-1　　截至 2020 年 1 月与中国签订有《双边促进和保护投资协定》的 34 个非洲国家

序号	国家	签署日期	生效日期	备注
1	加纳	1989.10.12	1990.11.22	
2	埃及	1994.04.21	1996.04.01	
3	摩洛哥	1995.03.27	1999.11.27	
4	毛里求斯	1996.05.04	1997.06.08	
5	津巴布韦	1996.05.21	1998.03.01	
6	阿尔及利亚	1996.10.17	2003.01.28	
7	加蓬	1997.05.09	2009.02.16	
8	苏丹	1997.05.30	1998.07.01	
9	喀麦隆	1997.09.10	2014.07.24	
10	南非	1997.12.30	1998.04.01	
11	佛得角	1998.04.21	2001.10.01	
12	埃塞俄比亚	1998.05.11	2000.05.01	
13	刚果（布）	2000.03.20	2015.07.01	
14	莫桑比克	2001.07.10	2002.02.26	已过期未重签
15	尼日利亚	1997.05.12		已废除
		2001.08.27	2010.02.18	重新签订
16	突尼斯	2004.06.21	2006.07.01	
17	赤道几内亚	2005.10.20	2006.11.15	
18	马达加斯加	2005.11.21	2007.07.01	
19	马里	2009.02.12	2009.07.16	
20	坦桑尼亚	2013.03.24	2014.04.17	
21	贝宁	2004.02.18	未生效	

---

① 朱伟东：《中非产能合作需注意哪些法律问题》，《人民论坛》2018 第 15 期。

续表

序号	国家	签署日期	生效日期	备注
22	博茨瓦纳	2000.06.12	未生效	
23	乍得	2010.04.26	未生效	
24	刚果（金）	1997.12.18	未生效	
		2011.08.11	未生效	
25	科特迪瓦	2002.09.30	未生效	
26	吉布提	2003.08.18	未生效	
27	几内亚	2005.11.18	未生效	
28	肯尼亚	2001.07.16	未生效	
29	利比亚	2010.08.04	未生效	
30	纳米比亚	2005.11.17	未生效	
31	塞舌尔	2007.02.10	未生效	
32	塞拉利昂	2001.05.16	未生效	
33	乌干达	2004.05.27	未生效	
34	赞比亚	1996.06.21	未生效	

资料来源：联合国贸易和发展会议、国际投资数据中心（United Nations Conference on Trade and Development, UNCTAD）统计数据 Bilateral Investment Treaties（BITs）·China。

可见，从已签订的 BITs 文本看，中国与非洲投资争端解决机制在不断完善，但是却依然没有关注到近年来问题较多的环保问题与环保法律纠纷解决。具体而言，第一代双边投资条约范本是 1990 年生效的"中国—加纳 BIT"，该条约是中国同非洲国家签订生效的第一个 BIT，在 14 条的内容中无环境保护的原则性规范，虽有涉及投资争端解决方式，但较为简单、适用性不强。例如，"有关征收的合法性只能由东道国国内法院审查，并且只有在违法东道国国内法的情况下，投资者才能提出此类请求。同时，也只有关于赔偿额的争议才能提交仲裁解决"[①]。所以，第一代中非 BITs 大多只规定了有限的国际仲裁解决方式，仅涉及征收纠纷及其赔偿额问题，无论是环境法律争议还是其他投资者争端，甚至是环境保护的基本理念，均未被纳入协定的投资原则与争端解决之中。

---

① China-Ghana BIT at Art.4（3）and 10（1）.

第二代双边投资条约范本是 2001 年生效的"中国—埃塞俄比亚 BIT",在 13 个条款组成的内容中虽无明确的投资环境保护原则,但却有涉及投资待遇、赔偿与争端解决等规定。它允许任何一方当事人就任何事项在国内法院提起诉讼程序,也允许投资者以及国家通过仲裁方式解决有关赔偿额的争议。在缔约双方都是《华盛顿公约》成员方时,它允许当事方选择解决投资争端国际中心(ICSID)作为仲裁机构。① 这一代双边投资条约可以将有关赔偿额的争议提交国际仲裁并且当事方可诉诸解决投资争端国际中心(ICSID)仲裁。② "有关国家以国家争议仲裁的规定为标准,即此类争议由临时仲裁解决,必要时由国际法院院长对仲裁员做出指定。"③ 故第二代 BITs 依然缺失环保及其法律纠纷解决的规定。

第三代双边投资条约范本是 2000 年签订的"中国—加纳 BIT"和"中国—博茨瓦纳 BIT"以及 2006 年生效的"中国—突尼斯 BIT",这一代双边投资条约明确了投资界定、待遇标准、征收赔偿和争端解决。"中国—突尼斯 BIT"允许通过国际仲裁方式解决有关征收和赔偿额的争议,并只允许当事方在国内法院或解决投资争端国际中心(ICSID)二者之间选择其一;④ "中国—突尼斯 BIT"还允许国家和投资者选择解决投资争端国际中心(ICSID)或者临时仲裁;同时,上述两个 BIT 均规定,"两种情况下,无论选择临时仲裁还是 ICSID 都被视为最终,不论哪种情况下,东道国都可要求投资者用尽当地救济"⑤。第三代 BITs 虽在投资争端解决的规定上更为丰富,但环保、绿色等原则依旧未被重视。

综上,虽然已有数十个非洲国家是 ICSID 待决案件的被申请方,但是均未出现因环境保护法律争端而提交仲裁的案例。然而,在中非投资与产能合作的快速发展下,因环境保护与企业社会责任等问题而引发的投资争端越来越多,例如,中非 BITs 基本缺失保护投资东道国环境资源及其争端解决方式的约定。在已生效的 BITs 中,仅"中国—坦桑尼亚 BIT"中

---

① [美] 翁·基达尼:《中非争议解决:仲裁的法律、经济和文化分析》,朱伟东译,中国社会科学出版社 2017 年版,第 256 页。
② Ethiopia-China BIT at Art. 9 (1) (2) (3).
③ Ethiopia-China BIT at Art. 8.
④ China-Tunisia BIT at Art. 9 (2).
⑤ Botswana-China at Art. 9 (3) (b) and China-Tunisia BIT at Art. 9 (2).

有规定"可持续发展"的内容，协定在序言中注出"愿加强两国间的合作，促进经济健康稳定和可持续发展，提高国民生活水平"。所以，在中非双边投资协定中增设环境、绿色原则显得尤为迫切。另外，利用中非BITs来化解投资过程中的环境法律争端亦显得十分必要。当前，"国际投资争议解决逐渐倾向于采用国际中心仲裁方式，包括中国和非洲之间的投资争议解决"①。中非投资关系的国际法调整框架有《关贸总协定》《与贸易相关的投资措施协议》和解决投资争端国际中心（ICSID）的争端解决机制。然而，由于缺少中非之间的地区性或地区性条约，所以中非合作论坛的宣言、计划等也具有一定的投资争端化解指导性意义。从目前中非34个BITs来看，虽然三代中非BITs范本都有规定投资争端解决的内容，但是有关环境保护法律而产生的争端解决规定也基本缺失。其中，第一代双边投资条约只允许将赔偿额争议提交给斯德哥尔摩商会仲裁院并以国际仲裁的方式解决；第二代则将赔偿额争议交由解决投资争端国际中心（ICSID）进行仲裁；第三代则将允许投资者将赔偿额及其征收本身的合法性向解决投资争端国际中心（ICSID）提前仲裁。

据此，应当在中非新签的BITs中设置环境条款以及环境法律纠纷解决途径。事实上，我国2010年版的双边投资协定范本序言中就形成了有关环保的原则性内容，即"愿加强两国间的合作，促进经济健康稳定和可持续发展，提高国民生活水平"。以此为标志，未来与非洲新签BITs时必须强调环境公共利益及其保护。可以根据新范本，在序言和具体条款中增加"可持续发展""绿色合作""环境保护"等术语和内容；要求投资者遵守母国环境法律法规以及国际环境法中的相关规定设立环境标准并实践；设置企业的环境信息披露和公众参与义务，将环境保护与企业社会责任相结合；基于非洲特殊性规定各国不得降低环境标准从而吸引中国外资，但东道国亦不得设置绿色投资壁垒，只有正当的环境法律规制才可以免除责任；赋予母国管理海外投资者及其环境破坏和污染的权利；约定环境法律争端解决的途径及其效力。② 同时，也可以在中非新签BITs中增加

---

① ［美］翁·基达尼：《中非争议解决：仲裁的法律、经济和文化分析》，朱伟东译，中国社会科学出版社2017年版，第257页。

② 曾华群、余劲松：《促进与保护：我国海外投资的法制》，北京大学出版社2017年版，第364—365页。

母国和投资者保护非洲环境的责任和义务,及时修正和更新现有 BITs 并在序言和具体内容中纳入环境条款,进一步细化中国投资者的环保义务,将其作为企业在非履行社会责任的主要内容;增设联合委员会有关环境保护和减损的双边磋商机制;加强与环保 NGO 的有效合作,引导其监督大型项目,而不是任由其一味地反对和抗议。

二 用政府文件要求企业遵守非洲的环境法律

在共同应对全球气候变化和国际环境保护的共识下,如何防范对外投资过程中的环境法律风险是我国政府长期关注的问题。对此,中国商务部早在 2004 年便公布了《关于境外投资开办企业核准事项的规定》,要求我国企业境外投资不得与东道国或地区的法律法规或风俗相违背,否则不予核准,促使投资者必须关注东道国环境法律和环保标准,试图采取事前预防的手段,在对外投资的源头上切断违反东道国环境法律的可能性。2006 年国务院通过了《关于鼓励和规范我国企业对外投资合作的意见》,明确提出中国企业海外投资时负有保护东道国环境资源的义务,试图在对外投资的运营阶段要求企业遵守环境保护义务。2008 年商务部、外交部、国资委等联合发布了《关于进一步规范我国企业对外投资合作的通知》以及《关于加强中央企业境外投资管理有关事项的通知》,要求我国投资者必须认真学习且严格遵守东道国法律法规,尤其是环境保护法律,对于违反东道国相关法律的企业,我国主管部门将会对其采取国内法上的制裁,同时,要求国有企业在境外投资中作出环境保护和资源节约的表率。2013 年商务部与环保部联合发布了《对外投资合作环境保护指南》,要求企业积极履行东道国环境保护的责任、树立环境保护理念,至此,我国首个专门规范企业海外投资的环境保护问题的文件正式颁布。2017 年环保部发布了《"一带一路"生态环境保护合作规划》[1],提出生态环保合作是绿色"一带一路"建设的根本要求、是实现区域经济绿色发展的重要途径、是落实 2030 可持续发展议程的重要举措。对此,要求企业遵守法

---

[1] 环境保护部:《关于印发"一带一路"生态环境保护合作规划的通知》,环国际〔2017〕65 号。

律法规，促进国际产能合作与基础设施建设的绿色化，推动可持续生产与消费，发展绿色贸易，推动绿色资金融通，开展生态环保项目，加强环保能力建设，开展重大环保项目及保障措施等具体工作。2017年《民营企业境外投资经营行为规范》要求民营企业在境外投资活动中注重资源环境保护，倡导他们提高资源节约、环境保护意识，遵守东道国环保法规，履行环保责任和相关法律义务。同时，要求在重视环境保护之余，还要完善公司治理体系、加强对法律法规的遵守、履行企业社会责任、加强风险管理和控制。2018年《企业境外投资管理办法》由国家发改委颁布实施生效，该办法倡导投资主体创新境外投资方式、尊重当地公序良俗、履行必要社会责任、注重生态环境保护、树立中国投资者良好形象。[①]

2008年原环境保护部环境规划院公布了《中国对外投资和援助中的环境保护》，调查报告显示，我国对外投资和援助受关注的地区集中在非洲和东南亚。从行业来看，主要集中在采矿、大坝、建筑、木材等行业，而且报告里已研究发现，"我国对非洲的大坝建设和石油开采等项目屡被西方媒体指责"，而且报告还指出油田和其他重要资源开发、加工组装制造业以及劳动密集型的建筑与服务行业是我国对外投资比较集中的行业，这些行业与当地的环境有着密切关系，不加强环境方面的管理，便很容易给当地带来一定的环境问题。同时报告也尖锐地指出，"我国海外企业绝大部分都没有在境外分支机构或项目组中设置环保安全部门或专员"。这都是投资非洲过程中忽略环境资源保护问题的体现，项目的环境影响性加上环境专业技术人员的缺失，导致非洲环境法律纠纷的出现，其也是导致西方和部分非洲当地媒体攻击的原因。

另外，中国在非投资往往涉及大型能源油气矿业和水利交通基建等项目，这些投资急需我国银行提供海外信贷的融资服务。然后，在获得项目融资之后，在施工和运营过程中面临着不少环境问题。对此，我国仅部分

---

① 中华人民共和国国家发展和改革委员会令第11号《企业境外投资管理办法》2018年3月1日起施行。第41条："倡导投资主体创新境外投资方式、坚持诚信经营原则、避免不当竞争行为、保障员工合法权益、尊重当地公序良俗、履行必要社会责任、注重生态环境保护、树立中国投资者良好形象。"

银行实施"绿色金融"制度,[①] 将环境问题纳入融资信贷和风险管理之中,但对非洲大型项目中的环境风险并未得到及时、有效、完全的预防和控制。因为我国的金融机构本身同样缺乏在矿业、林业以及其他影响环境的工程方面的相关标准。对此,两家国有政策性银行制定了境外投资贷款融资的环保审核要求,如中国国家开发银行采用了独立的环保财政标准、中国进出口银行制定了相应的环保政策。而上海浦东发展银行也发布了合作责任报告,建议国家应尽快制定出台中国对外投资和援助环境行为指南,根据项目生命周期,采取环境影响评价、环境规划、社区发展等手段,将环境保护理念和可持续发展战略在项目全过程中进行体现,实现对外投资和保护当地环境的"双赢"。[②] 目前,针对赴非投资和援助中的银行融资,我国政府正制定绿色信贷规范指南,指导和督促银行在非洲项目融资决策中更好地考虑环境保护问题,将环境因素纳入对外信贷决策,我国政府也在尝试设立绿色经济合作专项资金,通过环境示范工程缓解国际压力,展现社会责任。[③]

可见,我国政府和相关投融资机构日渐重视海外投资中的环境法律风险,积极以国内法的形式提醒企业履行东道国环保义务。西方学界也认识到,在中国对非投资过程中,中国政府发布的环境政策、中国政策性贷款机构也制定贷款环境标准,现在中国在非投资企业正在迎头赶上。[④] 然而,上述行政法规的法律位阶较低,作为指导性文件,其约束力不足。此外,中国企业缺乏对投资国环境保护法律标准的了解,这也让上述法规的

[①] 2016年中国的绿色债券发行量高达360亿美元。然而,绿色投资在总体投资中所占的比例仍相对较。2016年,绿色债券在全球债券发行量中所占比例不足0.2%,在中国则占2%。2015年,中国21家主要银行的未偿贷款中仅有不到10%是"绿色的"。为了实现向绿色经济转型,需要有更多资金转向绿色投资。参见绿色债券倡议组织、中国中央结算公司《中国绿色债券市场2016》,2016年,https://www.climatebonds.net/files/files/SotM-2016-Final-WEB-A4.pdf,以及S. Gilbert、L. Zhou:《中国绿色金融的已知与未知(工作报告)》,2017年,http://newclimateeconomy.report/workingpapers/wp-content/uploads/sites/5/2017/03/NCE2017_ChinaGreenFinance_corrected.pdf。

[②] 龙凤、葛察忠、钟晓红:《中国对外投资和援助中的环境保护》,《环境保护》2009年第1期。

[③] 章轲:《环保部报告:中国企业积极保护海外投资地环境》,《第一财经日报》2008年9月10日。

[④] Jessica Marsh, "Supplying the World's Factory: Environmental Impacts of Chinese Resource Extraction in Africa", *Tulane Environmental Law Journal*, Vol. 28, No. 2, 2015, pp. 393-407.

执行力和可操作性受到了影响。所以，在"一带一路"倡议和中非投资新机遇下，相关文件进一步明晰了我国企业在非洲的环境保护义务。其中，2015年国家发改委、外交部和商务部联合发布《推动共建丝绸之路经济带和21世纪海上丝绸之路的愿景与行动》，文件将非洲作为"一带一路"的实施区域并提出："在投资贸易中突出生态文明理念，加强生态环境、生物多样性和应对气候变化合作，共建绿色丝绸之路。"另外，2015年中国政府发表的《中国对非洲政策文件》也特别指出："中国开展对非合作绝不走过去殖民者的老路，绝不以牺牲非洲的自然生态环境和长远利益为代价。"由此，提倡"加强气候变化和环境保护协作"，并且要求"本着合作共赢、绿色、低碳和可持续发展的原则，扩大和深化中非资源能源领域互利合作"。从事前预防到事中规制，从国内法制裁到专门规范海外投资环境保护问题的文件，再到对非投资绿色、低碳、可持续发展与自然生态环境保护等原则的提出，我国需要进一步以颁布相关法规和政策性文件的方式，提醒中国企业在非投资过程中遵守东道国的环境资源法律、履行环境资源保护义务和相关社会责任。我国在这方面已经取得了一些进展。2017年，环境保护部、外交部、国家发改委、商务部联合发布了《关于推进绿色"一带一路"建设的指导意见》，文件指出推进绿色"一带一路"建设是分享生态文明理念、实现可持续发展的内在要求；进而全面服务"五通"，促进绿色发展，保障生态环境安全；加强绿色合作平台建设，提供全面支撑与服务；发挥地方优势，加强能力建设，促进项目落地，加快在有条件的地方建设"一带一路"环境技术创新和转移中心以及环保技术和产业合作示范基地，建设面向非洲等国家的环保技术和产业合作示范基地。此外，还提示了中国企业在海外开展基建项目时面临的挑战，鼓励他们采用更高的环境和社会标准。[1]

综上，我国政府从2004年开始就多次颁布企业海外活动的社会责任准则，鼓励中资企业遵守地方法规，强调生态环境议题，要求中资企业保护当地环境，但文件中并没有规定明确的环境违法或侵权的罚则与规范。可见，长期以来，我国主要采取发布规范性文件的方式，来督促中国企业

---

[1] 环境保护部、外交部、发展改革委、商务部：《关于推进绿色"一带一路"建设的指导意见》，环国际〔2017〕58号。

在非投资过程中遵守环境保护法律、履行可持续发展义务，同时部分银行等金融机构也出台了相关规则，在赴非投资的融资贷款审批中采取严格的环境审查原则。这些方式都属于投资母国用国内法引导企业境外投资环境守法，但受制于现实缺陷，国内法规制的实际效果仍有待改善：一是政府和金融机构的相关文件法律位阶较低，强制力不足，不能上升为法律制裁的方式约束中国赴非投资企业；二是相关文件的衔接较差，不同部门各自为政，未能妥善构建起可执行的约束制度，政府引导和银行审批的相互配合需要加强；三是境外投资过程中环境守法的监督机制缺失，指导性文件多以宣示性、引导性为特征，对于企业在非洲项目的环境保护问题缺少国内法上的监督与监管措施，不少企业甚至未配备专职的环保技术人员，易引发环境纠纷；四是政府和金融机构的惩罚制度缺失，或曰弱化，导致企业在非洲开展项目的过程中得不到足够的国内法上的威慑和惩戒，监管机构的警示性作用较弱。

一份 2015 年中资企业在莫桑比克、乌干达和肯尼亚的员工代表的调研数据显示："中资企业代表对中方政策和指南（第一个治理因素）了解程度相对不高。平均 55% 的受访者不甚了解所选中方政策文件，另外 30% 的受访者表示有一定的了解，只有 15% 的受访者表示他们比较了解这些政策。首先，受访者更关注与安全或劳工相关的政策，而不是与社会和环境相关的政策。其次，从事建筑和采矿业的受访者，对其部门具体的自愿性指南相对比较了解，分别有 17% 和 14% 的受访者表示对内容相对熟悉。"[①] 同时，也有不少在非中资企业负责人反馈，虽然官方文件中的原则和政策对境外中资企业的要求标准很高，但是这些文件并没有清楚地阐明如何执行和实施这些政策，而且公司的规模和当地大环境的特点各不相同，一些中国政策文件难以适用，投资者还是得靠自己寻找解决方案。尤其是在环境和社会责任相关政策的了解程度上，仅 9% 的在非投资者熟悉非洲环境制度、而 31% 表示听说过但不熟悉、有 60% 的人表示从未听说过。具体到对外投资合作环境保护指南上，仅有 13% 的在非企业员工熟

---

① 翁晓雪（Xiaoxue Weng）、莉拉·巴克利（Lila Buckley）：《非洲中资企业：如何看待企业社会责任和中国政府政策作用？（讨论稿）》，国际环境与发展研究所，2016 年，第 5 页。

悉相关内容、而 27% 表示听说过但不熟悉、有 60% 表示从未听说过。[①] 此外，相比国企，在非民营企业对相关政策文件的了解程度更低。

事实上，从 2000 年至今，我国政府和商会已经颁布了近 40 项涉及境外直接投资和境外企业行为的政策与指南。可见，从投资母国角度对企业境外环保责任进行规制，这是中国和域外各国海外投资环境保护过程中十分常用的措施，但中国企业在非洲了解和执行国内文件的情况并不乐观。所以，未来我国政府在发布规范企业境外投资的法律文件时，可以将企业的"社会责任"与"发展责任"相结合，将赴非洲等贫困国家的发展需求和环境影响放在一起检视，并且"发展责任并非忽略社会责任，也要将社会平等和社区利益纳入考虑"，在各非洲援助国家中，既强调环境保护、劳工权益和社区利益等社会责任，又尊重非洲受助国政府对商业开发与工业发展的期待，协助非洲国家充实基础设施建设、脱离贫困，以此来弥补中国企业在非洲开展各种大型项目带来的潜在环境影响。

三　用投资审查确保企业坚持在非洲可持续发展

随着我国政府陆续发文加强境外投资过程中的环境保护和可持续发展要求，现阶段，中国企业在境外项目中基本中能够遵循环境保护的国际条约与国际惯例，遵守投资东道国的环境政策法规、尊重非洲的环境风俗与习惯。但是，由于非洲各国环境法律制度参差不齐，部分国家环境立法、执法与司法的规制严格，部分国家则因环保法规不完善而通过环境损益的方式吸引投资。所以，中国企业在投资非洲的过程中，表现出了对非洲各国环境法律制度不了解、不重视、不熟悉的现况，对非洲环境保护法律政策的差异性认识不足，对环境影响评价和许可申请的实践经验不足，这导致近年来中国企业在非洲环保领域出现了不少反面案例，为中非构建"一带一路"和中非产能合作的长远、健康发展埋下了隐患。同时，在环保 NGO 和国际环境运动的推动下，当前非洲各国总体上日趋重视生态环

---

① 翁晓雪（Xiaoxue Weng）、莉拉·巴克利（Lila Buckley）：《非洲中资企业：如何看待企业社会责任和中国政府政策作用？（讨论稿）》，国际环境与发展研究所，2016 年，第 15—16 页。

境与自然资源的保护,许多国家定期发布环境资源保护的白皮书与绿皮书,将环境保护提升至国家政策的高度,在可持续发展的要求下,南非、赞比亚等多国政府要求境外企业积极履行保护当地环境资源的社会责任。因此,目前在中国企业赴非投资之前,通过金融机构和监管部门对企业在非遵守可持续发展战略的审查成为主要手段,虽起到一定的预防作用,但一些工作仍待改进。

虽然相比欧美国家,无论在过去还是现在,中国在非洲的资源开发依然有限,但这有限度的开发,还是让环境意识和理念已经提升的非洲人感受到了不安,不少国家政府和民众还是片面地认为中国企业在非洲的开发时引发了环境问题。因此,部分国内外专家认为:"中国企业在非洲的经营应更加注重保护环境",但目前情况看,相关问题依然有待各赴非投资企业高度重视。

所以,面对越来越多的国企和民营企业赴非洲等地进行项目投资与建设,2008年国资委发布《中央企业履行社会责任的指导意见》,明确要求国有央企履行投资东道国的社会责任,高度重视环境保护并采取积极的应对措施。2017年国家发改委、商务部、人民银行、外交部、全国工商联联合发布《民营企业境外投资经营行为规范》要求民营企业在境外投资活动中也应当注重对环境资源的保护。在相关指导性文件的规范下,绝大多数国有企业和民营企业能够在对非投资中严格遵守东道国的环境风俗习惯、环境法律法规及其签署的国际环境公约,并且形成了境外投资的融资审查制度、环境监管机制和环境影响评价机制等。在非洲投资的中国企业应当注重长期利益,尤其注重环境保护和可持续性利用,最大限度降低环境影响并避免资源破坏,积极履行非洲投资合作的企业社会责任,从而在当地产生良好的影响。

第一,建立境外投资信贷审查制度,强制赴非投资企业履行可持续发展要求。根据世界银行、国际投资信贷机构、中国政府和金融机构等有关海外投资贷款审查制度的要求,作为信贷审批机构的银行发挥了规制中国企业在非投资经营的环境保护行为的作用。事实上,我国政府早就意识到金融机构在社会环境保护中的作用,2007年原环境保护部、中国人民银行和中国银行业监督管理委员会共同创建了"绿色信贷"制度,参考国际银行业的"赤道原则"对环境违法的企业和项目进行信贷控制,并要求各银行将企业环保情况作为审批贷款的必要条件之一,对没有通过环境影响评价或环保设施验收的融资项目实行一票否决制。① 随后,工商银行、农业银行、浦发银行等都在信贷审批过程中对不符合环境要求以及违反环保法规的企业实行贷款的一票否决制。例如,在加纳,国家开发银行和中国进出口银行的贷款审查制度实际上减少了中资企业在该国的商业贿赂和不正当竞争。受"赤道原则"的影响,上述两个政策性银行已在绿色信贷理念的指引下,各自制定了具体的环评、环保细则。一方面,中国进出口银行 2007 年与世界银行集团旗下的国际金融公司签署协议,主要支持在非洲等新兴市场投资中环保表现突出的中国企业;2008 年发布《中国进出口银行贷款项目环境与社会评价的指导意见》,要求境外项目开发者在批准贷款之前必须完成环境与社会影响评价,而且规定在环评报告存疑时雇佣第三方甚至欧美的环境咨询公司,进行独立评价。另一方面,国家开发银行的信贷环评制度亦十分完备。例如,2008 年,在加蓬贝林加(Belinga)地区由中国进出口银行融资的一个铁矿项目就曾因环境原因被叫停,因为当地环保组织写信给进出口银行行长,呼吁按国际标准对此项目进行环境影响评价,而进出口银行也确实按指导意见要求项目实施方停工进行评价。② 以上事例表明,金融机构在实践中能够起到督促中国赴非投资企业履行社会环境责任的作用,所以,加强绿色信贷的执行,强制企业履行非洲可持续发展的要求是目前一套实际有效的监管途径。

第二,建立境外投资环境监管制度,敦促赴非投资企业开展自我环境规制。通过聘任环境管理专员、加强环境审计等方式,使得赴非投资企业接受国内法上的环境监管规制,通过环保举措来对投资者进行直接限制,明晰赴非投资企业的责任义务。同时,加大中非合作开展环境保护、执法与行政监管的力度。例如,为深化与丰富中非环境合作内涵,促进中非之间分享绿色发展经验并推动中非绿色投资合作,在联合国环境规划署以及中非多国的发起下,2018 年 8 月中非环境合作中心临时秘书处已在肯尼

---

① 于晓刚:《中国银行业环境记录》,云南科技出版社 2012 年版,第 58—60 页。
② 谢卜罗特·埃索诺·翁多(Protet Essono Ondo)、吕维菊:《加蓬贝林加(BELINGA)铁矿开采项目系列案例:中国优秀投资者责任的典范案例》,National Committee of The Netherlands (IUCN),2016 年。

亚首都内罗毕揭牌,中心将为中非双方的私营部门、研究机构、政府间组织的环保技术与产业合作提供平台。通过建立专门的监管部门,实施对中国企业赴非投资的环境保护行为的监督管理,再通过国际多方合作敦促企业和中非各国政府落实生态环境保护,加强污染治理。

第三,建立境外投资环境补偿修复制度,要求赴非投资企业履行环评义务。在面对中非产能合作将污染、破坏非洲生态环境的指责时,时任外交部非洲司司长的林松添指出:"绿色发展是共同的努力方向,体现了中国负责任态度和自觉性。中国倡导绿色发展理念,显示中国政府致力于中非环境友好型合作的信念,将保护非洲生态环境和野生动植物贯穿于中非合作的全过程,绝不会走西方强取豪夺的殖民老路,也不会以牺牲非洲的生态环境和长远利益为代价。"[1] 所以,投资企业应及时开展环评和环境修复,积极承担环境影响项目的环境补偿。虽然通过补偿弥补环境损失不能立即扭转环境影响造成的后果,但却是中国企业平复非洲当地社区民众反对声音的最佳途径。中国投资者必须严格遵守国内法及相关意见、指南,积极履行保护非洲东道国环境的义务和企业的社会责任。所以,"为了使海外投资环境保护工作系统化,规范化,可以建立起以企业为主体,报行政机关或有关机关审查通过的环境评价机制。企业在筹措投资项目的同时也应对环境风险、社会影响进行全面评价,并公开评价报告,报有关机关审查通过,这不仅有助于缓解环境污染问题,也有利于树立良好的企业形象,进一步刺激投资发展,还能通过提供有力证据适度改变投资者在纠纷处理中的不利地位"[2]。

第四,建立境外投资环境守法道德意识,鼓励中国企业和个人保护非洲环境。随着"十大计划"的实施,以及中非经贸合作的持续深入开展,非洲各国对中国企业在当地履行环境保护社会责任的要求越来越高。这些非洲东道国将会以保障公民拥有生活在健康、无害的环境中的权利为底线,进而要求中国企业的运营管理与各国的环境保护政策相互配合,要求企业积极参与东道国的环保行动、提高员工环保意识,甚至帮助当地解决

---

[1] 杨郁卉:《非洲是建设"一带一路"的重要方向和落脚点——访外交部非洲司司长林松添》,《天津日报》2016年8月29日第9版。

[2] 韩秀丽:《中国海外投资的环境保护问题研究——国际投资法视角》,法律出版社2013年版,第39页。

实际环境问题、回馈社会。对此，中国企业应当积极履行保护当地环境资源的社会责任，既体现出中国对非合作的优良形象，也是对西方国家偏见的有力回击，是中国企业在投资非洲过程中实现可持续发展的重要保障。此外，鉴于在非中资企业投资基础设施建设、能源开发等项目的环境资源影响属性，国内外学者均一致提出："环境保护义务将会成为中资国有企业在非洲投资过程中的潜在社会责任。"[1]

四 用学术研究服务企业认识非洲的环保制度

从中非合作中发现热点问题指导学术研究，通过理论研究反哺中非合作实践，这是一种良性的互动机制，在中非人文交流、中非政治关系等领域这种互动良好。但是，在非洲环境法律领域，似乎缺少足够的关注。近年来，虽陆续有相关"一带一路"倡议与沿线国家环境问题以及中非合作中的环保规制等成果出现，也为对非投资提供了东道国环境法律、环评与许可规范等域外制度介绍，但是，相比非洲法律文化、非洲宪法和非洲争端解决等较成熟的研究内容，我国对非洲环境法的研究尚未形成体系化的成果。[2] 目前，用学术研究为企业赴非投资提供环境法律风险防范建议的针对性论著主要体现在三个领域。

一是从共建"一带一路"过程中的环境风险与可持续发展问题进行研究，倡议投资企业积极探索"绿色之路""环保之路"。早在 2015 年 9 月，《世界环境》杂志最早展开了对"一带一路"倡议推进过程中环境保护问题的探讨。《"一带一路"背景下中企面临的环境风险》《浅析"一带一路"战略中外国环境法律的查明》和《浅谈实施"一带一路"战略的环境法治路径》三篇文章是"一带一路"倡议提出以来有关环境风险

---

[1] May Tan-Mullins, "The Potential of Corporate Environmental Responsibility of Chinese State-owned Enterprises in Africa", *Environment, Development and Sustainability*, Vol. 15, No. 2, 2013, pp. 265-284.

[2] 国内最早研究中国对外投资过程中环境保护法律规制的是厦门大学韩秀丽老师，由此形成了一系列有关境外投资的环境保护相关问题的论著，并且首次涉非洲的环境法律规制对中国境外投资的影响。参见韩秀丽《中国海外投资的环境保护问题研究：国际投资法视角》，法律出版社 2013 年版；韩秀丽《中国海外投资中的环境保护问题》，《国际问题研究》2013 年第 5 期。

与法律查明问题的最初探讨。一方面，回应了《最高人民法院关于人民法院为"一带一路"建设提供司法服务和保障的若干意见》有关"一带一路"建设司法服务和保障的目标任务，以及中外市场主体的司法关切和需求，大力加强涉外法律的查明工作。[1] 另一方面，回应了2015年3月《推动共建丝绸之路经济带和21世纪海上丝绸之路的愿景与行动》有关环境保护的基本要求，符合"在投资贸易中突出生态文明理念，加强生态环境、生物多样性和应对气候变化合作，共建绿色丝绸之路"的基本理念。[2] 此后的5年来，越来越多的学者积极撰文，向我国的立法机关、投资贸易管理部门和境外投资企业提出加强"一带一路"沿线国家环境保护的倡议。阐释在绿色"一带一路"建设中强化环境法规制的必需性和迫切性，建议对"走出去"企业从环境立法、环境行政监管、促进企业"合规"经营等方面进行指导监督，将司法机关审判职能作用与建立健全国际多元化环境纠纷解决机制相结合，高效解决建设"一带一路"进程中的各类环境纠纷。[3] 提出构建绿色"一带一路"必须完善我国海外投资环境风险的法律保护体系，在维护本国利益的同时为世界投资与环境法则贡献中国力量。[4] 同时，学界反复强调注重"一带一路"倡议引发的环境保护风险，[5] 并且加强环境风险的分析，[6] 积极防范和应对环境风险。[7]

二是鉴于中国在"一带一路"沿线国家因环境资源案件增多而引发的法律纠纷，学界尝试基于"一带一路"倡议而构建国际环境争端解决机制。相关成果结合了中非经贸数据实践分析与国际投资规制，提出环境

---

[1] 吴凯：《浅析"一带一路"战略中外国环境法律的查明》，《世界环境》2015年第5期。
[2] 孙佑海：《绿色"一带一路"环境法规制研究》，《中国法学》2017年第6期；洪伟光：《论"一带一路"战略下我国海外投资环境风险的法环境风险》，《世界环境》2015年第5期。
[3] 孙佑海：《绿色"一带一路"环境法规制研究》，《中国法学》2017年第6期。
[4] 洪伟光：《论"一带一路"战略下我国海外投资环境风险的法律保护》，《浙江万里学院学报》2018年第2期。
[5] 徐燕峰：《"一带一路"建设中有关环境保护问题的思考》，《环境与发展》2018年第4期。
[6] 徐鹤、齐曼古丽·依里哈木、姚荣、吴婧：《"一带一路"战略的环境风险分析与应对策略》，《中国环境管理》2016年第2期。
[7] 王洪凯：《"一带一路"战略下我国海外投资的环境保护问题及应对》，硕士学位论文，华侨大学，2017年。

法律是对我国投资的新风险。① 因此，建议我国相关部门从国际法与国内法的角度倡议构建环境法律争端解决机制。② 这需要我国与"一带一路"沿线国家协作构建新型争端解决机制，结合国内司法机制，形成预防与解决相结合、双边与多边联动的符合新时代国际法治要求的争端解决机制。③ 学界建议，为应对环境法律规制、化解环境法律纠纷，我国与沿线国签订国际条约时应当重新审视环境条款的纳入方式，防止"一般例外"条款被东道国滥用。我国有必要针对海外投资生态环境风险专项立法，专项立法应涵盖环境信息披露义务、环保合规管理、激励机制等内容。扩大海外投资保险的承保范围，增加环境污染责任险，充分发挥海外投资保险分散投资者环境事故风险的作用。以便利性、成本和多重利益为考量，形成协商、调解、仲裁、诉讼等多元化的国际环境纠纷解决机制。④ 同时，要求中国对外投资企业将环境保护作为企业社会责任履行的重要内容，以促进沿线国的可持续发展。⑤

三是分析非洲国家的环境立法体系与中国投资非洲的环境法律风险，有针对性地向投资企业提出应对非洲环境法律规制的对策建议。在2015年笔者就开始了对非洲主要国别的环境法研究，⑥ 指出中国在非投资过程中面临着的环境法律风险问题，⑦ 这个风险将影响着"一带一路"在非洲的全面推进，⑧ 基于非洲公民环境权的比较研究和实证分析，⑨ 再次提醒

---

① 刘恩媛：《论"一带一路"环境争端解决机制》，《国际贸易》2018年第4期。
② 刘芊岑：《环境规制对中国在"一带一路"投资的影响研究》，硕士学位论文，广东外语外贸大学，2018年。
③ 刘媛媛、张晓进：《"一带一路"倡议下的国际环境争端解决机制研究》，《国别和区域研究》2018年第2期。
④ 肖蓓：《中国企业投资"一带一路"沿线国家的生态环境风险及法律对策研究》，《国际论坛》2019年第4期。
⑤ 岑鑫：《"一带一路"国际投资中的企业环境责任》，《人民法治》2020年第2期。
⑥ 张小虎：《南非环境资源法制史论》，博士学位论文，湘潭大学，2016年。
⑦ 张小虎：《"一带一路"倡议下中国对非投资的环境法律风险与对策》，《外国法制史研究》2017年第20卷。
⑧ 张小虎：《加强中非投资合作的环境法律风险防控》，《中国社会科学报》2018年3月16日，第005版。
⑨ 张小虎：《非洲国家宪法环境权的实证研究》，载齐延平主编《人权研究·第21卷》，社会科学文献出版社2019年版，第242—267页。

中国企业关注非洲国家日益发展的环境保护理念与制度,[1] 尤其应当注意越来越多的非洲国家开始将环境权入宪、将环境违法入刑,[2] 并且中国企业正遭受着因环保 NGO 而导致项目停工的损失。[3] 随后,面对在肯尼亚[4]、安哥拉[5]、乌干达、埃塞俄比亚、加纳、南非[6]、加蓬等国越来越频繁出现的中国企业环境法律纠纷,国内又形成了一系列非洲环境法律成果,进一步为赴非投资企业进行环境法律风险的预警。一方面,有学者建议从国家和企业两个层面提出构建"走出去"过程中的环境法律风险防范制度,即国家加强宏观指导,企业系统科学应对,并积极化解对非投资的环境法律风险。[7] 也有学者建议中国企业应仔细分析非洲各国环境侵权纠纷的解决方式,而中国政府则应利用加入《新加坡调解公约》的契机、尝试构建以国际商事调解为核心的中非环境法律纠纷多元化解决机制。[8] 除此之外,2013 年年底"一带一路"倡议提出以前,国内还有若干关于非洲环境法律制度与环境法律史的研究文章。例如,简析了非洲主要国家的环境立法,[9] 探讨了非洲宪法位阶的环境法及其公民宪法环境权

---

[1] 张小虎:《非洲国家宪法环境权比较研究——兼谈南非与肯尼亚宪法环境权的启示》,载本书编辑委员会组编《人大法律评论》2018 年第 2 期·总第 27 辑,法律出版社 2019 年版,第 96—115 页。

[2] 朱小姣、张小虎:《南非矿业的环境法律规制与风险分析》,载刘鸿武主编《非洲研究》(2018 年第 2 卷·总第 13 卷),中国社科文献出版社 2018 年版,第 115—127 页。

[3] 张小虎:《化解对非投资的环境法律风险》,《中国投资》2019 年第 14 期。

[4] 张小虎、杨双瑜:《肯尼亚的环境法制与投资风险防范》,《河南科技学院学报》2020 年第 7 期。

[5] 郑曦:《非洲投资环境和风险对我国"一带一路"倡议的启示——以安哥拉为例》,《上海经济》2017 年第 5 期。

[6] 刘海鸥、张小虎:《宪法位阶的环境法:南非宪法环境权条款及其启示》,《湘潭大学学报》(哲学社会科学版)2016 年第 3 期。

[7] 任洋:《"一带一路"背景下对外投资环境法律风险防范——以非洲为主要视阈》,《三峡大学学报》(人文社会科学版)2020 年第 2 期。

[8] 刘念:《"一带一路"背景下中国企业对非投资环境侵权纠纷解决方式之完善——兼谈调解解决环境侵权纠纷制度的价值与构建》,《四川警察学院学报》2020 年第 1 期。

[9] 吴勇:《非洲环境法简析》,《西亚非洲》2003 年第 5 期。

司法保障制度，① 研究了非洲环境保护法律机制，② 分析了非洲法语国家环境法法典化的发展趋势，③ 以及中国在非洲投资石油业面临的环境法律规制。④

可见，从 2003 年首次将非洲国家的环境立法引入国内，到 2013 年首次将非洲的环境法律纳入中国海外投资法律规制的内容；从 2015 年首次探讨"一带一路"倡议下的环境保护法律问题，到 2017 年首次系统全面的分析"一带一路"倡议下中国企业赴非投资的环境法律风险，十余年来，相关成果虽然十分稀少，但我国学界依然通过理论研究为赴非投资企业提供环境法律风险的预警与应对策略，这是除了运用国际法和国内法来化解中国对非投资环境法律纠纷之外的又一可行性方式，并取得了一定的效果。但是，从目前中非投资合作实践以及频发的环境法律纠纷来看，相比西方各国，中国学界的研究对防范中非环境法律争端的贡献依然不足。所以，越来越多的国内外学者呼吁学界研究"一带一路"倡议对环境的影响，并开展中非甚至是与欧美的联合研究，以更好地了解倡议的价值和发展动态。

因此，让中国投资者熟悉东道国的环境法律制度，是防范中国企业对非投资环境法律风险的前提基础。然而，受制于非洲环境法律制度的特殊性和复杂性，我国学界尚缺乏的针对性和具体性研究，既有成果大多以译介非洲的环境法律法规为主，不利于指导中国企业对非投资的实践。未来，必须突破传统研究视角的局限，转变研究方式和目标，加强理论研究的指导性和针对性，为中非环境法律纠纷的防范和化解提供具备可操作性的法律指引。一方面，加强非洲环境立法体系的研究，按照法律位阶从宪法环境权到国际环境法，开展逐层次的分析；加强非洲环境执法制度的研究，应当重点关注与中国企业利益相关的环境影响评价制度、环境监测制度、环境修复与补偿制度、生态红线制度等。另一方面，重点介绍我国对

---

① ［美］卡尔·布鲁克：《非洲宪法位阶的环境法：赋予宪法条款执行力》，张一粟译，载吕忠梅主编《环境资源法论丛·第 7 卷》，法律出版社 2007 年版，第 281—330 页。
② 范纯：《非洲环境保护法律机制研究》，《西亚非洲》2008 年第 4 期。
③ 彭峰：《法语非洲国家环境法的进化之路》，《环境经济》2011 年第 5 期。
④ 邓德利、梁兵兵、李勇：《非洲地区环境法对中国石油海外业务影响分析》，《油气田环境保护》2011 年第 3 期。

非投资重点区域和主要行业的环境法律规制，结合投资实践，从区域和行业两个领域，考察极易引发投资风险的非洲环境法律规制，研究我国对非主要投资国家的环境法律制度，为了中国企业赴非投资过程中避免环境法律风险、应对环境评价与检查，保障投资利益提供理论技术支持。

第三节 解决对非洲投资环境法律争端的措施与路径

国际投资争端是指在国际直接投资活动过程中所产生的、与投资活动密切相关的各种法律争议，广义上包括企业之间的、国家之间的以及企业与国家之间的投资争议，狭义上指私人海外投资者同东道国政府之间的投资争议。① 其中，对外投资过程中的跨国环境法律纠纷就属于国际投资争端中的一种类型。"跨国环境纠纷（争端）是指跨越国境的环境污染、生态破坏以及环境资源开发利用保护等问题所引起的冲突和纷争，狭义的跨国环境纠纷主要指跨越国境的环境损害所引起的冲突和纷争。"② 据此，结合国际投资争端和跨国环境纠纷的概念，中国企业在非洲投资过程中引发的环境法律争端属于狭义的跨国环境纠纷范围，该类争端涉及法律关系复杂，损害对象和后果具有不确定性、潜在性、积累性、流动性等特征，当事人和利益群体广泛，国家、政府、公司、个人都可成为跨国环境纠纷的主体，往往涉及投资东道国的政治、经济、社会和环境利益，具有环境权、发展权和国家主权的交叉属性，而且目前未有明确、有效的国际争端解决机制和环境条约能够对跨国环境法律纠纷进行处理。因此，如何通过国内法的约束和国际法的制度来构建中国企业赴非投资环境法律争端的解决机制变得尤为迫切。

目前，国际争端解决的通用机制包括争议预防政策（Dispute Prevention Policies，DPPs）、替代性争议解决方法（Alternative Dispute Resolution，ADR）和投资者诉国家争端解决机制（Investor-State Dispute Settlement，IS-DS），而且实践中多集中于国际投资争议的事后法律解决，对争议的事前预

---

① 漆彤：《投资争议处理体系的三大构成》，《社会科学辑刊》2018 年第 4 期。
② 蔡守秋、陈叶兰：《论跨国环境纠纷解决机制》，载《复旦国际关系评论》，上海人民出版社 2007 年版，第 41—58 页。

防及友好解决相对缺乏重视。其中，ADR 机制重在"解决"，属于事后救济，通过诉讼和仲裁之外的方法解决争端，包括调解、协商、调停等，它充分体现出平等自愿原则，强调一种非对抗色彩的协商；DPPs 机制重在"预防"，属于事前防范，通过国家间预警机制、政府间共享机制、东道国监察机制、投资国管制机制等进行争端的预防和阻却，防止投资争端升级扩大，避免诉讼。据此，将 DPPs、ADR 及 ISDS 三种投资争端解决机制应用于跨国环境法律纠纷的解决：首先，应当以 DPPs 作为事前预防措施，通过投资母国管制、投资东道国规制以及中非环境合作来防范和阻却环境法律争端；其次，应当以 ADR 作为事后首选救济方式，在平等自愿的基础上，非对抗性的解决环境法律纠纷，避免事态扩大和不必要的司法诉讼；最后，应当以 ISDS 作为最后合理维护权益的法律手段，合理承担环境违法责任，同时合法保障作为应诉方的权利，最大限度降低投资损失。然而，从中国对非投资的环境法律争端解决实践看，ADR 和 DPPs 两大机制的关注度不高，在构建多元化的中非环境法律争端解决机制的过程中，预防原则和调节制度的运用应当引起各方的高度重视。

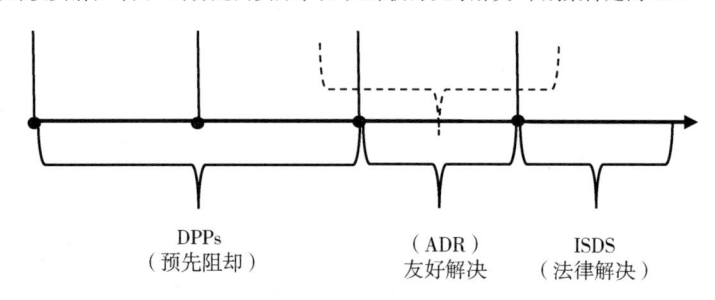

图 7-1　国际投资争议处理体系理想模型①

虽然中国政府已高度重视企业对非投资时的环境资源保护问题，相关政策文件也对遵守东道国环境法规作出了规范性指引，但从实践效果来看，仍然有一些中国企业在非洲投资时遇到了环境法律风险，也因未履行相应环境保护法律程序而造成投资利益受损，中国员工甚至出现了因不了解非洲当地特殊的环境法规而导致环境违法行为，这些法律纠纷必须得到

---

① 漆彤：《投资争议处理体系的三大构成》，《社会科学辑刊》2018 年第 4 期。

有效化解。然而，如前文所述，非洲国家环境法律制度特色鲜明，"一带一路"倡议的延伸又使中国企业面临着不同的资源样态和环境法规，为应对风险、化解纠纷，可以借鉴国内生态环境损害赔偿行政磋商机制和国际法律争端解决机制的经验。因此，随着《新加坡调解公约》的生效，加之《承认及执行外国仲裁裁决公约》《选择法院协议公约》和《承认与执行外国民商事判决公约》，我国已全部签署了国际民商事纠纷解决承认与执行的四大基础法律文件。未来，必须将其作为外国判决、外国裁决、国际和解协议可跨境执行的依据，从而形成一套涉及国际诉讼、国际仲裁和国际调解的多元化国际争端解决机制。据此，应当用好上述争端解决机制，积极构建一套以 DPPs、ADR 及 ISDS 为依据，分阶段、有选择的多元化中非环境法律纠纷化解机制。

一 预防机制：预防环境法律纠纷是首选方式

预防原则是环境保护的"黄金原则"，它也是防控环境法律纠纷的首选方式，因为中非环境法律纠纷情况复杂，依据《新加坡调解公约》形成的国际调解方式正在形成，依据《纽约公约》形成的国际仲裁机制则出现了诉讼化倾向，依据《华盛顿公约》向 ICSID 等机构申请跨国仲裁则尤为困难，所以在实践中具有法律强制力的纠纷解决程序很少能够在国际环境条约和相关纠纷中得到适用，这导致中非环境法律纠纷的解决程序越来越复杂、成本也逐渐提高，从纠纷双方到社区民众的对抗情绪则日益高涨。同时，在国际环境纠纷的解决规定上，有关国际条约规定的纠纷解决机制尚未成熟，国际法院（international court of justice，ICJ）成立70年来形成了极其少量的国家环境纠纷判例，具有国际法约束力的纠纷解决机制的管辖权和执行效力在非洲国家举步维艰，耗时长、花费高的国际争端解决机制尤为不适合非洲环境法律纠纷的处理，而且环境法律争端往往涉及环境权、发展权、人权和主权等非洲国家最为敏感的话题，这些问题是第三方极难化解的矛盾。可见，预防才是防控中非环境法律纠纷的最佳途径。"关注跨国环境纠纷预防或避免对国际环境法具有举足轻重的意义与价值。一桩跨国环境纠纷的成功预防，同时也意味着特定环境损害的成功避免。预防或避免跨国环境纠纷的成本较低，可以说远低于跨国环境纠纷发生后的解决纠纷成本。因此,当人们谈及防止环境损害等类似概念时,更多的是在说环境纠纷的预防而非事后索赔等手段。"[1] 所以,可基于环境的预防原则来构建中非环境法律纠纷的预防机制。

预防原则由前后递进的损害预防原则和风险防范原则两个维度构成。首先,"损害预防原则"(principle of prevention)要求在环境管理中通过计划与规划手段,采取预防性措施,防止环境损害发生,强调防止优先,但受环境科学不确定性的影响,可能无法全面、准确地预防环境风险。其次,在该原则基础上,本着对处理环境问题或生态安全问题的更高层次和更为严格的要求,形成了"风险预防原则"(precautionary principle),作为一种结合了环保思想、技术与管理的更为先进的原则,它要求保持对具可能造成环境损害后果活动的最大怀疑,在环境危害后果发生之前尽快采取行动,而不是等到产生了环境科学因果联系证据之后再采取补救行动。所以,中国赴非投资企业应当在预防原则的两个维度下,采取最切实有效的手段防止或减少工程项目对当地环境的损害,避免跨国的环境法律纠纷。据此,在处理中非环境法律纠纷时,投资母国和企业必须基于预防原则:事前,采取预防措施,避免环境损害和纠纷;事中,对不可避免的环境损害尽量减少其损失并避免环境影响扩大;事后,尽量采取措施防止环境纠纷升级与激化。故,"为贯彻预防原则,一是可以大力推广跨国环境影响评价制度,在损害发生之前采取措施避免,为不可避免的环境损害提供信息资料,有助于防止新的污染源出现;二是建立环境信息交流、环境损害事故报告和对环境有影响活动的事前知情同意和主动协商等制度;三是设立国际合作组织或联合机构,及时掌握和处理跨国环境纠纷"[2]。

在预防原则的基本思路下,结合中国赴非投资具有重大环境影响的项目类型,可以从绿色信贷审查与绿色融资体系、处罚环保领域的行贿行为、开展环境影响评价、建立环境信息交流平台四个方面构建起中国对非投资的环境纠纷预防机制。

第一,积极开展绿色信贷审查,严格限制有环境不利影响和前科的企

---

[1] 王晓丽:《跨国环境纠纷的预防与解决:国际机制视角下的比较研究》,《东南亚纵横》2015年第11期。

[2] 蔡守秋、陈叶兰:《论跨国环境纠纷解决机制》,载《复旦国际关系评论》,上海人民出版社2007年版,第41—58页。

业赴非投资。构建绿色金融框架，在投资源头上限制具有环境违法高风险的项目进入非洲。当前，不少国际金融机构在对外投资信贷过程中采用"赤道原则"①，加强对信贷过程中可能产生的环境问题进行提前预判和规避，要求企业遵守"三重底线标准"②，逐步从过去单一地追求投资利益最大化的理念转变为经济、社会和环境保护的多重并重的新要求，据此，将赤道原则与预防原则相结合，在中国企业赴非投资之前的金融信贷上充分考虑环境保护、推动绿色信贷，要求企业注重在非洲的社会责任履行和可持续发展。首先，吸收世界银行等国际金融组织经验，将企业合法合规履行环境影响评价作为批准贷款的先决条件。对所有申请援助或投资的项目进行环评，综合考察项目的环境影响，"根据拟申请贷款的项目类型、位置、敏感度和规模等，将项目分为 A、B、C、F1 四类，每类项目的环评详尽程度均有相应规定，并视项目的不同，必要时要求编制环境管理计

---

① "赤道原则"（Equator Principles）是一套非强制的准则，用以决定、衡量以及管理社会及环境风险，以进行专案融资或信用紧缩的管理。该原则首创于 2003 年，由荷兰银行、花旗银行、巴克莱银行等私人银行制定，它们采用世界银行的环境保护标准与国际金融公司的社会责任方针，形成了这套原则。截至 2017 年年底，共有来自 37 个国家的 92 家金融机构采纳了赤道原则，项目融资额约占全球融资总额的 85%。这项准则要求金融机构在向一个项目投资时，要对该项目可能对环境和社会的影响进行综合评价，并且利用金融杠杆促进该项目在环境保护以及周围社会和谐发展方面发挥积极作用。在实践中，赤道原则虽不具备法律条文的效力，但却成为金融机构不得不遵守的行业准则，谁忽视它，就会在国际项目融资市场中步履艰难。赤道原则是一套非官方规定的，由世界主要金融机构根据国际金融公司的环境和社会政策和指南制定的，旨在用于确定、评价和管理项目融资过程中所涉及环境和社会风险的一套自愿性原则。赤道原则的产生根源在于金融机构履行企业社会责任的压力。当银行向一些大型项目融资后，由于项目产生的负面环境影响和引发社会问题而备受争议，并给银行声誉带来损失，包括政府、多边贷款机构以及非政府组织和社区民众在内的利益相关方认为，银行有责任对项目融资中的环境和社会问题进行审慎性调查并督促项目发起人或借款人采取有效措施来消除或减缓所带来的负面影响。参见葛察忠、夏友富、孔令红《中国对外投资中的环境》，中国环境科学出版社 2010 年版，第 62—63、79—80 页。

② 三重底线（Triple Bottom Line）是指经济底线、环境底线和社会底线，意即企业必须履行最基本的经济责任、环境责任和社会责任。该理论由英国可持续发展理论学者约翰·埃尔金顿在 1997 年提出，他认为就责任领域而言，企业社会责任可以分为经济责任、环境责任和社会责任。经济责任也就是传统的企业责任，主要体现为提高利润、纳税责任和对股东投资者的分红；环境责任就是环境保护；社会责任就是对于社会其他利益相关方的责任。企业在进行企业社会责任实践时必须履行上述三个领域的责任，这就是企业社会责任相关的"三重底线理论"。

划、行业或区域性环境评价等"①。再由世行审查项目的环评结论，对环保执行情况进行监督，最终确认是否提供完全的资助。② 其次，在项目融资环评审查的时候，不仅关注项目对非洲自然环境的影响，还需要关注项目如何减轻对当地社区和民众的社会影响，并且扩大赤道原则下融资贷款项目的范围，对具有高度环境影响性的项目不再以 1000 万美元为限，而是以项目的潜在环境负面影响为贷款审查原因。再次，事前明晰项目管理重点，对具有较大负面环境影响的项目的融资进行严格审查评价，对具有较小负面影响的项目进行环境修复和补偿的融资预算，同时将人文历史、风土人情和社区利益纳入环评之中。最后，金融机构在提供项目融资贷款以后，在项目建设运营过程中以及完成后依然需要进行监督、评价与管理，定期开展项目环境检查、查阅环境监理报告、督查环境标准与计划的落实，并且引入环境审计规则，对项目的自然与社会环境影响减缓措施和成效进行审计，对保障公民环境权、履行国际环境条约和促进非洲经济社会可持续发展情况进行总结，将评价结果用于该项目运营的中国企业未来赴非投资融资贷款的重要参考。

表 7-2　　　我国与国际主要金融机构环评政策对比③

项目	世界银行	亚洲开发银行	中国进出口银行
事前	项目均需开展环境影响评价，并视项目的类型、位置、敏感度和规模等，将项目分为 A、B、C、FI 四类	项目均需开展环境影响评价，将项目分为 A、B、C、FI 四类	项目均需开展环境影响评价，作为项目评审的基本条件和要素之一
事中	监督检查环境评价的结论和建议，法律协议中的措施、环境管理计划以及其他项目文件的有关规定的落实情况	制订环境管理计划，评价项目环境管理计划的执行情况	对项目环境保护方面的执行情况进行定期检查
事后		制定报告记录实际的环境影响、环境管理计划的实施情况	进行后评价，必要时修正有关要求

---

① 郭继超、施国庆：《世界银行环境政策及其启示》，《河海大学学报》（哲学社会科学版）2002 年第 4 期。

② 任世丹：《世界银行的环境政策及其对环境法发展的启示——搭建环保与扶贫的桥梁》，《生态经济》2012 年第 8 期。

③ 刘敏、彭胜群、刘敏：《亚洲基础设施投资银行贷款项目环评政策探索》，《铁道建筑技术》2018 年第 1 期。

表 7-3 我国环评政策与赤道原则要求对比①

项目	我国环评政策	赤道原则
分类	按照《建设项目环境影响评价分类管理名录》分类，按照环境影响程度大小，实行分类管理，分别要求编制报告书、报告表、登记表	将各行业项目资金总成本超过1000万美元的所有提呈融资的新项目，按照国际金融公司的环境和社会筛选准则，根据项目潜在影响和风险的程度将项目分类，分为A、B、C类，A、B类需开展社会和环境评价
评价内容	按照建设项目环境影响评价相关导则、标准执行	主要参考两类导则标准： (1) 国际金融公司（IFC）社会和环境可持续性绩效标准； (2)《行业特定环境、健康和安全导则》（《EHS导则》）
环境管理	环境影响报告书中的环境管理章节	制订《行动计划》：描述需采取什么行动来实行减缓措施、纠正行动和监测措施，解决评价指出的影响和风险
公众参与	环境影响报告书中的公众参与章节	磋商、披露、投诉机制，在项目准备、建设期持续进行
技术审查	第三方审查，协助政府决策	独立审查，协助赤道原则的金融机构（EPFI）进行尽职审查和评价
其他	施工期环境监理、竣工环保验收	无相关要求

表 7-4 我国环评政策与赤道原则要求优缺点对比②

	我国环评政策	赤道原则
优点	(1) 建立事前、事中、事后预防和监管的体系，环保措施可以得到更有效落实； (2) 所有建设项目均要开展环评影响评价，以环境影响程度决定环评文件的详略	(1) 环境影响评价范围不仅局限于对自然环境的影响，同样关注项目建设对社会环境的影响； (2) 公众参与覆盖到项目准备、建设全过程，并配套相应管理机制； (3) 要求单独制订《行动计划》，解决评价的环境影响和落实提出的环评措施
缺点	(1) 公众参与仅局限于环评阶段，建设阶段没有相应要求； (2) 评价重点限于项目建设和运营对自然环境的影响	(1) 无事中和事后监督管理的内容； (2) 以投资额为标准决定适用范围不尽科学

第二，制定严厉的禁止行贿规定，杜绝中国企业通过行贿的方式在非

---

① 刘敏、彭胜群、刘敏：《亚洲基础设施投资银行贷款项目环评政策探索》，《铁道建筑技术》2018 年第 1 期。

② 刘敏、彭胜群、刘敏：《亚洲基础设施投资银行贷款项目环评政策探索》，《铁道建筑技术》2018 年第 1 期。

洲取得环境许可。官方数据与麦卡锡报告比对显示，我国在非投资已登记注册企业 3700 余家，但未及时注册的民营企业近 1 万家，尤其是部分中小私营企业的海外经营守法意识较淡薄，海外投资管理机构对其监督受限。笔者在非洲调研中发现，所有大型国企和绝大多数民营企业能够遵守当地环境法规和环评规定，然而在部分中小企业中通过贿赂腐败等方式取得环境许可证件的情况仍存在，这是一种非可持续经营的方式，与环境风险预防原则相违背，极其容易引发环境损害和违法风险。[1] 一些中小企业未严格开展环评且未严格按照环境标准施工，由于非洲政府执法能力有限、疏于监管这让环评和检查成为非洲当地官员索要贿赂的借口，只要贿赂足够，环评材料将会流于形式，也因此在莫桑比克发生过环境情况了解不充分、环评疏忽、政府缺乏有效监督而造成的万宝农场洪灾的情况，导致损失了上亿元人民币。[2] 另外，非洲不少国家为了吸引投资，借助本国环保法规过于陈旧、宽松的现状，而采取环境损益的方式吸引中国企业前来投资建厂，例如皮革厂、塑料袋厂、采矿和伐木厂等，并且一些中国企业也通过行贿非洲当地官员的形式顺利拿下环评、获得许可。但这些项目在运营过程中一旦出现环境污染，所有的过程将被披露，从而引发负面舆论和当地反感。因此，为落实预防原则，必须对中国企业海外行贿行为进行严厉打击，可根据经济合作与发展组织（OECD）的 1997 年《禁止在国际商业交易中贿赂外国公职人员公约》[3]，结合 2003 年《非洲联盟防止和打击腐败公约》，建立明确系统的法规约束"行贿方"，对中非商事投

---

[1] 民营企业对待环境和社会影响评价的态度总体积极。少数境外中国民营企业在环境问题上风险管理薄弱，两个根本原因是：一是机会主义的风险观，认为风险管理是一种成本，而非降低成本的手段；二是东道国监管部门和专业机构支持不足，对企业采取适当措施降低风险的指导和建议不够。参见中华全国工商联合会、中国商务部国际贸易经济合作研究院、联合国开发计划署驻华代表处《2019 中国民营企业"一带一路"可持续发展报告》，2019 年，第 vi—vii 页。

[2] 唐晓阳、熊星翰：《中国海外投资与投资监管：以中国对非投资为例》，《外交评论》（外交学院学报）2015 年第 3 期。

[3] 1997 年制定的《禁止在国际商业交易中贿赂外国公职人员公约》主要由 41 个欧美国家协同推动执行，包括 34 个经合组织的会员国与 7 个合作国，有广泛而深远的影响力。其中，虽然非洲仅有南非一国加入公约，而中国在公约中也仅是观察国身份，但不可否认该公约作为国际上第一个也是目前唯一一个约束"行贿方"行为的工具性条文，它对建立国际商业活动中行贿境外公务人员的行为进行了指导性的法律规定，并且建立了相关标准和具体防范制裁措施，值得参考。

资活动的境外公务人员的行贿行为进行定罪处罚。同时，结合2008年《对外承包工程管理条例》第26条商业贿赂的处罚①和2011年《刑法》第八修正案新增的海外贿赂条款②，从立法上禁止中国企业在非投资过程中的因获取环评和环境许可而产生的非法贿赂行为，既预防环境损害和违法风险，又维护了中国企业在非的良好形象。

第三，敦促企业开展环评和环境修复，以此预防潜在的环境损害危机和环境法律纠纷。目前，非洲所有国家都颁布了涉及环境影响评价的专门性法规，并建立了严格的环境影响评价和环境许可制度。因此，在预防原则的要求下，所有赴非投资的中国企业应主动研究相关规定，以在项目开展之前履行环境影响评价义务，并在具有环境负面影响的项目结束后积极开展环境修复，因为经历了严格的环境影响评价、获得了环境许可后，能够最大限度降低或减少项目的环境风险和环境纠纷，也有助于中国企业通过环评程序与投资东道国实现环境领域的协商和参与，并同非洲的环境保护行政主管部门建立良好的合作关系。在项目开发前，明确建设者的环境责任，依法采取有关环境不利影响的防范措施，通过专业的环评报告为项目建设提出保护东道国环境与资源的建议，也为非洲各国履行环境管理职责提供科学依据。适时开展环境影响评价，申请环保授权，并获得各类环境许可证，这是确保中国企业成功竞标项目，维护投资利益的前提要求，也是中国企业配合非洲东道国环境主管部门履行环境综合管理、确保环境信息公开、保障公民健康环境权的重要内容，它将是对非投资中展现中国企业良好社会责任的体现。

第四，建立环境信息交流制度，结合环境权、知情权主动向非洲政府和民间公开环境信息。鉴于中国在非投资大型基础设施和工程承包项目较

---

① 2008年《对外承包工程管理条例》第26条：对外承包工程的单位以投标、议标方式参与报价金额在国务院商务主管部门和国务院财政部门等有关部门规定标准以上的工程项目的，其银行保函的出具等事项，依照国务院商务主管部门和国务院财政部门等有关部门的规定办理。

② 2011年《刑法》第八修正案第164条：为谋取不正当利益，给予公司、企业或者其他单位的工作人员以财物，数额较大的，处三年以下有期徒刑或者拘役；数额巨大的，处三年以上十年以下有期徒刑，并处罚金。为牟取不正当商业利益，给予外国公职人员或者国际公共组织官员以财物的，依照前款的规定处罚。单位犯前两款罪的，对单位判处罚金，并对其直接负责的主管人员和其他直接责任人员，依照第一款的规定处罚。行贿人在被追诉前主动交代行贿行为的，可以减轻处罚或者免除处罚。

多的现实情况,以及该类型项目具有环境影响性和资源依赖性的特征,为了及时发布环境信息并化解环境纠纷,首先,中国与非洲之间可以建立双边或区域性的环境合作组织,便于形成环评标准、构建环境信息共享平台、服务自然资源产权交易,进而增进中非环保领域的信任与合作,为非洲环境资源管理和投资中的环境法律纠纷提供预警与监督。其次,对于投资能源矿产行业的中国企业而言,因为项目具有高度的资源依赖性,进而应当根据投资东道国的环境资源法规主动向非洲政府部门作出事先告知,对潜在环境风险和资源开发的限度积极向主管机构汇报,以确保投资和项目活动能够得到非洲国家足够的行政管理和引导,完善事先知情规则也是尊重环境知情权、避免环境法律纠纷、防范非洲政府选择性执法的有力保障。最后,中国企业应当自主建立常态化的环境信息交流平台,用通知或告知的方式,主动与非洲投资东道国实现环境协商。设立环境信息定期交流机制,向非洲政府报告潜在的环境风险,增进中非环境合作的信任,避免环境危机及其引发的政治影响,采取积极通知或告知的方式保持与环境保护主管机构的沟通,也是实现非洲公民环境权、知情权和发展权的基本要求,在遇见潜在或紧急的危机时,立即开展中国企业与非洲政府的磋商会谈,在环境保护协商程序下制订环境管理计划,对已经发生的环境危害进行合理环境补偿并由此达成和解协议。

二 调解机制:采用调解与磋商达成和解目的

当前通过中立第三方辅助进行的非对抗性争议解决方式被越来越多的国内法所采用,相比在司法机关诉讼、仲裁和在行政管理机关投诉、复议、申诉,通过谈判、调解等方式解决法律纠纷则更具温和性,它关注并基于"现状",对"未来发生"的可能性达成一致意见。调解解决对非投资过程中的环境法律纠纷将有三大优势:一是调解的保密性(Confidential),调解员将对双方调解事实进行保密,而调解双方也会对通过调解程序的和解协议内容保密,这就最大限度降低了大型项目或个人在非环境违法或侵权行为的曝光度,有利于维护中国企业声誉;二是不影响调解当事人的权利(Without Prejudice),因为调解过程中任何一方当事人陈述内容将不得作为诉讼、仲裁等对抗性争议解决程序中的证据而提交法院，从而有利于保障中国企业在非投资的利益和安全；三是调解的自愿性（Voluntary），调解双方将在善意基础上自愿参加并自愿达成调解协议，这有利于维护中国企业与非洲当地社区和相对人之间的投资关系，不至因为对抗性诉讼等而关系交恶。

目前，《联合国关于调解所产生的国际和解协议公约》（即《新加坡调解公约》）已于2020年9月12日正式生效，意味着它也将对批准该公约的成员国生效，它将与《承认及执行外国仲裁裁决公约》（即《纽约公约》）、《关于解决国家和他国国民之间投资争端公约》（即《华盛顿公约》），以及《选择法院协议公约》《承认与执行外国民商事判决公约》一样，建立起全球性的承认与执行机制，让国际调解与国际仲裁、国际诉讼一道成为解决国际争端的三大支柱。[①] 就各国加入公约情况来看，截至2020年12月，全球共有53个签约国（6个国家已批准）。其中，非洲有13个签约国。布基纳法索、刚果（金）、刚果（布）、史瓦帝尼、毛里求斯、尼日利亚、塞拉利昂、乌干达，以上8国为首批签约国；乍得、加蓬、卢旺达、加纳、几内亚比绍，以上5国为后续签约国。同时，我国作为《新加坡调解公约》的创始缔约国之一于2019年8月7日签署了该公约，成为全球首批46个签署国之一，但目前我国尚未在国内立法程序上批准该公约，在我国批准该公约并衔接国内法上的调解制度之前，它将不对我国生效。然而，基于我国调解制度的历史经验，以及非洲基层社会调解的本土文化，跨境调解及其承认与执行制度将会是日后中非双方在争端解决领域积极推动的内容，公约的批准生效及其实效指日可待。

从《新加坡调解公约》的适用范围看，该机制完全适用中国企业对非投资的环境法律纠纷解决，因为公约仅适用于"商事争议"而非"消费者争议"和"婚姻家庭与继承争议"，同时也仅限于"国际调解"，要求当事人通过调解签订协议时，至少有两方当事人的经营地或居住地不在

[①] 根据《新加坡调解公约》第14条规定，该公约于第三个国家批准后的6个月后生效，因此该公约本身的生效日期已经确定，即2020年9月12日。因为，在2020年3月12日，缔约国的卡塔尔批准了该公约，成为继新加坡和斐济于2020年2月25日之后第三个批准该公约的国家，由此确定了本公约的最终生效时间。

同一国家；或者和解协议标的物所在地和主要履行地均不为同一国家。① 公约还仅适用于"书面调解、和解协议"。当然，公约还排除具体适用情况，例如，未通过调解而自行协商谈判签订的和解协议、在诉讼程序中签订并被法院所在国视为诉讼判决执行的调解和解协议、被视为仲裁裁决执行的调解和解协议。所以，根据《新加坡调解公约》签订了和解协议后，根据不同的情况可以选择不同的执行途径，与《纽约公约》实现了衔接（见表7-5）。可见，《新加坡调解公约》的生效以及中国和非洲国家的积极参与，将让国际调解制度成为化解中非商事纠纷，尤其是解决环境法律规制而引发的纠纷的重要途径，它将通过一种非对抗性、保密性、自愿性的方式化解中非环境法律争端，将双方当事人的冲突和损耗降至最低，减少因环境问题而引发的公众反感，最大限度保障中国企业或个人在"一带一路"倡议下跨国商务活动的合法权益。

表7-5　　　　　　　　三大争议解决制度的执行途径②

争议解决程序	是否符合《新加坡公约要求》	是否形成裁判文书	在他国执行的途径
诉讼	是	是	按照相关公约（例如两份《海牙公约》）、相关协定或者各国执行外国判决的规定执行
		否	按照《新加坡公约》执行或按照合同执行
	否	是	按照相关公约（例如两份《海牙公约》）、相关协定或者各国执行外国判决的规定执行
		否	按照合同执行
仲裁	是	是	按照《纽约公约》或者相关法律法规执行
		否	按照《新加坡公约》执行或按照合同执行
	否	是	按照《纽约公约》或者相关法律法规执行
		否	按照合同执行

---

① (a) At least two parties to the settlement agreement have their places of business in different States; or (b) The State in which the parties to the settlement agreement have their places of business is different from either: (i) The State in which a substantial part of the obligations under the settlement agreement is performed; or (ii) The State with which the subject matter of the settlement agreement is most closely connected. (a) 和解协议至少有两方当事人在不同国家设有营业地；或者 (b) 和解协议各方当事人设有营业地的国家不是：(i) 和解协议所规定的相当一部分义务履行地所在国；或者 (ii) 与和解协议所涉事项关系最密切的国家。

② RHT Law Asia LLP.

续表

争议解决程序	是否符合《新加坡公约要求》	是否形成裁判文书	在他国执行的途径
无	是	—	按照《新加坡公约》执行或按照合同执行
	否	—	按照合同执行

根据《新加坡调解公约》将调解（Mediation）定义为："当事人之间在第三方的协助下以友好的方式解决当事人之间争议的程序。"其中，包括作为第三方的"调解员"（Mediator），以及当事人聘请的"调解代理人"（Mediation Advocate）。同时，公约要求调解员在整个过程中坚持中立（Neutral）、独立（Independent）和公正（Impartial）原则，调解员也无权将任何一种可能解决争议的方案强加于参加调解的当事人。[①] 对此，在《新加坡调解公约》自身生效以后，我们作为签约的成员国之一，应立即根据公约规定，完善国内相关调解和非诉机制的法律法规，加强公约与国内法的衔接，对符合《新加坡调解公约》适用条件的调解和解协议予以执行，通过国际调解制度，构建中非环境法律纠纷的调解机制。

一方面，高度重视调解在解决中非环境法律争端中的灵活高效特性与历史文化基础。相比对抗性的争端解决程序，调解具有低成本、高效率、维护关系等优势。在中非环境法律纠纷中，将环境补偿与国际调解相结合，最大限度用环境修复、环境补偿等作为投资过程中环境法律纠纷调解的补救措施，由此迅速达成和解协议，确保项目工期不至停滞，减少项目实施进度引发的利益受损。同时，利用调解过程中的保密性原则，将中国企业项目的过失环境损害或侵权事件的社会影响降至最低，既减少了当地民众对中国项目的环境影响关注度，又保障了企业投资利益，还维护了中国企业良好的海外形象。此外，中国与非洲各国都有着友好型争议解决的传统，中国传统儒家法律文化秉承"以和为贵"的观念，非洲基层社会也长期流传着"酋长调解"的本土文化，因此，利用国际调解解决投资过程中的环境法律纠纷也是促进形成和谐型中非商事经贸关系的重要途径。

---

① Article 2 of the United Nations Convention on International Settlement Agreements Resulting from Mediation (Singapore Mediation Convention).

另一方面，积极挖掘《新加坡调解公约》有利于化解中非环境法律争端的制度依据。首先，公约赋予了国际调解和解协议书以执行效力，为中非环境法律纠纷的调解机制奠定了国际法依据。《新加坡调解公约》的生效表明，在国际商事纠纷中，执行和解协议的一方可直接诉诸缔约国一方的法院，该法院届时必须根据该缔约国的程序规则以及公约规定的条件执行和解协议。其次，公约体现出调解的快速、便捷和高效特征，与解决环境保护而引发的法律纠纷具有互补性特征。公约第4条第5款规定了"主管机关审议救济请求应从速行事"[1]，中国政府和投资者可利用该条款缩短当事人解决环境法律纠纷的时间成本，避免因环保问题而导致耗时长久，从而引发项目中止和投资损失。再次，非洲区域性和次区域性组织众多，公约将有力推动区域性经济组织集体参与国际调解。公约第12条规定了区域经济一体化组织同样可以签署、批准、接受、核准或者加入本公约，而且享有的权利和承担的义务与公约当事方相同。[2] 相比《纽约公约》与《选择法院协议公约》，《新加坡调解公约》将主体范围进一步扩大，这与非洲区域组织众多的现状十分吻合，有利于中国与非洲区域组织就环境法律纠纷达成和解协议。最后，用调解替代诉讼将最大限度避免中非双方对抗情绪，维持良好经贸合作关系。公约的序言明确指出"注意到国际和国内商业实务越来越多地使用调解替代诉讼，考虑到使用调解办法产生显著益处，如减少因争议导致终止商业关系的情形，便利商业当事人管理国际交易"，调解将有效避免中非当事人间的对抗情绪，最大限度维持中非商业合作关系，也有利于构建中国与非洲各成员国的和谐关系。同时，《新加坡调解公约》对和解协议仅是形式性审查，而非内容性审查，除非调解内容违反公共政策，否则持续有效。公约还规定了相应的保留条款：一是缔约国、任何政府机构、代表政府机构行事的任何人作为一方当事人的和解协议，不适用《新加坡调解公约》。二是缔约国可声明，只有和解协议当事人同意适用《新加坡调解公约》时才可适用。一般而

---

[1] Article 4 (5) of the United Nations Convention on International Settlement Agreements Resulting from Mediation (Singapore Mediation Convention).

[2] Article 12 of the United Nations Convention on International Settlement Agreements Resulting from Mediation (Singapore Mediation Convention).

言,则为默认适用。①

此外,对于国际调解的效力与执行问题,中国政府和投资企业须高度关注,因为《新加坡调解公约》规定了几种拒绝执行调解产生的和解协议的情况,例如和解协议签约方无行为能力、和解协议被请求执行国认定为无效或无法履行、和解协议对签约方不具约束力或者已被修订、和解协议已经履行完毕或者无法解读、调解员在调解过程中失职或违规、执行和解协议将违反被要求执行国的公共政策、被要求执行国法律禁止相关事项通过调解解决。② 基于上述原因,出现非洲国家拒绝或不能履行有关环境侵权的和解协议时,企业应做好充分的应对准备。所以,应当用好《新加坡调解公约》,加快批准生效公约,鼓励更多非洲国家加入,大力发展低成本的中非环境法律纠纷的调解机制,着力将现行法律制度与公约积极衔接,对非投资企业和相关法律机构也因关注到调解解决中非环境法律纠纷的优势,邀请国际律师和调解员参与其中,发挥中非传统法律文化中以"和"为贵的争端解决传统,为推动构建国际商事纠纷调解机制贡献中非的共同力量。

综上,投资者可根据中非既有项目协定的约定,积极推动中国企业与非洲国家的法人或公民达成和解,通过生态补偿等手段,在不违背法律和习惯的基础上,基于双方自愿协商、签订和解协议;发挥非洲本土习惯法的调解功能,基于非洲特色的双轨制司法,用传统习惯法的简易程序化解基层地区的环境法律纠纷,降低中国企业的诉讼成本;还提倡使用生态环境损害赔偿行政磋商化解纠纷,通过磋商申请、赔偿协议和司法登记等程序,与赔偿权利人(通常是东道国政府或环境保护行政主管部门)达成和解,用缴纳损害赔偿金等方式弥补环境损害,以便及时迅速地修复生态环境,化解法律纠纷;最重要的是,积极利用《新加坡调解公约》所建构起的国际调解制度,加快我国国内法上对该公约的批准生效进度,推动

---

① 当事人可以根据需要,选择最合适的争议解决方式。调解本身具有明显的优势,比如,当事人对调解结果的可控性,甚至可以突破原有合同,获得创造性的调解成果。此外,根据新加坡国际调解中心数据显示,约80%案件都获得高效解决,且平均调解时长为1—2个工作日,基本上调解费用占标的额的不足1‰,平均数据是4‰—5‰。

② Article 5 of the United Nations Convention on International Settlement Agreements Resulting from Mediation (Singapore Mediation Convention).

中国在非投资主要国家以及更多非洲国家加入该公约，通过承认和执行调解所产生的国际和解协议，构建起以跨境调解为手段的中非环境法律争端解决机制。

三 仲裁机制：解决环境法律纠纷的参考路径

目前仲裁是外国投资者解决与非洲各国投资争端的主要方式，解决投资争端国际中心（ICSID）受理的投资争端数据显示，从 1996 年至今，外国投资者针对非洲国家提起的仲裁案件一共有 161 起。其中，针对埃及提起的仲裁案件为 33 起，刚果（金）、冈比亚以及阿尔及利亚被诉 8 起，摩洛哥被诉 7 起。[①] 从 2016 年 1 月到 2019 年 5 月，ICSID 中心受理了 34 起来自不同国家投资者针对非洲国家提起的仲裁申请，占该时段中心受理案件的 18%。投资纠纷频发的行业包括：油气资源开发（11 起），水、卫生及防洪（4 起），建筑（4 起），电力资源开发（3 起），农业资源开发（3 起），信息通信（2 起），旅游资源开发（2 起），纺织业（2 起），交通运输（1 起），金融行业（1 起），金属资源开发（1 起）。[②]

然而，中非解决环境法律争端的仲裁机制仍然需要探讨和建构。除上述解决投资争端国际中心（ICSID）外，根据《构建中非联合纠纷解决机制北京共识》与《约翰内斯堡共识》，在中国法学会和南部非洲仲裁基金会联合促成下，中非合作论坛成员国召集成立了中非联合仲裁中心（China-Africa Joint Arbitration Centre，CAJAC）。中心为中非商业投资交易过程中出现的争议提供了适当的解决机制，为基础设施建设和经贸投资提供了法律安全保障，为中非环境法律纠纷提供了仲裁解决机制平台。2015 年 11 月中非联合仲裁约翰内斯堡中心和上海中心分别成立，2017 年 3 月中非联合仲裁北京中心、深圳中心和内罗毕中心分别成立。随后，2017 年 11 月中非联合仲裁约翰内斯堡中心迁址新的独立办公室，2018 年 6 月

---

① 数据来源：中非贸易研究中心（http：//news.afrindex.com/zixun/article12181.html）。
② 蔡高强、刘明萍：《基于中非合作发展的投资争端预防机制论》，《湘潭大学学报》（哲学社会科学版）2020 年第 3 期。

中非联合仲裁内罗毕中心正式揭牌。①

依托南部非洲仲裁基金会、上海国际经济贸易仲裁委员会、内罗毕国际仲裁中心、北京仲裁委员会和深圳国际仲裁院，中非联合仲裁中心已形成了"3+2"支柱型格局，完成了以中国三个最发达区域联系非洲主要城市的宏观布局，这有利于进一步推动中非联合仲裁中心在非洲的深入发展，更好地为中国企业走进非洲提供法律服务，为解决环境法律争议提供了制度保障。目前，这五个仲裁中心共同致力于为中国与非洲国家商事主体提供优质、公正、专业、高效的争议解决服务，为中非仲裁界在国际仲裁领域的代表性和话语权的提升提供巨大支撑。未来，中非联合仲裁中心可持续推进中非联合纠纷解决机制建设、构建中非特色的纠纷解决机制，中非仲裁合作协同创新、全面合作的新格局将全面呈现。

因此，可以通过完善中非 BITs 和项目合同中的环境保护条款和争议解决条款来实现环境法律纠纷的解决，也可以利用解决投资争端国际中心（ICSID）并完善中非之间现有的仲裁机制，多管齐下构建中非环境法律纠纷的仲裁解决机制。

实体上，明确中非 BITs 和项目合同中的环境保护条款和争议解决条款。目前，除"中国—坦桑尼亚 BIT"外，旧版中非 BITs 条款几乎全部缺失可持续发展、绿色环保以及由此引发的投资争议解决内容，一些极度贫穷的非洲国家甚至通过降低环保措施或损抑环境资源来吸引外国投资。所以，为了防控中非环境法律纠纷，应当在中非即将新签 BITs 中增加母国和投资者保护非洲环境的责任和义务，及时修正和更新现有 BITs 并在序言和具体内容中纳入环境条款，明确约定环境法律争端解决的途径和效力，赋予国际和中非仲裁机构的具体职能。例如，非裔美国法学家翁·基达尼（Won Kidane）建议采取国际可持续发展研究院的 BIT 范本，考虑到环境问题越来越需要受到重视，中非双方应该在将来的条款设计中对环境和劳工问题做出有意义的规定。"至少在进行大型项目投资前，它们应要求把准入前的环境评价研究，作为是否批准投资的一个条件。它们还必须在将来的投资条约中明确规定，根据善意的、非歧视的环境规制所采取

---

① 张小虎、刘明萍：《中非法律交流合作发展报告（2017—2018）》，载刘鸿武主编《非洲地区发展报告（2017—2018）》，中国社会科学出版社 2018 年版，第 373—386 页。

的措施，不等同于征收。"①

程序上，完善解决投资争端国际中心（ICSID）以及中非现有的仲裁机制。仲裁依然是解决中非法律纠纷的最佳途径。② 未来，可利用中非BITs的框架内容，汲取解决投资争端国际中心仲裁程序、《联合国贸易法委员会仲裁规则》以及临时仲裁机构的相关规定，设置一套以仲裁为中心的环境法律争端解决机制，通过仲裁化解中国企业在非投资和运营过程中的环境法律争端。对于投资过程中的环境法律纠纷，可利用解决投资争端国际中心（ICSID）、中非联合仲裁中心（CAJAC）和南部非洲仲裁基金（AFSA）等机制，更新中非双边投资协定（BITs）有关投资争议解决方式和效力条款，采取第三方仲裁的方式化解环境法律争端。对于项目开发或运营过程中的环境法律纠纷，则可在签订特许协议时采取事先约定的形式，将法律争端诉诸已约定的争端解决机构，通过仲裁化解纠纷，最大限度地降低中国企业的经济损失。具体而言，结合翁·基达尼（Won Kidane）的建议，可将中非合作论坛下设常设机构"成员国大会"及其秘书处作为争端的解决机构，形成开放的仲裁法律专家库，管辖和受理投资争议解决案件，同时设置争端解决的上诉机构。再者，明确争议解决步骤和程序规则及证据制度，设立仲裁前程序，给予投资者和投资东道国出庭资格，他们通过 BIT 同意接受争端解决程序，也可以通过私人代理进行辩护。最后，仲裁裁决可以对所有的赔偿性损害和花费做出处理，但不能做出惩罚性损害赔偿，且应由争端解决机构通过，并由每一国家的国内法院执行，若拒绝执行则被认为是违反国际义务且承担相应后果。③

此外，需要注意的是，虽参加中非合作论坛的非洲 53 国均确认加入了中非联合仲裁中心，但其中仍有 15 个未正式加入《纽约公约》的非洲国家，这些国家在承认和执行国际仲裁裁决方面将存在进一步探讨的空间，据此，有条件的情况下还可设立国际仲裁裁决的承认与执行的特别机

---

① ［美］翁·基达尼：《中非争议解决：仲裁的法律、经济和文化分析》，朱伟东译，中国社会科学出版社 2017 年版，第 257 页。

② Weidong Zhu, "Arbitration as the Best Option for the Settlement of China-African Trade and Investment Disputes", *Journal of African Law*, Vol. 57, No. 1, 2013, pp. 149-163.

③ ［美］翁·基达尼：《中非争议解决：仲裁的法律、经济和文化分析》，朱伟东译，中国社会科学出版社 2017 年版，第 257 页。

制、建立涵盖适合所有非洲国家的中非联合仲裁中心实际操作框架，这是未来构建以仲裁为核心的中非纠纷解决机制的重要任务，也是解决投资过程中的环境法律纠纷的主要途径。

四 诉讼机制：基于起诉方与应诉方两个视角

因未重视对非投资的环境保护预防机制而导致了中非环境法律纠纷，在"穷尽国内救济机制的原则要求下"，诉讼将会成为中国企业合理承担环境法律责任、理性积极维护投资利益的重要选择。基于对非洲各国环境司法制度的考察，以及投资母国与非洲投资东道国发生的典型环境纠纷案例，可以发现在肯尼亚等非洲部分国家已经建立了专门化的环境审判系统，而在南非等国还建有具备非洲本土特色的习惯法院用来解决基层民事纠纷。目前，非洲各国的环境法律均规定了外国投资企业对破坏当地环境的行为需承担严格的环境侵权责任，其责任承担方式不仅有巨额的民事赔偿，而且还将伴随着严苛的行政罚款，甚至是刑事制裁。① 据此，中国企业应当着眼于投资过程中潜在的环境侵权或违法案件，从起诉方和应诉方两个视角，在诉讼过程中合理利用东道国司法程序，保障中国企业权益、合理承担法律责任。

一方面，中国企业因为环境违法或侵权而作为应诉方，在应诉过程中，中国企业应当积极聘请具有环境法律司法实务经验的律师或法律顾问，最好在项目实施过程中在当地聘请具备相关资质的环境专员，通过专业技术人员和司法实践人员的协助，并事先开展环境法律培训，对投资母国与非洲东道国发生的环境法律案件进行评析，在预防优先的理念下，作为应诉方积极应对非洲各国的环境诉讼。第一，在基于民事诉讼的环境侵权案件中，全面了解东道国的民事侵权诉讼程序，依法主动排除环境危害、承担环境修复和损害赔偿的费用。例如，安哥拉有着非洲最为完备的环境侵权诉讼解决机制，2011年《安哥拉共和国环境法》第5条第2款规定："任何公民如认为侵犯或正在侵犯本法规赋予其的权利，可向法院

---

① 刘念：《"一带一路"背景下中国企业对非投资环境侵权纠纷解决方式之完善——兼谈调解解决环境侵权纠纷制度的价值与构建》，《四川警察学院学报》2020年第1期。

提起诉讼，请求根据法律的一般规定，终止侵犯之原因，并要求赔偿。"同时，还建立了企业环境保护的强制性财政担保制度、环境侵权受害当事人的参与机制、环境侵权补偿之诉机制等多种诉讼解决机制。所以，中国企业可以在多种环境侵权损害赔偿的诉讼责任机制中选择最有利的一项进行主张，以快速、便捷和低赔偿成本为考虑内容，尽快用环境修复或赔偿费用解决纠纷，以保证项目恢复运营。第二，在基于刑事诉讼的环境违法案件中，积极取证、合理承担法律后果和违法责任，同时注意非洲部分国家环境法律较严苛，甚至用刑罚来惩治环境违法行为。例如，1991 年《尼日利亚国家环境保护条例》第 21 条规定："任何人或团体，无论是法人团体还是非法人团体，如违反本规例的任何条文，即属犯罪，一经定罪，可处本法第 35 条、第 36 条所指明的刑罚。" 1991 年《赞比亚共和国环境管理法》第 5 条规定："凡获得清洁、健康和安全环境的权利因任何其他人的作为或不作为而受到威胁或极可能受到威胁，任何人可对其作为或不作为以及极可能对人类健康或环境造成损害的人提出诉讼。"中国企业在应诉过程中需要高度关注非洲部分国家已将环评不实、逃避监管、抗拒交税、恶意排污的行为直接入罪，并以严苛的刑法来进行规制和处罚。据此，中国企业务必积极取证，并警惕过量的裁决。第三，在基于行政诉讼的环境违规案件中，作为应诉方的中国企业可搜集有利材料，配合东道国环境行政主管部门和监管部门，合理履行相应的行政处理决定或处罚。从实践情况看，中国企业在非洲遭受的环境行政违规案件多为当地民众、NGO 或者社区所提出指控，理由多为未遵守项目环境行政审批或许可，这类案件牵扯利益主体较多，涉及非洲政府的环境管理机构、因中国项目而收益受损的当地企业、项目所在地的社区群众、以环境权和知情权为由提出诉讼的普通民众，甚至是受西方势力资助的非洲环保 NGO。所以，遭受环境行政诉讼的中国企业务必明晰和理顺各方利益关系，积极利用不同途径与非洲政府和民间团体交涉，在此过程中补充完善环境行政审批和许可手续，避免被当地环保行政人员索贿，依法履行行政程序，合理承担行政处罚。

　　另一方面，因非洲环境保护行政机关或个人的活动而使得中国企业遭受不利影响的，中国企业可作为起诉方并依据相关法律对非洲行政机关做出的环境保护行政行为或决定提请行政复议，拒绝履行不合理的行政决定或提出民事请求。例如，2019年6月肯尼亚国家环境法庭裁定该国环境行政主管部门未积极履行中国融资并承建的拉穆老城燃煤电厂项目的环评和许可程序，进而叫停项目并造成中国企业利益受损，面对该情况，中国企业便可作为起诉方，向肯尼亚司法机构进行合理的权利救济诉讼，提出依法办理环评手续并获得环境许可的证明，向法院主张自己合理的投资利益和权利，并要求东道国政府补偿因其工作或监管失职而造成的经济损失并要求迅速恢复项目建设。又如，2020年6月，肯尼亚上诉法院二审裁定中国路桥建设公司与肯亚铁路公司合作兴建的"蒙内铁路·第一期"项目合同违法，因为该项目未遵循政府招标、采购程序，并非法发包给中资公司。① 这可能导致中国进出口银行的融资贷款和中国路桥建设公司的施工承建受到巨大冲击，而且蒙内铁路在修建过程中也多次引发NGO和民众对项目环评程序合法、对野生动物迁徙以及对内罗毕国家公园带来不利影响的质疑，面对上述问题，中国企业可以利用行政诉讼合法保障自己的权益，对于不当职责和不利影响进行合理、合法的反驳。

此外，由于部分非洲国家的司法腐败，中国企业或将因破坏环境而遭受不公正的法律裁判和过量的经济赔偿。据此，还可更新中非双边投资保

---

① 2020年6月19日肯尼亚上诉法院指出，作为采购人的肯尼亚铁路公司（Kenya Railways Corporation）违反了宪法第227（I）条和《公共采购和处置法》第29条及第6（I）条，于是裁定肯尼亚铁路局有关"蒙内铁路·第一期"项目的合同违法。早在2014年肯尼亚权益运动人士欧姆塔（Okiya Omtatah）和肯尼亚法律协会（Law Society of Kenya）就联合对肯尼亚政府和中国路桥公司（CRBC）提起诉讼，他们认为蒙奈铁路为公共建设计划，应该遵守政府招标、采购程序的公平、透明，但是，肯尼亚铁路公司未经公开招标，也未进行独立的可行性评估，而是由合作的中资企业免费进行可行性研究。此案在高等法院被判败诉后，他们才向肯尼亚上诉法院提出上诉。蒙内铁路由中国提供贷款，由央企"中国交通建设股份有限公司"子公司"中国路桥建设公司"与肯亚铁路合作兴建，第一期连接肯亚东部港市蒙巴萨和位于内陆的首都内罗毕，约480公里，造价32亿美元，2017年启用；第二期从奈洛比延伸至纳瓦沙（Naivasha），造价15亿美元，2019年启用。第三期纳瓦沙至邻乌干达的马拉巴（Malaba），估计造价35亿美元，但中方正等待该项目的可行性评估，故暂时冻结资金。目前，肯尼亚已完成了蒙巴萨至内罗毕487公里项目一期工程的建设，耗资3000多亿先令，其中大部分是中国进出口银行2014年5月发放的贷款，15年后到期，而内罗毕至奈瓦沙的二期工程的建设耗1500亿先令。在建设阶段，中国进出口银行出资85%，肯尼亚出资15%。蒙内铁路是肯尼亚独立50多年来，最大单笔基础建设项目，合约要求肯亚港口局每年提供100万吨、到2024年须增加至600万吨的铁路货运量。为了要达到货运量，肯尼亚政府去年10月要求进口商必须使用铁路运货，遭业者抗议，指用铁路比原本使用的卡车成本增加50%。

护条约，在其中明确有关投资过程中的环境条款以及有关环境诉讼和救济程序的规定，严格依照东道国法律，合理承担法律责任，防止当地政府提出无依据的赔偿请求，依法维护投资利益。所以，现阶段中国企业对非投资过程中的环境法律纠纷主要涉及环境影响评价、环境许可、社区环境与居民利益、采矿权等类型，企业本希望通过诉讼来提高环境案件审理的公正性和透明度，但在实践中，以诉讼方式解决中非环境法律纠纷的过程中，存在部分国家环境法律法规较为陈旧、可操作性不强等问题。而且，环境法律纠纷还存在因果关系难以确定和调查取证困难等问题，也面临着进入诉讼程序后被公开审理和宣判带来的舆论压力，甚至会在西方媒体或受西方资助的 NGO 的挑拨下，在非洲当地引发针对中国援助和投资活动的反对浪潮。可见，中国企业一旦陷入非洲的环境法律诉讼，无论企业能否胜诉，只要进入诉讼程序都不可避免地耗费大量诉讼成本和诉讼精力，非洲较低的司法诉讼效率必将影响中国企业项目的施工运营工期和资助周转周期，既影响投资利益，还影响中国企业在非洲的良好形象。所以，仅仅依照在非洲东道国的诉讼审判将无法真正解决现阶段中非环境法律纠纷易发、频发、争议大、影响大的困境。

可见，由于非洲部分国家环境法制不够完善、环境审判专门化制度也未完全建立，执法和司法腐败问题长期困扰，倘若中国企业基于"穷尽国内救济原则"在非洲投资东道国中被动应诉或作为起诉方合理维护企业投资利益，极有可能遭受过量的裁判，也可能遇到非法的索贿行为。为了杜绝此类现象的发生，理性承担环境违法或侵权责任、避免不合理的执法或司法行为，除了采用非洲国家国内法到法院进行环境法律争端解决之外，我国还可利用国际诉讼机制，争取推动建立国际环境法院，严格依照国际刑事法院《环境保护宣言》《国际刑事法院罗马规约》之《犯罪要件》第 8 条等有关破坏环境行为的规定来查处中国企业环境违法行为，以此保障和维护作为应诉方的合法权益，防范非洲部分国家借助环境违法而采取的过量裁决，杜绝司法腐败对中国企业因环境违法或侵权而造成的投资利益损失。同时，推动建立国际环境法庭也有利于我国积极参与全球环境保护、应对气候变化以及可持续发展活动，建立起跨国环境追责与司法合作的互动机制，为跨国环境法律纠纷提供可行性的诉讼方案，最大限度展现中国政府与企业履行环境保护义务的良好形象。因为，"建立国际环境法庭的提议给中国提供了一个在环境问题上占据道德和外交制高点的良机。任何环境争端的当事方——无论是中国政府、地方机构、个人或是商业团体——都可以利用国际环境法庭这个重要的平台捍卫其国际权益"①。为了保护中国在非投资者利益,在合作势头强劲的采矿业、基础设施建设、工程承包和农业等领域,在非环境争端不断出现,但缺乏专门裁决环境的司法机构,非洲国内司法机构又因经济和社会原因而受到各种干扰,司法效率不高,甚至存在索贿和腐败行为。② 然而,因环境纠纷而导致的投资时效、工程期限、债务支付、股东回报等影响,急需确定性的结论和及时性的裁决,而目前非洲各国司法系统似乎并不能满足这种要求。所以,推动建立国际环境法庭以此提高国际环境司法的透明度,其价值在于能够使得中国企业依据国际环境公约或相关环境法规,明确预见法律后果、合理承担法律责任,为中非环境纠纷增加了确定性和可预见性,让在非投资企业能够理性应对司法裁决或重新规划项目进度,不至于被非洲国家的司法效率耽误工期而引发连锁不良反应。

据此,为了构建这个目前紧缺的专门性解决跨国环境纠纷和参与全球环境事务的国际司法机构,国际环境法庭的倡议者、国际环境法庭联盟指导委员会成员斯图尔特·A. 布鲁斯为法庭的建立提出了基本架构,将其与中非环境法律纠纷的实质内容相结合,我国可以从如下角度尝试推动建立能够解决中非环境法律争端的国际环境法庭制度。

第一,在诉讼主体、客体、方式和职责上,打破只有国家才具备国际法庭诉讼资格的局限,让国家、公民社会、企业和个人都能够成国际环境法庭的诉讼主体,最大限度落实环境正义原则和《奥胡斯公约》的宗旨,保证那些受到环境问题影响的 NGO、社区乃至个人都有权直接向法庭提起申诉,而争议解决方式也将涵盖诉讼、非约束性仲裁、调解、司法咨询,以及约束性的仲裁和司法认定等,还能够解决国家或非国家参与者之间因环境习惯法或国际条约法定义务而产生法律纠纷,并且继续吸收《生物多样性公约》《联合国气候变化框架公约》和《京都议定书》等国

---

① Philip Riches, China should back eco justice, *Chinadialogue*, July 18, 2012.
② 例如,安哥拉虽形成了以葡萄牙民法体系为基础的现代化法律体系,并遵循着大陆法系的司法诉讼程序,但其司法效率却十分低下,纠纷产生后的法律诉讼周期约为 1296 天,平均诉讼费用约为争议金额的 44.4%。

际环境公约框架所建立的各种国际性环境执法机构的职能。第二，在建立方式上，可以采取协商同意与依国际条约处理两种方式，前者方式程序简短、速度快、成本低，可由中国与非洲投资东道国协商同意而建立，由产生环境法律纠纷的中非双方将案件一致同意提交法庭，并同意接受法庭管辖权及其运行章程，接受并执行法庭的司法裁决；而后者的建立方式较为复杂且必须在国际环境峰会上提出，经过多轮谈判和章程起草方可成立，但建议参考《纽约公约》，在国际商事纠纷解决机制下，利用仲裁机构的模式和流程，形成一个由第三方组成的永久性国际环境法庭，在法庭章程通过后向全世界各国开放签署，具体流程类似于《罗马规约》下成立的国际刑事法庭，同时明确管辖权、证据规则、与国内法院的关系等。第三，在法院人员组成及其专业技能上，尽可能吸收具有环境法学领域专业教育和丰富诉讼经验的司法人员，让国际环境法庭服务于全球的商贸与投资机构，利用法庭的环境司法经验和环保专业技能，为金融、商业或贸易组织提供独立的环境影响评价机制，从法律上以确定性和可预见性的方式为项目融资、施工、运营提供有效的风险评判建议，提高和改善中国对非投资的环境标准与实践，在促进非洲可持续发展的过程中降低中国企业的环境风险。[①] 据此，关于建立国际环境法庭的呼声已经超 20 年，中国在非洲解决环境法律纠纷的实践需要将大力推动法庭的建设进度，包括联合国在内的越来越多的机构和组织已经对相关议题表示出极大的兴趣和支持，法庭建立后必将为中非环境法律争端的诉讼解决机制提供切实可行的司法服务，也将成为中国积极参与全球环境司法探索、秉承中非合作公开、透明、合法的又一有力途径。

---

① Stuart Bruce, "The Project of a World Environment Court", in C Tomuschat, R. P. Mazzeschi and D Thürer (eds.), *Conciliation in International Law: The OSCE Court of Conciliation and Arbitration*, Brill, 2016.

参考文献

一 中文文献

(一) 学术专著类

安春英:《非洲的贫困与反贫困问题研究》,中国社会科学出版社 2010 年版。

包茂红:《环境史学的起源和发展》,北京大学出版社 2012 年版。

博峰:《彩虹之国南非》,外文出版社 2013 年版。

蔡守秋:《调整论——对主流法理学的反思与补充》,高等教育出版社 2003 年版。

陈慈阳:《二十一世纪宪法国家之新挑战:宪法解释与环境国家》,新学林出版股份有限公司 2015 年版。

陈慈阳:《环境法》,元照出版有限公司 2011 年版。

葛察忠、夏友富、智颖飙、龙凤:《中国对外投资中的环境保护政策》,中国环境科学出版社 2010 年版。

郭建宇:《非洲油气资源合作环境研究》,经济科学出版社 2015 年版。

郭濂:《非洲矿业产业研究》,中国金融出版社 2014 年版。

韩秀丽:《中国海外投资的环境保护问题研究——国际投资法视角》,法律出版社 2013 年版。

何勤华、洪永红:《非洲法律发达史》,法律出版社 2006 年版。

贺新元:《环境问题与第三世界》,中央民族大学出版社 2007 年版。

洪永红:《当代非洲法律》,浙江人民出版社 2014 年版。

洪永红:《中国对非投资法律环境研究》,湘潭大学出版社 2009

年版。

洪永红、夏新华：《非洲法导论》，湖南人民出版社2000年版。

胡充寒：《中国对非洲投资的国际法保护研究》，人民出版社2018年版。

华玙欣：《"一带一路"沿线国家环境法概论》，社会科学文献出版社2017年版。

黄玉沛、段文奇：《中国民营企业投资非洲宝典》，中国商务出版社2017年版。

剑虹：《最后的金矿：无限商机在非洲》，中国时代经济出版社2007年版。

姜忠尽、刘立涛：《中非合作能源安全战略研究》，南京大学出版社2014年版。

李安山：《非洲的古代王国》，北京大学出版社2011年版。

李安山：《非洲梦：探索现代化之路》，江苏人民出版社2013年版。

李伯军：《当代非洲国际组织》，浙江人民出版社2013年版。

李霞、周国梅、刘婷：《中非环境合作战略研究》，中国环境出版社2015年版。

李新烽、练铭祥、钟宏武、孟瑾：《中资企业非洲履行社会责任报告》，中国社会科学出版社2018年版。

李新烽、郑一钧：《郑和远航非洲与21世纪海上丝绸之路》，中国社会科学出版社2018年版。

李亚东、卢朵宝：《后发机遇——中国企业在非洲》，清华大学出版社2019年版。

刘鸿武：《非洲文化与当代发展》，人民出版社2014年版。

刘友法：《投资非洲指南》，中国财政经济出版社2014年版。

吕忠梅：《沟通与协调之途：论公民环境权的民法保护》，中国人民大学出版社2005年版。

孟庆涛：《环境权及其诉讼救济》，法律出版社2014年版。

苗吉：《利益与价值：中美非洲政策的历史考察》，世界知识出版社2015年版。

欧高敦：《非洲：经济增长的新大陆》，经济科学出版社2010年版。

潘兴明：《南非：非洲大陆的领头羊——非洲实力地位及综合影响力评析》，上海人民出版社2012年版。

朴英姬：《外国直接投资与非洲经济转型》，社会科学文献出版社2015年版。

《企业境外法律风险防范国别指引》系列丛书编委会编：《企业境外法律风险防范国别指引（赞比亚）》，经济科学出版社2014年版。

石佑启：《"一带一路"法律保障机制研究》，人民出版社2016年版。

舒运国：《非洲史研究入门》，北京出版社2012年版。

舒运国、刘伟才：《20世纪非洲经济史》，浙江人民出版社2013年版。

王琼：《西亚非洲法制》，法律出版社2013年版。

王淑敏：《地缘政治视阈下中国海外投资法律保护理论研究——以"一带一路"为契机》，知识产权出版社2016年版。

王树义等：《环境法基本理论研究》，科学出版社2012年版。

王兴平：《中国开发区在非洲：中非共建型产业园区发展与规划研究》，东南大学出版社2015年版。

吴卫星：《环境权研究：公法学的视角》，法律出版社2007年版。

夏新华主编：《法律文化研究·第十一辑：非洲法律文化专题》，社会科学文献出版社2018年版。

夏新华：《非洲法律文化史论》，中国政法大学出版社2013年版。

夏秀渊、洪永红等著：《法律文明史（第12卷）：近代亚非拉地区法》（中卷·非洲法分册），商务印书馆2019年版。

谢守红、甘晨、王庆：《非洲国家投资环境研究》，经济科学出版社2017年版。

徐祥民、田其云：《环境权：环境法学的基础研究》，北京大学出版社2004年版。

杨宝荣：《非洲开放式自主发展与"一带一路"中非产能合作》，经济管理出版社2018年版。

杨立华：《中国与非洲经贸合作发展总体战略研究》，中国社会科学出版社2013年版。

叶俊荣：《环境政策与法律》，中国政法大学出版社2003年版。

叶俊荣：《气候变迁治理与法律》，台湾大学出版中心 2015 年版。

叶玮、朱丽东：《当代非洲资源与环境》，浙江人民出版社 2013 年版。

《一带一路沿线国家法律风险防范指引》系列丛书编委会编：《一带一路沿线国家法律风险防范指引（埃及）》，经济科学出版社 2016 年版。

《一带一路沿线国家法律风险防范指引》系列丛书编委会编：《一带一路沿线国家法律风险防范指引（几内亚）》，经济科学出版社 2018 年版。

《一带一路沿线国家法律风险防范指引》系列丛书编委会编：《一带一路沿线国家法律风险防范指引（南非）》，经济科学出版社 2018 年版。

《一带一路沿线国家法律风险防范指引》系列丛书编委会编：《一带一路沿线国家法律风险防范指引（尼日利亚）》，经济科学出版社 2018 年版。

于晓刚：《中国银行业环境记录》，云南科技出版社 2012 年版。

曾华群、余劲松：《促进与保护我国海外投资的法制》，北京大学出版社 2017 年版。

曾建平：《环境正义：发展中国家环境伦理问题探究》，山东人民出版社 2007 年版。

张春：《地方参与中非合作研究》，上海人民出版社 2015 年版。

张瑾：《"一带一路"投资保护的国际法研究》，社会科学文献出版社 2017 年版。

张同铸：《非洲经济社会发展战略研究》，人民出版社 1992 年版。

张小虎：《埃及法专题研究》，湘潭大学出版社 2019 年版。

张晓颖：《生存的逻辑——民营企业在非洲》，社会科学文献出版社 2019 版。

张永宏：《非洲发展视域中的本土知识》，中国社会科学出版社 2010 年版。

张永宏：《中非低碳发展合作的战略背景研究》，世界知识出版社 2014 年版。

张永宏、詹世明：《非洲法语国家发展与合作》，社会科学文献出版社 2020 年版。

郑家馨：《南非史》，北京大学出版社2010年版。

郑家馨：《殖民主义史·非洲卷》，北京大学出版社2000年版。

智宇琛：《中国中央企业走进非洲》，社会科学文献出版社2016年版。

周训芳：《环境权论》，法律出版社2003年版。

朱华友：《当代非洲工矿业》，浙江人民出版社2013年版。

朱伟东：《非洲商法协调组织》，社会科学文献出版社2018年版。

朱伟东：《非洲涉外民商事纠纷的多元化解决机制研究》，湘潭大学出版社2013年版。

朱伟东、王琼、史晓曦：《非洲大陆自由贸易区法律文件汇编》，社会科学文献出版社2020年版。

（二）中文译著类

［尼日利亚］阿契贝：《非洲的污名》，张春美译，南海出版公司2014年版。

［英］阿莱克斯·汤普森：《非洲政治导论》，周玉渊译，民主与建设出版社2015年版。

［美］埃里克·吉尔伯特、乔纳森·T. 雷诺兹：《非洲史》，黄磷译，海南出版社2007年版。

［尼日利亚］埃比戈贝里·乔·阿拉戈：《非洲史学实践——非洲史学史》，郑晓霞、王勤、胡皎玮译，上海社会科学院出版社2016年版。

［美］爱蒂丝·布朗·魏伊丝：《公平地对待未来人类：国际法、共同遗产与世代间平衡》，汪劲等译，法律出版社2000年版。

［美］保罗·K. 弗里曼、霍德华·昆路德：《保险与环境风险管理》，王玉玲、秦余国、王志新译，中国金融出版社2016年版。

［美］黛博拉·布罗蒂加姆：《非洲将养活中国吗?》，孙晓萌、沈晓雷译，社会科学文献出版社2017年版。

［英］蒂姆·海沃德：《宪法环境权》，周尚君、杨天江译，法律出版社2014年版。

［美］丰索·阿佛拉扬：《南非的风俗与文化》，赵巍等译，民主与建设出版社2018年版。

［南非］海因·马雷：《南非：变革的局限性——过渡的政治经济

学》，葛佶、屠尔康译，社会科学文献出版社2003年版。

[英] 简·汉考克：《人类与环境的权力》，谢明珊译，韦伯文化国际出版有限公司2009年版。

经济合作与发展组织（OECD）：《环境风险与保险》，李萱译，中国金融出版社2016年版。

[法] 凯瑟琳·科克里-维德罗维什：《非洲简史》，金海波译，民主与建设出版社2018年版。

[美] 凯尔文·C. 邓恩、蒂莫西·M. 肖：《国际关系理论：来自非洲的挑战》，李开盛译，民主与建设出版社2015年版。

[美] 凯法·M. 奥蒂索：《乌干达的风俗与文化》，施雪飞译，民主与建设出版社2018年版。

[美] 凯文·希林顿：《世界历史文库：非洲史》，赵俊译，中国出版集团东方出版中心2012年版。

[加纳] 理查德·弗林蓬·奥蓬：《英联邦非洲国际私法》，朱伟东译，社会科学文献出版社2019年版。

[英] 理查德·雷德：《现代非洲史》（第2版），王毅、王梦译，上海人民出版社2014年版。

联合国环境规划署（UNEP）：《世界环境展望》，张世纲等译，中国环境科学出版社1997年版。

[英] 罗伯特·H. 贝茨：《当一切土崩瓦解：20世纪末非洲国家的失败》，赵玲译，民主与建设出版社2016年版。

[英] M. 福蒂斯、E. E. 埃文思-普里查德：《非洲的政治制度》，刘真译，商务印书馆2016年版。

[英] 马克·史密斯、[美] 皮亚·庞萨帕：《环境与公民权：整合正义、责任与公民参与》，侯艳芳、杨晓燕译，山东大学出版社2012年版。

[埃及] 穆斯塔发·本·穆罕默德艾玛热编：《布哈里圣训实录精华》，穆萨·宝文安哈吉、买买提·赛来哈吉译，中国社会科学出版社2013年版。

[南非] S. 泰列伯兰奇：《迷失在转型中：1986年以来南非的求索之路》，董志雄译，民主与建设出版社2015年版。

[英] 斯科特·D. 泰勒：《赞比亚的风俗与文化》，曹芳芝等译，民

主与建设出版社 2018 年版。

［美］唐纳德·休斯：《什么是环境史》，梅雪芹译，北京大学出版社 2008 年版。

［美］唐纳德·休斯：《世界环境史：人类在地球生命中的角色转变》，赵长凤、王宁、张爱萍译，电子工业出版社 2014 年版。

［尼］托因·法罗拉：《尼日利亚的风俗与文化》，方之译，民主与建设出版社 2018 年版。

［英］威廉·贝纳特、彼得·科茨：《环境与历史：美国和南非驯化自然的比较》，包茂红译，译林出版社 2011 年版。

［美］翁·基达尼：《中非争议解决：仲裁的法律、经济和文化分析》，朱伟东译，中国社会科学出版社 2017 年版。

（三）一般论文类

安春英：《环境危机：非洲未来生存与发展的挑战》，《世界经济》1997 年第 3 期。

白莉莉：《中国可以助力非洲能源绿色化》，《中外对话》2018 年第 4 期。

包茂宏：《非洲的环境危机和可持续发展》，《北京大学学报》（哲学社会科学版）2001 年第 3 期。

蔡高强、刘明萍：《基于中非合作发展的投资争端预防机制论》，《湘潭大学学报》（哲学社会科学版）2020 年第 3 期。

蔡高强、郑敏芝：《论〈非洲人权和民族权宪章〉在南非国内的实施》，《广州大学学报》（社会科学版）2012 年第 5 期。

蔡守秋、陈叶兰：《论跨国环境纠纷解决机制》，《复旦国际关系评论》2007 年。

岑鑫：《"一带一路"国际投资中的企业环境责任》，《人民法治》2020 年第 2 期。

陈铭：《南非成立环保法庭加强保护鲍鱼等水产资源》，《水产养殖》2003 年第 3 期。

邓德利：《非洲地区环境法对中国石油海外业务影响分析》，《油气田环境保护》2011 年第 3 期。

邓德利、梁兵兵、李勇：《非洲地区环境法对中国石油海外业务影响分析》,《油气田环境保护》2011 年第 3 期。

丁金光：《中非环保合作的现状与特点》,《亚非纵横》2008 年第 4 期。

范纯：《非洲环境保护法律机制研究》,《西亚非洲》2008 年第 4 期。

方桂荣、夏众明：《中国民营企业对非投资的法律风险防控》,《非洲研究》2016 年第 2 卷。

盖轶婷、尹莉俊、赵满：《"一带一路"倡议下非洲国家基础建设投融资研究》,《交通企业管理》2018 年第 6 期。

郭继超、施国庆：《世界银行环境政策及其启示》,《河海大学学报》（哲学社会科学版）2002 年第 4 期。

韩积斌：《伊斯兰文化与环境保护》,《中国穆斯林》2009 年第 3 期。

韩秀丽：《中国海外投资的环境保护问题——基于投资法维度的考察》,《厦门大学学报》（哲学社会科学版）2018 年第 3 期。

韩秀丽：《中国海外投资中的环境保护问题》,《国际问题研究》2013 年第 5 期。

贺鉴：《大陆法系对英语非洲国家宪法的影响——以法、德两国宪法对南非宪法的影响为例》,《湖南科技大学学报》（社会科学版）2010 年第 2 期。

贺鉴：《南非 1996 年宪政法律制度述评——以西方四国宪法对南非新宪法的影响为视角》,《当代世界与社会主义》2009 年第 2 期。

贺文萍：《"一带一路"与中非合作：精准对接与高质量发展》,《当代世界》2019 年第 6 期。

贺文萍：《中非共建"一带一路"须进行精准对接》,《公共外交季刊》2018 年第 3 期。

贺文萍：《中非合作推动南南合作新发展》,《海外投资与出口信贷》2018 年第 5 期。

洪伟光：《论"一带一路"战略下我国海外投资环境风险的法律保护》,《浙江万里学院学报》2018 年第 2 期。

黄梅波、黄飞翔：《中国对非矿业领域投资及其效果分析》,《国际经济合作》2013 年第 1 期。

黄梅波、张晓倩：《中非产能合作推动非洲"三网一化建设"》,《国际工程与劳务》2016 年第 4 期。

黄永稳：《中国对非洲对外直接投资的风险防范》，《中国管理信息化》2013 年第 23 期。

吉海英：《南非生物多样性保护的法律与实践》，《中共济南市委党校学报》2007 年第 1 期。

景爱：《环境史：定义、内容与方法》，《史学月刊》2004 年第 3 期。

李虹、黄洁、王永生、吴琼：《南非矿山环境立法与管理研究》，《中国国土资源经济》2007 年第 3 期。

李嘉莉、秦路：《南非海洋渔业资源保护及其借鉴意义》，《中国渔业经济》2007 年第 6 期。

李鹏、高超：《博茨瓦纳矿业投资环境及相关法律法规》，《西部资源》2019 年第 2 期。

李淑芹、石金贵：《非洲水资源及利用现状》，《水利水电快报》2009 年第 30 期。

李文刚：《中国—尼日利亚共建"一带一路"：优势、挑战及前景》，《当代世界》2020 年第 6 期。

李新烽：《中非友谊的基石：真、实、亲、诚》，《求是》2013 年第 9 期。

刘恩媛：《论"一带一路"环境争端解决机制》，《国际贸易》2018 年第 4 期。

刘贵今：《理性认识对中非关系的若干质疑疑》，《西亚非洲》2015 年第 1 期。

刘海鸥、张小虎：《宪法位阶的环境法：南非宪法环境权条款及其启示》，《湘潭大学学报》（哲学社会科学版）2016 年第 3 期。

刘磊：《浅析伊斯兰教的生态观》，《阿拉伯世界研究》2007 年第 5 期。

刘林琳、张小虎：《论津巴布韦环境与资源保护法律体系》，《河南科技学院学报》2020 年第 9 期。

刘敏：《全球化时代的饮食文化与海洋生态环境保护——以南非鲍鱼偷猎为例》，《绿叶》2015 年第 1 期。

刘敏、彭胜群、刘敏：《亚洲基础设施投资银行贷款项目环评政策探索》,《铁道建筑技术》2018年第1期。

刘念:《"一带一路"背景下中国企业对安哥拉投资制造业的环境法律风险与防范》,《河南科技学院学报》2020年第5期。

刘念:《"一带一路"背景下中国企业对非投资环境侵权纠纷解决方式之完善——兼谈调解解决环境侵权兼谈调解解决环境侵权纠纷制度的价值与构建》,《四川警察学院学报》2020年第1期。

刘诗琪:《"一带一路"框架下中非合作的战略对接与挑战》,《现代管理科学》2019年第1期。

刘媛媛、张晓进:《"一带一路"倡议下的国际环境争端解决机制研究》,《国别和区域研究》2018年第2期。

刘振:《"一带一路"倡议下非洲矿业市场的机遇和风险分析》,《世界有色金属》2019年第24期。

龙凤、葛察忠、钟晓红:《中国对外投资和援助中的环境保护》,《环境保护》2009年第1期。

龙辉:《南非环境新法律:液体废物倾倒在垃圾填埋场属违法》,《中非新闻报》2019年8月21日。

吕梦荻、毛莉:《深化中非绿色低碳领域合作》,《中国社会科学报》2016年9月9日。

彭峰:《法语非洲国家环境法的进化之路》,《环境经济》2011年第5期。

漆彤:《投资争议处理体系的三大构成》,《社会科学辑刊》2018年第4期。

秦文:《比较法视野下的中非调解制度研究——以传统法律文化为视角》,《探索与争鸣》2011年第4期。

全毅、高军行:《"一带一路"背景下中非经贸合作的定位、进展与前景》,《国际经济合作》2018年第1期。

任世丹:《世界银行的环境政策及其对环境法发展的启示——搭建环保与扶贫的桥梁》,《生态经济》2012年第8期。

任洋:《"一带一路"背景下对外投资环境法律风险防范——以非洲为主要视阈》,《三峡大学学报》(人文社会科学版)2020年第2期。

宋博《"一带一路"为促进非洲发展发挥积极作用》,《商业观察》

2019 年第 8 期。

孙佑海:《绿色"一带一路"环境法规制研究》,《中国法学》2017年第 6 期。

孙钰:《南南合作开展非洲水行动》,《环境保护》2013 年第 8 期。

唐晓阳、熊星翰:《中国海外投资与投资监管:以中国对非投资为例》,《外交评论》2015 年第 3 期。

汪津生:《当代南部非洲国家公民社会现状及存在问题探析》,《内蒙古民族大学学报》(社科版) 2009 年第 3 期。

王朝乾、张小虎:《非洲水法庭制度简析》,《环境与发展》2021 年第 1 期。

王华春、郑伟、王秀波:《从南非矿法修改看其矿业政策发展变化》,《中国国土资源经济》2014 年第 5 期。

王谨:《南非"环境彰显文明"》,《海内与海外》2010 年第 5 期。

王俊、朱丽东、叶玮、程雁:《近 15 年来非洲土地利用现状及其变化特征》,《安徽农业科学》2008 年第 37 期。

王奎:《南非习惯法的历史发展》,《佛山科学技术学院学报》(社会科学版) 2011 年第 1 期。

王力军:《非洲大陆自贸区与中国企业在非洲的发展》,《国际经济合作》2019 年第 6 期。

王鹏:《"一带一路"背景下中企面临的环境风险》,《世界环境》2015 年第 5 期。

王婷:《"一带一路"视域下中非合作的进程、挑战与前景展望》,《现代管理科学》2019 年第 9 期。

王晓红:《中国对非洲投资:重点、难点及对策——对尼日利亚、加纳、冈比亚、埃及的调研》,《全球化》2019 年第 2 期。

王晓丽:《跨国环境纠纷的预防与解决:国际机制视角下的比较研究》,《东南亚纵横》2015 年第 11 期。

王学军:《非洲发展态势与中非共建"一带一路"》,《国际问题研究》2019 年第 2 期。

王艳芬、王武名、赵海卫、丁海红:《马拉维的矿产资源及其矿业管理现状》,《资源管理》2012 年第 9 期。

王义桅：《中欧在海上丝绸之路的合作》，《国际援助》2015 年第 2 期。

吴凯：《浅析"一带一路"战略中外国环境法律的查明》，《世界环境》2015 年第 5 期。

吴丽霞：《浅析撒哈拉以南非洲环境问题产生的原因》，《湘潮（理论）》2009 年第 2 期。

吴强：《环境与历史〈美国和南非驯化自然的比较〉评介》，载《全球史评论》（第六辑），中国社会科学出版社 2013 年版。

吴思科：《"一带一路"背景下中国与亚非国家合作的机遇、挑战及应对》，《新丝路学刊》2018 年第 4 期。

吴卫星：《环境权入宪的比较研究》，《法商研究》2017 年第 4 期。

吴勇：《非洲环境法简析》，《西亚非洲》2003 年第 5 期。

席逢遥：《南非法律体系与刑罚执行制度历史变迁及启示》，《中国司法》2013 年第 6 期。

夏新华：《冲突与调适：南非混合法形成的历史考察》，《河北法学》2002 年第 3 期。

夏新华：《论南非法制变革趋势》，《西亚非洲》2000 年第 1 期。

夏新华：《南非环境立法简介》，《西亚非洲》2001 年第 6 期。

夏新华：《新南非环境立法与人权保护》，《湖南省政法管理干部学院学报》2002 年第 4 期。

夏新华、刘星：《论南非法律体系的混合特性》，《时代法学》2010 年第 4 期。

夏新华、刘星：《南部非洲混合法域的形成与发展》，《环球法律评论》2010 年第 6 期。

肖蓓：《中国企业投资"一带一路"沿线国家的生态环境风险及法律对策研究》，《国际论坛》2019 年第 4 期。

徐鹤、齐曼古丽·依里哈木、姚荣、吴婧：《"一带一路"战略的环境风险分析与应对策略》，《中国环境管理》2016 年第 2 期。

徐杰：《包容与法治：中国对非洲投资的策略调整》，《经济研究参考》2014 年第 71 期。

徐燕峰：《"一带一路"建设中有关环境保护问题的思考》，《环境与发展》2018 年第 4 期。

严磊：《非洲贫困问题的历史与现状》，《忻州师范学院学报》2010 年第 1 期。

杨福学：《中国在非投资纠纷解决机制：以商事调解为视角》，《兰州财经大学学报》2019 年第 1 期。

姚桂梅：《中非共建"一带一路"：进展、风险与前景》，《当代世界》2018 年第 10 期。

詹世明：《应对气候变化：非洲的立场与关切》，《西亚非洲》2009 年第 10 期。

张宝：《南非的环境公益诉讼》，《世界环境》2010 年第 1 期。

张春：《刚果金矿业资源现状及投资环境分析》，《中国矿业》2008 年第 12 期。

张敏纯、张宝：《非洲环境权入宪的实践及其启示》，《求索》2011 年第 4 期。

张小虎：《"一带一路"倡议下中国对非投资的环境法律风险与对策》，《外国法制史研究》2017 年第 20 卷。

张小虎：《非洲国家宪法环境权比较研究——兼谈南非与肯尼亚宪法环境权的启示》，载本书编辑委员会组编《人大法律评论》（2018 年第 2 期·总第 27 辑），法律出版社 2019 年版。

张小虎：《非洲国家宪法环境权的实证研究》，载齐延平主编《人权研究》（第 21 卷），社会科学文献出版社 2019 年版。

张小虎：《化解对非投资的环境法律风险》，《中国投资》2019 年第 14 期。

张小虎：《加强中非投资合作的环境法律风险防控》，《中国社会科学报》2018 年 3 月 16 日。

张小虎、常芸：《应对乌干达环评法律风险建议》，《中国投资》2021 年第 Z7 期。

张小虎、贺鉴：《非洲各国宪法中的公民环境权：文本分析与经验启示》，载徐祥明主编《中国环境资源法学评论》，社会科学文献出版社 2017 年版。

张小虎、杨双瑜：《肯尼亚的环境法制与投资风险防范》，《河南科技学院学报》2020 年第 7 期。

张小虎、赵倩:《论南非矿业本土化的立法规制与风险防范》,《中国国土资源经济》2020 年第 10 期。

张永宏、程实:《撒哈拉以南非洲本土冲突解决机制:特点、作用边界及发展趋势》,《西亚非洲》2020 年第 1 期。

张钰羚:《浅谈实施"一带一路"战略的环境法治路径》,《世界环境》2015 年第 5 期。

张韵:《中企投资非洲须借鉴专业经验》,《中国信息报》2015 年 11 月 25 日。

张泽忠:《非洲经济一体化发展战略下的非洲大陆自由贸易协定》,《国际经济法学刊》2020 年第 1 期。

赵晨光:《中非共建"一带一路":新阶段、新挑战与新路径》,《当代世界》2020 年第 5 期。

赵淑慧:《欧洲殖民主义者入侵前南非班图人社会的性质》,《世界历史》1980 年第 2 期。

赵新、张小虎:《肯尼亚矿业投资的环境法律风险探析》,《国土资源情报》2021 年第 3 期。

郑师安:《南非生物多样性法案之简介》,《科技法律透析》2005 年第 4 期。

郑曦:《非洲投资环境和风险对我国"一带一路"倡议的启示——以安哥拉为例》,《上海经济》2017 年第 5 期。

周秀慧、张重阳:《非洲森林资源的开发、利用与可持续发展》,《世界地理研究》2007 年第 16 期。

朱伟东:《〈非洲大陆自贸区协定〉的背景、挑战及意义》,《河北法学》2020 年第 1 期。

朱伟东:《肯尼亚的本土化立法》,《中国投资》2018 年第 12 期。

朱伟东:《南非法院对外国判决的承认和执行》,《西亚非洲》2001 年第 3 期。

朱伟东:《应对非洲本土成分立法》,《中国投资》2018 年第 10 期。

朱伟东:《中非产能合作需注意哪些法律问题》,《人民论坛》2018 第 15 期。

朱伟东:《中非双边投资条约存在的问题及完善》,《国际经济法学刊》(第 22 卷第 1 期),北京大学出版社 2015 年版。

朱伟东、王婷:《非洲区域经济组织成员身份重叠现象与消解路径》,《西亚非洲》2020 年第 1 期。

朱小姣、张小虎:《南非矿业的环境法律规制与风险分析》,载刘鸿武主编《非洲研究》(2018 年第 2 卷·总第 13 卷),中国社科文献出版社 2018 年版。

(四) 学位论文类

德兰:《冷战后的非洲:国际环境变化中的经济和政治发展趋势》,硕士学位论文,武汉大学,2004 年。

韩拓:《中国与非洲环保合作的成就和问题研究》,硕士学位论文,青岛大学,2011 年。

侯宇清:《南非宪法法院判例研究》,博士学位论文,湘潭大学,2011 年。

黄彪:《南非矿山工伤管理法律制度及其对我国的启示》,硕士学位论文,山西大学,2010 年。

李天相:《〈南非宪法〉环境权条款理论和实践问题评析》,硕士学位论文,吉林大学,2015 年。

刘浩:《国际法在南非国内适用的历史考察》,硕士学位论文,湘潭大学,2013 年。

刘芊岑:《环境规制对中国在"一带一路"投资的影响研究》,硕士学位论文,广东外语外贸大学,2018 年。

刘星:《南部非洲混合法域研究》,硕士学位论文,湘潭大学,2008 年。

陶静婵:《南非气候外交研究》,硕士学位论文,广西师范大学,2012 年。

王洪凯:《"一带一路"战略下我国海外投资的环境保护问题及应对》,硕士学位论文,华侨大学,2017 年。

吴丽霞:《撒哈拉以南非洲的环境问题研究(1960 年—今)》,硕士学位论文,上海师范大学,2009 年。

肖海英:《南非劳动法研究》,博士学位论文,湘潭大学,2013 年。

杨舟双:《南非土地改革的法律变迁探析》,硕士学位论文,湘潭大学，2013 年。

张小虎：《南非环境资源法制史论》，博士学位论文，湘潭大学，2016 年。

郑力斐：《非洲人口增长与环境退化》，硕士学位论文，上海师范大学，2008 年。

朱伟东：《南非国际私法研究——一个混合法系国家的视角》，博士学位论文，武汉大学，2005 年。

（五）研究报告类

Yue Su、Pamela Qiu、Waqas Adenwala、Gaddi Tam、Wai Lam：《2020 年后的"一带一路"倡议：拥抱"一带一路"倡议下的新路径和新机遇》，贝克·麦坚时（Baker McKenzie）、经济学人企业网络（The Economist Corporate Network），2019 年。

艾莉森·霍尔、蓝虹、海延斯、能源环境和资源部：《"一带一路"倡议下投资者在推动可持续基础设施建设过程中发挥的作用》，英国皇家战略研究所（The Royal Institute of International Affairs, Chatham House），2018 年 5 月。

《非洲发展新伙伴关系：关于执行情况和国际支持的第十六次综合进度报告（秘书长报告）》，联合国大会第七十三届会议·临时议程项目，2018 年 7 月 27 日。

国际货币基金组织：《地区经济展望——撒哈拉以南非洲：不确定加剧背景下的经济复苏》，国际货币基金组织，2019 年。

国际贸易中心：《赞比亚：农业和轻工业部门的可持续投资》，2019 年。

国际贸易中心：《赞比亚：农业加工和轻工业部门的可持续投资》，日内瓦国际贸易中心，2019 年。

蒋姮、张熙霖、黄禾、崔守军、韩薇、沈乎、安春英：《中国对非投资案例调查报告》，海因里希·伯尔基金会—中国民促会项目合作办公室，2012 年。

刘鸿武主编：《非洲地区发展报告（2012—2013）》，社会科学文献出版社 2013 年版。

刘鸿武主编：《非洲地区发展报告（2016—2017）》，中国社会科学出版社 2017 年版。

刘鸿武主编：《非洲地区发展报告（2017—2018）》，中国社会科学出版社 2018 年版。

刘勇、刘任飞：《融合投融资规则 促进"一带一路"可持续发展——"一带一路"经济发展报告（2019）》，国家开发银行、联合国开发计划署，2019 年。

牛津中非咨询公司（OCAC）：《中国债务免除分析报告》，睿纳新国际咨询所做咨询项目（Development Reimagined），2019 年 4 月 17 日。

清华大学绿色金融发展研究中心与创绿研究院：《"一带一路"国家可再生能源项目投融资模式、问题和建议》，创绿研究院，2020 年。

商务部、国家统计局、国家外汇管理局：《2018 年度中国对外直接投资统计公报》，葛顺奇、金威译，2019 年。

商务部国际贸易经济合作研究院、中国驻阿尔及利亚大使馆经济商务处、商务部对外投资和经济合作司编：《对外投资合作国别（地区）指南：阿尔及利亚》，2020 年。

商务部国际贸易经济合作研究院、中国驻埃及大使馆经济商务处、商务部对外投资和经济合作司编：《对外投资合作国别（地区）指南：埃及》，2020 年。

商务部国际贸易经济合作研究院、中国驻埃塞俄比亚大使馆经济商务处、商务部对外投资和经济合作司编：《对外投资合作国别（地区）指南：埃塞俄比亚》，2020 年。

商务部国际贸易经济合作研究院、中国驻安哥拉大使馆经济商务处、商务部对外投资和经济合作司编：《对外投资合作国别（地区）指南：安哥拉》，2020 年。

商务部国际贸易经济合作研究院、中国驻刚果（金）大使馆经济商务处、商务部对外投资和经济合作司编：《对外投资合作国别（地区）指南：刚果（金）》，2020 年。

商务部国际贸易经济合作研究院、中国驻加纳大使馆经济商务处、商务部对外投资和经济合作司编：《对外投资合作国别（地区）指南：加纳》，2020 年。

商务部国际贸易经济合作研究院、中国驻肯尼亚大使馆经济商务处、商务部对外投资和经济合作司编：《对外投资合作国别（地区）指南：肯尼亚》，2020年。

商务部国际贸易经济合作研究院、中国驻南非大使馆经济商务处、商务部对外投资和经济合作司编：《对外投资合作国别（地区）指南：南非》，2020年。

商务部国际贸易经济合作研究院、中国驻尼日利亚大使馆经济商务处、商务部对外投资和经济合作司编：《对外投资合作国别（地区）指南：尼日利亚》，2020年。

商务部国际贸易经济合作研究院、中国驻赞比亚大使馆经济商务处、商务部对外投资和经济合作司编：《对外投资合作国别（地区）指南：赞比亚》，2020年。

世界银行、宋林霖：《2019年营商环境报告》，天津人民出版社2020版。

世界自然基金会（WWF）：《中国和非洲可持续合作与发展：世界自然基金会向中国和非洲国家的主管部门提交的有关中非合作的建议》，2012年。

舒运国、张忠祥：《非洲经济发展报告（2016—2017）》，上海社会科学院出版社2017年版。

孙辕、Kartik Jayaram、Omid Kassiri：《龙狮共舞：中非经济合作现状如何，未来又将如何发展?》，麦肯锡集团，2017年6月。

翁晓雪、莉拉·巴克利：《非洲中资企业：如何看待企业社会责任和中国政府政策作用？（讨论稿）》，国际环境与发展研究所（伦敦），2016年。

张宏明、安春英：《非洲黄皮书：非洲发展报告No.16（2013—2014）：中国对非政策动向与中非关系的国际环境》，社会科学文献出版社2014年版。

张宏明、安春英：《非洲黄皮书：非洲发展报告No.18（2015—2016）》，社会科学文献出版社2016年版。

张宏明、安春英：《非洲黄皮书：非洲发展报告·NO 21（2018—2019）》，社会科学文献出版社2019年版。

张宏明、詹世明：《非洲黄皮书：非洲发展报告·NO 22（2019—2020）》，社会科学文献出版社2020年版。

中非森林治理学习平台:《中国对非洲森林的投资:规模、趋势和未来政策》,国际环境与发展研究所,2016年。

中华全国工商联合会、中国商务部国际贸易经济合作研究院、联合国开发计划署驻华代表处:《2019中国民营企业"一带一路"可持续发展报告》,2019版。

二 外文文献

(一) 学术专著类

A.Du Plessis, *Fulfillment of South Africa's Constitution Environmental Right in the Local Government Sphere*, Nijmegen: Wolf Legal Publishers, 2009.

Abdel Ghaffar M.Ahmed and Wilfred Mlay (eds.), *Environment and Sustainable Development in Eastern and Southern Africa Some Critical*, UK: Macmillan Press LTD, 1998.

Alexander Paterson and Louis J.Kotzé (eds), *Environmental Compliance and Enforcement in South Africa: Legal Perspectives (forthcoming)*, Cape Town: Juta & Company Limited, 2009.

A.J.Dietz, R.Ruben and A.Verhagen, *The Impact of Climate Change on Drylands With a Focus on West Africa*, New York: Kluwer Academic Publishers, 2004.

Beatrice Chaytorand Kevin R.Gray, *International Environmental Law and Policy in Africa*, Springer Netherlands: Kluwer Academic Publishers, 2003.

Carl Bruch and Environmental Law Institute, *Constitutional Environmental Law: Giving Force to Fundamental Principles in Africa*, Washington D.C.: Environmental Law Institute, 2000.

Carl Bruch, *Constitutional Environmental Rights: Giving Force to Fundamental principles in Africa* (2nd Edition), Washington D.C.: Environmental Law Institute, 2007.

Carl Bruch, Wole Coker and Chirs VanArsdale, *Breathing Life into Fundamental Principles: Implementing Constitutional Environmental Protections in Africa*, Washington D.C.: World Resources Institute, 2001.

Christina Voigt and Zen Makuch, *Courts and the Environment*, UK: Edward Elgar Publishing Ltd., 2018.

Claude-Hélène Mayer, *Combating Wildlife Crime in South Africa: Using Gelatine Lifters for Forensic Trace Recovery*, Germany: Springer International Publishing, 2019.

C.J.Skead, *Historical Manmal Incidence in the Cape Province (vol.2): The Eastern Half of the Cape Province*, Cape Town: Provincial Administration of the Cape of Good Hope, 1987.

David Anderson and Richard Grove, *Conservation in Africa: People, Politics and Practice*, London: Cambridge University Press, 1987.

David A.McDonald, *Environmental Justice in South Africa*, Athens: Ohio University Press, 2002.

David M.Gordon, *Nachituti's gift: Economy, Society, and Environment in Central Africa*, Madison: The University of Wisconsin Press, 2006.

Division of Policy Development and Law UNEP, *Africa Environment Outlook: Past, Present and Future Perspectives*, United Nations Environment Programme, 2002.

Division of Policy Development and Law UNEP, *Compendium of Summaries of Judicial Decisions in Environment-Related Cases*, United Nations Environment Programme, 2005.

Drucilla Cornell, *Law and Revolution in South Africa: UBuntu, Dignity, and the Struggle for Constitutional Transformation*, New York: Fordham University Press, 2014.

D.M.Anderson and R.H.Grove, *Conservation in Africa: People, Policies and Practice*, London: Cambridge University Press, 1987.

Edward B.Barbier, Joanne C.Burgess, Timothy M.Swanson and David W.Pearce, *Elephants, Economics and Ivory*, London: Earthscan, 1990.

Emma Lees and Jorge E.Viñuales, *The Oxford Handbook Of Comparative Environmental Law*, Oxford University Press, 2019.

Hubert Thompson, *Water Law: a Practical Approach to Resource Management and the Provision of Services*, Cape Town: Juta and Co., Ltd., 2006.

International Labour Office and Enterprises Department, *The enabling environment for sustainable enterprises in South Africa*, Geneva: International Labour Organization 2016.

Jacklyn Cock and Eddie Koch, *Going Green: People, Politics and the Environment in South Africa*, Cape Town: Oxford University Press, 1991.

Jan Glazewski, *Environmental Law in South Africa* (2nd ed), Durban: LexisNexis Butterworths, 2005.

Jola Gjuzi, *Stabilization Clauses in International Investment Law: A Sustainable Development Approach*, Switzerland: Springer International Publishing, 2018.

Kenneth Kakuru and Irene Ssekyana, *Casebook On Environmental Law Volume 1*, Kampala Uganda, February 2009.

K.Shillington, *The Colonisation of the South Tswana 1870-1900*, Johannesburg: Ravan Press, 1985.

Mohammed A. Bekhechiand Jean-Roger Mercier, *The Legal and Regulatory Framework for Environmental Impact Assessments: A Study of Selected Countries in Sub-Saharan Africa*, Washington D.C.: The International Bank for Reconstruction and Development / The World Bank, 2002.

Morné van der Linde (ed.), *Compendium of South African Environmental Legislation*, Pretoria: Pretoria University Law Press, 2006.

M.Ramphele, *Restoring the Land: Environment and Change In Post-Apartheid South Africa*, London: Panos, 1991.

Nomsa D.Daniels, *Protecting the African Environment: Reconciling North-South Perspectives*, New York: Council on Foreign Relations Press, 1992.

N.M.Tainton, *Veld Management in South Africa*, Pietermaritzburg: University of Natal Press, 1999.

Oliver C. Ruppeland Katharina Ruppel-Schlichting, *Environmental Law and Policy in Namibia* (Third edition), Hanns Seidel Foundation, Windhoek: Solitaire Press (Pty), 2016.

Patricia Kameri-Mbote, Alexander Paterson, Oliver C.Ruppel, Bibobra Bello Orubebe and Emmanuel D.Kam Yogo (eds.), *Law Environment Africa*,

Baden-Baden: Nomos Verlagsgesellschaft, 2019.

Paul Mkandawire, Nathaniel D. Aguda, Isaac N. Luginaah and Ernest K.Yanful (eds.), *Environment and Health in Sub-Saharan Africa: Managing an Emerging Crisis*, London: Springer, 2007.

P.Steyn, *Environmentalism in South Africa 1972-1992: A Historical Perspective*, Bloemfontein: University of Orange Free State, 1998.

Richard W.Roeder, *Foreign Mining Investment Law: The Cases of Australia, South Africa and Colombia*, Springer International Publishing, 2016.

Sunday W. Petters, *Regional Geology of Africa*, Berlin/Heidelberg: Springer-Verlag, 1991.

S.Brooks, *Playing the Game: the Struggle for Wildlife Protection in Zululand, 1900-1930*, Ottawa: National Library of Canada, 1990.

S.Marks, A.Atmore, *Economy and Society in Pre-industrial South Africa*, London: Longman, 1980.

United Nations Environment Programme, *Africa Environment Outlook 1 - Past, Present and Future Perspectives*, Malta: Progress Press Ltd., 2002.

United Nations Environment Programme, *Africa Environment Outlook 2 - Our Environment, Our Wealth*, Malta: Progress Press Ltd., 2006.

United Nations Environment Programme, *Africa - Atlas of Our Changing Environment*, Malta: Progress Press Ltd., 2008.

Victoria R.Nalule, *Energy Poverty and Access Challenges in Sub-Saharan Africa: The Role of Regionalism*, Palgrave Macmillan Switzerland AG, 2019.

Victoria R.Nalule, *Mining And The Law In Africa: Exploring the Social and Environmental Impacts*, Switzerland: Springer International Publishing Palgrave Pivot, 2020.

William Beinart, *The Rise of Conservation in South Africa: Settlers, Livestock, and the Environment 1770-1950*, Oxford University Press, 2004.

William T. Markham and Lotsmart Fonjong, *Saving the Environment in Sub-Saharan Africa Organizational Dynamics and Effectiveness of NGOs in Cameroon*, New York: Palgrave Macmillan, 2015.

Yongxin Xu, Eberhard Braune, *Sustainable Groundwater Resources in Africa: *Water Supply and Sanitation Environment*, London: CRC Press/Balkema, 2010.

(二) 期刊论文类

A Du Plessis, "South Africa's Constitutional Environmental Right (Generously) Interpreted: What is in it for poverty?", *South African Journal on Human Rights*, Vol.27, No.2, Jan 2011.

Annie Patricia Kameri-Mbote and Philippe Cullet, "Law, Colonialism and Environmental Management in Africa", *Environment Management in Africa*, Vol.6, No.1, 1997.

Balsam Ahmad and Christopher Wood, "A Comparative Evaluation of the EIA Systems in Egypt, Turkey and Tunisia", *Environmental Impact Assessment Review*, Vol.22, No.3, May 2002.

Barbara A. Anderson and John H. Romani and Heston Phillips and Marie Wentzel and Kholadi Tlabela, "Exploring Environmental Perceptions, Behaviors and Awareness: Water and Water Pollution in South Africa", *Population and Environment*, Vol.28, No.3, Jane 2007.

Bernard Manyena, "After Sendai: Is Africa Bouncing Back or Bouncing Forward from Disasters?", *International Journal of Disaster Risk Science*, Vol.7, Mar 2016.

Beyongo Mukete Dynamic, "China's Environmental Footprint: The Zambian Example", *China Story Yearbook*, 2016.

Bouchra Nadir, "Les fondements constitutionnels du Droitdel'environnementau Maroc", *Mediterranean Journal of Social Sciences*, Vol.4, No.9, 2013.

Bruch, C., W. Coker and C. Van Arsdale, "Constitutional environmental law: giving force to fundamental principles in Africa", *Columbia Journal of Environmental Law*, No.2, 2001.

Carl Bruch and Elana Roffman and Eugene Kim, "Legislative Representation and the Environment in African Constitutions", *Pace Environmental Law Review*, Vol.21, No.1, 2004.

Carl Bruch and Wole Coker, "What's the Basis of Africa's Environmental Law?", *Innovation*, Vol.6, No.2, 1999.

Catherine Elkemann and Oliver C. Ruppel, "Chinese Foreign Direct Investment into Africa in the Context of BRICS and Sino-African Bilateral Investment Treaties", *Richmond Journal of Global Law & Business*, Vol. 13, No. 4, 2015.

Christiansen and Eric C., "Empowerment, Fairness, Integration: South African Answers to the Question of Constitutional Environmental Rights", *Stanford Environmental Law Journal*, Vol.32, No.2, 2013.

Christopher F.Tamasang and Sylvain N.Atanga, "Environmental Impact Assessment under Cameroonian Law", in Oliver C.Ruppel and Emmanuel D.Kam Yogo eds., *Environmental Law and Policy in Cameroon—Towards Making Africa the Tree of Life*, Nomos Verlagsgesellschaft, Baden-Baden, Germany 2018.

C.Le Roux, "Game Protection in the Orange Free State 1848–1910", *Historian*, Vol.44, No.2, Nov 1999.

C.Rebelo and J.Guerreiro, "Comparative Evaluation of the EIA Systems in Kenya, Tanzania, Mozambique, South Africa, Angola, and the European Union", *Journal of Environmental Protection*, Vol.8, No.5, May 2017.

David H.Shinn, "The Environmental Impact of China's Investment in Africa", *Cornell International Law Journal*, Vol.49, No.1, 2016.

David M Dzidzornu, "Environment Protection in Africa: a Panorama of the Law and Practice", *Journal of Energy & Natural Resources Law*, Vol.22, No.2, 2004.

Donal P.McCracken, "Qudeni: the Early Commercial Exploitation of an Indigenous Zululand Forest", *South African Forestry Journal*, Vol.142, No.1, 1987.

Donald Kaniaru, "Environmental Tribunals as a Mechanism for Settling Disputes", *Environmental Policy and Law*, Vol.37, No.6, 2007.

Donald W.Kaniaru, "Environmental Courts and Tribunals: Improving Access to Justice and Protection of the Environment Around the World", *Pace Environmental Law Review*, 2012.

D.D.Tewaru, "A Brief Historical Analysis of Water Rights in South Africa", *Water International*, Vol.30, No.4, 2005.

E P. Amechi, "Linking Environmental Protection and Poverty Reduction in Africa: An analysis of the Regional Legal Responses to Environmental Protection", *Law, Environment and Development Journal*, Vol.6, No.2, 2010.

Ebenezer Megbowon, Courage Mlambo and Babatunde Adekunle, "Impact of China's Outward FDI on sub-Saharan Africa's Industrialization: Evidence from 26 Countries", *Cogent Economics & Finance*, Vol.7, No.1, Oct.2019.

Ficawoyi Donou-Adonsou and Sokchea Lim, "On The Importance of Chinese Investment in Africa", *Review of Development Finance*, Vol.8, No.1, Jun 2018.

Fortune Hogweand Handson Banda, "The nature of China's Role in Development of Africa: The Case of Zimbabwe", *Problems and Perspectives in Management*, Vol.15, No.1, 2017.

F.J. Kruger, D.A. Everard, P.T. Manders and K. Kruger, "Forestry and Environmentally Sustainable Development in South Africa", *The Commonwealth Forestry Review (Special Issue: Forestry and Nature Conservation)*, Vol.74, No.1, 1995.

F. Khan, "Rewriting South Africa's Conservation History—The Role of the Native Farmers Association", *Journal of South African Studies*, Vol.20, No.4, 1994.

G.M. Grossman, "The Theory of Domestic Content Protection and Content Preference", *The Quarterly Journal of Economics*, Vol.18, No.5, Nov 1981.

Hattingh, Johan and Attfield, Robin, "Ecological Sustainability in a Developing Country such as South Africa? A Philosophical and Ethical Inquire", *International Journal of Human Rights*, Vol.6, No.2, 2002.

Huang W.B., Wilkes A., Sun X.F. and Terheggen A., "Who Is Importing Forest Products From Africa to China? An Analysis of Implications for Initiatives to Enhance Legality and Sustainability Environment", *Development and Sustainability*, Vol.15, No.2, Nov 2012.

H. Grobler, "Dissecting the Kruger Myth with Blunt Instruments: a Rebuttal of Jane Carruthers's View", *Journal of Southern African Studies*,

Vol.22, No.3, 1996.

Isabel Craveiro and Giles Dussault, "Effect of Global Health Initiatives on the Health Services System in Angola: Perspectives of Civil Servants, Donors, and Non-governmental Organization", *The Lancet*, Vol.380, No.6, Oct 2012.

Jan Glazewski, "Environment, Human Right and a New South African Constitution", *South African Journal on Human Rights*, Vol.7, No.2, 1991.

Jan Glazewski, "Environmental Provisions in a New South African Bill of Rights", *Journal of African Law*, Vol.37, No.2, 1993.

Jan Glazewski, "Environmental Rights in the New South African Constitution", in Alan E.Boyle and Michael R.Anderson eds., *Human Rights Approaches to Environmental Protection*, Oxford: Clarendon Press, 1996.

Jane Caruthers, "Creating a national park, 1910-1926", *Journal of South African Studies*, Vol.15, No.2, 1989.

Jeremy Kelley, "China in Africa: Curing the Resource Curse with Infrastructure and Modernization", *Sustainable Development Law & Policy*, Vol.12, No.3, 2012.

Jeremy Sarkin, "The Drafting of South Africa's Final Constitution from aHuman-Rights Perspective", *The American Journal of Comparative Law*, Vol.47, No.1, 1999.

Jessica Marsh, "Supplying the World's Factory: Environmental Impacts of Chinese Resource Extraction in Africa", *Tulane Environmental Law Journal*, Vol.28, No.2, 2015.

Jona Razzaque, "Human Rights and the Environment: The National Experience in South Asia and Africa", in *Background Paper No.4*, Joint UNEP-OHCHR Expert Seminar on Human Rights and the Environment, Geneva, 2002.

Jonathan M.Blackwell, Roger N.Goodwillie and Richard Charles Webb, "Environment and Development in Africa: Selected Case Studies", *Journal of International Development*, Vol.13, No.4, 1991.

Joy K.Asiema and Francis D.P.Situma, "Indigenous Peoples And The Environment: The Case Of The Pastoral Maasai Of Kenya", *Colorado Journal of International Environmental Law and Policy*, Vol.5, No.2, 1994.

Judith S.Weis, John Edwards and Eldon D.Enger, "BIology, Environment, and Conservation in South Africa", *BioScience*, Vol.52, No.2, September 2002.

J.Beall, O.Crankshaw and S.Parnell, "Victims, Villains and Fixers: the Urban Environment and Johannesburg's Poor", *Journal of Southern African Studies*, Vol.26, No.4, 2000.

J.Carruthers, "Defending Kruger's Honour? a Reply to Professor Hennie Grobler", *Journal of Southern African Studies*, Vol.22, No.3, 1996.

J. Carruthers, "The Kruger National Park: a Social and Political History", *Journal of Southern African Studies*, Vol.24, No.4, 1998.

J. Klaaren, J. Dugard and J. Handmaker, "Public interest litigation in South Africa: special issue introduction", *South African Journal on Human Rights*, Vol.27, No.1, 2011.

J.Tempelhoff, "The Exploitation of Timber Resources in Northern Transvaal, South Africa, in the 19th Century and Early Conservation Measures", *South African Forestry Journal*, Vol.158, No.2, 1991.

K. Showers, "Soil Erosion in the Kingdom of Lesotho: Origins and Colonial Response, 1830s—1950s", *Journal of South African Studies*, Vol.15, No.2, 1989.

Louis J.Kotzé and Phiri, "The Application of Just Administrative Action in the South African Environmental Governance Sphere: an Analysis of Some Contemporary Thoughts and Recent Jurisprudence", *Potchefstroom Electronic Law Journal*, Vol.7, No.2, 2011.

Louis J.Kotzé and Phiri, "The Plight of the Poor and the Perils of Climate Change: Time to Rethink Environmental and Socio-economic Rights in South Africa?", *Journal of Human Rights and the Environment*, Vol. 1, No. 2, 2011.

Louis J.Kotzé, "The Constitutional Court's Contribution to Sustainable Development in South Africa", *Potchefstroom Electronic Law Journal (Special E-*

dition), Vol.6, No.2, 2003.

Louis J.Kotzé, "The Judiciary, the Environmental Right and the Quest for Sustainability in South Africa: A Critical Reflection", *Review of European Community and International Environmental Law*, Vol.16, No.3, 2007.

L.A.Feris, "Constitutional Environmental Right: an Under-utilised Resourcey", *South African Journal on Human Rights*, Vol.24, No.1, 2008.

L. Guelke and R. Shell, "Landscape of Conquest: Frontier Water Alienation and Khoikhoi Strategies of Survival 1652–1780", *Journal of South African Studies*, Vol.18, No.4, 1992.

May Tan-Mullins, "The Potential of Corporate Environmental Responsibility of Chinese State-owned Enterprises in Africa", *Environment, Development and Sustainability*, Vol.15, No.2, 2013.

Melissa Fourie, "Enforcement of Air Quality Legislation in South Africa-October 2008", in *Envolve: Environmental Law - Policy - Management*, Envolve Consulting Pty Ltd., 2008.

Michael Kidd, "Poisoning the Right to Water in South Africa: What Can the Law Do?", *International Journal of Rural Law and Policy*, Vol.27, No.1, January 2011.

Minette Pietersen, "Environmental Conservation in South Africa", *This Is South Africa*, No.3, 1993.

M. Kidd, "Environmental Justice: A South African Perspective", in J. Glazewski and G. Bradfield (eds.), *Environmental Justice and the Legal Process*, Cape Town: Juta and Co., Ltd., 1999.

Nathan Cooper, Andrew Swan and David Townend, "A Confluence of New Technology and the Right to Water: Experience and Potential from South Africa's Constitution and Commons", *Ethics and Information Technology*, Vol.16, No.2, 2014.

Nazeem Goolam, "Recent Environmental Legislation in South Africa", *Journal of African Law*, Vol.44, No.1, 2000.

Nosmot Gbadamosi, "Nigerian Fishers Hit by Criminals, Imports and Climate Change", *Chinadialogue*, Vol.69, No.3, 2019.

Olusegun Ogundeji, "Sierra Leone Takes Steps to Tackle Overfishing", *Chinadialogue*, *Vol.*69, No.3, 2019.

Paulin Houanye and Sibao Shen, "Foreign Direct Investment in Africa: Securing Chinese Investment for Lasting Development: The Case of West Africa", *Review of Business & Finance Studies*, Vol.3, No.2, 2012.

Peter Bosshard, "China's Environmental Footprint in Africa", *SAIS Working Papers in African Studies*, No.3, April 2008.

Rajah Naome, Dino Rajah and 3Steven Jerie, "Challenges in Implementing an Integrated Environmental Management Approach in Zimbabwe", *Journal of Emerging Trends in Economics and Management Sciences (JETEMS)*, Vol.3, No.4, August 2012.

Richard Grove and Scottish missionaries, "Evangelical Discourse and the Origins of Conservation Thinking in South African 1820–1900", *Journal of South African Studies*, Vol.15, No.2, 1989.

Ruth Gordon, "The Environmental Implications of China's Engagement With Sub–Saharan Africa", *The Environmental Law Reporter*, Vol.42, No.12, 2012.

R.A.Belderbos and L.Sleuwaegen, "Local Content Requirements and Vertical Market Structure", *European Journal of Political Economy*, Vol.13, No.2, 1997.

Shadrack B.O.Gutto, "Re-theorising and Re-conceptualising Land, Sovereignty, Socio-economic Rights and Responsibility in the Context of Pan-Africanism and African Renaissance in the 21st Century", *International Journal of African Renaissance Studies – Multi – Inter – and Transdisciplinarity*, Vol.9, No.1, 2014.

S.K.P.Coles, C.I.Wright and D.A.Sinclair, "The Potential for Environmentally Sound Development of Marine Deposits of Potassic and Phosphatic Minerals Offshore, Southern Africa", *Marine Georesources and Geotechnology*, Vol.20, No.2, 2002.

S.Parnel, "Creating Racial Privilege: The Origins of South African Public Health and Town Planning Legislation", *Journal of Southern African Studies*,

Vol.19, No.3, 1993.

S.W.Schill, "Editorial: The New (African) Regionalism in International Investment Law", *The Journal of World Investment & Trade*, Vol.18, No.3, 2017.

Talkmore Chidede, "The Right to Regulate in Africa's International Investment Law Regime", *Oregon Review Of International Law*, Vol.20, No.2, 2019.

Timothy Webster, "China's Human Rights Footprint in Africa", *Faculty Publications*, Vol.51, No.3, 2013.

Tumai Murombo, "Strengthening Locus Standi in Public Interest Environmental Mitigation: Has Leadership Moved from the United States to South Africa", *Law, Environment and Development Journal*, Vol.6, No.2, March 2010.

T.Murombo and H.Valentine, "Slapp Suits: An Emerging Obstacle to Public Interest Environmental Litigation in South Africa", *South African Journal on Human Rights*, Vol.27, No.1, 2011.

T.Winstanley, "Entrenching Environmental Protection in the New Constitution", *South African Journal of Environment Law and Policy*, Vol.16, No.2, 1995.

Uche Ewelukwa Ofodile, "Africa-China Bilateral Investment Treaties: A Critique", *Michigan Journal of International Law*, Vol.35, No.1, 2013.

Van Wyk, Jeannie Oranje and Mark, "The post-1994 South African Spatial Planning System and Bill of Rights: A Meaningful and Mutually Beneficial fit?", *Planning Theory*, Vol.13, No.4, 2014.

Weidong Zhu, "Arbitration as the Best Option for the Settlement of China-African Trade and Investment Disputes", *Journal of African Law*, Vol.57, No.1, 2013.

Won Kidane and Weidong Zhu, "China-Africa Investment Treaties: Old Rules, New Challenges", *Fordham International Law Journal*, Vol.37, No.4, 2014.

W.Beinart, "Introduction: The Politics of Colonial Conservation",

Journal of Southern African Studies, Vol.15, No.2, 1989.

W.Beinart, "Men, Science, Travel and nature in the Eighteenth and Nineteenth – Century Cape", *Journal of Southern African Studies*, Vol. 24, No.4, 1998.

W.Beinart, "Soil Erosion, Conservationism and Ideas about Development: a Southern African Exploration, 1900—1960", *Journal of Southern African Studies*, Vol.11, No.1, 1984.

W.Beinart, "The Politics of Colonial Conservation", *Journal of Southern African Studies*, Vol.15, No.2, 1989.

Yin Wei and Zhang Anran, "Chinese State-Owned Enterprises in Africa: Always a Black – and – White Role?", *Transnational Dispute Management*, June 2019.

(三) 学位论文类

Elda Gimbernat Girgas, *China's Strategic Partnership with Africa: a Case Study of the Sino-South African Relations*, MA. Dissertation, Autonomous University of Barcelona, 2017.

Limo K. Argut, *The Environmental Impact of China's Activities in Africa: the Case of Kenya*, MA. dissertation, University of Nairobi, 2016.

Michael Kihato, *Integrating Planning and Environmental Issues through the Law in South Africa: Learning from International Experience*, JM. dissertation, University of South Africa, 2012.

(四) 研究报告类

African Economic Outlook 2020 Developing Africa's Workforce for the Future, African Development Bank, 2020.

African union Common African Position on the Post-2015 Development Agenda, Addis Ababa, Ethiopia, March, 2014.

Amanda Barratt and Pamela Snyman, *Researching South African Law*, 2018.

Andrew Simms, *Ecological Debt—Balancing the Environmental Budget and Compensating Developing Countries'*, London: World Summit on Sustainable Development Briefing Paper, International Institute for Environment and Development, 2001.

Deborah Bräutigam, *China in Africa: What Can Western Donors Learn?* Norfunds, 2011.

Development Bank of Southern Africa, Southern African Institute for Environmental Assessment, United States Agency for International Development, *SADC Environmental Legislation Handbook 2012*, Development Bank of Southern Africa, 2012.

DuncanMacqueen, *China in Mozambique's forests: a Review of Issues and Progress for Livelihoods and Sustainability*, Research Report, IIED's Natural Resources Group, London, 2018.

Ethics Institute of South Africa, *African's Perception of Chinese Business in Africa: A Survey*, August 2014.

Federal Democratic Republic of Ethiopia Environmental and Social Management Framework (ESMF) for Africa CDC Regional Investment Financing Program (ACRIFP), Addis Ababa, May 2019.

Hannah Edinger and Jean-Pierre Labuschagne, *If You Want to Prosper, Consider Building Roads: China's Role in African Infrastructure and Capital Projects*, Deloitte Insights, 2019.

HE Haralambides, *China's Belt & Road Initiative: Connecting Maritime Transport Flows for Trade-driven Prosperity, Multilateralism and Global Peace*, Roundtable on Future Maritime Trade Flows, 2019.

Inclusive Development International (IDI), *Safeguarding People and the Environment in Chinese Investments: A Guide for Community Advocates*, Inclusive Development International, 2017.

Irene Yuan Sun and Kartik Jayaram and Omid Kassiri, *Dance of the Lions and Dragons: How are Africa and China Engaging, and How Will the Partnership evolve?* McKinsey & Company, 2017.

Kelly Sims Gallagher and Qi Qi, *Policies Governing China's Overseas Development Finance: Implications for Climate Change*, The Climate Policy Lab (CPL), Center for International Environment and Resource Policy (CIERP), March 2018.

Libya, *ENPI-SEIS project Country Report*, March 2015.

Luka Powanga and Irene Giner-Reichl, *China's Contribution to the African Power Sector: Policy Implications for African Countries*, Journal of Energy, Volume 2019.

Nathan Appleman and Anna Leidreiter, *A Guide to Local Environmental Governance in Tunisia*, World Future Council, 2018.

Nigeria, *Bouncing Back: Nigeria Economic Sustainability Plan*, 2020.

Peter Veit (et al.), *On Whose Behalf? Legislative Representation and the Environment in Africa*, World Resources Institute, 2008.

Ramathan Ggoobi and Julian Barungi, *Socio-economic Effects of Chinese Agricultural Investments on the Environment and Local Livelihoods in Uganda*, ACODE Policy Research Paper Series No.78, 2016.

Richard Schiere, Léonce Ndikumana and Peter Walkenhorst, *China and Africa: an Emerging Partnership for Development?* African Development Bank Group, 2011.

Seth Cook et al., *Towards Legal and Sustainable Investments by China in Africa's Forests: Steps Taken by Chinese Organisations and the Path Ahead*, IIED's Natural Resources Group, London, 2018.

Sofie Geerts, *Namhla Xinwa and Deon Rossouw, Africans' Perceptions of Chinese Business in Africa*, Geneva: Globethics.net/Hatfield: Ethics Institute of South Africa, 2014.

The United Nations Editors, *Africa Environment Outlook—Our Environment, Our Wealth*, United Nations, 2006.

UN Environment Programm, *Environmental Rule of Law (First Global Report)*, United Nations Environment Programme, 2019.

UNCTAD, *World Investment Report 2020: International Production Beyond the Pandemic*, United Nations Conference on Trade and Development, 2020.

United Nations, *Africa: Atlas of Our Changing Environment*, United Nations Environment Programme, 2008.

Xiaofang Shen, *Private Chinese Investment in Africa: Myths and Realities*, The World Bank, Development Economics Vice Presidency, January 2013.

Yuan Wang and Simon Zadek, *Chinese Outward Direct Investment and Sustainable Impact: A Review of the Literature*, The International Institute for Sustainable Development, 2016.

Zambia, *Environmental Law Context Report*, Judicial Environmental Law Training, Country Context Report (Zambia), August 2019.

后　　记

本书是笔者主持的2017年国家社科基金项目"'一带一路'背景下我国企业对非投资的环境法律风险及对策研究"（编号：17CGJ020）最终成果。近年来，在学界前辈们的鼓励下，我毅然选择了这个颇具难度的选题潜心研究。受非洲法研学引路人、导师夏新华教授的影响，我乐于开拓视野，基于时间和空间的维度，开展比较研究，将理论研究与实际发展相结合。恰好，非洲法就是一门发展的学问、行走的学问、务实的学问。

采取发展的眼光预测非洲法律风险。中非合作论坛建立二十余年来，交流全面深化、领域不断拓宽，但遇到的法律风险类型也日趋多样，从最初的治安、合同、征收等风险，到如今的劳工、税收、环保、本土化、知识产权等问题。因此，在2015年我的博士学位论文开题论证会上，王树义教授鼓励我以发展的眼光，大胆尝试非洲环境法律研究，虽有难度，但定将对比较环境法理论、非洲法理论做出突破性贡献。很幸运，在导师刘海鸥教授的指导下，我完成了博士学位论文《南非环境资源法制史论》，形成并一直坚持着用发展的眼光预测、研判非洲法律风险，这是应对非洲法律与社会变化、展现非洲法研究价值的关键所在。

秉承行走的理念观察非洲法律现状。非洲法律文化多元、执行实施情况复杂，坚持田野调查是非洲法研究成果真实、客观、有效的重要途径，想要认识"人类法律文明的万花筒"离不开实地调研和考察。很感激，洪永红教授为我研学非洲法提供了多次赴非考察的机会，我得以目睹非洲法及其实施的真实样态，也得以听闻非洲人文与社会的趣事；贺鉴教授则定期邀请我参加相关学术会议，让我介绍非洲环境法律风险防控理论并与学界专家切磋研讨；在南非斯泰伦博斯大学访学期间，作为指导老师的Oliver C. Ruppel教授给予了大量资料协助，无私分享他在中非共同应对气候变化上的学术观点，拓宽了课题研究领域，感知真实非洲。

坚持务实的态度解决非洲法律问题。我国的非洲法研究起步晚，但发展迅速，在非洲法基础理论研究上，已形成了较成熟的知识体系和学术成果，将前期基础升华并服务于中非合作实践成为了新时代非洲法研究的根本任务。很振奋，有一群在各自研究领域具有较高学术成就的前辈鼓舞着我，坚持以务实的态度解决非洲法律问题。廖永安教授多次组织研讨，为非洲法理论研究服务中非合作现实需求而谋篇布局；朱伟东教授身体力行，激励着我们非洲法研究要不断走向精细化、专门化、务实化；韩秀丽教授则是我得以成功获得非洲环境法律风险防控课题立项和成果写作的坚强后盾，作为国内最早关注赴非投资环境法律规制的学者，她的每一次点拨都产生了启发性意义。

最后，要感谢中国非洲研究院领导、同仁对我校非洲法研究的长期关心和指导，资助我团队编译出版作为本课题阶段性成果的《非洲十国环境法》；还要感谢湘潭大学法学院，特别是法律史和国际法学科组对我从事非洲法研究的支持和鼓励；课题和本书完成过程中，我的硕士研究生赵倩、杨双瑜、王朝乾、范二可、杨宇云、张宁、曹童等做了大量的资料整理和校稿工作，在此表示感谢；最后，我还要特别特别感谢中国社会科学出版社梁剑琴编辑的辛勤付出，您专业的编审建议和细致的审校修改是本书出版的保证。

"攀上一座高山后，你会发现，还有更多的高山等着你去攀登。"（纳尔逊·曼德拉语）受笔者水平所限，本书仍有不完善之处，待学界批评指正。但是，笔者希望本书能够成为我国非洲法研究的一座小山丘，也希望未来有更多非洲法研究的高山等着有志之士去攀登！